Yasmin Hoffmann

Elfriede Jelinek

Kulturwissenschaftliche Studien zur deutschen Literatur

Herausgegeben von
Dirk Grathoff, Günter Oesterle und Gert Sautermeister

In der Reihe „Kulturwissenschaftliche Studien zur deutschen Literatur" werden Forschungsarbeiten veröffentlicht, die eine Erweiterung der tradierten germanistischen Arbeitsgebiete anstreben. Neben dem traditionellen Kanon ästhetischer Literatur sollen vernachlässigte Textgenres, etwa journalistische Prosa, Briefe und Berichte sowie Darstellungs- und Diskursformen technisierter Medien wie Radio, Film und Fernsehen berücksichtigt werden.
In methodisch-theoretischer Hinsicht werden im Rahmen literaturwissenschaftlicher Analysen unterschiedliche Ansätze – z. B. der kulturwissenschaftlichen Anthropologie und der Psychoanalyse, des Strukturalismus und der Gesellschaftswissenschaften – integrativ verbunden und auf ihre Ergiebigkeit für die traditionellen hermeneutischen, literarästhetischen und -historischen Verfahren erprobt.

Yasmin Hoffmann

Elfriede Jelinek

*Sprach- und Kulturkritik
im Erzählwerk*

Westdeutscher Verlag

Die Deutsche Bibliothek – CIP-Einheitsaufnahme

Hoffmann, Yasmin:
Elfriede Jelinek, Sprach- und Kulturkritik im Erzählwerk / Yasmin
Hoffmann. – Opladen ; Wiesbaden : Westdt. Verl., 1999
(Kulturwissenschaftliche Studien zur deutschen Literatur)
ISBN 3-531-13268-7

Alle Rechte vorbehalten
© Westdeutscher Verlag GmbH, Opladen/Wiesbaden, 1999

Der Westdeutsche Verlag ist ein Unternehmen der Bertelsmann Fachinformation GmbH.

Das Werk einschließlich aller seiner Teile ist urheberrechtlich geschützt. Jede Verwertung außerhalb der engen Grenzen des Urheberrechtsgesetzes ist ohne Zustimmung des Verlags unzulässig und strafbar. Das gilt insbesondere für Vervielfältigungen, Übersetzungen, Mikroverfilmungen und die Einspeicherung und Verarbeitung in elektronischen Systemen.

http://www.westdeutschervlg.de

Höchste inhaltliche und technische Qualität unserer Produkte ist unser Ziel. Bei der Produktion und Verbreitung unserer Bücher wollen wir die Umwelt schonen: Dieses Buch ist auf säurefreiem und chlorfrei gebleichtem Papier gedruckt. Die Einschweißfolie besteht aus Polyäthylen und damit aus organischen Grundstoffen, die weder bei der Herstellung noch bei der Verbrennung Schadstoffe freisetzen.

Umschlaggestaltung: Christine Huth, Wiesbaden
Druck und buchbinderische Verarbeitung: Rosch-Buch, Scheßlitz
Printed in Germany

ISBN 3-531-13268-7

*Denn zwischen Welt und Wort
kann sich ein Abgrund manchmal
aufmachen
wie eine Würstchenbude und
zum Beispiel zehn Deka
gewaltsame Ermordung verkaufen.
(...)
Und das Wort ist Fleisch
geworden und hat
unter uns entsetzliche
Verheerungen angerichtet.
Deutsch
Du Süße!
(...)
Denn das Wort
Deutsch!
ist die Welt und
die Welt ist das Wort.
Sagt der Jude,
den es hier nicht mehr gibt.*
E. Jelinek: *Die süße Sprache*

Inhalt

1. **Elfriede Jelinek und die Literatur der Moderne** ... 9
   - 1.1 Einführung ... 9
   - 1.1.1 Der methodologische Ansatz ... 9
   - 1.1.2 Es gibt Texte, die laufen ihrer Zeit etwas voran (H. Müller) ... 11
   - 1.1.3 Heiß und kalt aus einem Mund ... 13
   - 1.1.4 Verabschiedung der Identitätsphilosophie ... 18
   - 1.1.5 Das Individuum in der modernen Literatur ist ein Divisum ... 21
   - 1.1.6 Panoptikum der Schreckensfrau im Rahmen der österreichischen Literatur ... 23
   - 1.1.7 Anhaltspunkte für die Rezeption ... 29
   - 1.1.8 Erzählerische Distanz oder die Gefriermaschine ... 31
   - 1.1.9 Frau sein und schreiben ... 34
   - 1.1.10 Das Problem der Wirklichkeitsdarstellung ... 37
   - 1.2 Die Topographie des Monströsen ... 39
   - 1.2.1 Von der Postkartenidylle zur monströsen Idylle ... 39
   - 1.2.2 Ein Blick hinter die idyllische Fassade ... 43

2. **Privates Drama und dramatische Öffentlichkeit: "Die Ausgesperrten oder eine "Biographie aus einer gewissen gewissenlosen Zeit"** ... 48
   - 2.1 Die falschen Fuffziger ... 48
   - 2.1.1 Auf das Opfer darf keiner sich berufen (Bachmann) ... 48
   - 2.1.2 Die realistische Transparenz ... 51
   - 2.1.3 A reprendre depuis le début (Guy Debord) ... 52
   - 2.1.4 Rahmen der Erzählung: die literarische Vorbelastung ... 56
   - 2.1.5 Der österreichische Rahmen: geschlossene Türen, geöffnete Fenster, dazwischen Geranien ... 60
   - 2.2 Die strukturale Matrix: Grenzen ... 61
   - 2.2.1 Sperrgebiete ... 61
   - 2.2.2 Grenzgänger: Anna und Rainer ... 65
   - 2.2.3 Die Familie Sepp ... 69
   - 2.3 Kausalitätszusammenhänge ... 72
   - 2.3.1 "Ein Mord ist nichts anderes als ein bißchen durcheinandergeratene Materie" ... 72
   - 2.3.2 Die lineare Reihenfolge ... 74
   - 2.3.3 Fazit der Erzählstruktur ... 76
   - 2.3.4 Die Wiederkehr des Gleichen: Schweinereien, die Sau rauslassen oder die Sau abstechen ... 78

3. Raum der sozialen Hierarchie am Beispiel der "Liebhaberinnen" ... 83

- 3.1 Zum Thema Heimat ... 83
- 3.1.1 Der natürliche Kreislauf der Natur ... 85
- 3.1.2 Ikonographie – Ikonoklasmus: "kennen Sie dieses SCHÖNE Land" ... 86
- 3.1.3 Alles künstlich ... 90
- 3.1.4 Österreich: (K)ein geographischer Begriff ... 94
- 3.1.5 Entdecken – Verdecken ... 95
- 3.2 Der landläufige Tod ... 96
- 3.2.1 Umfunktionierung des Bildungsromans ... 96
- 3.2.2 Tod auf Raten oder "Todesarten" ... 99
- 3.2.3 "die drehscheibe" ... 103
- 3.2.4 Die Stadt: "versprechen für ein leben in einer schöneren zukunft" ... 108
- 3.3 Männer und Frauen: ihre Position im gesellschaftlichen und privaten Raum ... 112
- 3.3.1 Die Ehe als Kaufordnung und Strategie des sozialen Aufstiegs ... 112
- 3.3.2 Die Liebhaberinnen ... 116
- 3.3.3 Männer stehen (oben) – Frauen liegen (unten) ... 119

4. Das Buch der Natur als medialer Programmsalat: "Oh Wildnis, oh Schutz vor ihr" ... 122

- 4.1 "Keine Geschichte zum Erzählen" ... 122
- 4.1.1 Fortsetzung folgt oder grün, grün, grün sind alle meine Farben ... 124
- 4.2 "Natürlich Natur!" (Gernot Böhme) ... 127
- 4.2.1 "Reine Schurkenwolle" ... 128
- 4.2.2 Buch der Natur gegen Kino ... 133
- 4.3 Kulturkritik als Medienkritik, als Kritik der Mediatisierung der Wirklichkeit und der Simulationsprogramme ... 136
- 4.3.1 Was ist Kulturkritik? ... 136
- 4.3.2 Die Stimme seines Herrn ... 138
- 4.3.3 Kritik der Mediatisierung: "Ärmliches Moos, kümmerliche Flechte, nirgends das Echte vom Bildschirm" ... 140
- 4.3.4 Jenseits von Sinn und Unsinn ... 145
- 4.4 Naturästhetik ... 146
- 4.4.1 Das Buch der Natur als Parodie? ... 146
- 4.4.2 Von der Parodie zur Satire ... 149
- 4.4.3 Kunstkritik: die Kunst ist am Ende angekommen ... 151

4.4.4 Nature morte ... 155
4.4.5 Die Kunst als "Antikörper" ... 156
5. Die Lust an der Sprache: Sprachsatire – Sprachspiele: ("Wolken. Heim" und "Die Klavierspielerin") ... 158
5.1 Von den Sprachschablonen zum Angriff auf die Sprache selbst ... 158
5.1.1 Cherchez les guillemets ... 159
5.1.2 "Wolken. Heim." oder "Mein ist/ Die Rede vom Vaterland, das neide/ Mir keiner " (Hölderlin) ... 160
5.1.3 Rollenspiel / Sprachspiel ... 166
5.1.4 Von Fleischbeschauern und Fleischfressern ... 168
5.1.5 Die ironische Verstellung ... 172
5.1.6 Die Entlarvung der Phrasen durch Verschiebung: Vom Schwein zum Schlachter zur Lebensaufgabe ... 173
5.1.7 Das Proverbiale ... 177
5.1.8 Das falsche Sprichwort: Beibehaltung der Form – Entleerung des Inhalts ... 178
5.2 Wort für Wort oder ein Wort für das Andere? ... 181
5.2.1 Wegweiser durch den Text: Die Umfunktionierung der Bilder ... 181
5.2.2 Die schizophrene Sprache ... 183
5.2.3 Die depravierte Sprache ... 187
5.2.4 Mortifikation und Erbauung ... 188
5.2.5 Den Weg alles Fleisches gehen ... 191
5.2.6 Die "gefrorenen Tränen" des unbeweinten Vaters ... 193

Literaturverzeichnis ... 197

1. Elfriede Jelinek und die Literatur der Moderne

1.1 Einführung

1.1.1 Der methodologische Ansatz

"Abgründe dort sehen zu lehren, wo Gemeinplätze sind – das wäre die pädagogische Aufgabe an einer in Sünden erwachsenen Nation; wäre Erlösung der Lebensgüter aus den Banden des Journalismus und aus den Fängen der Politik (...)."[1] Elfriede Jelineks Werk unter diesem Aspekt zu analysieren heißt nicht unbedingt, daß es unter das Zeichen der von Kraus geforderten "pädagogische[n] Aufgabe" zu stellen ist, wenn es diese auch teilweise fortführt; wohl aber, daß ihr Werk im weitesten Sinne des Wortes Gemeinplätze und Abgründe aufdeckt, d.h. Widersprüchliches an den Tag legt. Unter "Gemeinplatz" ist das ästhetisch, ideologisch Besetzte, das Erstarrte, das in seiner Form Festgelegte zur Aufrechterhaltung einer Statik im privaten wie im öffentlichen Bereich zu verstehen. Gemeinplätze sind nicht nur auf Redewendungen zu beschränken, sie bezeichnen im Rahmen dieser Arbeit, alles, was Harmonie, Konfliktlosigkeit, ein-für-alle-Mal Fixiertes vortäuscht, zu denen auch literarische Gattungen zählen können, wie die zum Kitsch degradierte Naturästhetik des Heimatromans oder mit den Worten Jelineks: "die ewige lürik von leben und freudebringender arbeit".[2] Unter Gemeinplätzen ist proverbiale "Selbstverständlichkeit" zu verstehen und diese zu entlarven, heißt davon ausgehen, daß nichts von "selbst" verständlich ist.

Ausgehend von Brechts formuliertem Postulat, daß die "Form eines Kunstwerks nichts anderes [ist] als die vollkommene Organisation seines Inhalts, ihr Wert daher völlig abhängig von diesem",[3] soll versuchsweise darge-

---

[1] K. Kraus, *Die Sprache*, Suhrkamp Taschenbuch, Frankfurt/M. 1987, S. 373.
[2] E. Jelinek, *Die endlose Unschuldigkeit*, op. cit. S. 74.
[3] Brecht, *Gesammelte Werke*, Bd. 19, Frankfurt/M. 1967, S. 527.

stellt werden, wie Elfriede Jelinek gegen eine "Schule der Geläufigkeit" arbeitet. Wie sie, mit sämtlichen Sprachregistern spielend, das Geläufige, landläufige Modelle – gängige Redewendungen und geläufige Denkschemata – durchschimmern läßt, ohne mit den kulturellen Referenzen zu brechen. Das Vorbild bleibt stets sicht- oder hörbar. Der Akzent liegt auf dem "wie". Von Interesse ist in diesem Kontext, die babylonische Stimmenvielfalt auseinanderzunehmen, zu untersuchen, welche Stimmen sich einmischen, wenn von Männern und Frauen, Arbeit und Wirtschaft, Vaterland und Heimat, Kunst und Liebe, wenn vom Krieg im allgemeinen und von dem der Geschlechter im besonderen gesprochen wird. So wie es weiterhin interessant ist zu zeigen, daß Elfriede Jelineks Sprachkritik keine Kritik an der Unfähigkeit der Sprache ist, Authentisches, Ursprüngliches auszudrücken, daß ihre Sprachkritik mit keiner Sprachkrise zu verwechseln ist, während Kraus noch davon ausging, das "Verlorene" würde sich durch "die Verlebendigung der Redensarten (...), die Auffrischung der Floskeln des täglichen Umgangs, die Agnoszierung des Nichtssagenden"[4] wieder einfinden. Jelineks Kulturkritik trauert keinem Verlust der Werte nach, indem sie aber die verschiedenen Sprachregister gegeneinander ausspielt, entlarvt sie die moderne Gesellschaft in ihrer Widersprüchlichkeit.

In Anlehnung an die kultur- und medienkritischen Analysen von Günther Anders, Walter Benjamin, Theodor W. Adorno, Jean Baudrillard und Guy Debord zum einen, und an Schmidt-Denglers Analyse der "Umschlagtechnik" in Thomas Bernhards Texten zum anderen, soll gezeigt werden, wie innerhalb des Jelinekschen Textkörpers das Soziale vorrangig bleibt, der Text jedoch gegen die Verabsolutierung und Fetischierung von Werten, gegen die Endgültigkeit arbeitet: weil alles im Augenblick der Aussage selbst ins Gegenteil umschlagen kann – höhnisch, tragisch, komisch. Von der These ausgehend, daß jedes Werk eine Art Versuchsraum, ein Sprach-Labor ist, in denen ästhetisch unterschiedliche Verfahrensweisen zur Entlarvung von mythenstiftenden Diskursen ausprobiert werden, soll der Versuch gemacht werden, den werkstatthaften Charakter an den Tag zu legen: Auseinandersetzung mit dem Realismus, Umfunktionierung des Kriminalromans, Faschismusanalyse unter Einbeziehung der individuellen Triebstrukturen für *Die Ausgesperrten;* Entlarvung des Heimatromans, der Trivialliteratur, Umfunktionierung des Bildungsromans für *Die Liebhaberinnen;* Verballhornung und satirischer Umgang mit der Naturästhetik für *Oh Wildnis, oh Schutz vor ihr,*

---

[4]Kraus, *Die Sprache*, op. cit. S. 225.

Auseinandersetzung mit der Sprache der "Dichter und Denker" für *Wolken. Heim.* und mit der Sprache der Ökonomie für *Die Klavierspielerin*. Dargestellt werden soll, wie und womit experimentiert wird, welche Sprachschablonen zur Entlarvung eines Sachverhalts benutzt werden, aus welchen Elementen die diskursiven Verschränkungen zusammengesetzt sind und wie sie strategisch eingesetzt werden, um die historischen, sozialen, ökonomischen, kulturellen und psychischen Determinismen frei zu legen. Im Zuge der Arbeit wird sich die Analyse immer mehr auf die Komposition der Signifikantenkette und der Bildkomplexe konzentrieren, um hervorzuheben, wie diese eine "strukturale Matrix" bilden, die eine thematische oder symbolische Struktur variieren. Die "strukturale Matrix" ist in Anlehnung an den von Michael Riffaterre geprägten Begriff zu verstehen, als Variation gleichbedeutender Aussagen, als Spielarten ein und derselben Struktur.[5] Im letzten Kapitel konzentrieren sich die Untersuchungen auf die Buchstabenarbeit, auf die Umfunktionierung der Zitate, auf den "Hohn des Signifikanten" (Lacan), auf rhetorische Verfahren, die zu der Schlußfolgerung kommen lassen, daß sich in Elfriede Jelineks Sprachspielen zum einen "die Sprache selbst aus-[lacht]" (Kraus), und zum anderen der höhnische Signifikant der Sprache den gefährlichen Spielraum nimmt, in dem sich die Begriffe "einnisten".

1.1.2   Es gibt Texte, die laufen ihrer Zeit etwas voran (Heiner Müller)

"Was mich interessiert an den Texten von Elfriede Jelinek, ist der Widerstand, den sie leisten gegen das Theater, so wie es ist."[6] So Heiner Müller in einer Podiumsdiskussion vor der Uraufführung von *Krankheit oder Moderne Frauen*.

Von Widerständen soll auch in dieser Einführung die Rede sein. Von dem Widerstand, den Elfriede Jelineks Texte gegen ästhetische Kategorien leisten und von dem Widerstand, auf den ihre Texte in der Rezeption stoßen.

Widerstände, die in zwei verschiedenen Bereichen angesiedelt sind: in der Ästhetik zum einen und im Bewußtsein oder Unbewußten des Lesers zum anderen. Aus der Leserperspektive ist der Begriff des Widerstandes in Anlehnung an die psychoanalytische Auffassung des Wortes zu verstehen: als die

---

[5]M. Riffaterre: "L'illusion référentielle" in Barthes, Bersani, Hamon, Riffaterre, Watt, *Littérature et réalité*, Ed. du Seuil, Paris 1982, S. 96f. Siehe dazu Kapitel 2, die Analyse des Bildkomplexes der Grenzen.
[6]H. Müller in einer Podiumsdiskussion vor der Uraufführung von *Krankheit oder Moderne Frauen*, zitiert in E. Jelinek, *Krankheit oder Moderne Frauen*, Prometh-Verlag, Köln 1987, Klappentext.

verschiedenartigen Mittel, die der Analysand einsetzt, um den Bewußtwerdungsprozeß zu verhindern, um das im Unbewußten angesiedelte Traumatische weiterhin auszugrenzen. Sämtliche Texte von Elfriede Jelinek haben einen Bezug zum Traumatischen. Sie wirken traumatisierend auf den Leser (siehe dazu die Rezeption) und sie beschreiben Traumata: die österreichische Geschichte und ihre Verdrängung, monströse Idyllen des Landlebens, den zerstückelten Körper des modernen Individuums, die Auflösung des Subjekts (der Literatur) usw.

Es handelt sich in Elfriede Jelineks Texten grundlegend um *Reflexionen aus dem beschädigten Leben*. Widerstand leisten sie einerseits gegen jeglichen Versuch, zur heilen Welt zurückzukehren – sei es in der Form einer neuerdings wieder aufblühenden Naturmystik, oder eines apolitischen Formalismus – und andererseits gegen das Verdrängen, Vergessen und die diversen Natürlichkeitsschleier, die literarisch, ökonomisch, politisch über das verstümmelte Leben gespannt werden, um Ganzheit, Harmonie vorzutäuschen. Ihre Texte widerstreben dermaßen den etablierten ästhetischen Kategorien und somit den geläufigen Kategorien der Literaturkritik, daß die in der Rezeption häufig auftretende Vermischung von Ethik und Ästhetik kaum verwunderlich ist.

In der Jelinek-Rezeption wird die Beschreibung des Traumas häufig mit einem sadistischen Lustempfinden der Autorin gleichgesetzt. Gefühllosigkeit, Kälte, Unbarmherzigkeit Männern und Frauen gegenüber, verzerrte Wirklichkeitsdarstellung, totale Ausweglosigkeit, Abwesenheit eines utopischen Gegenbildes oder Gegenentwurfs – man könnte auch von der schlechten Unendlichkeit, einem ausweglosen, sich selbst reproduzierenden Zustand sprechen – so lauten die immer wieder auftretenden Vorwürfe. Einerseits wird in diesen Vorwürfen der Autor mit der Erzählerinstanz amalgamiert, und andererseits wird der Autor mit dem Textkörper gleichgesetzt. Überdies setzen derartige Aussagen ein sujet littéraire voraus, das es in der Tradition der Moderne nicht mehr geben kann. Wer von Gefühllosigkeit, Kälte und Unbarmherzigkeit spricht und sie dem Autor zum Vorwurf macht, nimmt den Standpunkt eines einfühlsamen Subjekts ein, beruft sich auf einen Standpunkt, den die Erzählerinstanz ihren Figuren verweigert, verkennt, daß Kälte und zerstückelte Körper Bestandteile der modernen Literatur sind. Wer von einer verzerrten Darstellung der Wirklichkeit spricht, wer die Ausweglosigkeit unerträglich findet, setzt voraus, daß hinter einer verzerrten Wirklichkeitsdarstellung ein real existierendes Bild steht, setzt voraus, daß es Lösungen gibt. An all diesen Argumenten wäre nichts auszusetzen, bezögen sie sich auf ein anderes Subjekt als das der modernen Literatur, bezögen sie sich auf ein

Subjekt, das der Produktion von Wünschen, Ideen, Erinnerungen noch fähig wäre, ein Subjekt, das noch "Herr im eigenen Hause" wäre. Der Verweis auf einen organisch harmonischen Körper wird in Elfriede Jelineks Texten wenn überhaupt, dann als Zitat, als Verweis auf den bürgerlichen Roman in Betracht gezogen. Und selbst bei den Bildern einer harmonischen Totalität wäre es vielleicht angebrachter, wie Dietmar Voss davon auszugehen, daß die "organische Gestalt des menschlichen Körpers" vielmehr die "Imago des eigenen als eines ganzheitlichen Körpers" war und nicht dem "Sosein eines konkreten Körpers"[7] entsprach.

1.1.3 Heiß und kalt aus einem Mund

Man könnte zum Thema Kälte bemerken, daß es sich um einen postmodernen Topos handelt. Kälte stellvertretend für die Entropie, den Wärmetod durch die atomare Bedrohung, kennzeichnend für die Kommunikationslosigkeit des industriellen Zeitalters, für die Kaltblütigkeit der faschistischen und totalitären Ideologien etc. Man könnte exemplarisch Titel anführen wie *Cool Killers oder der Aufstand der Zeichen* (Jean Baudrillard), das *coole manifest* (Oswald Wiener), *In cold blood* (Truman Capote), *Frost* und *Die Kälte* (Th. Bernhard), *Die Schrecken des Eises und der Finsternis* (Ch. Ransmayr). Man könnte weiterhin feststellen, daß die Kälte in der Moderne weithin auch positiv besetzt ist, als Reaktion eben gegen eine einfühlsame Kunst, gegen Formen einer Empfindsamkeit, die das kritische Moment der Reflexion verneinen. Cool ist all das, was frei vom Affekt ist.

> Coolness, c'est le jeu pur des valeurs de discours, des communications d'écriture, c'est l'aisance, la distance de ce qui ne joue véritablement plus qu'avec des chiffres, des signes et des mots, c'est la toute-puissance de la simulation opérationnelle.[8]

Der Schrumpfprozeß der Wärme bezieht sich also nicht nur auf den Bereich der physikalischen Thermik, sondern fungiert als Metapher, die entschieden in den Bereich der Psychologie und der "Glaubwürdigkeit von 'Sinn' (...)" hineinreicht. Sie [die Wärme, Y.H.] ist auch eine Metapher für affektive

---

[7]Ders.: "Metamorphosen des Imaginären – nachmoderne Blicke auf Ästhetik, Poesie und Gesellschaft" in Huyssen und Scherpe (Hrsg.), *Postmoderne. Zeichen eines kulturellen Wandels*, Rowohlt, Reinbek 1986, S. 220.
[8]J.Baudrillard, *L'échange symbolique et la mort*, Paris 1972, S. 41.

Anerkennung: Ist sie verschwunden, so verschwindet auch die Möglichkeit der Identifikation, aus der Identitäten entstehen.[9]

Erika Kohut, die *Klavierspielerin*, zählt zu jenen Figuren, deren Identitätsbildung durch mangelnde Identifizierung mit wärmeren Modellen auf der Strecke geblieben ist. Ihre Erziehung reduziert sich auf erzwungene Identifizierung mit den "Giganten der Tonkunst und d[en] Giganten der Dichtkunst" (Ks, 74), die da hausen hoch oben auf "einsamen Schneegipfeln" (Ks, 74). Die häusliche Nestwärme ist die einer "gläsernen Käseglocke" oder die einer "Backform der Unendlichkeit" (Ks, 20), die eines zeitlosen Brutkastens, in dem Erika Kohut zum erhabenen Künstlertum ernährt und erzogen, vor allem aber von den anderen ferngehalten wurde. Eigentlich kann man von Erziehung und Heim gar nicht sprechen, Zucht und Zucht-Haus wären angebrachtere Ausdrücke. Heiß und innig hätte sie sich in ihrer Jugend gewünscht, mit Gleichaltrigen in "Eissalons" (Ks, 73) zu gehen, um der erstickenden häuslichen Atmosphäre zu entgehen, trotzdem kommt dieser Wunsch nur in Form von kalter Verachtung über ihre Lippen. Die Lokale, in denen sich die Jugendlichen ihres Alters versammeln und die sie zu verabscheuen vorgibt, werden durch ihren Blick zum Gegenstand einer eiskalten Verachtung. Was immer sie als Außenstehende wahrnimmt, erstarrt augenblicklich zu Eis: "Ströme von Neonlicht [brausen] in Eiseskälte durch Eissalons", die Atmosphäre wird zu einem "flimmernde[n] Kältestrom", "Eisfasern" schwimmen auf dem Wasser, in dem die Portionierer lagern, Eislöffel verwandeln sich in "kühl[e] Blumen", "Eistürm[e]" und "Kältebissen" verschwinden, "kalt zu kalt", in den "Eishöhlen" (Ks, 73) der Kunden. Erika Kohut wirft einen kalten Blick auf die Szene, aber das im wortwörtlichen Sinn. Das Drinnensein ist unerträglich, das Draußensein nicht besser. Sie hat keinen Teil an dem "kalte[n] Genuß" (Ks, 73) der Jugendlichen, von denen sie sich kühl distanziert. Liest man diese Szene als eine Szene des unterdrückten Begehrens, so könnte es sein, daß "die Eiseskälte" ins Gegenteil umschlägt, sie könnte dann das Gegenteil bedeuten, zwischenmenschliche Wärme, Affekt. Im Munde von Erika Kohut könnte Eis Wärme erzeugen. Weil der "kalte Genuß" eine Wärme kennzeichnet, von der sie ausgeschlossen und diese mit Identifizierung verbunden ist.

Das Thema des Eises, der Härte, der Unnachgiebigkeit, der Gefühlskälte als Unmöglichkeit der Identifizierung geht einher mit einer erstarrten Zeitlosigkeit. Bilder einer neuen Eiszeit, wie sie die Schlußszene von *Clara.S.* na-

---

[9]R. Grimminger: "Offenbarung und Leere" in *Merkur*, Heft 5, 45.Jhrg, Klett-Cotta Stuttgart 1991, S. 392.

helegt: "Weiße Wüsten, Eis, gefrorene Flüsse (...). Riesige Scheiben Arktis, (...) keine Tatzenspur des Raubtiers Eisbär. Nur geometrisch angeordnete Kälte. Schnurgerade Frostlinien (...) und das Eis zeigt keine Spur eines Abdrucks",[10] sind geläufig in Jelineks Texten, und häufig dominiert der Winter als Jahreszeit. Trotzdem sind weder die Kälte noch die Wärme eindeutige, austauschbare oder antithetische Schlüsselbegriffe, wie die oben erwähnte Szene im Eissalon zu verstehen geben könnte. In *Lust* ist die Zeit der Schmelze, Beginn der wärmeren Jahreszeit, Synonym für Gefängnis und Verurteilung der Hauptperson. Gerti hat ihr Kind in einem vereisten Bergbach ertränkt, was soviel bedeutet, daß die Sonne ihr Verbrechen an den Tag bringen, man die Kinderleiche in der Frühlingssonne entdecken wird. In der *Klavierspielerin* wird der wahnsinnig gewordene Vater an einem "böse flimmernden" (Ks, 117) Frühlingstag in ein Sanatorium eingeliefert. Und Rainer Witkowski rottet seine ganze Familie kurz vor den Sommerferien aus. In den meisten Texten sind Kälte und Wärme nur Variation eines identischen Zustands: Variationen des schlimmstmöglichen Zustands, aufgesogen von der *Spirale des Schlimmsten*, nach einem Ausdruck von Marc Guillaume zur Kennzeichnung der postmodernen Auswegslosigkeit, der unmöglichen Vorhersage "eines dialektischen Umschlagens, einer Aussicht auf das 'Rettende' oder eines Punktes des Gleichgewichts".[11]

Zur Veranschaulichung der Spirale des Schlimmsten, in der Wärme und Kälte an moralischer Bedeutung einbüßen, hier ein zweites Beispiel aus der *Klavierspielerin*. Erika Kohut beobachtet eine ganz banale Alltagsszene: eine mit schweren Einkaufstaschen beladene Mutter ohrfeigt ihr Kind auf der Straße. Beschrieben wird die Szene ausschließlich mit Begriffen aus der Mechanik und der Ökonomie. Allein der technische Aspekt des Vorgehens, den sie etappenweise zerlegt, scheint sich Erika Kohut, während sie die Mutter beobachtet, zu offenbaren: zuerst muß die Mutter stehenbleiben und die Taschen auf den Boden stellen,

(...) das ergibt einen zusätzlichen Arbeitsgang. (Ks, 60)

Aus der Perspektive von Erika Kohut sind allein Kalkül und Strategie sichtbar, dort wo der einfühlsame Leser Verwerfung erwarten würde. Als

---

[10] E. Jelinek, *Theaterstücke*, Promet-Verlag, Köln 1984, S. 101.
[11] M. Guillaume: "Post-Moderne Effekte der Modernisierung" in J. Le Rider und G. Raulet (Hrsg.), *Verabschiedung der (Post-)Moderne?*, Deutsche TextBibliothek, Günter Narr Verlag, Tübingen 1987, S. 82.

boshafte Absicht, als moralisch verwerflicher Akt wird der Vorgang keinen Augenblick lang in Betracht gezogen, das Abstellen der Einkaufstaschen reduziert sich auf einen in die private Ökonomie der Frau einzuordnender Vorgang:

> (...) die kleine Mühe scheint es ihr wert zu sein. (Ks, 60)

Mit der Beschreibung der Ohrfeige selbst tritt der technische Aspekt in den Vordergrund:

> der Kopf (...) wird von einer mütterlichen Orkanwatsche in das Genick zurückgeworfen und rotiert einen Augenblick hilflos wie ein Stehaufmännchen, das sein Gleichgewicht verloren und daher größte Mühe hat, wieder in den Stand zu kommen. (Ks, 60)

Das Adjektiv "hilflos" und die Bemerkung "größte Mühe" führen das Verheißen einer subjektiven Perspektive ein, weil sich diese Ausdrücke auf das Kind beziehen sollten (hilfloses Kind, das seine Mühe hat, gegen die Mutter aufzukommen); der Leser verweilt einen kurzen Augenblick in der Hoffnung, der kaltblütig berechnenden Mutter stünde eine mitleidende Erzählerin gegenüber, die sich über die Mißhandlung des Kindes empört. Kaum wird die einfühlsame Perspektive eingeführt, so endet sie auch schon wieder durch den Vergleich mit dem Stehaufmännchen. Da Stehaufmännchen leblose Spielzeuge sind, sind sie demzufolge nicht hilflos wie wehrlose Kinder, sie haben auch keine Mühe, wieder ins Gleichgewicht zu kommen, weil es sich bei einem Stehaufmännchen um reine Mechanik handelt. Kaum ist der Kinderkopf:

> (...) wieder senkrecht wo er hingehört (...), [wird] er von der ungeduldigen Frau sogleich wieder aus der Lotrechten befördert. (Ks, 60)

Die Perspektive, aus der die Ohrfeige geschildert wird, ist die eines gefühllos registrierenden Kameraauges, das auf den Kinderkopf als Spielball gerichtet ist. Ähnlich wie in den slapstick Komödien, in denen die Ohrfeigen – zum größten Vergnügen des Publikums – nur so über die Leinwand fliegen, und sich die Zuschauer weder über den empfundenen Schmerz des Geschlagenen noch über den sadistischen Lustgewinn des Schlägers Gedanken machen, geschweige denn sich über die Ungerechtigkeit empören. Die hier beschriebene Ohrfeige reduziert sich auf die Störung eines Gleichgewichts. Nur ist es keine im moralisch verwerflichen Sinne gestörte Machtbalance – armes hilfloses Kind gegen böse kaltblütige Mutter – sondern ein mechanisch gestörtes Gleichgewicht, in dem leblose Elemente aus der Senkrechten und Lotrechten geraten sind. Bis zu diesem Punkt der Beschreibung läßt sich die Szene in die Tradition der Groteske einordnen: Vergrößerung, Verzerrung, Umkehrung von Belebtem zu Unbelebtem gehören zu dem Genre. Überdies sind Haudegenszenen traditionelle Bestandteile der Farce und Groteske, obwohl hier einzuwenden wäre, daß die Mißhandlung von Kindern so gut wie nie Gegenstand der Groteske ist. Im Kasperletheater werden zwar Haudegenszenen für Kinder inszeniert, aber nicht zwischen Kindern und Erwachsenen. Und wenn ein Kind geohrfeigt wird, dann stets in einem Kontext von Recht und Unrecht, in der vermeintlich erzieherischen Absicht der Züchtigung und der Strafe. Das eigentliche Abrutschen in "die Spirale des Schlimmsten" erfolgt mit dem Fazit, in dem der Erzähler die Perspektive auf die Zukunft erweitert:

> Der Kinderkopf ist jetzt schon mit unsichtbarer Tinte gezeichnet, für noch viel Schlimmeres vorgesehen.(Ks, 60)

Dieser unbenannte "Kinderkopf" könnte "Biberkopf" heißen, denn formal wie inhaltlich erinnert die Szene an Döblin. "Franz Biberkopf ist für schlimmere Dinge aufbewahrt", heißt es einleitend zum Vierten Buch von *Berlin Alexanderplatz* und auch die Szene, in der Franz Biberkopf seine Freundin Ida erschlägt, läßt sich mit der Jelinekschen Kindesmißhandlung vergleichen. Döblin spricht vom "Grad der erzeugten Ruhestörung" (gemeint ist der Totschlag) und reduziert das gestörte Kräfteverhältnis auf eine mathematische Formel.[12]

Im Gegensatz zu der Szene im Eissalon, wo Kälte und Wärme in einem widersprüchlichen Verhältnis stehen und die Möglichkeit eines Umschlagens in das Gegenteil angedeutet wird, gibt es in dieser Szene keine Identifizierung, kein dialektisches Umschlagen, keine Aussicht auf das Rettende oder einen Punkt des Gleichgewichts (nach der Definition der Spirale des Schlimmsten von Marc Guillaume). Die Ohrfeige war für das Kind nur ein Vorgeschmack, eine Banalität im Vergleich zur Hölle, die es erwartet.

Und in der Wärme, falls sie aufkommt, ist die Epiphanie, ist die Verheißung eines anderen Zustands auch nicht zu suchen. "Aneinanderdrängen sie sich um der Illusion von Wärme willen" (Ks, 86), so Erika Kohut, für die das Bedürfnis nach zwischenmenschlicher Wärme nichts anderes als den von Nietzsche charakterisierten "Herdeninstinkt" (Ks, 6) verrät. Kälte und Wärme sind keine eindeutig antithetischen Begriffe mehr, Kälte kann zur Wärme werden, wie die Wärme zur (Gefühls)Kälte ausarten kann.

---

[12] A. Döblin, *Berlin Alexanderplatz*, Buch 2 und 4, dtv München 1977, S. 86 und 105.

Siehe dazu *Ja* von Thomas Bernhard, wo der Erzähler die größtmögliche Nähe zur Wärme zwischen zwei Menschen andeutet, sie auch aufkommen läßt, aber nur, um diese, einige Begegnungen später, dann doch wieder als unerträglich zu charakterisieren. Aus der Nähe zu dem "idealen Partner für Geist und Gemüt",[13] einem "fortwährend in Erfrierungsangst"[14] lebenden weiblichen Ebenbild des Erzählers, entsteht keine Wärme von Dauer, auch wenn sie als potentielles, und durchaus ekstatisch empfundenes Heil für einen Augenblick haltbar erscheint. Die flüchtige Identifizierung des Erzählers mit der gleichgesinnten Perserin läßt eine Wärme aufkommen, die, obwohl positiv konnotiert, nicht erträglich ist. Sie führt zu einem Gefühl der Unerträglichkeit, der Gleichgültigkeit, und gipfelt in tragisch ironischer Umkehrung des Titels im Selbstmord der Perserin. Denn ausgerechnet die positiv anmutende Verheißung "Ja" schlägt um in Verneinung des Lebens: *Ja* ist die lachende Antwort der alternden Frau auf die Frage des Erzählers, ob sie sich eines Tages umbringen würde.

1.1.4 Verabschiedung der Identitätsphilosophie

Man kann sich fragen, ob der Vorwurf, Elfriede Jelineks Texte ließen nie ein wärmeres Gegenmodell am Horizont auftauchen, seien durch Gefühllosigkeit, Kälte, Hoffnungslosigkeit und vor allem durch den Verzicht auf die utopische Perspektive gekennzeichnet, nicht mit dem Festhalten an einem überholten Identitätsbegriff verbunden ist. Oder auch mit einem "Rückfall in die Identitätsphilosophie, den Idealismus", wie ihn Adorno in seiner Kritik an Huxleys *Brave New World* diagnostizierte.[15] Als Modell für den utopischen Roman wählt Adorno Huxleys *Brave New World* und formuliert die These, daß der utopische Roman zu verstehen gebe, die Menschheit habe zwischen "totalitärem Weltstaat und Individualismus zu wählen".[16] Im utopischen Roman sei das Problem der modernen Gesellschaft auf eine Problematik Individualismus gegen Totalitarismus reduziert, und in dieser Alternative sieht Adorno ein falsch gestelltes Problem: das Individuum sei nicht außerhalb der Gesellschaft oder gegen die Gesellschaft zu zelebrieren, sondern man solle

---

[13]Th. Bernhard, *Ja*, Suhrkamp Taschenbuch Frankfurt 1988, S. 136.
[14]Ebda. S. 138.
[15]T. W. Adorno: "Aldous Huxley und die Utopie" in *Prismen. Kulturkritik und Gesellschaft*, suhrkamp taschenbuch, Frankfurt/M. 1979, S. 141.
[16]Ebda. S. 143.

sich vielmehr die Frage stellen, "ob die Gesellschaft schließlich sich selbst bestimmen oder die tellurische Katastrophe herbeiführen wird."[17]

Jelineks Texte bieten keine Prognose, keinen Rückblick auf vergangene, keinen Ausblick auf kommende Zeiten (symptomatisch dafür: das konsequente Präsens in der *Klavierspielerin* selbst in der Beschreibung der Vergangenheit), sie bieten keinen Ausblick auf einen Ort, wo alles anders sein könnte. Der Platz der Utopie ist unbesetzt. Hoffnung auf Wandelbarkeit würde man umsonst in ihrem Werk suchen und der Individualismus ist kein Heil. Er gehört zu den zahlreichen Illusionen der modernen Gesellschaft. Nur: die Abwesenheit von Hoffnung bedeutet nicht, daß nichts an ihre Stelle tritt, heißt eben nicht, daß der hoffnungslose Zustand nicht zu analysieren wäre. Denn die Faktoren, die an der Auflösung des Individuationsprozesses beteiligt sind, die Instanzen, die ein ökonomisch-politisches Interesse daran haben, werden klar und deutlich aufgezeichnet. Der Verzicht auf die utopische Perspektive bedeutet eine radikale Verabschiedung des selbstbewußten bürgerlichen Subjekts, wobei man sich ebenfalls sofort wieder fragen muß, ob es dieses selbstbewußte, autonome Subjekt je gegeben hat, ob dies nicht eher der Traum der bürgerlichen Gesellschaft war.

Elfriede Jelineks Texte leisten eindeutig Widerstand gegen gewisse Vorstellungen von Subjektkonstitution. Erfahrung, Bildung, Identifizierung mit Vorbildern, Imaginationsbildung, alles, was zur Identität des Subjekts beitragen könnte, ist in ihren Texten unwiderruflich der Warenwelt, dem Massenkonsum assimiliert: Zutaten eines "medialen Programmsalats".[18] Mit dem "medialen Programmsalat" ist die Industrie der Simulation, des Simulakrums gemeint, für die der Einzelne nur als Konsument in Betracht gezogen wird, für die die Unterscheidung von privat und öffentlich, Original und Kopie, bewußt, selbstbewußt, unbewußt, sowie der Unterschied zwischen Selbst- und Fremdwahrnehmung vollkommen irrelevant ist, weil sie danach strebt, jeden für sich in eine fensterlose Monade zu verwandeln, um ihr den Blick auf die Welt direkt ins Haus zu liefern.

> Massenkonsum findet heute solistisch statt – Jeder Konsument ist ein unbezahlter Heimarbeiter für die Herstellung des Massenmenschen[19]

---

[17]Ebda. S. 143.
[18]Siehe dazu den Aufsatz von D. Voss: "Metamorphosen des Imaginären – nachmoderne Blicke auf Ästhetik, Poesie und Gesellschaft" in Huyssen und Scherpe (Hrsg.), *Postmoderne*, op. cit. S. 235
[19]Günter Anders, *Die Antiquiertheit des Menschen. Über die Seele im Zeitalter der zweiten industriellen Revolution*, Verlag C.H.Beck, München 1988, S. 101.

Das war Günther Anders' Diagnose zum Fernsehen – 1956! In diesem Universum sind auch die meisten Figuren von Elfriede Jelinek angesiedelt. Daher die Schwierigkeit, sie auf einen irreduktiblen Kern, eine Substanz festzulegen, weil sie immer nur das sind, was sie gerade sprechen, und was sie gerade sprechen, stammt aus dem Sprachmaterial der Funk- und Fernsehanstalten, der Presse, der Werbung, der Klischees, der Kunst, der Literatur... Das Vokabular, aus dem sich ihre Sprache zusammensetzt, läßt sich auf keine erlebte Wirklichkeit zurückführen, weil es gänzlich aus dem Fundus der mediatisierten Welt geschöpft ist.

Andererseits unterscheiden sich die Figuren auch wieder von den theoretischen Modellen, an denen sie orientiert sind, weil auf zentrale Begriffe wie "Bedeutung" und "bedeuten" keineswegs verzichtet wird. In den *Liebhaberinnen* wird von Brigitte behauptet, sie sei "austauschbar und unnötig" (Lh,11), aber diese Austauschbarkeit bezieht sich nicht auf den Platz, den sie als ungelernte Fabrikarbeiterin und zukünftige Ehefrau eines Kleinunternehmers in der Gesellschaft einnimmt. Sie, Brigitte, kann nur dort stehen. Ihr ist keine Wahl gegeben. Austauschbar ist sie als Arbeiterin am Fließband, als Liebhaberin von Heinz, sogar als Gegenstand der Erzählung, "geradezu symptomatisch für alles, was unwichtig ist" (Lh, 11), aber gerade diese Irrelevanz und Austauschbarkeit werden von Bedeutung für die Stelle der Frau in der Gesellschaftsordnung. Die Rolle von Brigitte kann von einer x-beliebigen anderen gespielt werden, aber Brigitte selbst kann keine andere gesellschaftliche Rolle spielen. Der gesellschaftlich hierarchisierte Raum bleibt ein gerastertes Koordinatensystem, in dem die Anhaltspunkte oben und unten weiterhin von Bedeutung sind. Die Austauschbarkeit findet nur begrenzt statt, nämlich innerhalb der Grenzen des vom Warencharakter Geprägten, innerhalb des schon vom "Wahren" zur "Ware" Degradierten. Brigitte ist ein an sich bedeutungsloses Versatzstück, das dadurch an Bedeutung gewinnt, daß sich ihre Geschichte nur an den fest vorgegebenen Strukturen eines absolut gesetzten Systems entlang entwickeln kann. Und innerhalb dieses Systems ist die Rolle der Männer und Frauen, der Opfer und Täter, der Stellenwert von Schuld und Unschuld nicht x-beliebig austauschbar. Daß Österreich zum Beispiel total in der Opferpose aufgegangen, daß die Aura des Opfers zur Wirklichkeit geworden ist und den historischen Tatbestand verdrängt hat, beweist nur, daß der Schein gesiegt hat. Beweist, daß die Umkehrung von Täter- und Opferrolle auf staatlicher Ebenen besiegelt worden ist und der Schein, die Lüge, in die Geschichte eingehen kann.

1.1.5 Das Individuum in der modernen Literatur ist ein Divisum

Solistisch konsumierende austauschbare Massenmenschen zum einen und zerstäubte Atome zum anderen, so sieht Günther Anders den modernen Menschen, der in der medial verknüpften Welt nicht mehr als Individuum im etymologischen Sinn existiert, sondern nur noch als "divisum".[20] Eine in direkter Linie an Nietzsche anknüpfende Diagnose, der das Subjekt als "Fiktion", als "Vielheit", als "Atomgruppe" sah, und eine Art "Aristokratie von Zellen" anstelle "*eines Subjekts*" vermutete.[21] Und gerade in dem Dichter sah Nietzsche einen jonglierenden "Narren", der über unwiderruflich Verlorenes mit seinen Worten "Brücken" baut, Brücken zwischen zerstäubten Trümmern einer auseinandergefallenen Welt, Falsches, nicht zueinander Gehörendes verbindend:

> Herumsteigend auf lügnerischen Wort-Brücken,
> Auf bunten Regenbogen,
>
> Zwischen falschen Himmeln
> Und falschen Erden (...).[22]

Das Dissonante wird zum Formprinzip. Einerseits gehört der Verlust der Einheit zur thematisierten Problematik der Moderne, andererseits schlägt sich das Pulverisierte in den Formprinzipien der Dichtung wieder. Günther Anders weist in einem Exkurs über die künstlich erzeugte Schizophrenie darauf hin, daß es natürlich kein Zufall sei, daß das Auftreten der Expressionisten und Surrealisten parallel zu der massiven Verbreitung der Zerstreuungstechnik verläuft.[23] Während jedoch die Dichter versuchten, das Bewußtsein auszuschalten, damit das Unbewußte die Regie führe und das Zerstreute zusammenbringe, besteht – laut Anders – der Zweck der Zerstreuungsindustrie darin, die Zerstreuung erst herzustellen, die Menschen ihrer Individuation zu entkleiden:

> (...) genauer: ihnen das Bewußtsein dieses Verlustes zu nehmen; und zwar dadurch, daß sie ihnen ihr principium individuationis: ihre Raumstelle nahm; sie also in eine Lage zu versetzen, in der sie, ubique simul, immer auch anderswo, keinen bestimmten Punkt

---

[20] Anders, ebda. S. 136.
[21] Friedrich Nietzsche, *Umwertung aller Werte*, 2.Buch, 3.Kapitel: "Der neue Begriff des Individuums", dtv, München 1977, S. 297-299.
[22] Nietzsche: "Das Lied der Schwermut", in: *Also sprach Zarathustra*, Reclam-Verlag Stuttgart 1951, S. 301
[23] Anders, ebda. S. 136.

mehr einnahmen, und sich niemals bei sich, niemals bei einer Sache, kurz: *nirgendwo* befanden.[24]

Ohne der Atomisierung des Menschen nachzutrauern, und ohne den Menschen "in eine Pluralität von Einzelfunktionen"[25] aufzuspalten (wie es sich eine gewisse Genußmittelindustrie zum Ziel gemacht hatte, um der Konsumlust Vorschub zu leisten), fanden die Surrealisten in der Atomisierung die Quelle eines neuen Lustgewinns. "Differenzen verbinden", schienen auch sie zu sagen und machten das Kunstwerk zu einem interaktiven Spiel zwischen Werk und Betrachter: ich verschiebe, du verdichtest, vielleicht auch beides und in umgekehrter Reihenfolge, in jedem Fall beruhend auf der freudschen Einsicht, daß die Logik des Unbewußten keine zufällige ist und durch verdrängtes Triebleben produziert wird. "Zufällig" heißt in diesem Zusammenhang außerhalb der Ich- oder Über-Ich Instanz. Das selbstbewußte Subjekt sollte betäubt werden und auch seinen Lastern nachgehen, nannte doch der junge Aragon den Surrealismus ein Laster, weil er ganz Hingabe war an den leidenschaftlichen Gebrauch vom Rauschmittel "Bild ".[26]

In direkter Nachfolge der Surrealisten und Dadaisten stehen die wortspielenden Formalisten, auch sie waren ganz Hingabe an ein Laster, ganz Hingabe an die Sprache. Ihnen ging es weniger darum, das bürgerliche Vernunftprinzip zu annihilieren, als eine sprachliche Eigenwelt zu schaffen, eine Eigenwelt aber, die mit dem uralten rhetorischen Wunsch der Kongruenz von Form und Inhalt nicht zu verwechseln wäre. Nicht nur die von der Vernunft getrennten Wortwelten aufeinander prallen lassen, sondern das Paradigma Bewußtsein gänzlich durch das Paradigma Sprache ersetzen, eine Autonomie der Sprache anstreben, die Sprache selbst zum Sprechen bringen. Sprachliche Handlungen immer mehr auf die Mittel der Sprache selbst, auf Wörter, Phrasen, Sätze beziehen, so könnte das Programm der Formalisten, wie zum Beispiel das der Wiener Gruppe, lauten. Nicht die Welt oder Umwelt, der Mensch oder Unmensch sind das Material, aus dem ihre Texte entstehen, sondern die Sprache wird zum Material des Schreibens, zum Versuchsmaterial. Nicht das Bewußtsein, sondern die Sprache wird zum Prüfstein alles Bestehenden. Daher wahrscheinlich auch die Bezeichnung "experimentelle Literatur". Es wird geprüft und sondiert, entstellt und verstellt, montiert und miteinander amalgiert, was es so in (der) Wirklichkeit nicht gibt. So gesehen

---

[24] Anders, ebda. S. 136.
[25] Ebda. S. 138.
[26] Aragon, *Le Paysan de Paris* (1926): "Le vice appelé Surréalisme est l'emploi déréglé et passionnel du stupéfiant image", zitiert in A. Haverkamp (Hrsg.), *Theorie der Metapher*, Darmstadt 1983, S. 319.

wird auch die Korrelation von Denken und Sprechen – also die Sprache als Werkzeug des Denkens – zum überholten Dilemma, weil die Sprache die universelle Werkstatt *ist* (siehe die Bezeichnung *atelier d'écriture*, oder *workshops*). Das Experiment kann bis zur Auflösung der Syntax gehen und in pure Lautmalerei übergehen. Auch wenn sich keine einheitliche Tendenz aus der Konstellation von Oswald Wiener, H.C. Artmann und Konrad Bayer ergibt, so könnte man stellvertretend Gerhard Rühm zitieren, der in seinem Vorwort zu der Anthologie *Die Wiener Gruppe* (1967) schreibt:

> das sprachliche material sollte, aus einem kausalen begriffszusammenhang gelöst, in einen semantischen schwebezustand geraten, auf "mechanischem" wege überraschende wortfolgen und bilder erzeugen. in gewissem sinne handelt es sich hier um eine art systematisierung der alogischen begriffsfolgen des konsequenten surrealismus..."[27]

Der semantische Schwebezustand, das plötzliche Aufblitzen neuer Korrespondenzen, selbst die Arbeitsweise, d.h. der technische Aspekt des Verfahrens, all das ist untrennbar von der surrealistischen und dadaistischen Schreibweise. Verändert hat sich für die experimentelle Literatur der sechziger Jahre allein die Tatsache, daß die verschiedenen Elemente oder Verfahren nur noch als flottierende Bruchstücke, als Teilelemente eines Systems, verarbeitet oder im Rohzustand, d.h. mit oder ohne Anführungszeichen zitiert, als zusammengewürfeltes Allerlei in den Text eingehen.

1.1.6 Panoptikum der Schreckensfrau im Rahmen der österreichischen Literatur

Man sollte diesen Titel eines der *Klavierspielerin* gewidmeten Aufsatzes beim Wort nehmen,[28] denn in Bezug auf Elfriede Jelineks Literatur sind die Ausdrücke "Panoptikum" und "Schreckensfrau" von Relevanz, vorausgesetzt, man sieht in der Schreckensfrau keine kastrierende haßerfüllte Megäre, die ihrem Zorn, Haß und Ekel nicht anders als schreibend Platz machen kann, sondern eine Frau, die dazu fähig ist, dem abgestumpften Konsumenten die Bereitschaft zum Erschrecken zurückzugeben. Das Panoptikum entspricht einerseits der Guckkastentechnik Elfriede Jelineks (Ausschnitte, begrenzte Einblicke, fragmentierte Wahrnehmung usw.) und impliziert andererseits die Wechselbeziehung zwischen dem Gegenstand der Betrachtung und dem Be-

---

[27] G. Rühm, in: *Die Wiener Gruppe. Texte, Gemeinschaftsarbeiten, Aktionen*, Rowohlt Reinbek 1967, S. 14.
[28] H. Winkels, *Einschnitte. Zur Literatur der 80er Jahre*, Kiepenheuer und Witsch, Köln 1988, S. 60.

trachter. Gleich dem Gesicht der Medusa, das den Betrachter nur deswegen in Panik und Entsetzen versetzt, weil er in diesem Gesicht den Ausdruck des Entsetzens erblickt hat, so könnte man auch das Erschrecken vor Elfriede Jelineks Texten mit einem Entsetzen angesichts des Entsetzens vergleichen. Vieles in der Rezeption weist jedoch darauf hin, daß solch eine weibliche Radikalität nach wie vor schlecht akzeptiert wird. Die Österreichkritik eines Thomas Bernhard ist nicht minder radikal, sie wird jedoch literarisch gerettet, indem immer wieder darauf hingewiesen wird, sein Haß transzendiere die Tradition des Schmähliedes auf Österreich und steigere sich zu einer universellen Misanthropie. Sein Zorn und Ekel seien "auf keine Staats- und Landesgrenzen begrenzt", seien universell lesbar, also kein österreichischer Provinzialismus. So argumentiert zum Beispiel Günther Blöcker in seiner Laudatio auf Thomas Bernhard und fügt pertinent hinzu:

> (...) das Entsetzliche ist heute ein Bestandteil der täglichen Information, es ist konsumfähig geworden; wir nehmen es jeden Abend mit einer Flasche Bier zu uns (...). Der Schrecken als erweckende Macht ist uns nicht mehr zugänglich. Bernhard hat diesem Erschrecken wieder Sprache gegeben (...).[29]

Blöckers Argumentation ist durchaus nachvollziehbar, wenn er Thomas Bernhard gegen all diejenigen verteidigt, die da meinen, der Mann sei begabt, gewiß, aber "eingekerkert in seine Zwänge, gebunden außerdem an seine österreichischen Besonderheiten",[30] und mit Recht zählt er derartige Aussagen zu den zahllosen Dummheiten und methodisch falsch formulierten Ansätzen. Trotzdem ist seine Argumentation nicht unproblematisch, wenn er das Allgemeingültige gegen das spezifisch Österreichische ausspielt, weil er damit den an den österreichischen Kontext gebundenen Inhalt, d.h. auch die politische Sprengkraft, gleichzeitig relativiert.

Nach einem immer wieder zitierten Bonmot von Karl Kraus sollen Deutschland und Österreich zwei Staaten sein, welche die gemeinsame Sprache trennt. Was diese beiden Staaten weiterhin trennt und verbindet im Vergleich zu anderen europäischen Ländern, ist ihr gestörtes Verhältnis zur Vergangenheit. Die meisten Versuche, das Wesen der zeitgenössischen österreichischen Kultur zu bestimmen, beziehen sich auf das Verhältnis zur Vergangenheit: die Haltung dem Nationalsozialismus gegenüber, die offizielle These, welche Österreich als erstes Opfer des Faschismus darstellt, die Einstellung gegenüber den Besatzungsmächten. Fragt man den Germanisten

---

[29] G. Blöcker: "Wie Existenznot durch Sprachnot glaubwürdig wird", in Beutin (Hrsg.), *Sprachkritik – Stilkritik*, Stuttgart, Berlin, Köln, Mainz 1979, S. 18.
[30] Ebda. S. 14.

Wendelin Schmidt-Dengler nach dem Spezifischen in der österreichischen Literatur, so antwortet dieser recht kategorisch, man könne von Region, Sozialisation, Bildung sprechen, aber es gäbe kein "linguistisches Kriterium", das erlauben würde, beide Literaturen zu trennen – und das spezifisch Österreichische nun gerade aus dem Katholischen, Habsburgischen oder gar Skurrilen abzuleiten sei nicht durchzuhalten.[31] Der deutsche Historiker Hans Mommsen sieht die Dinge nicht anders, seine These lautet, daß es gar keinen Zweifel geben könne, daß bis in die dreißiger Jahre hinein das Bewußtsein des Gesamtzusammenhangs mit Deutschland in Österreich bestimmend gewesen sei und daß erst der Zusammenprall mit dem Nationalsozialismus, der die österreichische Autonomie zerstört hat, ein Bewußtsein für die Vorzüge der Eigenständigkeit geschaffen habe. Die Unabhängikeit Österreichs sei im Widerstand geboren worden.[32] Das österreichische Sonderbewußtsein, so Mommsen, speise sich heute nicht mehr aus Erinnerungen an Maria Theresia und Mozart, sondern wesentlich aus seiner Neutralität.[33]

Eine ganz andere Auffassung vertritt der Literaturkritiker Ulrich Greiner. Er sieht im Apolitischen ein Hauptmerkmal der österreichischen Literatur, bis hin zu den zeitgenössischen Autoren. Dieser Meinung zufolge wären Elfriede Jelineks Texte untypisch für das "Österreichische in der österreichischen Literatur". Greiner vertritt den Standpunkt, daß die "Lust, zu den gesellschaftlichen Prozessen Stellung zu nehmen, sie zu beeinflussen mit den Mitteln der Literatur, gering [ist]."[34] Die österreichischen Autoren seien deshalb in der Mehrzahl apolitisch, weil eine politische Haltung einen festen Standpunkt für sie impliziere, von dem aus sie das Richtige vom Falschen unterscheiden könnten. Greiner vertritt die These, es gäbe keinen solchen Ort in der österreichischen Literatur, weil diese ganz unter dem Zeichen des Eskapismus und der Wirklichkeitsverweigerung stehe. Er verknüpft diesen Eskapismus mit der österreichischen Tradition der Sprachkritik und kommt zu folgender Schlußfolgerung: da der Begriff der Wirklichkeit ins Wanken geraten sei, sei es demzufolge auch naiv, vom Schriftsteller Widerspiegelung von Wirklichkeit zu verlangen, und da nicht nur die Literatur unfähig sei,

---

[31] Ders. zitiert in: "Bekannte Gesichter, gemischte Gefühle, Österreich und Deutschland, Szenen einer schwierigen Beziehung." Zum deutsch-österreichischen Symposium mit dem Thema: "Nation-Sprache-Kultur" gehalten am 12. März 1993 in Bonn. In *Die Presse*, Wien, 15. März 1993.
[32] Ebda.
[33] Ebda.
[34] U. Greiner, *Der Tod des Nachsommers. Über das Österreichische in der österreichischen Literatur, Aufsätze, Portraits, Kritiken zur österreichischen Gegenwartsliteratur*, Hanser Verlag, München, Wien 1979, S. 45.

Wirklichkeit zu beschreiben, sondern die Sprache selbst, gedeihe die österreichische Literatur in einer anderen Landschaft, jenseits des politischen Engagements, der Gesellschaftskritik, unter Ausgrenzung ideologischer und kultureller Ideale.

Es ist nicht zu verneinen, daß das Aufleben der Literatur in Österreich nach dem zweiten Weltkrieg eher mit der Aufarbeitung des Surrealismus, des Dadaismus und der Wittgensteinrezeption verbunden ist als mit einer realistischen Auseinandersetzung mit dem Krieg und der spezifisch historischen Situation, aber Vorsicht ist trotzdem bei der Bewertung dieser Tendenz geboten. Greiners Thesen beruhen zum größten Teil auf dem mittlerweile zum Standardwerk gewordenen Text von Claudio Magris, der in den sechziger Jahren die österreichische Moderne als eine rückwärtsgewandte, der Gegenwart und ihren geschichtlichen Tatsachen und Forderungen unangepaßte bezeichnet.[35] In den achtziger Jahren ist der habsburgische Mythos nach Meinung diverser Literaturkritiker nach wie vor von Aktualität:

> Der Geist der versunkenen Habsburgepoche wirkt in der österreichischen Literatur bis heute fort, er fungiert als gedanklich-poetische Vorlage einer rückwärts-gewandten Utopie.[36]

In seinen Vorlesungen über die österreichische Literatur von 1980 bis 1990 setzt sich Wendelin Schmidt-Dengler[37] mit der Argumentation Greiners auseinander, nicht weil er den Text für "bedeutend" hält, sondern weil Greiner eine "problematische Definition des Österreichischen in der österreichischen Literatur"[38] bietet. Der These von der habsburgischen Kontinuität, die Schmidt-Dengler in der Boutade: "Äußere Form der schriftlichen Arbeit: sehr gut; Inhalt mangelhaft"[39] zusammenfaßt (d.h. formalistisch experimentelles Interesse und Desinteresse am Inhalt), sollte man mit äußerster Skepsis begegnen, vor allem weil Greiner diese These mit folgendem Werturteil verbindet: die experimentelle Tendenz sei im Vergleich zu den Epigonen Stifters ästhetisch minderrangig.

Während also in Deutschland Günther Wallraff seine *Industriereportagen* veröffentlicht, während Böll und andere sich mit der Nachkriegsgesellschaft auseinandersetzen, während sich um Wellershof und die "Kölner Schule"

---

[35] C. Magris: *Le Mythe et l'Empire dans la littérature autrichienne moderne*, Paris 1991.
[36] C. Hirte: "Anmerkungen zur österreichischen Literatur" in *Weimarer Beiträge* 27, H.6, Berlin (DDR) 1981, S. 141.
[37] W. Schmidt-Dengler, *Literatur in Österreich von 1980 bis 1990. Skriptum zur Vorlesung WS 1991/92*, Basisgruppe Germanistik (Hrsg.), Institut für Germanistik der Universität Wien.
[38] Ebda. S. 9
[39] Ebda. S. 9.

eine neue Realismusdebatte entwickelte, entwickelte sich in Österreich die Tendenz, sich durch die Sprache mit der Gesellschaft auseinanderzusetzen. "Revolutionierung der Form statt Revolutionierung der Gesellschaft"[40] lautet eine viel zitierte Parole, oder auch "Sprachkritik ist Gesellschaftkritik." Schmidt-Dengler sieht den Sachverhalt etwas differenzierter und nennt die Nachkriegsjahre bis 1965/66, eine Phase der "Restauration und der Stabilisierung"[41]; er erinnert an das politische Koalitionsklima, das eine Aufhebung der Gegensätze und Spannungen in der Gesellschaft zur Wirkung hatte, und an den politischen Kurs, der auf Harmonisierung, Verdrängung, Nichtaufarbeitung der Vergangenheit, "Stillhalteabkommen zwischen den beiden Großparteien"[42] stand. Im Bereich der Literatur sollte man die restaurative Tendenz nuancierter sehen, auf der einen Seite habe es den Versuch gegeben, sämtliche Spuren der Krise der Erzählung zu verwischen und zu verdrängen – Doderers Monumentalromane als Restauration der Erzählung –, und auf der anderen Seite den Versuch, an eine barbarisch unterbrochene Tradition wieder anzuknüpfen. Letztere Tendenz, wie sie die "Wiener Gruppe" verkörperte, sei jedoch durchaus positiv konnotiert, denn das Anknüpfen an den Surrealismus und Dadaismus sei in diesem Klima schon Innovation. Man sollte also mindestens zwei Tendenzen von einander unterscheiden: während die "Wiener Gruppe" in Nachfolge der Surrealisten die mimetische Funktion der Sprache in Frage stellte, setzten Autoren wie Doderer eine Ästhetik fort, die sich bewährt hatte und weiterhin bewähren sollte.

Für Greiner zählen Peter Turrini, Michael Scharang, Elfriede Jelinek und die linksengagierten Autoren, die sich um die Zeitschrift *Wespennest* gruppiert haben, zu den ästhetisch minderrangigen Autoren, weil sie:

> (...) dem alten Dilemma [verfallen], die Last gesellschaftlicher Veränderung bloß der Literatur aufzubürden, die sie nicht tragen kann.[43]

Greiners Argumentation ist in mehrfacher Hinsicht problematisch. Einerseits verteidigt er eine ahistorische, dem habsburgischen Mythos verbundene Literatur und verwirft als bedeutungslos diejenigen Autoren, die sich mit der österreichischen Vergangenheit oder Gegenwart auseinandersetzen (dabei handelt es sich um Autoren, die eben nicht daran glauben, daß man der Li-

---

[40]Hirte, ebda. S. 145.
[41]Schmidt-Dengler, ebda. S. 11.
[42]Ebda. S. 11
[43]Greiner, ebda. S. 51.

teratur die Last der gesellschaftlichen Veränderung aufbürden kann.[44]) Andererseits aber stellt er zum Schluß seiner Abhandlung die Frage, wo in Österreich ein Heinrich Böll, ein Siegfried Lenz, ein Günther Grass aufzufinden wären, die das gleiche für Österreich geleistet hätten, wie diese Autoren für die BRD.

Wenn also nach Greiner das Vergessen, das Verdrängen, die Geschichtslosigkeit, die Ausgrenzung des Traumas Merkmale der österreichischen Literatur sein sollten – Elemente, die in Elfriede Jelineks Literatur denunziert werden, weil sie kennzeichnend für die österreichische Geschichte sind –, dann sind ihre Texte untypisch für die von Greiner gepriesene Tradition. Jelineks Kritik gilt vor allem der Selbstdarstellung, dem Bild, das die Österreicher von sich selbst geben oder geben möchten, der Repräsentation und den Repräsentanten. Ihre Kritik gilt dem ideologisch ästhetisch Vorbelasteten, den besetzten Topoi, den von Greiner erwähnten Konstanten in der österreichischen Literatur: der Idylle, der Landschaftsästhetik, der Natürlichkeit und ihrem Gegenstück, der Geschichtslosigkeit als geschichtliche Tatsache. Ihre Kritik bezieht sich auf die Klischees um die Republik Österreich: als Opfer der Deutschen, als überfallenes Land, das seit dem Krieg an Gedächtnisschwund leidet, regiert von Politikern, die die Gnade des Vergessens auszuteilen wußten. Ihre Kritik gilt all denen, die im Zeitalter des Wiederaufbaus, der Sozialpartnerschaft, der Koalitionsparteien, ein Interesse am Nichtaufarbeiten der Vergangenheit haben.

Greiner geht davon aus, daß Gesellschaftskritik mit einer realistischen Schreibweise verbunden ist, und genau diese Gleichung ist problematisch, weil sie zu einer naiven Interpretation des Realismus führt. Elfriede Jelineks Auseinandersetzung mit der österreichischen Nachkriegsgesellschaft ist eine kritische, in der das Element der Zeit und der Geschichte einen wichtigen Platz einnimmt. Sie kann schon deswegen nicht realistisch sein, weil die Wiederkehr des Verdrängten, der verdrängten Geschichte, grundsätzlich unter dem Zeichen des Entstellten, des Verzerrten, der Groteske steht. Wiederholt sich die Geschichte, dann als Farce. Kehrt das Verdrängte wieder, dann bis zur Unkenntlichkeit entstellt, auf daß es in aller Öffentlichkeit als Kompromißlösung akzeptabel erscheine. Elfriede Jelinek entstellt bis zur

---

[44]Siehe dazu die Stellungnahme von Michael Scharang und E. Jelinek in der von Alfred Kolleritsch gegründeten Zeitschrift *manuskripte*. Michael Scharang erhebt sich als erster gegen die Vorstellung, daß die Kunst, die experimentelle Veränderung von etablierten Sprachmustern auch eine Wirklichkeitsveränderung herbeirufen könne. Unterstützt wird er von E. Jelinek, die ebenfalls davon ausgeht, daß durch die Kunst nichts verändert werden kann, "weder das Bewußtsein noch sonstwas". E. Jelinek und M. Scharang: "Offener Brief", in *manuskripte* 9, H.27, Graz 1969, S. 3-5

Kenntlichkeit, mit den Mitteln der Satire und der Sprachkritik, mit den Mitteln eines Nestroy und eines Karl Kraus.

1.1.7 Anhaltspunkte für die Rezeption

Es wurde einleitend schon erwähnt, daß Elfriede Jelineks Texte in der Rezeption auf große Widerstände stoßen, die einerseits auf die Auseinandersetzung mit einem traumatisierenden Inhalt und andererseits auf die Schwierigkeit der Genrebestimmung zurückzuführen sind. Selbst wenn man berücksichtigt, daß Satiriker sich stärker der Kritik aussetzen und Polemik geradezu herausfordern, selbst wenn man berücksichtigt, daß den Rezensenten zeitgenössischer Werke die notwendige historische Distanz zu einer gerechteren Einschätzung ästhetisch avancierter Texte fehlt, so ist die Heftigkeit, die in der Jelinek-Rezeption herrscht, doch sehr erstaunlich.

Hans Robert Jauß, der seit den siebziger Jahren den Begriff der Rezeptionsästhetik geprägt hat, sieht in den Werken, die auf keinen Widerstand stoßen, also der Erwartungshaltung des Lesers entgegenkommen, konsumierbare "Unterhaltungskunst".[45] Derartige Produkte aus der Konsumgesellschaft fördern weder Gesinnungswandel noch Horizonterweiterung, weil sie dem Geschmack des Lesers Vorschub leisten, weil sie sein Verlangen nach dem Gewohnten, seine verschiedenen Vorstellungen im Bereich der Ästhetik, der Empfindungen und Wunschvorstellungen reibungslos befriedigen. Jauß geht davon aus, daß die prozeßhafte Geschichte eines Werkes erst dann vollständig ist, wenn man die Interaktion von Werk und Publikum berücksichtigt, wenn man das *konsumierende Subjekt* mit in den Interpretationshorizont einbezieht, weil die Rezeption "durch den Leser eine Erprobung des ästhetischen Wertes im Vergleich zu schon gelesenen Werken einschließt."[46]

Etwas schematisch formuliert ließe sich dieser Aspekt der Jauß'schen These unter dem Begriff des Wiedererkennens zusammenfassen. Der Durchschnittsverbraucher schätzt vor allem die Kontinuität, das, was er mit einer Tradition verbinden kann, er schätzt das Nachleben und Weiterleben von Bekanntem. D. h. ein Werk wird gemessen am Maßstab bereits bekannter, anerkannter ästhetischer Kriterien, und man akzeptiert oder verwirft es je nach dem Grad der Vertrautheit mit diesen Kriterien.

Elfriede Jelinek scheint mit dieser Art von Rezeption eng vertraut zu sein und entwirft in der *Klavierspielerin* ein Portrait derartiger Kunstkonsumen-

---

[45]H. R. Jauß, *Literaturgeschichte als Provokation*, edition suhrkamp, Frankfurt 1970, S. 178.
[46]Ebda. S. 170

ten; es handelt sich um Konzertbesucher, aber die grundlegenden Züge lassen sich leicht auf die Jauß'sche Rezeptionsästhetik übertragen:

> Sie singen ungerufen und ungefragt Kantilenen mit. Sie fahren mit befeuchtetem Zeigefinger ein Thema nach, suchen das passende Seitenthema dazu, finden es nicht und begnügen sich daher mit dem kopfnickenden Auffinden und erneuten Wiederholen des Hauptthemas, welches sie schweifwedelnd wiedererkennen. Für die meisten besteht der Hauptreiz der Kunst im Wiedererkennen von etwas, das sie zu erkennen glauben. (Ks, 28)

Die Jauß'sche Auffassung der Rezeption als Prüfstein ästhetischer Werte ist interessant, weil sie, als literaturhistorische Auffassung die Kluft zwischen Literatur und Geschichte überbrückend, eine Geschichte der Mentalitäten entwirft. Man sollte sich aber trotzdem fragen, ob er die Rolle der Rezeption nicht überschätzt, wenn er behauptet:

> (...) Qualität und Rang eines literarischen Werkes (...) ergeben sich aus den schwerer faßbaren Kriterien von Wirkung, Rezeption und Nachruhm.[47]

Ob sich rückwirkend Schlüsse für das Werk aus der Rezeption ziehen lassen, ob der ästhetische Wert eines Werks rückwirkend durch die Rezeption verändert werden kann, soll hier nicht diskutiert werden. Ebensowenig soll bestritten werden, daß ein literarisches Werk "kein für sich bestehendes Objekt [ist], das jedem Betrachter zu jeder Zeit den gleichen Anblick darbietet"[48]. Ein Text spricht nie von allein, weil er gar nicht sprechen kann – jede Epoche nähert sich dem Text mit ihren Fragen, Ängsten, Sicherheiten – und trotzdem ist es problematisch aus dem Wechselspiel zwischen Text und Leser Beurteilungskriterien für das Werk zu ziehen, eben weil die Rezeption ein äußerst komplexer Vorgang ist, der analog zum psychoanalytischen Begriff der Übertragung mit der unendlichen Kette der Verschiebung und Verdichtung rechnen muß.

In der Jelinek-Rezeption ist der polemisch leidenschaftliche Ton vorherrschend und geradezu ein Indikator für die heutige Toleranzschwelle, das Tolerierbare von einer Frau in der Literatur. Er ist auch ein Anzeichen für die Verwirrung von Ethik und Ästhetik in der Literaturkritik, wenn diese mit moralisierenden Konzepten ästhetische Konzepte mißt. Für viele kreisen Jelineks Texte im Umfeld des Unerträglichen, des Abstoßenden, wobei sich das Unerträgliche auf die Distanz, die Kälte, das mangelnde Einfühlungsvermögen der Erzählerinstanz, sogar der Autorin bezieht und das Abstoßende

---

[47]Jauß, ebda. S. 147.
[48]Ebda. S. 171.

sowohl auf die soeben erwähnte "Schreckensfrau" (also auf die Radikalität, mit der eine Frau Tabus verletzt), als auf die verzerrte Darstellung der Wirklichkeit.

1.1.8 Erzählerische Distanz oder die Gefriermaschine

In einem 1987 erschienenen Aufsatz wies Christa Gürtler schon auf die ständige Vermischung von Autorin und Werk hin, als sei "der kalte, böse Blick der Autorin Elfriede Jelinek offensichtlich das Auffälligste an ihr oder auch an ihrer Literatur."[49] Die Kälte ist in diesem Kontext immer stellvertretend für die Gefühlskälte der Autorin. Christa Gürtler führt exemplarisch Titel von Rezensionen an ("Spezialistin für den Haß", "Dein böser Blick, Elfriede", "Oh Kälte, oh Schutz vor ihr"), um hervorzuheben, wie sehr einerseits die Werke Jelineks "emotionale Abwehr" sowohl bei männlichen als bei weiblichen Rezensenten hervorrufen, und wie andererseits eine bei jeder Neuerscheinung immer wieder auftauchende Frage den Vorrang hat: die Frage nach der Person, die hinter einer solchen Kälte oder Boshaftigkeit stehen kann. "Elfriede Jelinek, belle, blonde, froide comme son style...", schreibt Nicole Zand in *Le Monde*[50] und "So kalt wie sie schreibt, gibt sie sich auch", Sigrid Löffler in der *Zeit*.[51] Man könnte die Liste endlos weiterführen, in Hommagen wie Verrissen tauchen immer wieder dieselben Begriffe auf: Haß, Kälte, Aggressivität. Ob positiv oder negativ besetzt spielt dabei keine Rolle, weil den Interpretationen stets das gleiche Schema zu Grunde liegt: die erzählerische Distanz wird als intendierte Boshaftigkeit der Autorin ausgelegt und zum textkonstituierenden Element erhoben, zu einer Ästhetik des Bösen, zu einem Diskurs des Bösen als Ausdruck ihrer Aggressivität. Die Mimesis einer bösen, häßlichen, abstoßenden Wirklichkeit wird verbunden mit einer persönlich sadistischen Wollust, die am Verfall der Werte Gefallen findet. Die Wahrnehmung des Bösen und böses Bewußtsein werden in derartigen Kritiken amalgamiert und undifferenziert behandelt; sie setzen sich hinweg über das Imaginationsprinzip und scheinen zu ignorieren, daß das Böse ein grundlegendes Merkmal der poetischen Imagination der Moderne ist. Schon Kleist und Nietzsche, so Karl Heinz Bohrer, forderten für das 19. Jahrhundert nichts anderes, "als daß die Ausgrenzung des Bösen ästhetisch wieder

---

[49]C. Gürtler: "Der böse Blick der Elfriede Jelinek. Dürfen Frauen so schreiben?" in Gürtler, Mazahl-Walling, Bachinger, Wallinger (Hrsg.): *Frauenbilder, Frauenrollen, Frauenforschung*, Geyer-Verlag (= Veröffentlichungen des Historischen Instituts der Universität Salzburg, Nr.17), Wien 1987, S. 50.
[50]N. Zand: "L'innocence des pervers", in *Le Monde*, Paris, 21.04.1989.
[51]S. Löffler: "Spezialistin für den Haß, Elfriede Jelinek", in *Die Zeit* 45, Hamburg, 4.11.1983.

rückgängig gemacht werde."⁵² Wobei Bohrer vermutet, der Widerstand gegen die destruktiv böse Imagination sei verbunden mit der spezifisch deutschen Nachkriegssituation:

> Denn das Schwierige mit der Destruktion ist: es gibt, jedenfalls in Deutschland, materiell nur wenig noch zu destruieren, sondern es gilt die überkommenen Reste zu bewahren. Daß man die geistig-politische Destruktion nach dem Krieg verabsäumte, ist an den Söhnen und Enkeln der damals eigentlich zu destruierenden Restgesellschaft wahrzunehmen. Einig sind sich in der Bewahrung der materiellen Reste: die Grünen, die Denkmalpfleger, die letzten historischen Menschen und die ahistorischen Neureichen und Neuarmen. (...) Eine etwas vage pazifistische Denkungsart unterstützt diese ideologisch verschiedenen, im Effekt aber zusammenkommenden Absagen an die Metapher der Zerstörung. ⁵³

Alexander von Bormann vergleicht das Zurückschrecken der Rezensenten vor Elfriede Jelineks boshafter Kälte mit einer Spöttelei Berthold Brechts über Thomas Mann:

> Sie werden bemerkt haben, daß die Luft sich in Ihrem letzten Jahrzehnt bedeutend abgekühlt hat. Dies kam nicht von allein und wird nicht aufhören von allein, "irgendwo" waren Gefriermaschinen in Tätigkeit. Nun: wir waren es, die sie bedienten. ⁵⁴

Am schlimmsten wird die "Gefriermaschine" Jelinek in einem Themenbereich empfunden, der auch die größten Widerstände hervorruft, sobald er sich nicht mehr auf die Privat- und Intimsphäre begrenzt: dem der Sexualität. Immer wieder wird in der Kritik darauf hingewiesen, wie trostlos, grausam, abstoßend, pornographisch, pervers, also widernatürlich ihre Darstellung der Sexualität sei (exemplarisch die Rezeption von *Lust*). Und man könnte in der Tat etwas überspitzt behaupten, Jelineks Darstellung der Sexualität sei die Darstellung eines Massakers. Nur begeht man einen Irrtum, liest man das Motiv des Massakers als pessimistisch-kritischen Kommentar zum Kampf der Geschlechter in der modernen Gesellschaft, selbst wenn die Referenzen im Text (Banalisierung der Gewalt innerhalb der Ehe, der Familie zum Beispiel) vorhanden sind.

---

[52] K. H. Bohrer: "Das Böse – eine ästhetische Kategorie?" in *Merkur*, Heft 6 Stuttgart 1985, S. 461.
[53] Bohrer, *Nach der Natur. Über Politik und Ästhetik*, München, Wien 1988, S. 101 f.
[54] B. Brecht: "Über alte und neue Kunst", in *Gesammelte Werke 18*, Frankfurt/M. 1967, S. 39, zitiert in Bormann, Alexander: "Von den Dingen, die sich in den Begriffen einnisten. Zur Stilform E. Jelineks", in C. Kleiber und E. Tunner (Hrsg.), *Frauenliteratur in Österreich von 1945 bis heute. Beiträge des Internationalen Kolloquiums vom 21.-23. Februar 1985 in Mulhouse*, Peter Lang Verlag, Bern/ Frankfurt/M./ New York 1986, S. 28.

Diesen Irrtum begeht unter anderen Jörg Drews, wenn er behauptet, es gäbe in dem Roman *Lust* "zentrale Argumentations- und Konstruktionsprobleme", weil die Handlung zu stark von dem österreichischen Kontext geprägt sei, (...) mit Sozialstrukturen, die offenbar ziemlich spezifisch sind", und die eine Analogie nahelegen zwischen dem beschriebenen "psychopathologischen Fall" und der österreichischen Gesellschaft im allgemeinen. Drews fragt sich:

> (...) wie soll ich aus dem Gelesenen generalisieren oder hochrechnen – und auf was? Auf die Gesellschaft insgesamt? Dafür ist das aber alles zu regionalistisch eingefärbt.[55]

Die Fragestellung an sich ist schon zweifelhaft, denn was für Jelinek gilt, muß auch für andere gelten; für Thomas Bernhard z.B. würde die gleiche Fragestellung so klingen: inwiefern läßt sich von Jauregg, Hochgobernitz, Wolfsegg etc. auf Österreich, die Welt extrapolieren? Inwiefern ist das Provinzielle vereinbar mit dem Universellen? Die Mikrostruktur stellvertretend für die Makrostruktur? Abgesehen also von dieser dubiosen Fragestellung verkennt Drews obendrein die Tatsache, daß das Alpental von dem in *Lust*, *Oh Wildnis, oh Schutz vor ihr*, und in den *Liebhaberinnen* die Rede ist, zu den übersaturierten Topoi der österreichischen Literatur gehört, und dementsprechend nicht in den Alpen, sondern in der Landschaftsfiktion zu suchen ist. Er verkennt, daß sich das Sinnpotential aus einer Auseinandersetzung mit den verschiedenen *Diskursen* über die Alpen, die Heimat, die Naturverbundenheit, die natürliche Ordnung der Dinge innerhalb der Gesellschaft, die Echtheit, das Authentische zusammensetzt. Die Berge, die in diesen Texten Alpen heißen, sind ästhetisch, ideologisch saturiert, sie sind Bedeutungsträger eben jener Diskurse. Und was die abstoßende Sexualität ihrer Figuren betrifft, so sollte man nicht vergessen, daß eine Literatur, die Abstoßendes inszeniert, gleichzeitig auch das Scheitern verschiedenartiger Wertsysteme, die Schwäche des Verbots diagnostiziert, Grenzen überschreitet, Tabus verletzt, den Abstieg ins Unnennbare wagt, um es beim Namen zu nennen.

Abstoßendes beschreiben, so Julia Kristeva, bedeutet die Logik des Abstoßenden durchschauen, sich hineinprojizieren, und es verinnerlichen, es nicht von sich abstoßen und keine andere Verschiebung akzeptieren als durch das Spiel mit der Sprache.[56] Und genau diese Intransigenz in Elfriede Jelineks Texten, ist es, die den größten Widerstand hervorruft. Man sollte sie

---

[55] J.Drews: "Staunenswerter Haßgesang – aber auf wen?" in Süddeutsche Zeitung Nr. 87, München 15./16 April 1989.
[56] Julia Kristeva, *Pouvoirs de l'horreur. Essai sur l'abjection*, Ed. du Seuil, Paris 1980.

parallel lesen zu den Forderungen Antonin Artauds nach einem Theater der Grausamkeit, von dem er sich erhoffte, der Zuschauer möge die Inszenierung der Grausamkeit als "konkreten Biß" empfinden, und diese Grausamkeit nicht verwechseln mit einem sadistischen Lustempfinden. Grausamkeit bedeutet im Sinne Artauds Schauplatz, Inszenierung eines latenten Fundus an Grausamkeit, durch den sich die mannigfaltigen Perversionen des Geistes offenbaren. Artaud ging davon aus, daß wir jegliche Beziehung zum "théâtre vrai", "théâtre essentiel" im Laufe der Jahrhunderte verloren haben, da wir es auf den Bereich dessen begrenzen, was das alltägliche Denken erreichen kann: das Bekannte oder Unbekannte in der Sphäre des Bewußten. Und selbst wenn theatralisch an das Unbewußte appelliert wird, dann meist nur um ihm das abzuringen, was es an alltäglicher Erfahrung hat ansammeln oder verstecken können.[57]

Auf einem ähnlichen Schauplatz sind auch Elfriede Jelineks Figuren angesiedelt, und monströs sind sie eigentlich nur im etymologischen Sinne des Monstrums: demonstrative Schauobjekte, veranschaulichtes Material. Verwechselt werden sie allerdings durchgehend in der Kritik mit perversen pathologischen Einzelfällen. Hier ein letztes und besonders krasses Beispiel, der *Lust*-Rezeption entnommen:

> Warum hat sie sich nicht, wie in der *Klavierspielerin*, auf den einen Fall konzentriert, den pathologischen, vielleicht den eigenen?[58]

1.1.9 Frau sein und schreiben

Ein großer Teil der Forschung konzentriert sich auf die spezifisch feministischen Züge, auf die Geschlechterproblematik zum einen (unter dem Aspekt der sozio-historischen Unterdrückung, der Dominanz der patriarchalischen Struktur) und auf weibliche Ästhetik zum anderen. Die grundsätzlichen Fragen lauten in diesen Studien: Gibt es eine weibliche Ästhetik? Gibt es ein natürliches Anders-sein der Frau und einen weiblichen Diskurs, der als subversive Alternative zur Norm (zum Phallozentrismus) aufzufassen wäre? Angeregt werden derartige Fragestellungen von Aussagen Elfriede Jelineks, die sich zum Beispiel für ihren Roman *Lust* zum Ziel gesetzt hatte, einer weiblichen Sprache der Sexualität, der Lust, der Obszönität nachzugehen, als Ge-

---

[57] Antonin Artaud, Le théâtre et son double, Gallimard, Paris 1990.
[58] Annette Meyerhofer: "Nein, sie kennt auch diesmal keine Gnade", in *Der Spiegel*, Nr.14, Hamburg, 3.4.1989.

genprojekt zu Batailles *Geschichte des Auges*.[59] Diese spezifisch feministischen Studien stützen sich zum großen Teil auf Schriften von Luce Irigaray, Hélène Cixous, Sigrid Weigel und Silvia Bovenschen und ihr Hauptaugenmerk gilt dem Aufspüren eines neuen Diskurses, des der Sprachlosen. Konnte Walter Benjamin noch in den zwanziger Jahren schreiben: "Die Sprache der Frauen blieb ungeschaffen. Sprechende Frauen sind von einer wahnwitzigen Sprache besessen",[60] konzentriert sich die heutige Debatte hauptsächlich auf die Frage: inwiefern schließt sich die schreibende Frau ein zweites Mal aus, indem sie sich einer phallozentrischen Sprache bedient?

Die Frage, ob eine derartige Verteidigung des Anders-seins nicht in einem neuen biologisierenden Determinismus mündet, scheint gerechtfertigt. Daß die Sprache *herr*schaftlich geprägt ist, daß Frauen in der Privatsphäre wie in der öffentlichen Sphäre nach wie vor ent*mündigt* sind und *mund*tot gemacht werden, daß sie vielleicht lauter sprechen und vielleicht auch mehr Worte machen müssen, um überhaupt wahrgenommen zu werden, übertönt wie sie werden von Männern, die in dummen Witzen von sich behaupten: "ein Mann ein Wort, eine Frau ein Wörterbuch" – an all diesen historischgesellschaftlich bedingten Tatbeständen kann überhaupt nicht gezweifelt werden. In Frage gestellt werden soll allein die Alternative einer körperlich bedingten Sprache, die sich einer phallokratischen *Sprach*regelung widersetzen könnte. Die Frage nach der geschlechtlichen Identität der Sprache steht hier nicht zur Debatte, wohl aber Julia Kristevas Sprachtheorie, die davon ausgeht, daß die sprachliche Symbolisierung als das Setzen eines Rasters zu verstehen sei, im dem Triebe, Signifikanten und Sinn sich in einer rästelhaften Dynamik verknüpfen und sich wieder lösen:

> (...) eine Dynamik, aus der ein seltsamer Körper seine Existenz erhält. Er ist weder Mann noch Frau, weder Greis noch Kind, er läßt Freud von Sublimation, die Christen von Engeln träumen, und er hört nicht auf, der modernen Rationalität die verfängliche Frage nach einer (unter anderem auch sexuellen) Identität zu stellen, die neu geschaffen ist, neu geboren aus der Kraft eines Spiels der Zeichen (...).[61]

---

[59]"(...) eine originäre weibliche Sprache der Lust, des Obszönen, [KANN] es nicht geben, weil der Gegenstand der Pornographie keine eigene Sprache entwickeln kann. Die Lust (...) der Frau an der Sprache, kann eben nur in der Denunzierung und im Lächerlichmachen der männlichen Sprache der Pornographie bestehen." Y. Hoffmann: "Entretien avec E.Jelinek", in *Lust*, Nachwort zur französischen Fassung, Ed. Chambon, Nîmes 1991, S. 280.
[60]zitiert in: Schmölzer, *Frau sein und schreiben: Österreichische Schrifstellerinnen definieren sich selbst*, Bundesverlag, Wien 1982, S. 6.
[61]J. Kristeva: "Kein weibliches Schreiben? Fragen an Julia Kristeva. Ein Gespräch mit Françoise Van Rossum-Guyon", deutsch von X. Rajewski und G. Ricke, in *Freibeuter* Nr. 2, Berlin 1979, S. 80.

Nicht weniger problematisch sind die Reaktionen von Männern und Frauen, denen es nicht um die theoretisierbare Auffassung einer weiblichen Ästhetik geht, sondern um die moralisierende Frage, ob Frauen so schreiben dürfen? So lächerlich sie auch klingen mag, sie ist direkt oder indirekt gegenwärtiger als man glauben könnte. Zwei Beispiele sollen genügen.

Hermann Burger, Schriftsteller, Träger des Hölderlin- und des Bachmann-Preises, kristallisiert in seiner geradezu allergischen Reaktion eine ganze Serie von Reaktionen gegen Elfriede Jelinek als weibliche Schriftstellerin. Zwar formuliert er überspitzt, was andere gepflegter ausdrücken, aber seine Reaktion ist durchaus repräsentativ, wenn er schreibt:

> (...) oft bewegt sich Elfriede Jelinek an der Grenze der Pornographie. Nun ist das 'Huren-Schreiben' immer dann legitimiert, wenn es der Diagnose dient und der Therapie.[62]

Der Ausdruck "Huren-Schreiben" soll als das gelten, was er ist: eine Anekdote. Weniger anekdotisch dagegen und symptomatisch für eine innerhalb der modernen Literatur völlig unangepaßte Analyse ist Burgers Stellungnahme zum Aufgabenkreis der Literatur, vorausgesetzt die Literatur habe überhaupt eine Aufgabe zu erfüllen, einen moralischen Standpunkt zu vertreten. In der *Klavierspielerin* heißt es ironisch zu einem der Weiblichkeitsstereotypen: "Nichts Schlimmeres als eine Frau, welche die Schöpfung neu schreiben will." (Ks, 330) Woraufhin Burger als Schriftsteller ernsthaft antwortet:

> Genau das aber hat die Gattung Roman zu leisten: eine Neudefinition der Welt. Dafür scheint mir Elfriede Jelineks Konstruktion trotz oder gerade wegen des diagnostischen Scharfsinns zu schwach zu sein.[63]

Ob es Aufgabe des Romans ist, die Welt neu zu definieren, darüber läßt sich allenfalls noch diskutieren, worüber sich jedoch in keinem Fall mehr diskutieren läßt, ist die Behauptung, diagnostischer Scharfsinn sei ein konstruktionshemmendes Element in der "Neudefinition der Welt". Was kann diagnostischer Scharfsinn verhindern? Einen Rückfall ins Mythische, Subjektive, Zeit- und Geschichtslose, einen Rückfall in die Illusion einer heilen Welt.

Sigrid Löffler vertritt als feministische Literaturkritikerin einen nicht minder fragwürdigen Standpunkt, obwohl mit ganz anderen Argumenten als Hermann Burger. Fragwürdig bedeutet hier, daß eine Interpretation, die sich auf moralische Konzepte stützt (also im Grunde wieder fragt, was darf und

---

[62]H. Burger: "Giftmutterliebe", E. Jelineks *Klavierspielerin*, in *FAZ*, Frankfurt/M., 9.4.1983.
[63]Burger, ebda.

was darf sich ein Autor/eine Autorin erlauben), Literatur auf den Prüfstein etablierter Werturteile reduziert. Sigrid Löffler fragt sich, ob Elfriede Jelineks *Klavierspielerin* der feministischen Bewegung schaden kann, weil die beschriebenen "lustvollen Vergewaltigungsphantasien" nicht in Einklang gebracht werden können mit den "feministischen Kampagnen gegen die Gewalt an Frauen". Löffler nennt diese Phantasien eine "unbequeme Wahrheit" und kommt dann zu dem Schluß, daß eine Wahrheit wie unbequem sie auch sein mag, niemals schaden kann. [64] Die Position ist lobenswert, verwechselt jedoch den literarischen Text mit einer soziologischen Problematik. Die individuelle oder gesellschaftliche Akzeptanz von "lustvollen Vergewaltigungsphantasien" gehört in eine andere Kategorie, als die der Literaturkritik. Eine direkte Stellungnahme auf S. Löffler erfolgte in der gleichen Woche in der Zeitschrift *Forum* unter der Signatur von Rudolf Burger, dem Organisator der "Wiener Gespräche zur Philosophie". Er widerlegt die von Löffler aufgeworfene Problematik und zeigt, daß bei aller Lobhudelei die Frage nach dem feministischen Wert des Romans eine falsche sei und daß "eine bestimmte Sorte moralisch-wohlwollend[e] Kritik, die, wenn sie Schule macht, mehr Schaden stiften dürfte, als ein konservativer Verriß (...)."[65] Gegen den sogenannten weiblichen Masochismus, soll, muß sich sogar die Frauenbewegung wehren, weil er, so Burger, "noch über das im engeren Sinne Sexuelle hinaus, Masochismus zum natürlichen weiblichen Charakterzug anthropologisiert". Er geht davon aus, daß Begriffe wie "menschliche Natur" und ihr Korrelat die "natürliche Sexualität" von der Gesellschaft "formbestimmt" sind. Für ihn stehe die Perversion als natürlich oder widernatürlich nicht zur Debatte, weil auch die Perversion ein Kulturgut sei, und diese einhergehe mit der spätkapitalistischen "Zerstörung des Humanen", einer Zerstörung, die Elfriede Jelinek "bis in die feinsten Verästelungen der sexuellen Wunschproduktion" verfolge.

1.1.10 Das Problem der Wirklichkeitsdarstellung

In den Vorwürfen, Elfriede Jelineks Darstellungen seien verzerrt, unplausibel, manchmal sogar verleumdend (zahlreiche Kritiker haben ihr Stück *Burgtheater* als einen Schlüsseltext aufgefaßt), tauchen die Argumente der schon erwähnten "Gefriermaschine" wieder auf. Nur wird hier nicht die Boshaftigkeit, sondern die mangelnde Glaubwürdigkeit kritisiert. Ein einziges

---

[64] S. Löffler: "Ohnmacht – ein Aphrodisiakum?", in *Profil* Nr.9, Wien 1983, S. 73.
[65] R. Burger: "Dein böser Blick, Elfriede", in *Forum 30*, H. 352/353, Wien 1983, S. 48-51.

Beispiel soll hier genügen, weil die Argumentation stets gleich klingt: Text gegen Wirklichkeit, und der Text bleibt auf der Strecke wegen mangelnder mimetischer Fähigkeiten.

Hans Christian Kosler schreibt 1981 im *Kritischen Lexikon zur deutschsprachigen Gegenwartsliteratur* [66] in seinem Jelinek-Artikel, daß ihm die "psychologisch[e] Plausibilität" der *Ausgesperrten* zu schaffen mache, sowie die Tatsache, daß das, "was die Milieuschilderungen versprechen, von der Handlung des Romans nicht eingelöst [wird]." Daß Termini wie "psychologische Plausibilität" und "Milieuschilderungen" als Kriterien in einem der modernen Literatur gewidmeten Standardwerk überhaupt noch Kurs haben, ist erstaunlich, aber noch erstaunlicher ist der Vorwurf, daß Elfriede Jelinek nicht versuche, "ihrer Neigung zum Sarkasmus durch eine auch nur annähernd subjektiv ungefilterte Prosa entgegenzuarbeiten". Kosler verkennt mit einer derartig formulierten Aussage jegliche Merkmale der modernen Literatur, und ob es je eine "subjektiv ungefilterte Prosa" gegeben hat und geben wird, mag dahingestellt bleiben. Er verkennt den Text als dynamisches Zeichensystem, er verkennt, daß der historische Stand des Wissens, der Ideen, der intellektuellen Debatten selbst im naivsten realistischen Darstellungsmodus sich verknüpft mit persönlichen Neigungen, Widerständen, Obsessionen, Vorbildern, kollektiven Modellen. Er verkennt, daß ein Kunstwerk keine Aussage darüber liefert, *wie* die Dinge in Wirklichkeit liegen, daß *die* Wirklichkeit gar nicht mimetisch abgebildet werden kann, sondern die Dinge immer nur *so* liegen, wie sie im Text zusammengestellt werden.[67]

Es lohnt sich kaum weitere Beispiele anzuführen, weil das Schema bei jeder Neuerscheinung gleichbleibt. Angedeutet werden soll hier nur die Tatsache, daß in Jelineks Texten kein fester Standpunkt auszumachen ist, wie zum Beispiel der eines objektiven oder subjektiven Berichterstatters. Ihre Sprache

---

[66]Edition Text+Kritik, München, Stand: 1.Jan. 1981.

[67]Während der Redaktion dieser Arbeit ist der Jelinek-Artikel im KLG erneuert worden. Der neueste Stand geht zurück auf den 1.1.1989. Da es sich um eine geheftete Loseblattausgabe handelt, werden die Spalten regelmäßig ergänzt, gegebenenfalls erneuert, und die hinfällig gewordenen Seiten herausgenommen. In diesem Fall stammt die Ergänzung nicht wie im Normalfall von dem Autor der Spalte, also von Kosler, sondern von Annette Doll, und die Aktualisierung überschneidet sich mit dem Teil, der den *Ausgesperrten* gewidmet war. Sie ersetzt oben Zitiertes, so daß man jetzt nicht mehr liest: "Daß es auch noch halbwüchsige Gymnasiasten sind, die als Akteure eine miesen, abgehalfterten Sexualität herhalten müssen, läßt den Roman auf eine geradezu groteske Weise widersinnig und unrealistisch erscheinen", (Kosler) sondern: "Sie schreibt keine Rollen-Prosa, sondern wählt eine Sprache, in der Jargon und Jargon-Kritik gleiches Recht haben. Mit beißender Ironie – in der Tradition österreichischer Gesellschaftskritik – werden Spielarten bürgerliche Verhaltens aufgespießt, dort wo sie am hilflosesten, aber am prägendsten erfahren werden: in der Pubertät." (Annette Doll)

vergegenwärtigt nichts Ganzes und nichts Einheitliches, sondern immer nur Teilaspekte miteinanderverflochtener Systeme von Vorurteilen, Sehnsüchten, Verhaltensmustern, Lebensformen. Nur wenn man die Komplexität, aus der sich die Figuren zusammensetzen, berücksichtigt, läßt sich die Frage beantworten: Wer spricht, und wer verbirgt sich hinter dem "ich" (dem wir, dem Sie), das ständig den Standort wechselt? Kaum hat man einen Sprecher oder Standort lokalisiert, zerfällt die Konstruktion schon wieder durch neue Assoziationen.

Ein Aspekt dieser Komplexität besteht in den in die Figuren hineinmontierten Zügen objektivierender Sprech- und Denkweisen und dies zur Entlarvung der harmonisierenden Alltagslügen, mit denen Leben simuliert wird. Wenn Kosler von mißlungenen "Milieuschilderungen" spricht, von unrealistischer Darstellung, dann geht er von Konzepten aus, die man als statisch bezeichnen könnte, in der Meinung, eine Aussage, ein Gegenstand, ein Ornament könne als Kaution für die Wirklichkeit fungieren. Eine derartige Auffassung kann den Entfaltungsraum des modernen Subjekts der Literatur nicht erschließen, falls sie es je konnte.

1.2 Die Topographie des Monströsen

1.2.1 Von der Postkartenidylle zur monströsen Idylle

"Idyll" ist die griechische Verkleinerungsform von "eidos", dem Bild, verwandt auch mit der Idee. Die Idylle, bevor sie konkrete Formen annimmt, ist in erster Linie ein Bild, ein Wunschbild, das sich nährt von den Vorstellungen des geschlossenen Raumes, abgegrenzt vom turbulenten gesellschaftlichen Raum. Der Wunschtraum von der Idylle ist ein selbstgewolltes Ein- oder Ausschließen, weit entfernt von sozialen Machtverhältnissen. Eine idyllische Geschichte ist immer auch die Geschichte einer Trennung, allerdings nicht in Form eines materialisierten Textes. Die Trennung, das Abtrennen ist eine Vorbedingung zur Verwirklichung des sogenannten grenzenlosen Glücks. Charakteristisch für die Imagination der Idylle: die Verschachtelung der Räume, die Pendelbewegung von Internalisieren und Projizieren – Internalisieren der äußeren Zwänge und Projizieren der Innenwelt. Die für die Projektion idealen Räume: Enklaven, Reservate, abgesteckte Territorien, abgesichert durch Mauern oder Wälder, auch die eigenen vier Wände. In der Dialektik von Innen und Außen, schreibt Bachelard, wird die Intimität des

Zimmers zu unserer Intimität, und dabei ist der intime Raum so ruhig, so einfach geworden, daß die ganze Ruhe des Zimmers sich in ihm sammelt und konzentriert. Das Zimmer ist unser Zimmer, es ist in uns. Wir sehen es nicht mehr, es begrenzt uns nicht mehr, wir wohnen seiner Ruhe inne, in der Ruhe, die sie uns verleiht. Alle Zimmer der Vergangenheit schachteln sich in dieses Zimmer ein.[68] Die passende geometrische Form der Idylle: der Kreis – sei es der harmonische Zyklus der Jahreszeiten, sei es der vertraute Kreis der Familie, der Freunde –, ein in sich geschlossener Kreis, der Regelmäßigkeit, der Wiederkehr des Gleichen unterworfen. Die Imagination der Idylle operiert mit Bekanntem, Vertrautem, meist ist sie rückblickend angelegt, sie verlangt nicht nach dem Unbekannten, nach dem ganz Anderen, sie will Verlorenes zurückholen, wie real oder imginär dieser Verlust auch sein mag. Sie will an den Ort des ursprünglichen Glücks zurückkehren, selbst wenn es dieses Glück nie gegeben hat. Und wo sollte sich dieser Ort anders befinden als in den runden Zufluchtsorten der Kindheit? Im Schoß, an der Brust, im Mutterleib.

Hermetisch geschlossene Innenräume sind nicht ohne Gefahren. Die Gefahr zu ersticken ist groß. Das Runde bietet keinen Anhaltspunkt. Der harmonische Kreis kann zum Teufelskreis, die Wiederkehr des Gleichen zum Todschlägerkreis ausarten. Ein von Bergen eingekreistes Tal kann zum Kessel, zum feindlichen Belagerungszustand werden. Der wiegende Mutterleib verhindert den autonomen Gang. Diese Erfahrung macht *Die Klavierspielerin* am eigenen Leib. Im ersten Satz "stürzt [Erika Kohut] wie ein Wirbelwind in die Wohnung, die sie mit ihrer Mutter teilt" (Ks, 7) und im letzten ist sie auf dem Weg nach Hause:

> Erika weiß die Richtung, in die sie gehen muß. Sie geht nach Hause. Sie geht und beschleunigt langsam ihren Schritt. (Ks, 352)

Dazwischen liegen 351 Seiten, die man mit einer weiteren Stelle aus dem Text zusammenfassen könnte:

> Erika zieht dahin. Nichts ist zerrissen, nichts hat abgefärbt. Nichts ist ausgebleicht. Nichts hat sie erreicht. Nichts, was vorher nicht da war, ist jetzt da, und nichts, was vorher nicht da war, ist inzwischen angekommen. (Ks, 72)

Erika läuft im Kreis, ihre Wohnung ist eine Festung, der Ausbruch unmöglich: "Erika ist fast immer auf dem Heimweg, wenn man sie im Freien antrifft." (Ks, 11) Ein "fast" zuviel zur Relativierung, Euphemisierung eines

---

[68]G.Bachelard, *La poétique de l'espace*, P.U.F, Paris 1992, insbesondere das Kapitel: "La dialectique du dehors et du dedans", S. 191-213.

kläglichen Zustandes, denn Erika ist immer auf dem Weg nach Hause, und trägt ihr Gefängnis mit nach draußen, ins "Freie", das eben kein Freiraum ist.

> Erika will in ihre Mutter am liebsten wieder hineinkriechen, sanft in warmem Leibwasser schaukeln. Außen so warm und feucht wie leibinnerlich. (Ks, 95)

Die magisch-magnetische Anziehungskraft, die der Ort der ursprünglichen Idylle ausübt, entspricht einem Sog, dem zu entrinnen unmöglich ist. Weder der Mutterleib, noch die Wohnung waren je ein Ort der Idylle, von Anfang an waren sie Gefängnisse, und die Geborgenheit des Heims ist eine erstickende "Käseglocke" (Ks, 20). Wenn Erika sich trotzdem davon angezogen fühlt, dann nur aus Unfähigkeit, die Logik des Wiederholungszwanges zu sprengen. Erikas Wohnung ist eine uneinnehmbare Festung, und diese Festung trägt sie in sich und mit sich, wohin sie geht. "Alle Zimmer der Vergangenheit schachteln sich in dieses Zimmer ein", so Bachelard wenn er von den "geliebten Räumen", den Bildern des "glücklichen Raumes"[69] spricht. Erikas Kinderzimmer war eine Folterkammer (eingespannt in die Dressur zum erhabenen Künstlerdasein), eine Folterkammer ohne Schlüssel:

> Schon hier, in diesem Schweinestall, der langsam verfällt, hat Erika ein eigenes Reich, wo sie schaltet und verwaltet wird. Es ist nur ein provisorisches Reich, denn die Mutter hat jederzeit freien Zutritt. Die Tür von Erikas Zimmer hat kein Schloß, und kein Kind hat Geheimnisse. (Ks, 9)

Gleich den geliebten Räumen, schachtelt sich auch dieses Zimmer in jedes Zimmer ein. In jedem Raum, in jedem Zimmer spannt sie sich und die anderen in die Folter ein. Sei es im Konservatorium, wo sie ihre Schüler quält und verachtet; sei es in der Kindertoilette und Besenkammer, wo sie ihren Liebhaber quält, indem sie ihn verführt und sich ihm gleichzeitig verweigert, ihm unerträgliche Bedingungen auferlegt; sei es in ihrem vermeintlich "eigenen" Zimmer, wo sie Klemmer gegenüber brieflich behauptet, gequält werden zu wollen; sei es am eigenen Körper, den sie regelmäßig mit Rasierklingen und Messern aufschlitzt, sei es in ihrer Seele, weil sie, anstatt gequält, geliebt werden möchte. Wohin Erika auch geht, trägt sie ihre Folterkammer in sich und mit sich, und geht, aller Abwegigkeit zum Trotz, stets den gleichen Weg. Im Kreis. Und dieser Kreis wird mit jedem Ausbruchversuch monströser. Weil die Öffnungen, die sie sich zu verschaffen meint, erstens keine sind und zweitens nicht dort hingehören, wo Erika Kohut sie praktiziert. Sie ermöglichen keine Zirkulation in der Ökonomie der Triebe. Weder die am eigenen Körper praktizierten Einschnitte noch die voyeuristischen

---
[69]Bachelard, ebda. S. 203.

Versuche bedeuten einen Ausweg, einen Weg hinaus ins Freie, Unbesetzte. Sie eröffnen keine Perspektiven, weil der Blickwinkel immer nur vom monströsen Raum aus angesetzt ist, und das Blickfeld eine Schlüssellochperspektive bleibt.

Exemplarisch für fälschliche Öffnung ihrer selbst: die Deflorationsszene. Vor einem Spiegel sitzend und mit einer dem Vater gehörenden Rasierklinge ("ihr kleiner Talisman" Ks, 110) bewaffnet, will sie ihr Hymen aufschneiden. Sie glaubt, daß an dieser Stelle "ein Loch entstehen müsse" (Ks, 110), schneidet sich jedoch nur ins eigene Fleisch. Auf symbolischer Ebene sollte die Defloration das Aufkommen der geschlechtlichen Identität und der Differenz bedeuten, Erika sitzt sich selbst gegenüber und das Instrument der Trennung gehört dem Vater. Durch die klaffende Wunde ist keine Differenz entstanden, sondern zwei Fleischhälften, die man nicht getrennt sehen sollte: "Im Spiegel sehen die Hälften sich auch noch seitenverkehrt, so daß keine weiß, welche Hälfte sie ist." (Ks, 111) Erikas Versuch, sich geschlechtlich zu differenzieren, bleibt wortwörtlich im familiären, aber man könnte auch sagen in einem geschlechtlich undifferenzierten, narzistisch inzestuösen Rahmen, denn der Spiegel, in den sie schaut, ist ein "Rasierspiegel" (Ks, 110), den der Vater benutzt, um seine Attribute der Männlichkeit zu entfernen ("diese weiche Vaterwange" Ks, 110).

Die Topographie des Monströsen ist in Elfriede Jelineks Texten nicht nur auf den privaten Raum begrenzt, sie dehnt sich aus über Stadt und Land, und wird besonders dort aufgedeckt, wo sich in der literarischen Tradition Idyllik einnistet. In den geschlossenen, von gesellschaftlichen Umwandlungen präservierten Räumen der Natur, in den Reservaten des "glücklichen Raums". In den Bergen und Tälern. Bilder von einer harmonischen Natur, einem harmonischen Einverständnis mit der Natur werden entlarvt als bedrohende und bedrohte Orte gesellschaftlicher Machtverhältnisse, als Orte des privaten und sozialen Untergangs. Monströs ist sowohl der geschlossene private wie der offene, öffentliche Raum, eine Thematik, die besonders deutlich anhand der einleitenden Überfallszene in den *Ausgesperrten* erscheint:

> Das Opfer ist immer besser, weil es unschuldig ist. Zu dieser Zeit gibt es allerdings immer noch zahlreiche unschuldige Täter. Sie blicken voller Kriegsandenken von blumengeschmückten Fensterbänken aus freundlich ins Publikum, winken oder bekleiden hohe Ämter. Dazwischen Geranien. Alles sollte endlich vergeben und vergessen sein, damit man ganz neu anfangen kann. (Au, S. 7)

Hinter den Geranien die Mörder, die öffentliche, legale Brutalität von gestern, Ordensträger und Familienväter von heute. "Es ist mir (...) oft durch den Kopf gegangen", schreibt Ingeborg Bachmann im Entwurf zu einer

Vorrede für den *Fall Franza* aus dem unvollendeten Romanzyklus *Todesarten*:

> (...) wohin das Virus Verbrechen gegangen ist. (...) Die Massaker sind zwar vorbei, die Mörder noch unter uns (...). Ja, ich behaupte und werde nur versuchen, einen ersten Beweis zu erbringen, daß noch heute sehr viele Menschen nicht sterben, sondern ermordet werden (...) und das Gemetzel findet innerhalb des Erlaubten und der Sitten statt, innerhalb einer Gesellschaft, deren schwache Nerven vor den Bestialitäten erzittern. (...) Die Schauplätze sind Wien, [..] und Kärnten (...). Die wirklichen Schauplätze, die inwendigen, von den äußeren mühsam überdeckt, finden woanders statt.[70]

1.2.2 Ein Blick hinter die idyllische Fassade

Zum einen "Abgründe" sichtbar machen, wo "Gemeinplätze" sind, zum anderen "mühsam" überdeckte "Schauplätze" aufdecken, genau zwischen diesen zwei Polen ist ein zentraler Aspekt von Jelineks schriftstellerischer Arbeit zu sehen. Auf eine Darstellung der Entwicklung innerhalb des Werks soll hier verzichtet werden, weil, wie schon einleitend erwähnt, die Arbeitshypothese lautet: jedes Werk eine Art Versuchsraum, eine Werkstatt, in denen ästhetisch unterschiedliche Verfahrensweisen ausprobiert werden. Daß es thematische Konstanten gibt, schließt diese Auffassung nicht aus. Gemeint ist mit dem Text als Werkstatt, daß verschiedene Gattungen (Realismus, Satire, Parodie, Lyrik usw.) eingesetzt und/oder umfunktioniert werden, jeweils aber zur Entlarvung von mythenstiftenden Diskursen:

> Die Entwicklung geht so, würde ich sagen: von den sehr künstlichen, handlungslosen experimentellen Texten des Anfangs (*bukolit, wir sind lockvögel baby!*, *Michael. Ein Jugendbuch für die Infantilgesellschaft*), die noch stark von der Wiener Gruppe und der Popliteratur geprägt sind (...), also von der Untersuchung der Trivialmythologie in Gestalt von Heftchenromanen und TV-Familienserien und deren sprachlicher Dekonstruktion, geht es zu den beiden realistischeren, in ihrer Struktur konventionelleren Romanen: *Die Ausgesperrten* und *Die Klavierspielerin*, die eine Erzählstruktur aufweisen und handelnde Personen vorzeigen (...). In *Oh Wildnis, oh Schutz vor ihr* (...) und *Lust* wird die durchgehende Erzählstruktur wieder gebrochen und nach strukturalistischen Prinzipien in ihre Bestandteile zerlegt.[71]

Die Liebhaberinnen, *Die Ausgesperrten*, *Die Klavierspielerin*, *Oh Wildnis, oh Schutz vor ihr*, und *Lust* sind in Österreich angesiedelt: auf dem Land, in den Bergen, in Wien. Die Handlung der jeweiligen Texte ist in Zeit und

---

[70] Ingeborg Bachmann, *Werke*, Bd. 3, herausgegeben von C. Koschel, I. von Weidenbaum und C. Münster, Piper Verlag München, Zürich 1982, S. 341f.
[71] Y. Hoffmann: "Entretien avec E. Jelinek", in *Lust*, traduit de l'allemand par M. Litaize und Y. Hoffmann, éditions J. Chambon, Nîmes 1989, S. 275.

Raum lokalisierbar, integriert in gesellschaftliche Strukturen. Die Figuren sind keine Außenseiter der Gesellschaft, selbst wenn ihre Handlungen oft im Verbrechen, in der Perversion münden (*Die Ausgesperrten, Die Klavierspielerin, Lust*), und keine von ihnen wäre dazu fähig, außerhalb der ihnen gesetzten Rahmen, Grenzen zu denken. Ob sie oben oder unten oder in der Mitte der gesellschaftlichen Pyramide eingegliedert sind, so sind auch ihnen die Grenzen ihrer Sprache die Grenzen ihrer Welt.

Die Strukturen dieser Gesellschaft sind einfach und setzen sich aus einer vertikalen und einer horizontalen Achse zusammen. Während die einen aufwärts streben, in der Hoffnung, die vertikalen Strukturen der kapitalistischen Gesellschaft würden auch ihnen den Einstieg in die höher gelegenen Etagen ermöglichen, trachten die, die schon oben sind, nach einer horizontalen Ausbreitung ihres Kapitals. Ihnen dient die Vertikalität, die sie als eine natürliche Ordnung preisen, um sich auf die Unterschicht stützen zu können, zur Aufrechterhaltung der Horizontalität. Das Vertikale stützt das Horizontale, das allerdings den Schein der Permeabilität beibehalten muß, damit der, der unten steht, in der Hoffnung verbleibt, ihm werde der Durchbruch eines Tages gelingen. Die Hoffnung auf das Emporkommen für eine ständig steigende Anzahl von Menschen muß aufrecht erhalten werden, damit die Machtbalance innerhalb dieses Systems so statisch wie möglich bleibt. Vermittelt werden diese Hoffnungen durch die Massenmedien:

> die unemanzipierten medien haben es sich zur aufgabe gemacht das proletariat das kleinbürgertum mit schnulzen und bürgerlichen ehe und familienkonflikten niederzuhalten. "nichts strebt so sehr auseinander wie die technologie des fernsehens und seine produktionsverhältnisse die sich am idiologieauftrag der regierung messen: ideologiefabrik zu sein für den kapitalistischen status quo..." (gmelin).[72]

Die Konturen der Klassengesellschaft sind nicht mehr so kraß, oder vielmehr: sie werden nicht mehr so kraß dargestellt in den Reden der Reformpolitiker. In dem allgemeinen Bestreben nach dem sozialen Frieden haben sich die Ränder der gesellschaftlichen Klassen verwischt, was aber nicht heißt, daß sie nicht mehr da sind, nur weil man sie nicht mehr sieht. Die Zentralperspektive nach oben muß im organisierten Kapitalismus freibleiben, damit sich an dem spannungsgeladenen Gleichgewicht der Kräfte auf allen Stufen des Sozialen nichts ändert:

---

[72] E. Jelinek, *Die endlose Unschuldigkeit*, op. cit. S. 63f.

der zweck der müten des trivialbereichs ist es daher die welt in ihrer *unbeweglichkeit* zu halten. sie müssen eine universale ökonomie suggerieren und mimen eine ökonomie die "ein für allemal die hierarchie des besitzes festgelegt hat" (barthes).[73]

Und wie in Brechts Parabel von den Haifischen als Menschen schwimmen die kleinen Fische nach wie vor in eigens für sie angebrachten "gewaltige[n] Kästen (...) mit allerhand Nahrung drin. Sanitäre Maßnahmen (...), Schulen (...), moralische Ausbildung (...), Religion (...) auch eine Kunst (...)", nichts wird ihnen verweigert, nicht einmal die leitenden Funktionen innerhalb des Staates, Beamten, "Lehrer, Offiziere, Ingenieure im Kastenbau",[74] können sie werden, und als solche das soziale Gerüst von unten stützen, weil es keine größere Garantie für die Aufrechterhaltung des Systems gibt, als die von der Unterschicht geleistete Stützarbeit. Elfriede Jelineks Darstellung der Arbeiterwohnungen im Wien der Nachkriegsjahre steht zweifelsohne unter dem Zeichen der Verwandtschaft mit Brechts Analyse:

> Die Kochgasse vermittelt städtische Atmosphäre, sie nimmt ihn [Hans, Y.H.] auch heute wieder auf und saugt ihn in den richtigen Hausflur, der funktionell ausgestattet ist, damit der Arbeiter sich in ihm wohl fühlt und nichts Überflüssiges vorfindet, an dem sich der Blick erfreuen könnte und dann solchen Überfluß auch im Leben haben möchte.
> Kein Zierat, keine Giebel, Erker, Türmchen oder Stuckreliefs, die sind für den hoffnungslos toten Bürger, den es eigentlich nicht mehr gibt. Nüchternheit wegen der nüchternen Strenge, die dem Wiederaufbau innewohnt, den der Arbeiter seit langem vollbringt, der hier wohnt. Poesie können Deckchen, Familienfotos, Hirschbilder und SW-Möbel herbeischaffen (...). Man kauft sie auf Raten. Jeder Insasse darf sich seine Poesie selber machen, dafür hat der Architekt Platz an Wänden und Decken für Bilder und Statuen freigelassen, es liegt nur an den Leuten und ihrem persönlichen Reifegrad, wie sie diese Poesie haben wollen, ob oben, seitlich oder unten. (Au, 168)

Ein weiterer von Jelinek privilegierter Ort für die Darstellung einer blockierten, inszenierten gesellschaftlichen Statik und der mit ihr verbundenen, begrenzten, pyramidalen Gesellschaftsordnung: die Berge, genauer die Alpen. Die Berg- und Talstruktur der Alpenrepublik wird zur topischen Darstellung der gesellschaftlichen Hierarchie, zum Schauplatz, vielmehr zur Arena für den Klassenkampf im Gegensatz zum Heimatroman, der die soziale Ungerechtigkeit und Gewalttätigkeit in die Grausamkeit der Stadt verlegt. *Die Liebhaberinnen, Oh Wildnis, oh Schutz vor ihr* und *Lust* haben die Alpen zum Entfaltungsraum, und sind – mit ästhetisch unterschiedlichen Mitteln – als Gegenmodelle zur Heimatliteratur, zum Ort der Sehnsucht, zum Ort der

---

[73] E. Jelinek, ebda. S. 82.
[74] B. Brecht "Wenn die Haifische Menschen wären", in *Kalendergeschichten*, Rowohlt, Reinbek 1969, S. 137f.

verlorenen Harmonie konzipiert, als Denunzierung der Natur, wenn sie zum unübertrefflichen Vorbild für den Menschen wird, als Denunzierung derjenigen Mächte, die die Natur als unverdorbenen Ort der von Gott gewollten Ordnung sehen wollen.

Wie schon in der Einführung angedeutet, erheben diese Texte keinen Anspruch auf die Urheberschaft einer Erstbeschreibung, sie sind den besetzten Topoi gewidmet. Man darf also nie aus dem Auge verlieren, wer und was alles mitspricht (oder auch in ihrem Namen spricht), der da spricht von Natur, Familie, Kultur, Kunst, weil die "sinnliche, die ästhetische Wahrnehmung von Natur immer durch Ideen, durch Vorstellungen präformiert [ist]. Ideen, Vorstellungen generieren zuallererst den Gegenstand der Erfahrung".[75] Die in diesen Raum projizierten Ideen und Ideologien aufzudecken, diesem Raum seine historische und soziale Dimension zurückzugeben: genau das bewirken Jelineks Texte in ihrem Verzicht auf eine Erstbeschreibung. Man sollte aber sofort hinzufügen, daß selbst die Erstbeschreibung keine Garantie für eine ideologisch unbesetzte Wahrnehmung ist. Selbst in einer Erstbeschreibung, ist nicht das Auge das eigentlich wahrnehmende Organ, sondern vielmehr das einfühlsame Subjekt mit seinen erhabenen, an keinen Zweck und Interessen gebundenen Gefühlen angesichts der Erhabenheit der Landschaft. Um die Sonne zu erblicken, muß das Auge des erhabenen Subjekts bekanntlich sonnenhaft sein. Jelineks Blick auf die Natur ist ein düsterer, zerstörerischer, gleich dem Blick des destruktiven Menschen im Sinne Benjamins.[76] Aber auch im Sinne der Bernhardschen Finsternis, die ebenfalls mit der Destruktion einhergeht. Die Finsternis bei Bernhard, ist keine Finsternis aus der Nacht des Subjekts, sie ist keiner moralischen Kategorie zuzuschreiben, sondern vielmehr, wie er erklärt, ein Begriff aus der Theaterwelt. Es sei die Finsternis des Bühnenraums.

> (...) alle Figuren, Ereignisse (...) spielen sich auf einer Bühne ab, und der *Bühnen*raum ist total finster. (...) Man muß sich die Seiten in den Büchern *vollkommen finster* vorstellen: Das Wort leuchtet auf, dadurch bekommt es seine *Deutlichkeit* oder *Überdeutlichkeit*. Es ist ein Kunst*mittel* (...).[77]

---

[75]R. und D. Groh: "Von den schrecklichen zu den erhabenen Bergen. Zur Entstehung ästhetischer Naturerfahrung", in H.-D. Weber (Hrsg.), *Vom Wandel des neuzeitlichen Naturbegriffs*, Universitätsverlag Konstanz 1989, S. 55.

[76]"Der destruktive Charakter hat das Bewußtsein des historischen Menschen, dessen Grundaffekt ein unbezwingliches Mißtrauen in den Gang der Dinge und die Bereitwilligkeit ist, mit der er jederzeit davon Notiz nimmt, daß alles schiefgehen kann". W. Benjamin: "Der destruktive Charakter" in: *Gesammelte Schriften, Bd. IV,1, Kleine Prosa*, suhrkamp taschenbuch, Frankfurt/M. 1991, S. 398.

[77]T. Bernhard: "Drei Tage", in *Der Italiener*, Suhrkamp, Frankfurt/M. 1989, S. 82 f.

Der Text als Bühne, das könnte man auch von Jelineks Texten behaupten. Die Finsternis, die in ihren Texten herrscht, ist ebenso künstlich, Teil eines Konstrukts, das durch das Stilmittel der Verzerrung zur Überdeutlichkeit beiträgt; auch sie sieht ihre Arbeit analog zum Bühnenraum, vergrößert ihre "Figuren ins Übermenschliche", macht "Popanze" aus ihnen, weil sie "auf einer Art Podest stehen"sollen.[78] Nur daß bei ihr die Worte nicht deutlich werden, indem sie aus der Dunkelheit herausleuchten, sondern dadurch, daß sie monströs verunstaltet über die Bühne laufen.

> Da ich sehr mit dem einzelnen Wort arbeite, bleibt die Syntax oberflächlich unverletzt. Der Herrschaftsdiskurs wird eben geführt, indem die Wortkrüppel aufmarschieren und auf den Täter zeigen. Erst auf den zweiten Blick öffnet sich die Verfremdung des Gewohnten für den Leser. D.h. er erkennt die Elemente, mit denen gearbeitet wird, wieder, aber er kann sie nicht wie gewohnt zusammensetzen.[79]

Bernhards Finsternis des Bühnenraums mit Jelineks finster verzerrtem Blick auf die Natur zusammenzuführen, dient keinem anderem Zweck, als dem, die Finsternis als ästhetisches Konstrukt hervorzuheben. Beide Autoren setzen die Finsternis strategisch ein, um zur "Überdeutlichkeit"zu gelangen.

Mit der *Klavierspielerin* und den *Ausgesperrten*, die sich in Wien abspielen und somit als Alternative zur Finsternis des begrenzten Landlebens (*Die Liebhaberinnen, Oh Wildnis, oh Schutz vor ihr, Lust*) gelten könnten, tritt die Thematik der offenen und geschlossenen Strukturen in den Vordergrund. Verbunden mit der vertikalen und horizontalen Perspektive: die Innen- und Außenräume. Die Thematik der feindlichen Natur und der schützenden friedlichen Innenwelt, der geschlossenen und offenen Räume. Die Keimzelle des geschlossenen Raums: die Familie, auf dem Land wie in der Stadt. Das Ausbrechen aus der Hölle des Alltags, Miniatur und Karikatur der Staatsgewalt, aus dem Raum der Norm(alität): das Verbrechen, die Perversion als Grenzüberschreitung. Und innen wie außen, oben wie unten: die monströse Idylle, besetzt von den Zeichen des Todes, des Absterbens und der Verwesung. Diese Zeichen fungieren zwar noch als kulturkritische Metapher einer im Verfall begriffenen Gesellschaft, gleichzeitig aber überwuchern sie die gesellschaftlich-kulturellen Determinationen und gewinnen eine Eigendynamik, die weit über den spezifisch österreichischen Raum hinausreicht.

---

[78]E. Jelinek: "Ich schlage sozusagen mit der Axt drein", in *TheaterZeitSchrift*, Heft 7, Schwalbach 1984, S. 15.

[79]Y. Hoffmann: "Entretien avec E. Jelinek" in *Lust*, Ed. J. Chambon, Nîmes 1991, S. 281.

2. Privates Drama und dramatische Öffentlichkeit: *Die Ausgesperrten* oder eine "Biographie aus einer gewissen gewissenlosen Zeit"

2.1 Die falschen Fuffziger

2.1.1 Auf das Opfer darf keiner sich berufen (Bachmann)

> Das Korsett der Opferrolle, das sich die 2. Republik nach 1945 anlegte und anlegen ließ, hat, wie sich herausstellt, langfristig zu chronischen Haltungsschäden geführt. Rechnet man dann noch all jene Balanceakte im offiziösen wie im privaten Bereich hinzu, die helfen sollten, möglichst recht *da*zustehn, so wird begreiflich, daß sich so manchem der nachfolgenden, verschaukelten Generation der Magen umkehrte.[80]

Die Metapher vom Haltungsschaden und Magenschmerz zur Verbildlichung der österreichischen Nachkriegssituation ist sprechend. Auch in Jelineks Texten dient sie zur Veranschaulichung einer existentiellen "nausée". Immer wieder ist von Brechreiz, Ausgespeitem und Widerwärtigem die Rede, von einem Ekel, der metaphorischen Wert hat. Immer wieder steigt das Einverleibte in den Figuren hoch, um in eine ebenso ekelerregende Außenwelt projiziert zu werden. Und in der Tat handelt es sich um die Nachkriegsgeneration, und eher um die Töchter als um die Söhne.

> Wir Nachkriegskinder mußten das sozusagen rekonstruieren, daß die Verbrechen der Nazis, wie Bachmann sagt, ja von irgendwoher gekommen sein und irgendwohin gegangen sein mußten, sie konnten ja 45 nicht einfach verschwinden. Und Bachmann (...) gibt die Antwort: In die und aus der Familie, in der die Frauen und die Kinder Parias, Neger sind. Und der Mann (Vater) der Täter.[81]

Erika Kohut sieht manisch überall nur Dreck und Verwesendes, Anna Witkowski übergibt sich ständig, und die Managerin in der *Wildnis* ist magersüchtig. In der psychoanalytischen Praxis ist es geläufig, die gestörte Oralität

---

[80]M. Findeis: "Im vertrauten Tonfall. Zu Thomas T. Bernhards *Alte Meister*", in P. Jandl und M. Findeis (Hrsg.), *Landnahme*, Böhlau Verlag, Wien, Köln 1988, S. 99.
[81]Y.Hoffmann: "Entretien avec E. Jelinek", in *Les Exclus*, Ed. Chambon, Nîmes 1989, S. 272.

einer gestörten Mutter-Tochter Beziehung zuzuordnen, eine These, die durch Texte wie *Die Klavierspielerin* oder *Die Ausgesperrten* bestätigt werden könnte. In dem einen Text ist die Mutter eine allgegenwärtige fleischfressende Pflanze, in dem anderen wird sie von einem tyrannischen Ehemann geschlagen und zum Gegenstand seiner Allmachtsphantasien. Erika wie Anna leiden an der Vergangenheit ihrer Väter. Beide hassen ihre Mütter, die eine für ihre Ohnmacht, die andere für ihre Allmacht. Trotzdem wäre es ein Irrtum, die beschriebenen Konflikte auf ihren privaten Inhalt zu reduzieren, denn genau wie in den *Liebhaberinnen* sind die Strukturen des Familienlebens, der Privatsphäre mit der öffentlichen Sphäre verknüpft, und die Magersucht wie der Brechreiz eine Metaphorisierung für das Ineinandergreifen von privaten und öffentlichen Konflikten. Während die Tochter sich übergibt, humpelt Herr Witkowski sen. mit einem Haltungsschaden durch das Leben. Seit dem Krieg, aus dem er einbeinig zurückkehrte, steht er seinen Mann – an Krücken.

Von privaten und öffentlichen Verbrechen, Mord und Totschlag in den fünfziger Jahren erzählen *Die Ausgesperrten*. Der Sohn eines ehemaligen SS-Offiziers, Rainer Witkowski, Oberschüler und Anführer einer Jugendbande, rottet in einem alptraumartigen Zustand seine ganze Familie aus. Gleichzeitig erzählen *Die Ausgesperrten* von den Nachkriegsjahren, und demzufolge von den Opfern und Tätern, von dem, was aus ihnen geworden ist, den Tätern, und ihren Verbrechen: von der Weiterwirkung des Krieges innerhalb der familiären, gesellschaftlichen Strukturen. Von einer "gewissen gewissenlosen Zeit"(O,141), von einer Zeit, in der "eine Weltmeisterschaft im Vergessen [begann]"(O, 153). Erzählt wird von einer Zeit, die nicht die gute, wenn auch eine alte ist, gemeint ist die allgemein bekannte Ära des Wirtschaftswunders:

> Man zählt diese Zeit zu den berüchtigten Nachkriegsjahren. (...) Man begrüßt es [das Wirtschaftswunder, Y.H.] mit Willkommengeschrei. Es gibt aber immer noch Leute, bei denen gar nichts Einzug hält und schon gar nicht ein Wunder. Sie machen immer die Tür auf, aber nichts kommt herein, nur die Kälte von draußen. (Au, 27 f.)

Oft kommt mit der Kälte auch die Krankheit, eine Viruskrankheit würde Ingeborg Bachmann sagen, die als eine der ersten Schriftstellerinnen in der deutschsprachigen Literatur das vom Krieg verursachte Krankheitsbild beschrieben hat. Nämlich die Auswirkungen, Nebenerscheinungen und Fortsetzungen des Krieges, der Gewalt, der Auslöschung und der Vernichtung in der Gesellschaft, innerhalb etablierter Strukturen zwischen Männern und

Frauen, Töchtern und Vätern. Es ist ein tödlicher Virus, an dem der schon zitierte *Fall Franza* zugrunde geht:

> Das ist ein Buch über ein Verbrechen.
> Es ist mir (...) oft durch den Kopf gegangen, wohin das Virus Verbrechen gegangen ist – es kann doch nicht vor zwanzig Jahren plötzlich aus unserer Welt verschwunden sein, bloß weil hier Mord nicht mehr ausgezeichnet, verlangt, mit Orden bedacht und unterstüzt wird.[82]

Die Ausgesperrten mit Bachmanns Erfahrung vom Faschismus zusammenzubringen, mag auf den ersten Blick überraschend erscheinen und könnte sogar zu einer grundlegenden Fehlinterpretation führen, sähe man in der Hauptfigur, dem jugendlichen Bandenführer und Mörder Rainer Witkowski, eine Verkörperung immanenter Justiz, einen Racheengel, oder einzig und allein das Produkt gesellschaftlicher Umstände. Gemeint ist mit dieser Zusammenführung, daß die Auseinandersetzung mit dem Faschismus, so wie sie in den *Ausgesperrten* zum Ausdruck kommt, der Bachmann'schen Opfer-Täter Thematik nicht fremd ist: Unantastbarkeit der Täter und Scham der Opfer.

> Es ist nicht wahr, daß die Opfer mahnen, bezeugen, Zeugenschaft für etwas ablegen, das ist eine der furchtbarsten und gedankenlosesten, schwächsten Poetisierungen.
> Aber der Mensch, der nicht Opfer ist, ist im Zwielicht, er ist zwielichtige Existenz par excellence, auch der beinah zum Opfer gewordene geht mit seinen Irrtümern weiter, stiftet neue Irrtümer, er ist nicht "in der Wahrheit", er ist nicht bevorzugt. Auf das Opfer darf keiner sich berufen. Es ist Mißbrauch. Kein Land und keine Gruppe, keine Idee, darf sich auf ihre Toten berufen.[83]

Der Tod ist nicht das schlimmste und das Sterben dauert ein Leben lang. Es ist ein Absterben, und der Tod als Höhepunkt der Lebensqual immer auch an politische Strukturen gebunden. Er ist gebunden an präzise, nennbare Strukturen, die Krieg, Faschismus, Opfer-Kult heißen. Und das ist es, was *Die Ausgesperrten* mit Bachmanns *Todesarten* teilen.

---

[82] I. Bachmann, *Werke*, Bd.3, op. cit. S. 341.
[83] I. Bachmann: "Auf das Opfer darf keiner sich berufen", in *Werke* Bd.4, op. cit. S. 335.

2.1.2 Die realistische Transparenz

Von zwielichtiger Opferbereitschaft, zweifelhaften Opfern und nicht minder zweifelhaften Tätern erzählen *Die Ausgesperrten*, einer der realistischsten Romane Elfriede Jelineks. Bis auf vereinzelte Anachronismen, die sich auf Werke beziehen, die dem deutschen Publikum in den 50er Jahren noch nicht zugänglich waren und aus denen die Figuren zitieren (z.b. *L'Histoire de l'oeil/ Die Geschichte des Auges* von Bataille, die zur Zeit der Handlung noch nicht übersetzt war, die deutsche Erstauflage erschien 1972),[84] scheint das narrative Gerüst in seiner realistischen Referenz fast lückenlos. Aber das ist eben nur der Schein, hinter dem sich eine Serie von Vexierspiegeln verstecken. Da *Die Ausgesperrten* mit der *Klavierspielerin* zu den meist kommentierten Texten zählen, soll hier hauptsächlich eine Auseinandersetzung mit der Konstruktion des Romans erfolgen, um hervorzuheben, wie Elfriede Jelinek einen authentischen Kriminalfall in einen sich auf den ersten Blick realistisch anmutenden Kriminalroman umwandelt, dieser seine Umfunktionierung miteinbezieht und im Zuge der Erzählung immer exemplifizierender wird. Also doch alles künstlich, Konstrukt ist. Gezeigt werden soll, wie der Roman, anders als in der *Wildnis*, wo der Leser die Stücke selbst zusammensetzen und die fehlenden Teile der gesprengten Kausalitätskette suchen muß, innerhalb einer fast fugendichten Konstruktion der Kausalität ein Schnippchen schlägt. In der *Wildnis* wird jede aufkeimende Erzähleinheit sofort zerschlagen, die Lücken zwischen den Einheiten sind groß. *Die Ausgesperrten* sind im Vergleich zur *Wildnis* nach dem entgegengesetzten Prinzip aufgebaut. Hier muß man die Zwischenräume mit der Lupe suchen, womit noch lange nicht gesagt ist, daß die Logik stimmt. Im Gegenteil, trotz der auffallenden Anhäufung von Kausalitätskonstruktionen erweist sich im Laufe der Lektüre, daß diese Kausalausdrücke gar nichts erklären, jedenfalls keine Antwort geben auf die einzig wichtige Frage: Warum. Der Leser möchte die Begründung des Verbrechens verstehen, liest eine Serie von "weil", "deshalb", "daher", als würde das eine das andere erklären. Er läßt

---

[84]Siehe zum Thema der literarischen Anachronismen die hervorragende Studie von M. Janz: "Mythendestruktion und "Wissen'. Aspekte der Intertextualität in Elfriede Jelineks Roman *Die Ausgesperrten*", in *Text + Kritik*, Heft 117, Redaktion F. Meyer-Grosau, München 1993, S. 38-50.

sich hinreißen von der Hypotaxe, die den Roman kennzeichnet und eben die größtmögliche Aufgliederung der Syntax in Hinsicht auf die Etablierung eines Sinnzusammenhangs ermöglicht, wobei ihm entgeht, was ihm bei einer linearen Lektüre entgehen muß: *Die Ausgesperrten* sind keine Chronik der Nachkriegsjahre, sondern falsche Fuffziger.

2.1.3 *A reprendre depuis le début (Guy Debord)*

Ein Merkmal der realistischen Darstellung ist ihre vorgetäuschte Transparenz, denn die Wirklichkeit soll ja wie durch eine Scheibe ungetrübt durchschimmern, im Idealfall soll der Leser vergessen, daß die Beschreibung überhaupt mit literarischen Methoden und Regeln verbunden ist. Realimus ist zweifelsohne mit Irreführung verbunden, weil man sich als Leser bequem in einer Art von Gewißheit niederläßt. Die Dinge aus der Wirklichkeit sind da, gegenwärtig im Text, und je zahlreicher die authentischen Details, desto stärker die Gewißheit, daß eben diese dem Leben entnommenen Gegenstände an sich schon wirksam genug sind, um sich jeglicher Bearbeitung, im Falle des Textes, der sprachlichen Bearbeitung, zu entziehen. Der Realismus, so Roland Barthes, der als solcher schlecht benannt sei und häufig falsch gedeutet werde, bestehe keineswegs darin, das Reale zu kopieren, sondern in der Kopierung einer Kopie. Realismus sei ein Code über einen Code, durch eine zweite Mimesis kopiere er, was schon Kopie sei.[85]

Der realistische Code in den *Ausgesperrten* trägt dazu bei, daß der Leser der Illusion verfällt, er befinde sich im Wien der 50er Jahre, gleichzeitig aber dient er der Enthüllung von Strukturen verschiedenartigster Natur, auch der Erzählstruktur.

> Jetzt wissen Sie alles und können daher über mich verfügen. (Au, 266)

lauten die letzten Worte der Erzählung. Im Prinzip sollten sie die Antwort auf die zahlreichen Fragen des Polizisten sein, den Rainer Witkowski selbst benachrichtigt hat und dem er zunächst vormachen will, er habe seine Familie in diesem verstümmelten Zustand vorgefunden, um dann doch ein Geständnis abzulegen. Der Satz steht isoliert, d.h. er kann genauso gut vom Sprecher abgetrennt gelesen werden. Es ist also nicht sicher, daß sich die Anrede "Sie" auf den Polizisten, und das "über mich verfügen" auf Rainer bezieht.

---

[85] R. Barthes, *S/Z*, deutsch von J. Hoch, suhrkamp taschenbuch, Frankfurt/M. 1987, S. 59.

Getrennt gelesen, könnte das "Sie" eine Anrede an den Leser sein, der ja nun auch alles weiß, und das "mich" könnte sich auf den Autor/Erzähler mit seiner Geschichte beziehen. "Über mich verfügen" könnte also bedeuten: mich, Rainer Witkowski, verurteilen oder freisprechen, oder aber auch meine Geschichte, mich Text, anders zusammenfügen. Nichts hindert den Interpreten daran, den Satz als Aufforderung zu lesen, den Text in einer anderen Reihenfolge abzuspulen. Als habe man jetzt zum Schluß alle Elemente in der Hand, um die Lücken selbst auszufüllen, um die Logik des Unerklärlichen zu rekonstituieren, denn die erste Frage bei einem derartigen Drama lautet unweigerlich: wie konnte es dazu kommen, wer oder was ist verantwortlich dafür? Das Kausaladverb "daher" setzt als Bedingung des Verfügens das Wissen voraus: d.h. erst wenn man alles weiß, kann man über die Dinge verfügen. Das allerdings ist eine Illusion, denn unser Wissen kann immer nur Stückwerk sein.

Der Satz läßt also mindestens drei Lesarten zu. Als direkte Aussage Rainers, als Aufforderung des Erzählers an den Leser, die verschiedenen Elemente der Erzählung, ob Wort- oder Schicksalsfügung, noch einmal zu überprüfen, und als ironischer Kommentar des Erzählers, weil es illusorisch ist, sich einzubilden, man könne je alles wissen und demzufolge verstehen. Alles wird man nie wissen können, aber vielleicht wäre es möglich, wie Guy Debord davon auszugehen, daß man immer erst das Ende kennen muß, um zu wissen, wie der Anfang zu verstehen sei.[86]

Entweder rückwärts lesen, oder wie Michael Riffaterre[87] davon ausgehen, daß es zum Wesen eines jedes Textes gehöre, daß man ihn zweimal lese. Die erste Lektüre sei eine heuristische, die zweite eine hermeneutische. Bei der heuristischen Lektüre, lese man die Seite von oben nach unten, vom Anfang bis zum Ende. Im Laufe des Lesens erfasse (saisir) man die Bedeutung (*signification*), die mimetische Funktion der Wörter; in dieser heuristischen Phase bemerke der Leser u.a. gewisse Unverträglichkeiten, agrammatikalische Strukturen. Der Leser werde aufmerksam darauf gemacht, sobald ein Wort einen Ausdruck nach sich ziehe, den es ausschließen sollte, sobald die Konsequenzen eines Wortes im Widerspruch zu dem stehen, was sie voraussetzen.

---

[86]"(...) c'est quand on a connu la fin que l'on peut savoir comment il fallait comprendre le début." G. Debord, *in girum imus nocte et consumimur igni*, éditions Gérard Lebovici, Paris 1990, S. 74.
[87]Ders.: "L'illusion référentielle" in Barthes, Bersani, Hamon, Riffaterre, Watt, *Litterature et réalité*, Ed. du Seuil, Paris 1982, S. 96f.

Ein Beispiel unter vielen anderen in den *Ausgesperrten*: "unschuldige Täter"(Au, 7). Die zweite Phase, die hermeneutische, so Riffaterre, sei eine retroaktive. Während der Leser im Text voranschreite, erinnere er sich an das, was er gerade gelesen habe und angesichts dessen, was er nun decodiere, verändere dieses Erinnern seine Auffassung des Textes. Diese Lektüre sei ein strukturales Decodieren (décodage structural). Je weiter man lese, desto deutlicher werde die Tatsache, daß die aufeinanderfolgenden Aussagen eigentlich gleichbedeutend (équivalents) sind. Erst in dieser Phase werde einem bewußt, daß sie Spielarten ein und derselben strukturalen Matrix sind. Jetzt erst erscheine der Text als Variation einer Struktur, einer Thematik, Symbolik usw., die seine "signifiance"ausmache. Unter "signifiance" versteht Riffaterre[88] die Tendenz zur Aufhebung der individuellen Bedeutung, die ein Wort im Wörterbuch haben kann, um zu einem neuen textinternen Sinn zu gelangen ("annuler la signification individuelle que les mots peuvent avoir dans le dictionnaire").

Wenn hier der Exkurs über die heuristische und hermeneutische Lektüre eingeschaltet wurde, dann deshalb, weil *Die Ausgesperrten* mehr als alle anderen Texte gerade wegen ihrer linearen Erzählstruktur aufgesprengt werden müssen. Der Text scheint eine doppelte Lektüre geradezu herauszufordern, will man die strukturale Matrix erschließen, die sich, wie später zu zeigen ist, mit dem Begriff "Grenzen" formulieren läßt.

Also noch einmal zurück zu dem letzten Satz ("Jetzt wissen Sie alles... ") Nach vollendeter Lektüre und auf das Schauspiel rückblickend könnte man ihn auch als eine Art Rahmenerweiterung, als Aufforderung zur Enthüllung lesen – Enthüllung der Maschinerie, der Strukturen –, weil der Satz gleichzeitig sehr theatralisch wirkt. Der eigentliche Rahmen wird sichtbar. Der Vorhang ist gefallen, die Vorstellung vorbei. Abrupt wird der Leser aus seinem Identifizierungsprozeß herausgerissen, und es wird ihm zu verstehen gegeben, daß das, was er für eine realistische Erzählung hielt, eigentlich ein didaktisches Schauspiel war:

> Ich würde sagen, die Wirklichkeit wird exemplarisch dargestellt, sozusagen an sozialen Prototypen abgehandelt, auf keinen Fall (oder nur in Ansätzen) psychologisch, also die Psychologie entwickelt sich aus der sozialen Lage der Betreffenden. Es ist eigentlich wie ein Brecht'sches Lehrstück, aber als Prosa. Auch im Sinne der Realismusdebatte, die Wirklichkeit nicht als Abziehbild, sondern eben als aufs Skelett reduzierte Exempel. Die Dinge sind so, weil sie so sein MÜSSEN. Die nackte Mechanik scheinbar komplizierter sozialer Mechanismen wird unter der dünnen Außenhaut sichtbar.

---

[88]Ebda. S. 94.

> Ja, es hat mich eben nicht interessiert, einen Kriminalfall genau zu dokumentieren, sondern das Exemplarische an dem Fall herauszuarbeiten, einen eigenen Fall daraus zu machen. Aus den Erfahrungen des politischen Anarchismus ("Terrorismus") der siebziger Jahre, der hauptsächlich von politisierten Mittelstandskindern getragen wurde, habe ich eine Art ökonomisch-soziologischer Studie versucht: Wer sich die Selbstentäußerung krimineller Handlungen leisten kann und wer nicht.[89]

Der Ausdruck Didaktik bedarf der Erklärung, denn man könnte nach Aussagen der Autorin glauben, es käme zur Verteidigung einer These. Didaktik beruht auf einer Gewißheit, auf der Gewißheit, daß es anhand einer Methode, eines Systems einen wahren Sachverhalt zu vermitteln gibt. Im Falle der *Ausgesperrten* könnte man zum Beispiel glauben, daß die Rezeption philosophischer Systeme (Sade, Sartre, Camus, Bataille, Dostojewski) durch einen Jugendlichen aus einer faschistischen Familie in den österreichischen Nachkriegsjahren fatale Folgen nach sich ziehe, sich unweigerlich in eine Logik einschreibe, die zum Mord führt. Daß die österreichische Gesellschaft dem an und in ihr Erstickenden keinen anderen Ausweg ermögliche.

Exemplarische Darstellung der Wirklichkeit bedeutet also im Rahmen der *Ausgesperrten*: Repräsentation durch Codierung eines Systems aus den Elementen der Wirklichkeit, Sichtbarmachen von Mechanismen. Die Aussage des Textes lautet daher nicht: so ist es gewesen, sondern: die Dinge sind so, wie sie durch den semantisch-semiotischen Prozeß entstehen, die Dinge sind so, wie in diesem Text, in diesem Kontext behauptet wird, und nicht etwa wie sie in einer präexistierenden Wirklichkeit sein könnten. Ein exemplarischer Fall ist vorgeführt worden, für den es weder eine Botschaft noch eine Moral gibt. Dafür sind dem Leser vielleicht die Fäden, an denen die Marionetten zappeln, ein wenig deutlicher erschienen.

Vielleicht sollte man den Satz wirklich im Sinne von Guy Debords Aufforderung lesen, einen jeglichen Text nach beendeter Lektüre noch einmal zurückzuspulen, ihn sozusagen rückwärts lesen. Vielleicht sollte man ihn wirklich rückwirkend korrigieren, und von der dramatischen Spannung, der Steigerung, dem Zwang des Realismus, der Chronologie befreit, den Text zurückspulen, auf den roten Faden – der zum Mord führt – verzichten, und sich auf die vielzähligen Fäden konzentrieren, an denen diese sprechenden Gliederpuppen hängen. Denn sie sind nicht aus Fleisch und Blut, so blutbefleckt sie auch sein mögen. Sie sind ein Spiel mit der Identität, das hier die Fiktion des 'Ichs' inszeniert. Und die Rolle, die sie sprechen/spielen ist ein

---

[89] Y. Hoffmann: "Entretien avec E. Jelinek", in E. Jelinek, *Les Exclus*, op. cit. S. 269. Der erste Teil des Gesprächs ist unveröffentlicht.

Rollen-Spiel, in dem ein Wechselspiel diverser Steuermechanismen zum Ausdruck kommt.

2.1.4 Rahmen der Erzählung: die literarische Vorbelastung

Roland Barthes definiert jede literarische Beschreibung als eine (An)Sicht. Ihm scheint, als ob der Sprechende sich vor jeglicher Beschreibung ans Fenster stellen würde, und das nicht so sehr der guten Aussicht wegen, sondern um dem, was er sieht, durch den Rahmen selbst, eine Grundlage zu geben. Der Fensterrahmen macht das Schauspiel (aus): "l'embrasure fait le spectacle". Im Beschreiben sieht Barthes das Aufstellen eines leeren Rahmens, den der realistische Autor überall mit sich herumführe (und der wichtiger als die Staffelei sei), er stelle diesen Rahmen vor eine Sammlung oder ein Kontinuum von Gegenständen, die ohne diesen manischen Vorgang dem Sprechen unzugänglich wären.[90]

Die Geschichte des Rainer Witkowski hat wirklich stattgefunden und ganz Wien war damals von diesem fait divers fasziniert. Ein minderjähriger Jugendlicher wacht eines Morgens auf und rottet seine Familie aus: Vater, Mutter und Geschwister. Er begnügt sich nicht damit, sie zu erschießen, er verstümmelt sie auch noch mit einer Axt und einem Bajonett bis zur Unkenntlichkeit. Elfriede Jelinek läßt die Geschichte folgendermaßen anfangen:

> In einer Nacht, Ende der fünfziger Jahre, findet im Wiener Stadtpark ein Raubüberfall statt. Folgende Personen klammern sich dabei an einen Spaziergänger: es sind Rainer Maria Witkowski und dessen Zwillingsschwester Anna Witkowski, Sophie Pachhofen, vormals von Pachhofen, und Hans Sepp. Rainer Maria Witkowski heißt nach Rainer Maria Rilke so. Alle sind um die 18, Hans Sepp ein paar Jahre älter, doch auch er ist ohne jede Reife. (Au, 7)

Die Exposition – wie es die klassische Rhetorik vorschreibt – ist knapp und bündig, definiert den Ort (Wien), die Zeit (Ende der fünfziger Jahre), die Protagonisten (Rainer, Anna usw.) das Ereignis (Raubüberfall). Sie könnte den Lokalnachrichten einer Zeitung entnommen sein. Der Rahmen scheint eindeutig: "so hat alles angefangen" scheint ein außerhalb des Ereignisses stehender Erzähler zu sagen. Die Fakten, die Namen, der Ort und die zeitlichen Um-

---

[90]Barthes, *S/Z*, op. cit. S. 58.

stände sind zunächst einmal da, um eine reale Grundlage vorzutäuschen. Ein Berichterstatter scheint für den Einblick in das Erzählte zu bürgen. Vom ersten Abschnitt an ist der Leser der *Ausgesperrten* völlig im Bilde über die kriminellen Aktivitäten einer jugendlichen Räuberbande. Zum ersten Mal wird er in Jelineks Werk mit Figuren konfrontiert, deren Personalangaben vollständig sind, deren Identität aus mehr als einem Vornamen besteht. Nur – und damit endet auch wieder die sachlich, neutrale Berichterstattung –, die Namen sind vorbelastet, literarisch vorbelastet. Durch die Namensgebung wird der individuell private Rahmen der Figuren indirekt erweitert, da sich herausstellt, daß die Namen einer literarischen Öffentlichkeit angehören. Hans und Sophie sind, wie Marlies Janz hervorhebt, eine Anspielung auf den *Mann ohne Eigenschaften*. In Musils Roman gibt es einen Hans Sepp und eine Lucy Pachhofen, eine Anspielung, in der Janz eine "Kritik von Literatur als sozialem Orientierungsmuster"[91] sieht. Eine weitere Rahmenerweiterung erfolgt durch den Kommentar, sie seien ohne "Reife". Auch hier wieder der Anschein einer moralisch einspringenden Erzählerinstanz, die sich so verhält als verurteile *sie* die beschriebene Szene. Erst durch die rückblickende Lektüre wird deutlich, daß dieser Kommentar, der eigentlich als Wegweiser durch den gesamten Text fungiert, von einem anderen Autor stammt, von Jean-Paul Sartre. Die Anspielung auf Sartre ist diskret und wird erst später im Text explizit. Sophie muß, um in die Bande aufgenommen zu werden, eine Mutprobe bestehen: sie muß eine Katze ersäufen. Gerechtfertigt wird die Probe vom Bandenführer Rainer:

> In der Zeit der Reife von Jean-Paul Sartre will einer seine Katzen ersäufen, und deshalb will man heute diese Katze ebenfalls ersäufen, obwohl auch diese Katze ein Recht auf ihre Existenz hat. (Au, 92)

Die Zeit der Reife, ist die deutsche Übersetzung von Sartres *L'Age de raison* aus dem Romanzyklus *Les chemins de la liberté*. Indem nun von Hans Sepp, dessen Name eine direkte Anspielung auf Musils *Mann ohne Eigenschaften* ist, behauptet wird, er sei "ohne jede Reife", entsteht eine zweite dem Frühwerk Sartres entnommene, literarische Filiation. Durch die Anspielung auf Sartre erhält die Aussage eine andere Bedeutung: aus dieser Perspektive verurteilt die Erzählerinstanz nicht, sondern rückt die Figuren in einen mit der Rezeption des Existentialismus verbundenen Rahmen. Sie weist mit dieser Aussage darauf hin, daß nicht nur die Figuren ihre Existenz anderen Texten verdanken, sondern daß auch der anscheinend autonome Erzähler

---

[91] Janz: "Mythendestruktion..." in *Text + Kritik* op. cit. S. 49.

unter fremden Einflüssen steht. Was wiederum darauf hinausläuft, die Autonomie des Werkes selbst in Frage zu stellen.

Der den allgemeinen Rahmen liefernde Titel ist auch nicht ganz frei von Elfriede Jelinek erfunden. Er steht in einem direkten Verhältnis zu Sartre. *Die Ausgesperrten* sind eine Umkehrung der *Eingeschlossenen*, des deutschen Titels von Sartres *Les séquestrés d'Altona*. Jelinek hat einen Perspektivenwechsel vorgenommen. Die Sperre bleibt, aber das Schloß oder der Schlüssel befindet sich auf der anderen Seite, nämlich draußen vor der Tür. Ausgesperrt werden kann man von einem System oder von Personen, man kann sich auch selbst ausschließen, aber nur metaphorisch, denn als Ausgesperrter kann man nicht selbst das Schloß an der Tür verriegeln. Es sei denn, man betrachte alle anderen als Eingesperrte, von denen man sich aussperrt, die "Aussperrer" würden so gesehen zu "Eingeschlossenen", die sich innerhalb eines Systems verriegeln. Sie, die Anderen, wären dann das Zentrum eines verriegelten Systems, aus dem man sich willentlich verbannt: *l'enfer c'est les autres*, die Hölle, das sind die Anderen. Das Spiel mit dem Zitat im Zitat geht noch weiter. Der Titel: *Die Ausgesperrten* ruft eine weitere durch den Text gegebenen Gedankenassoziation hervor, nämlich mit dem von Sartre umgeprägten Begriff der Ekstase, den Sartre "ek-stasis" [92] schreibt und Rainer Witkowski als "Exstase" (Au, 21) zitiert. Durch diese falsche Rechtschreibung der Vorsilbe "ex" wird das "aus" des Ausgesperrt-Seins rückwirkend zu einem Ausbruch, zu einem Aus-sich-herausgehen, einem Außer-sich-sein.[93]

Allein in diesem ersten Abschnitt (Titel inbegriffen) werden in die Figuren (und den Bericht über sie) fünf literarische (fiktionale und nicht fiktionale) Anspielungen hineinmontiert: In Rainer Maria Witkowski/ Rilke vermischen sich eine Romanfigur mit einem Autor; in Sophie Pachhofen und Hans Sepp vermischen sich Romanfiguren mit Romanfiguren; im Titel vermischt sich ein Titel mit einem Titel, in der Qualifizierung der Bande ("ohne jede Reife") Romanfiguren mit dem Titel eines Autors. Unbeschriebene Blätter sind diese Figuren in keinem Fall, im Gegenteil: Rainer ist das Resultat zweier schreibender Personen (Jelinek und Rilke), Sophie und Hans sind doppelt beschrieben (Musil und Jelinek), der Titel entspricht einer doppelten Beschriftung (Sartre und Jelinek): jeweils männliche Vorbilder

---

[92] "(...) le sens de l'ek-stase étant la distance à soi." J-P. Sartre, *L'être et le néant, Essai d'ontologie phénoménologique*, Gallimard, Paris 1966, S. 183.
[93] Siehe zum Verfahren der Intertextualität in den *Ausgesperrten* den Aufsatz von M. Janz: "Mythendestruktion und 'Wissen'. Aspekte der Intertextualität in Elfriede Jelineks Roman *Die Ausgesperrten*", in *Text+Kritik* Nr.117, München 1993.

weiblich überschrieben. Der Bezug zu einer außerhalb des Texts existierenden Wirklichkeit, Geschichtlichkeit oder Vermittlung einer objektiven Außen und subjektiven Innenwelt erscheint durch das palimpsestartige Verfahren äußerst komplex. Namen werden häufig bei der literarischen Transposition eines authentischen Falles geändert, manchmal fügt der Autor noch hinzu, daß jegliche Ähnlichkeit mit existierenden Personen oder Gegebenheiten reiner Zufall sei. Indem hier eine authentische Begebenheit mit literarisch vorbelasteten Figuren austaffiert wird, fällt der Zufall weg. Ihre Namen sind keine *Eigen*namen, und ein Schicksal (omen) haben sie schon hinter sich. Durch ihren Namen orientieren sie die Perspektive, rahmen die Handlung in einen literarisch theoretischen Kontext ein, der u.a. auf eine Auseinandersetzung mit dem Existentialismus, das Scheitern literarischer Vorbilder hinweist. Die Figuren sind keine freie Erfindung, oder besser, sie stammen aus dem Leben und der Imagination anderer, aus einer Zeit, wo die freie Erfindung vielleicht noch möglich war. In der juristischen Sprache wären sie vorbestraft, im literarischen Schaffensprozeß sind sie vorbelastet.

Der Schein der wahrheitsgetreuen Schilderung eines Tatbestandes ist nicht von Dauer, denn was folgt, ist weder Zeugen- noch Tatsachenbericht. Die Illusion wird bereits in der Exposition durch den Satz: "Folgende Personen klammern sich dabei an einen Spaziergänger" (Au, 7) zerstört, weil er in einem höhnischen Kontrast zu der Aktivität steht, die er bezeichnet: dem Raubüberfall. Wenn man sich an eine Person klammert, bedeutet das im geläufigen Sprachgebrauch, daß man sich an ihr festhält, um sie nicht zu verlieren, um selbst nicht unterzugehen. Spätestens von dieser Stelle an sind die Fronten zwischen Opfer und Täter vermischt. Aus dem neutralen Berichterstatter ist ein ironisch kommentierender Erzähler geworden.

Im zweiten Abschnitt steht definitiv fest: der Leser hat mehr für sein Geld bekommen als die Beschreibung eines Kriminalfalls. Der Bezug auf eine reale Begebenheit wird aufrecht erhalten, allerdings mit bedeutungsvollen Verschiebungen, denn: der Kriminalfall hat 1965 stattgefunden und der Roman wurde Ende der siebziger Jahre geschrieben; zur Hauptperson wurde eine Jugendbande hinzugedichtet und ihre Missetaten zurück in die fünfziger Jahre verlegt. Aus dieser Verlegung in die Nachkriegszeit wird sich – wie später zu zeigen ist – jene Verwischung der Fronten zwischen Opfer und Täter ergeben. A priori und de facto sind Rainer und seine Bande die Missetäter, a priori und de jure sind die Angegriffenen die Opfer, aber wer kann in diesen Nachkriegsjahren schon für die Identität der einen und der anderen bürgen, wer kann schon sagen, wer oder was sich hinter der Erscheinung eines Spaziergängers der fünfziger Jahre verbirgt? Wer kann für seine Unschuld bürgen?

> Dieser Mensch sollte gerade von Anna in Ruh gelassen werden, weil sein Charakter besser ist als ihrer. Weil er ein Opfer ist. Anna ist eine Täterin. Das Opfer ist immer besser, weil es unschuldig ist. Zu dieser Zeit gibt es allerdings immer noch zahlreiche unschuldige Täter. Sie blicken voller Kriegsandenken von blumengeschmückten Fensterbänken aus freundlich ins Publikum, winken oder bekleiden hohe Ämter. Dazwischen Geranien. Alles sollte endlich vergeben und vergessen sein, damit man ganz neu anfangen kann. (Au, 7)

2.1.5 Der österreichische Rahmen:
geschlossene Türen, geöffnete Fenster, dazwischen Geranien

Der Rahmen ist jetzt vollständig, sämtliche Elemente des Dekors sind vorhanden: angelegt ist der Roman im Schnittpunkt, wo sich die Geschichte eines Einzelfalles und die österreichische Nachkriegsgeschichte kreuzen. Man könnte auch von Individualpathologie und Psychohistorie sprechen, würden derartige Ausdrücke nicht das Postulat der Abgrenzung zwischen Individuellem und historisch Gesellschaftlichem vorausetzen. Das Opfer des Überfalls ist sowohl Opfer als Täter, schuldiges Opfer und unverurteilter Täter einer anderen Epoche, freigesprochen durch Verjährung, daher seine Unschuld. Die Grenzen sind sauber verwischt worden. Unter anderem durch Geranien, um dem Touristen ein hübsches Schau-Fenster zu bieten. Die "Weltmeisterschaft im Vergessen" fing an, wie schon erwähnt, durch den Sport und den Fremdenverkehr. Geranien anstatt Aufarbeitung. Geranien als Trennungslinie zwischen Tätern und Opfern. Die Fenster der ehemaligen Kriminellen sind weit geöffnet, sie können sich der Öffentlickeit zeigen. Den Österreichern sei es gelungen, so Elfriede Jelinek in einem Gespräch zu den *Ausgesperrten*, sich seit der Moskauer Deklaration als arme Opfer vor der Weltöffentlichkeit zu profilieren. Die Schuld sei Österreich sehr leicht abgenommen worden, weil man als katholisches Land sozusagen zur Beichte gehen konnte, wodurch alles erledigt und vergessen und vergeben wurde.[94] Die Parallele zwischen dem "überfallenen Land" und dem überfallenem Opfer der *Ausgesperrten* ist nicht zu überlesen. Das Oxymoron "unschuldige Täter" nimmt ganz konkret politische Züge an. Unschuldig sind die Täter, weil weder die Justiz noch die Kirche sie verurteilt hat. Durch die Assoziation mit dem überfallenen Land wird deutlich, daß die Unschuld von

---

[94] Y. Hoffmann: "Entretien avec E. Jelinek", in E. Jelinek, *Les Exclus*, op. cit. S. 270.

der hier die Rede ist, in dem spezifisch österreichischen Kontext allein Resultat von Vergessen, Gedächtnisschwund ist. Glücklich ist, wer vergißt... heißt es in der *Fledermaus*. In den *Ausgesperrten* klingt das so: unschuldig ist, wer als Verbrecher vergessen wurde. Aus dieser Perspektive läßt sich für *Die Ausgesperrten* eine Hypothese formulieren: und wenn an Stelle von Rainer Witkowski die berühmten fünfziger Jahre selbst auf der Anklagebank säßen? Wenn sie an sich schon ein "Schwerverbrechen" darstellen würden?[95] Die fünfziger Jahre sind für Elfriede Jelinek "eine Zeitwende", deshalb hat sie die Handlung in diese Epoche zurückverlegt:

> In den fünfziger Jahren (59) spielt die Handlung deswegen, weil es das letzte Jahr vor dem Beginn der Jugendkultur ist (1960 sind die Beatles zum ersten Mal aufgetreten!), da die Jugendlichen weder politisch (nur die etablierten Aufbaugenerations-Parteien) noch in der Vergnügungsindustrie etwas vorgefunden haben, das auf sie zugeschnitten war. Es ist also eine Zeitenwende.[96]

Was die Unterhaltungsindustrie dieser Zeit zu bieten hat, sind Heimatfilme, Sissy, Adrian Hoven, Rudolf Prack, Wochenschaubilder der Ski- und Fußballhelden. Spitz müssen die Schuhe sein, und toupiert die Haare der Mädchen. Conny-röcke, Pettycoats, Nickypullover, schwarzer Lidstrich, weißer Lippenstift, hellrosa Labisancreme beleben, wie man sagt, das Straßenbild: "eine graue Herde, die teilweise geblümt auftritt" (Au, 41). Das ist die Kultur, die in Österreich zum Vergessen des Krieges beitragen soll. "Schön schön schön war die Zeit" singt Freddy Quinn, und "Brennend heißer Wüstensand" (Au, 43) verdeckt Mauthausener Felsblöcke "aus original österreichischem Gestein" (Au, 82), die "Alpen schieben sich immer öfter ins Bild, und eine Volksmusik macht sich bemerkbar." (Au, 133)

2. 2   Die strukturale Matrix: Grenzen

2.2.1   *Sperrgebiete*

Um die strukturale Matrix der *Ausgesperrten* im Sinne von Riffaterre (als System von Equivalenzen, Spielarten einer Struktur, Thematik, Symbolik usw.) darzustellen, sollte man noch einmal kurz auf den Titel zurückkommen.

---

[95] Nach einem Ausdruck von H.C. Artmann, den G.Schmid, der diese Hypothese aufstellt, in seinem Aufsatz über *Die Ausgesperrten* zitiert: "Das Schwerverbrechen der Fünfzigerjahre", in Gürtler (Hrsg.), *Gegen den schönen Schein*, op. cit. S. 44.
[96] Y.Hoffmann: "Entretien avec E. Jelinek", in E. Jelinek, *Les Exclus*, op. cit. S. 268.

Ausgesperrte wollen hinein. Vor allem, wenn es sich um ein ökonomisches Lock-out handelt, eine Maßnahme der Arbeitgeberschaft gegen streikende Arbeiter. Diese im Titel mitschwingende Konnotation verleiht der Erzählung einen doppelten Rahmen, einen philosophisch-literarischen durch das Verfahren der Intertextualität und einen ideologischen durch den Einsatz eines Begriffs aus der Arbeitswelt. Die ideologische Grundlage, die durch die Interpretationsmöglichkeit des Titels im Sinne eines Lock-outs etabliert wird, verweist auf die ökonomischen Strukturen eines geschlossenen Systems. Nur muß man sofort hinzufügen, daß weder Rainer noch Anna Arbeiter sind, und nicht im geringsten an der Erhaltung oder Verbesserung ihrer Arbeitsbedingungen interessiert sind. Weder sie noch ihre Familie haben an dem Produktionsprozeß teil, der Vater bezieht eine Invalidenrente, unterhält seine Familie durch Gelegenheitsjobs, die Mutter ist Putzfrau. In der Theorie haben die Zwillinge der bürgerlichen Gesellschaft den Kampf angesagt, in der Praxis sehen die Dinge anders aus. Vom Wirtschaftswunder verschmäht und ausgeschlossen, leben sie am Rande der Armut. Auf dem Gymnasium, das sie im Gegensatz zu ihrem Freud Hans immerhin besuchen können, erfahren sie durch ihre großbürgerliche Freundin Sophie, was es heißt, vom kapitalistischen System ausgesperrt zu sein. Bevor sie also das System verwerfen, hatte das System sie schon verworfen. Und an diesem vermeintlich von ihnen verworfenen System wollen Rainer und Anna um jeden Preis teilhaben. Symptomatischerweise greifen die Zwillinge immer als erste zur Brieftasche der Opfer. Ihre Theorie vom acte gratuit entlarvt sich als eine Quelle von Bargeld, denn sie wird grundsätzlich als Raubüberfall in die Praxis umgesetzt. Ihre philosphisch übertünchten Diskurse sprechen eine eindeutige Sprache:

> Geld ist unwichtig, bespuckt Rainer die Brieftasche, was meinst, sind das Hunderter oder Tausender da drinnen? (Au, 8f.)

Randfiguren sind die Zwillinge also in erster Linie, weil sie von der Wohlstandsgesellschaft ausgesperrt sind. Nur allzu gerne würden sie die so transparent scheinende Grenze überschreiten, wenn nötig zerschlagen, hinter der das Paradies des Konsums sich allen ersichtlich ausbreitet. In der Topologie des Ausgesperrtseins wird die Schaufensterscheibe zum Inbegriff einer transparenten, aber nicht überschreitbaren Trennungslinie.

> Anna hat so viel Wut in sich (...), daß sie am liebsten auch noch in die erleuchteten Schaufenster auf Wiens Pracht-Einkaufsboulevard geschlagen hätte. Was hinter diesen Scheiben ist, hätte sie wahnsinnig gern gehabt (...). (Au, 10)

Eingesperrte wollen hinaus. Die Wohnung der Witkowskis gleicht einem Schweinestall, dem die Kinder nicht entrinnen können. Halbwegs hat sich Rainer aus dem "heimischen Schlatz" (Au, 14) durch Dichtung, Bildung und Raubüberfälle herausgearbeitet. Der Ausdruck "Schlatz" und etwas weiter "Schlamm" (Au, 14) ist interessant, weil er eine direkte Parallele zu einem nicht minderen Sumpfgebiet etabliert, nämlich dem Staat und seiner dämonischen Vergangenheit: als ehemaliger SS-Offizier hat Vater Witkowski "Menschen in die Sümpfe gejagt"(Au, 32) zu einer Zeit, wo das Morden noch erlaubt, noch an der Tagesordnung war, wie Bachmann sagt, er hat mehr Pech gehabt, als "andere, die dasselbe taten" und "heute wieder hochkommen" (Au, 32). Er war damals schon eine Niete und ist es immer noch,

> (...) denn auch in diesem ehemaligen Elitehaufen gab es Versager (...), die immer kleine Kacker bleiben. Die Elite verschwand, und nur das Häufchen Mensch blieb übrig. (Au, 32)

Auch der Sumpf ist geblieben, verlagert in die Innenräume der Familie. Otto Witkowski gehört zum letzten Dreck. Er hatte sich einem Staat verpflichtet, der ihm erlaubte "in polnischen Dörfern vielfach bis zu den Knöcheln (...) in Blut [zu waten]."(Au, 17)

In der Hierarchie der "Schweinereien", heißt das erste Sumpfgebiet Staat, gleich danach kommt die Familie:

> Die kleinlichen Grenzen, die Deutschland heute gesetzt sind, überschreitet Rainers Vater jeden Tag aufs neue, wenn er künstlerisch fotografiert. Solche Grenzen kennt nur der Spießer in seinem Privatleben, bei der Fotografie werden sie von der Kleidung gebildet, und Witkowski sen. sprengt diese engen Schranken der Kleidung und Moral. (Au, 15)

Die kleinbürgerlichen Grenzen der Moral kommen Witkowski sen., der sich mit dem amputierten Großdeutschland, das er einbeinig vertritt, nicht abfinden kann, sehr entgegen. Nur verstößt er nicht gegen die Grenzen des Anstandes, sondern bewegt sich nach wie vor in den Grenzen des Faschismus: er verstößt nach wie vor gegen das Prinzip der Unverletzbarkeit der Grenzen. Die Pornofotos von seiner Frau bilden die Verlängerung der faschistischen Gewalt im privaten Bereich ab:

> Du mußt einen angstvollen Gesichtsausdruck machen. Widerstände zu brechen ist immer besonders geil, auch ich habe im Krieg oft Widerstände gebrochen und zahlreiche Personen rein persönlich liquidiert. (Au, 16)

Das dritte Sumpfgebiet macht sich im Innenleben der Figuren breit. Die Verschachtelung geht immer weiter, bis in die Köpfe hinein:

> Zwanghaft denkt die Anna immer an Unangenehmes, das ihr Hirn einseitig passiert. Der Schlagbaum geht immer nur in die eine Richtung hoch. Es geht hinein, kommt aber nie mehr heraus, das ganze Unangenehme drängelt sich schon in diesem Gehirn, und der Notausgang ist zugenagelt. (Au, 23)

Die Grenzen sind verinnerlicht, und wenn es wie beim Vater zur Grenzüberschreitung kommt, dann nur in Form von Vergewaltigung oder körperlicher Gewalt. Der Schlagbaum in Annas Kopf kennzeichnet ein System, das Einfuhr ermöglicht, aber keine Ausfuhr, keinen Ausbruch. Anna und Rainer sind ein- und ausgesperrt. Von Relevanz für den Text ist die Sperre, die Grenze, das Schloß, das Unüberschreitbare. Der ganze Text handelt im Grunde von Grenzen und deren Überschreitung: "Fade Landschaften erstrecken sich in den Regen hinein, man sieht ihre Grenzen nicht, die Grenzen sind jedoch da, sie befinden sich in den Köpfen der Bewohner." (Au, 39) Rainer versucht, sich von der Außenwelt abzugrenzen und "schreibt Gedichte, damit die Abschirmung noch besser funktioniert." (Au, 38) Aber auch seine Gedichte sind symptomatisch für das Eintauchen in den Sumpf, denn wenn er dichtet, dann ist das "keine graziöse Geste wie bei einem Fisch (...). Es ist mehr ein Hineinwühlen und Zubeißen." (Au, 38) D. h., selbst die Bewegung des Ausbruchs durch die Dichtung ist ein Hineinwühlen, Versinken im inneren Sumpf.

Ein weiteres Beispiel für die Verinnerlichung äußerer Schranken und die Ineinanderverschränkung der geschlossenen Räume: die aphasischen Schübe Annas. Annas Zunge "sagt immer öfter nein, heute arbeite ich nicht". Die Verbindung zwischen Innenwelt und Außenwelt ist gestört, der Mund als Vermittlungsraum bleibt geschlossen, was an manchen Textstellen durch Auslassungszeichen ausgedrückt wird.

> .... (Anna). (Au, 218)

Wenn Anna die Worte fehlen, dann fehlen sie auch im Text. Aber nicht die fehlenden Worte sind Annas eigentliches Problem, denn sie kann sie ja aufschreiben (ihr mündliches Arbitur darf sie durch Sondergenehmigung schriftlich machen), Annas Problem liegt vielmehr in der Oralität, in der Mundhöhle, die zur Metapher zwischen Innen- und Außenwelt wird. Anna speit mehr als sie spricht; was ihren Mund verläßt, gehört zum größten Teil in den

Bereich des Abstoßenden, verstößt gegen den sogenannten guten Geschmack. Als Grund für die Aphasie wird Annas Sexualität angegeben:

> Denn Annas Sexualität kam in der Form von schweinischen Witzen aus ihrem Mund heraus (...). Damals begannen erstmals Sprachschwierigkeiten bei Anna, die Zunge sagt immer öfter nein, heute arbeite ich nicht. (Au, 24)

Annas Triebleben verläßt den Mund in Form von "Schweinereien":

> Sie hat das Gefühl, als ob sie ganz aus Dreck besteht, kein Wunder, sie bringt diesen Dreck ja wie ein Magnet unaufhörlich von zu Haus mit. (Au, 23)

Daß sie diesen Dreck real (die schmutzige Wohnung) und metaphorisch (die Schweinereien der Eltern) internalisiert hat und sich selbst wie ein Schwein darin suhlt – schon als Kleinkind wälzte sie sich in Hundekot, um "auf ihre beträchtlichen seelischen Nöte aufmerksam zu machen" (Au, 47) – ist in der Tat kein Wunder. Sumpf zieht Kreise, bis in die intimste Sphäre der Sexualität. Die geschlossenen, ekelhaften Räume sind ineinander verschachtelt. Dazwischen keine Korridore, keine Verbindungsräume. Monströs sind sie alle vom größten bis zum kleinsten. Der Dreck hat alles überwuchert.

2.2.2 Grenzgänger: Anna und Rainer

Der Zeit sagt man unter anderen Eigenschaften nach, sie sei eine mächtige Meisterin, die vieles in Ordnung bringe. Nicht so bei Witkowskis, mit der Zeit hat sich ihre Wohnung in einen Augiasstall verwandelt:

> Er [Rainer, Y.H.] hat sich schon bis zu den Hüften aus dem heimischen Schlatz herausgearbeitet (...). Der Kopf (...) äugt über das Meer von dumpfen alten Unterhosen, abgestoßenen Möbeln, zerfledderten Zeitungen, zerfetzten Büchern, aufgetürmten Waschmittelkartons, Reindln mit Bodensatz und Schimmel, Reindln mit Bodensatz ohne Schimmel, Teehäferln mit undefinierbarer Kruste, Bortbröseln, Bleistiftstummeln, Radierstaub, gelösten Kreuzworträtseln und schweißigen Socken hinweg (...). (Au, 14)

Düsterste Unordnung, wo man hinschaut. Im Kopfe des Vaters hausen Ideale aus anderen Zeiten, im Kopfe der Mutter Ideale aus gehobeneren Schichten, im Kopfe der Kinder herrschen jugendliche Verwirrung, schlecht assimilierte Literatur und Philosophie (von Sade bis Bataille), Bildungsdünkel und die "bleierne Öde der Halbwüchsigentage" (Au, 184).

Um aus diesem Gefängnis auszubrechen, besuchen die Zwillinge eine Imitation der caves von St. Germain, die Wiener Jazzkeller, wo sie Hans Sepp, den Arbeitersohn, kennenlernen und in ihre Bande aufnehmen. Wie vom Regen in die Traufe kommen sie vom Gefängnis in einen ebenso düsteren wie geschlossenen Raum: den Keller. Dort machen sich Rainer Witkowski und seine Schwester Anna zum Echo der Existentialisten. Einem deformierten Echo, sollen doch Sartre, Camus, Bataille die Vaterschaft sinnloser Verbrechen übernehmen. Rainer identifiziert sich total mit seinen vermeintlichen philosophischen Doppelgängern, die ihn von seinem abstoßenden Alltag erlösen sollen. Aber anstatt ihn, den Ausgesperrten, zu befreien, machen sie ihn zum Eingesperrten. Sperren ihn ein in ein System, das als Modell nicht anders funktioniert als das von ihm verworfene. Die zahlreichen Zitate, die aus seinem Mund fließen, klingen jeweils wie Imperative, die keinen Spielraum lassen. D.h. die Zitate an sich sind keine Imperative, erst ihre Auslegung macht sie zu Imperativen.

> De Sade sagt, man muß Verbrechen begehen. (Au, 54)
> Anna hat ein Gefühl der Grenzenlosigkeit, das aus ihrem Kopf kommt, es wurde bereits öfters beschrieben, und Anna eifert ihm nach, um es zu empfinden, ganz genau wie es beschrieben wurde. (Au, 88)
> Der Mensch muß nämlich aus lächerlichen Schranken ausbrechen, die aus dem angeblich gegenwärtig Wirklichen mit dem Ausblick auf ein künftiges Wirkliches bestehen, welches kaum mehr wert ist. Zitat: Jede volle Minute trägt in sich selbst die Verneinung von Jahrhunderten hinkender, zerbrochener Geschichte. Zitat Ende. (Au, 114)

Die Zitate werden imperativ umgeformt, und somit zu neuen Maßstäben, neuen Grenzen, innerhalb derer keine Bewegungsfreiheit gegeben ist. In dieser Hinsicht ist ihre Umformung in Imperative eine Variation der schon vorhandenen internalisierten Zwänge. Das Verb "müssen" übernimmt hier die gleiche Funktion wie innerhalb der häuslichen Tyrannei. Es ist die gleiche Vergewaltigung des Willens, die gleiche Willkür und setzt die gleiche Unterwürfigkeit voraus. Von der Festung des Ekels zur Ebene der grenzenlosen Freiheit führt kein kulturell gangbarer Weg, der Abgrund ist unüberbrückbar. Die kulturellen Werte (Sartre, Sade, Camus, Bataille), mit denen sich die Kinder identifizieren, scheitern in ihrer Funktion der Existenzüberbrückung, ebenso wie die kulturellen Werte, die ihre Mutter einst vertrat und weiterhin vertritt. Vor ihrer Heirat war Mutter Witkowski nämlich Lehrerin, daher weiß sie, wozu Kultur dient. Sie hat ihre Kinder aufs Gymnasium geschickt, damit sie lernen, "Brücken" zu bauen:

> (...) die eine Brücke führt zum Mitmenschen, die andere vom Mitmenschen zu einem selber.
> Die Zwillinge wollen Brücken nicht bauen. (Au, 41)

Dieses Bildungsideal scheinen die Zwillinge zu verwerfen. Aber vielleicht nur zum Schein, denn die Stellung der Verneinung bedarf der genaueren Untersuchung. Sie steht wie häufig in Jelineks Texten an letztmöglicher Stelle. D. h. die Behauptung: "Die Zwillinge wollen Brücken" bleibt eine Zeit lang bestehen, sonst würde es heißen: sie wollen keine Brücken bauen, oder sie wollen nicht Brücken bauen. Das ganze Gewicht der Verneinung lagert nicht auf den "Brücken", sondern auf dem "bauen". Man kann diese Verneinung auf den vorausgehenden Ratschlag der Mutter beziehen: "Sie sollen Brücken bauen und nicht einreißen" (Au, 41) und als implizite Affirmation des Einreißens, als destruktiven Akt interpretieren. Man kann noch weiter gehen und den Satz so lesen, daß die Kinder an dem Brückenbau der Eltern, der in diesem konkreten Fall dem Wiederaufbau entspricht, nicht teilhaben wollen, denn bei dem Brückenbau, von dem die Mutter spricht, handelt es sich ja um alte Brücken, das heißt um "Brücken", die vom Alten zum Alten führen. Man hätte die alten noch stehenden Brücken einreißen müssen. Paradoxerweise hätte auch eine Trennungslinie existieren müssen, um das alte vorbelastete Modell, das kulturelle Vorbild der Eltern, von dem Neuen zu trennen. Eine solche Trennungslinie existiert für die Eltern nicht, sie sind direkt vom Verbrechen zum Vergessen übergegangen: "dazwischen Geranien". Die Linie hätte im Gegensatz zu den "blumengeschmückten Fensterbänken" (Au, 7), von denen aus die "unschuldige[n] Täter (...) freundlich ins Publikum [blicken], winken oder hohe Ämter [bekleiden]" (Au, 7), unverblümt sein müssen.

Um metaphorisch Brücken zum Mitmenschen bauen zu können, bedarf es zwei voneinander getrennter Gebiete; fehlt diese Differenz im Bereich des Individuums, so führt Gleiches zu Gleichem, wie Altes zu Altem auf der gesellschaftlichen Ebene. Man kann diese fehlende Trennungslinie auch innerhalb der psychoanalytischen Problematik der Subjekt-Objekt-Konstitution sehen, als intrapsychische Trennungslinie, die eine Voraussetzung dafür ist, daß der Andere oder das Andere erkannt und anerkannt wird. Diesen Anderen oder das Andere kennen *Die Ausgesperrten* nicht. Ihr ganzes Wahrnehmungsvermögen ist von einer Matrix geprägt, die alles, was sie als Objekt wahrnimmt, zwanghaft in den gleichen Dreck zieht.

> Wenn Anna etwas Weißes sieht, will sie gleich einen Fleck hineinmachen. (Au, 23)

und etwas weiter:

Im Moment macht Anna schon wieder Flecken, am liebsten sähe sie solche Beschmutzung auf Sophies Oberfläche. Doch die ist aus bestem abstoßendem Material. Das Material stößt Schmutz ab. (Au, 24)

Abstoßen und Schmutz, abstoßender Schmutz und schmutzabstoßend: die Metapher ist eindeutig. Schmutz fungiert gewissermaßen als projizierte Metapher dessen, was Anna von sich abzustoßen versucht, um sich behaupten zu können. Der begehrte Gegenstand – hier der makellose Körper Sophies – ist nur zugänglich, indem er ebenso beschmutzt wird wie der eigene Körper, der wie ihr scheint, immer nur "Dreck wie ein Magnet" (Au, 23) anzieht.

Als Pendant zu der weiblichen Abwehrreaktion (Anorexie, Aphasie, Hang zur Skatologie), die des Zwillingsbruders: Auch Rainer hat Sprachschwierigkeiten, nur drücken diese sich in umgekehrter Form von Logorrhoe und Mythomanie aus. Rainer lügt und spricht krankhaft. Er selbst erstickt nicht an seiner Sprache, aber die anderen ersticken unter seinen manischen Wortanfällen. Auch er verweigert oft feste Nahrung und träumt wie seine Zwillingsschwester von Sauberkeit, die er auf die makellose Sophie projiziert. Ekel und Faszination, so Kristeva, sind die beiden Seiten einer Ichwerdung, die nur stattfinden kann, indem sie für die anderen sichtbar wird:

> que *je* suis en train de devenir un autre au prix de ma propre mort. Dans ce trajet où "je" deviens, j'accouche de moi dans la violence du sanglot, du vomi. (...) J'y suis aux limites de ma condition de vivant. De ces limites se dégage mon corps comme vivant. Ces déchets chutent pour que je vive, jusqu'à ce que, de perte en perte, il ne m'en reste rien, et que mon corps tombe tout entier au-delà de la limite, *cadere*, cadavre.[97]

Dreck als Symbol für das Abzustoßende verweist auf Grenzgebiete, auf die Grenzgebiete des Körpers, die auch seine Öffnungen sind und aus denen in den *Ausgesperrten* fast ausschließlich "Schweinereinen" herausfließen: aus dem genitalen, analen und oralen Bereich. Das, was in ihnen aufsteigt, was ihren Körper verläßt, überschreitet die Grenzen der gesellschaftlichen Akzeptanz, womit noch nicht gemeint ist, daß diese Randerscheinungen die persönliche Hygiene oder Gesundheit zum Antonym haben. Sie bezeichnen tabuisierte Zonen, die ausgesperrt bleiben müssen, die nicht an die Öffentlichkeit gelangen dürfen, weil sie die Identität, das System, die Ordnung des sozialen Gefüges gefährden. Rainers Wunsch nach Sauberkeit wie Annas Hang zum Schmutz sind symptomatisch für eine Angst vor der Gefährdung, vor einer Gefahr, die aus dem Inneren kommt und keine Grenzen respektiert.

---

[97] J. Kristeva, *Pouvoirs de l'horreur*, op. cit. S. 11.

2.2.3 Die Familie Sepp

Aus den Schranken, aus den Grenzen ausbrechen, Grenzen überschreiten: das ist die Konstante, die man im Diskurs aller Betroffenen vorfindet. Alle wollen aus dieser Existenz heraus, die Grenzen ihrer Existenz überschreiten. Hans Sepps Referenzen stammen nicht aus denselben Büchern, die seine Mutter oder seine Freunde gelesen haben. Aber auch er hat von Grenzüberschreitung, von schrankenlosem Glück gehört. Hans sitzt dem Klischee von der schrankenlosen Liebe auf. Hans sagt:

> (...), daß er durch die Liebe, und zwar die zu Sophie, die Schranken, egal welche Schranken, besser niederreißen kann als durch den Kampf, egal gegen wen, denn seine Liebe ist schrankenlos. (Au, 230)

Hans, der Arbeitersohn, strebt verständlicherweise nach oben. Sein Vater ist für sozialistische Ideale gestorben, die seine Mutter weiterhin vertritt. Hans weiß nur eines: die Parteikollegen der Mutter

> (...) bedeuten einen Rückschritt in das frühere Leben, weil sie aus der eigenen Klasse stammen und auch dort bleiben werden, das sieht man gleich, sie können nichts aus sich machen. (Au, 170)

Hans aber will hoch hinaus, die Grenzen seiner Klasse so schnell wie möglich überschreiten. Die Kuverts, die seine Mutter als Heimarbeiterin schreiben muß und die er regelmäßig in den Ofen wirft – als praktische Anwendung von Rainers Theorie des acte gratuit – sind ihm ein patenter Beweis dafür, daß die familiären Werte vom bewußten, klassenkämpferischen Arbeitertum nicht nur in den Tod führen, sondern auch noch für das Elend seiner aktuellen Situation verantwortlich sind. Als Pragmatiker stellt er fest: diese Werte führen nicht auf kürzestem Weg zum überall gepriesenen "Vauweh" (Au, 137). Das heißt, er hält sich für einen Pragmatiker und sehnt sich nach dem "Vauweh", den er aus dem Kino kennt. Was er nicht sieht und auch nicht sehen kann, das sind die Fädenzieher, die sich auf der anderen Seite der Grenze, hinter dem "Vorhang der Geschichte" (Au, 78) verbergen. Er sieht sie nicht, wie sie "den Menschenvorhang auf und zu" ziehen, wie sie "weit weg von den Schüssen (...) die Arbeitslosigkeit und die Wege des Volksvermögens, die im Dunkel enden" steuern, um dann wieder "ins Rampenlicht zu treten" (Au, 78). Auch sieht er nicht, wer "an den Schnüren der Spekulation, (...) der Lohn- und Preistreiberei, der Inflation, des Rassismus, der Kriegshetze" (Au, 79) zieht. Er sieht nur, daß alle Welt kauft und das Leben dadurch schöner wird:

> Man muß etwas investieren, dies ist einer der Hauptsätze der Ökonomie, die Hans alle nicht kennt, weil er glaubt, er macht es nur so zum Spaß. (Au, 79)

Wenn Hans eine neue Platte auflegt, eine von Elvis zum Beispiel, um die von "der KP nicht zu hören", weil "die offenbar auch noch einen Sprung hat" (Au, 170), dann merkt er nicht, und wie sollte er auch – es liegt nur allzu sehr im Interesse dieser Fädenzieher, so geschickt wie möglich im Dekor unterzugehen –, daß er selber:

> wie ei[n] Baum, schon geerntet und eingebracht [ist], von Leuten, die man nicht einmal kennt, weil sie sich dauernd an der Riviera aufhalten oder in den Jagdhäusern des Hochgebirges. (Au, 80)

Und um Frau Sepp, Hansens Mutter, die die Grenzen ihrer Klasse nie hat überschreiten wollen, ist es nicht besser bestellt. Auch sie ist ihr Leben lang einer Sirenenstimme gefolgt. Auch sie ist eingesperrt in ein System, aus dem sie nicht herauskommt, und erreicht als Eingesperrte genau das Gegenteil von dem, was sie anstrebt. Hansens Mutter hat keine eigene Stimme, ihre Stimme ist eine erbärmliche Kopie von der oben zitierten KP-Platte. Und es ist ein besonderer Zynismus, daß ausgerechnet sie durch die Litaneien, mit denen sie gegen das offizielle Vergeben, Verdrängen und Vergessen kämpfen will, genau das gleiche, wenn nicht schlimmeres erzielt, als diejenigen, die sich offenkundig gegen eine Aufarbeitung der Geschichte wehren. Keiner ihrer Zeitgenossen, und ihr Sohn an erster Stelle, will diese Platte hören. Ihre antifaschistische Sprache ist eine phrasenhafte, sinnentleerte, eine im Zeitalter der österreichischen Sozialpartnerschaft zum antiquierten Kitsch verkommene Sprache. Sie kämpft auf verlorenem Posten, denn:

> Die Schwierigkeit hat immer denselben Grund: es war möglich große Verbrechen mit ihrer Aura haarscharf abzubilden, aber die sprachlichen Verkehrsmittel reichen eben nicht oder noch nicht bis zu gigantisch gewordenen Kellerasseln.
> (...)
> Unser Kampf krankt an dem Unvermögen, das Naziverbrechen zu kennzeichnen, ihm sprachlich nahe- und nachzukommen. Man spricht von Gaunern, Verbrechern, Gangstern (...); alles abgedroschen, alles zu allgemein. Gauner hat es schon viele gegeben, blutbesudelt war schon manches Regime, der Nazi aber riecht noch nach ganz anderem als nach Blut. Weil das rechte Wort fehlt, daher kommt die antifaschistische Sprache immer weiter in die Lage, Klischee zu sein.[98]

Keine der Figuren kann über ihren Schatten springen, alle sind ein und/oder ausgesperrt. Das Gesellschaftsbild, das daraus entsteht, ist das einer Ge-

---

[98] E. Bloch: "Der Nazi und das Unsägliche" (1938), in *Gesamtausgabe 11, Politische Messungen, Pestzeit, Vormärz*, edition suhrkamp, Frankfurt/M. 1977, S. 191 und 185.

sellschaft, die sich mit den ihr gesetzten Grenzen – sei es durch die Moral, die Geschichte, oder die Wirtschaft – nicht abfinden kann. Es genügt an den beinamputierten Vater zu denken, um zu verstehen, daß er im wahrsten Sinne des Wortes das in seinem Nationalstolz amputierte Kleinbürgertum verkörpert, als "Produkt seiner Klasse und der Mechanismen, die in ihr wirksam werden"[99] gesehen werden kann. "Es ist eine Klasse, die ein Klassenbewußtsein nur als Ersatz entwickeln kann".[100]

"Grenzen muß man einreißen" (Au, 67), sagen die Kinder, und wenn Anna mit Hans ins Bett geht, dann klingt das kaum anders, als wenn der Vater die Mutter fotografiert:

> Wir werden jetzt gleich die Grenzen überschreiten, das ist ein gutes Gefühl und steht hier im Buch. (Au, 88)

So bleibt es aller Revolte zum Trotz auch innerhalb der Räuberbande bei den bekannten Spielregeln der Gesellschaft, genauso, wie es in der Vergangenheit schon einmal funktioniert hat.[101]

> Rainer ist nämlich mehr das Hirn der Bande, Hans mehr die Hände, Sophie ist eher eine Art Voyeurin, und die Anna hat einen Zorn auf alle Menschen, was schlecht ist, weil es den Blick vernebelt und den Zugang verstellt. (Au, 11)

Die kulturellen Werte, auf die sich die verschiedenen Figuren in den *Ausgesperrten* berufen – das christlich-humanistische Modell des Kleinbürgertums, das Mutter Witkowski ihren Kindern vermitteln will, das Solidaritätsmodell aus der Arbeiterbildungsbewegung, das nihilistisch-existentialistische Modell – sind einerseits zur Litanei, zum Klischee, zum Imperativ erstarrt, andererseits ermöglichen sie keine Vermittlung innerhalb der Gesellschaftsschichten. Obendrein haben sie ihre Ohnmacht gegenüber dem Faschismus erwiesen und erweisen sie immer noch.

Da die ehemalige Lehrerin einen Faschisten geheiratet und sich stets seiner Gewalt gefügt hat, scheidet sie als Vermittlerin kultureller Werte aus. Mutter Sepp ihrerseits vertritt ein Solidaritätsmodell, das unfähig war, ihren Mann und die Arbeiterklasse vor den Faschisten zu retten, und sie jetzt allein und mittellos dastehen läßt. Rainer Witkowski, der philosophische Autodidakt, ist unfähig, sich mit Hilfe der von ihm erwählten Vorbilder, mit der

---

[99] Y. Hoffmann: "Gespräch mit E. Jelinek", unveröffentliches Manuskript.
[100] Ebda.
[101] "Die Bourgeoisie hat sich des Faschismus für ihre Kapitalakkumulation bedient, aber hervorgebracht hat ihn das Kleinbürgertum, wie eine Quelle Wasser hervorbringt, fast naturhaft". Hoffmann: "Gespräch mit E. Jelinek", ebda.

faschistischen Vergangenheit und Gegenwart seines Vaters auseinanderzusetzen.

2.3 Kausalitätszusammenhänge

2.3.1 *"Ein Mord ist nichts anderes als ein bißchen durcheinandergeratene Materie"*

Von allen Romanen täuschen *Die Ausgesperrten* am meisten Entwicklung vor. Es gibt einen Anfang: "In einer Nacht, Ende der fünfziger Jahre (...)" (Au, 7), es gibt eine Chronologie: die Vorbereitungen und die Steigerung der Raubüberfälle, die in einem Bombenanschlag in der Schule gipfeln; es gibt eine Antiklimax: Rainer und Anna hängen ihre Räuberexistenz an den Nagel, wollen ihr Abitur machen, danach studieren und ihre neue Existenz nicht durch Sophie gefährden, die mittlerweile terroristische Pläne hegt, und es gibt zum Schluß der Erzählung das unerhörte Ereignis, die Auflösung des Familiendramas: die Ausrottung der Familie Witkowski durch Rainer Witkowski.

Alle Figuren verfügen über eine formelle Identität, sämtliche Elemente der realistischen Illusion sind da, und auch die Schauplätze der Handlung sind keineswegs austauschbar. Das Bild der österreichischen Gesellschaft der Nachkriegsjahre ist kein mobiles Dekor, kein Versatzstück, und auch kein Vorwand. Ort und Zeit der *Ausgesperrten* sind kein ahistorisches Niemandsland. Die Figuren dagegen haben prototypische Züge. Der Ausdruck bedarf der Erklärung: sie sind keine entwicklungsfähigen Figuren, sie wollen zwar ständig die Grenzen ihrer Existenz überschreiten, aus der Zwangsjacke ihrer gesellschaftlichen Stellung heraus, können es aber nicht, weil sie Produkte gewisser Strukturen (historisch, ökonomisch, sozial, kulturell oder triebhaft verankert) und Leidträger der Auswirkungen dieser Strukturen sind. Rainer mag noch so aktiv gegen seine Familie vorgehen, sie nach der Ermordung bis zur Unkenntlichkeit zerstümmeln, es bleibt kleinbürgerliche Methode in dieser Wahnsinnstat:

> (...) und zwar geht er methodisch dabei von einer Leiche zur nächsten Leiche. (Au, 262)

Eine der Konsequenzen dieser vorgetäuschten Entwicklung für die Lektüre betrifft die Kausalstruktur des Textes. Man liest den Text als eine chronologische Reihenfolge, und der Leser stellt unwillkürlich Verbindungen her: zwischen den Überfallszenen und deren Vorbereitungen, zwischen Rainers unverdauten Lektüren über den acte gratuit, seinem ständigen Gerede über die "Nichtexistenz" einerseits, ("Die Zwillinge erklären der Mutter, daß auch die Nichtexistenz dieser Mutter denkbar und möglich wäre." Au, 41), und dem unerhörten Ereignis am Ende des Textes andererseits. Man liest die Überfälle als Steigerungsformen einer Gewalt, die in der Ausrottung der Familie Witkowski gifpelt. Vergleichbar mit Sophies Werdegang: ihr genügen die Überfälle nach einer Weile nicht mehr und sie stiftet Hans dazu an, eine Bombe anzufertigen, was Rainer und Anna aber ablehnen, denn zu dem Zeitpunkt, wo Sophie die Bombe in der Turnhalle explodieren läßt – Ende des Schuljahrs und Ende der Erzählung, kurz vor dem Mord – haben die Zwillinge ihrer fragwürdigen Desperado-Existenzen so gut wie Adieu gesagt. Diese dezidierte Absage an terroristische Gewalt ist für die folgende Analyse der Kausalitätsstruktur von Relevanz. Die bürgerlichen Träume Rainers, die sich ohnehin immer nur kläglich hinter hauchdünnen Vorwänden verbergen konnten, haben also zum Zeitpunkt des unerklärlichen Aktes längst wieder die Oberhand gewonnen.

Auch die Ausführung selbst des Famlienmordes findet in einer psychologisch unerklärlichen Reihenfolge statt, denn ausgerechnet Anna, seine Zwillingsschwester, sein bis aufs letzte Wort verstummtes Echo, sein Spiegelbild, wird als erste ermordet, anscheinend ohne Grund. Im Gegensatz zu den Überfällen geschieht der Mord außerdem völlig unvorbereitet. Rainer wacht eines Morgens "jäh auf, und gegen seine Gewohnheit sind seine beiden Hände schweißfeucht." (Au, 260) Als würde er aus einem Alptraum, oder eher zu einem Alptraum erwachen, ähnlich wie in Kafkas Texten, in denen das Erwachen und der Morgen zu den gefährlichsten Augenblicken des Tages zählt. Rainers Erwachen könnte man fast mit den ersten Zeilen aus *Der Verwandlung* paraphrasieren: Als Rainer Witkowski eines Morgens aus unruhigen Träumen erwachte, fand er sich in seinem Bette zu einem ungeheuren Familienmörder verwandelt:

> Mit der Pistole geht Rainer zu seiner Schwester hinüber, welche die ganze Nacht hinter der dünnen, künstlich eingezogenen Trennwand gleich neben ihm geschlafen hat, und das noch immer voller Vertrauen tut. Er schießt Anna aus kürzester Entfernung in den Kopf hinein, wobei er ihr das Stirnbein zerschmettert, sie aber nur in eine Bewußtlosigkeit versenkt, die augenblicklich eintritt.
> (...)
> Rainer geht nach diesem Schuß hinaus ins Vorzimmer, wo ihm die Mutter, ohne zu sprechen oder sonst einen Ausdruck von sich zu geben, entgegentritt. Er weiß, daß er jetzt die ganze Familie töten muß, um keine Mitwisser zu haben, die ihn an die Polizei verraten. (Au, 261)

Mord? Oder Selbstmord über den Mord an Anna, der den Mord seiner Mutter, dann den seines Vater nach sich zieht? Auf diese Frage wird nach einer detaillierten Analyse der Erzählstruktur noch zurückzukommen sein. Jeder Leser möchte die Gründe verstehen, die zu einem derartigen Akt führen. Er sucht Anhaltspunkte, Verantwortliche oder zu verantwortlich machende Faktoren und Strukturen, er sucht die Indizien, die Gründe, den Nutzen, kurz, er sucht den Motivationszusammenhang, den er mit mildernden Umständen verbindet, da von Vorsatz kaum die Rede sein kann. Der Leser, der sich im Laufe des Textes in die Rolle des Geschworenen oder Richters hineinkatapultiert hat, wird sich auf die psychologisch-historischen Umstände berufen. Und während er nach den Anhaltspunkten sucht, entgeht ihm, was erst bei einer sorgfältigen Bestandsaufnahme, Szene um Szene, auffällt: nämlich, daß die sich absolut linear darbietende Handlung Szenen aufweist, die sich nirgendwo in den Erzählstrang einfügen lassen, weder durch Rückblenden noch Vorwegnahmen zu erklären sind. Dazu gehört der einleitend zitierte Raubüberfall. Gerade weil der Text chronologisch-realistisch angelegt ist, psychologische Plausibilität nahelegt (man denke an den grausamen Nazivater, den Schweinestall, in dem sie hausen, an die pornografischen Fotos von der Mutter, von denen die Kinder wissen, an die Prügel, die Armut usw.) besteht die Gefahr, daß man über diese Sprünge hinwegliest, und damit einen wichtigen Aspekt der Schreibweise übersieht, den Barthes der Moderne zuschreibt: "eine bestimmte Art, den Diskurs zu durchlöchern, *ohne ihn unsinnig zu machen* ".[102]

Roland Barthes bewundert Flaubert vor allem deswegen, weil es ihm gelungen sei, die *Mimesis* der Sprache *radikal* zweideutig (bis zur Wurzel zweideutig) zu halten, ohne daß der Text je unter das gute Gewissen der Parodie falle (des kastrierenden Gelächters, des "Komischen, das einen zum Lachen bringe").[103] Genau dieser Aspekt macht *Die Ausgesperrten* so interessant: die Erzählsprache wird als Imitation beibehalten, sämtliche Sprachregister sind vorhanden, und trozdem bleibt eine radikale Zweideutigkeit bis zum Schlußwort bestehen. "Und das ganze logische Kleingeld (...) in den Zwischenräumen".[104]

2.3.2 Die lineare Reihenfolge

Will man nun dieses logische Kleingeld aus den Zwischenräumen herausangeln, bleibt einem nichts anderes übrig, als den Text in seiner Linearität

---

[102]Barthes, *Die Lust am Text,* op. cit. S. 15.
[103]Ebda. S. 16.
[104]Ebda. S. 16.

aufzuspalten und diejenige Szenen hervorzuheben, die von einem chronologischen Standpunkt aus problematisch sind. Der Vorgang mag umständlich erscheinen, hat aber den Vorteil, die falsche Logik an den Tag zu bringen. Einen Schlüssel wird man dabei nicht finden. Es wurde schon darauf hingewiesen, daß das Schloß, die Sperre, die Verriegelung zentrale Bilder für *Die Ausgesperrten* sind, die sich verschachtelt vom größten bis zum kleinsten in jedem Raum wiederfinden. Zu jedem Schloß gehört ein Schlüssel, damit ist in keinem Fall gemeint, daß *Die Ausgesperrten* ein Schlüsseltext sind, den es durch eine Interpretation zu entschlüsseln gilt, sondern daß der Schlüssel selbst als Schlüsselbild für *Die Ausgesperrten* fungiert und dadurch zu einem textkonstituierenden Element wird.

In der Szene I (S. 7-13)[105] wird die Bande und der schon zitierte Raubüberfall auf den Geschäftsführer im Wiener Stadtpark dargestellt. In der Szene II (S. 14-18) gehen die Zwillinge direkt nach Hause; der Überfall wird als ein real geschehener bestätigt durch den Satz: "Es ist eine gleichförmige Ruhe, die vor und nach den Überfällen herrscht." (Au, 14) Der Plural scheint darauf hinzuweisen, daß es sich nicht um den ersten Überfall handelt. In der Szene IV (S. 25-30) kommt Hans Sepp nach Hause, wann, ist jedoch nicht festzulegen, denn die Mutter fragt ihn: "Wo hast du diesen Pullover her, Hans? Diese Wolle (Kaschmir) ist ein paar Klassen über unserem Haushaltsbudget." (Au, 25f.) Woraufhin Hans antwortet, er habe diesen Pullover von seiner Freundin Sophie geschenkt bekommen. Sophie schenkt ihm diesen Pullover aber erst in der Szene VIII, S. 66, was der Leser zu diesem Zeitpunkt noch nicht wissen kann. In der Szene VII (S. 51-59) taucht ein zweites chronologisches Problem auf. Ohne daß man behaupten könnte, es handle sich um eine Rückblende, sagt Rainer: "Man muß Sophie erst richtig motivieren, ein oder mehrere Verbrechen zu begehen, denn von sich aus glaubt sie nicht, daß sie es nötig hat, sich so anzustrengen." (Au, 51) Anna ihrerseits schlägt in der gleichen Szene vor, "Hans Sepp, den sie erst seit kurzem aus dem Jazzkeller kennen, ebenfalls dazu heranzuziehen, ein, zwei Verbrechen mit ihnen zu begehen." (Au, 53) Diesen Aussagen zufolge dürften noch keine gemeinsamen Aktionen stattgefunden haben. In der Szene VIII (S.60-75) bekommt Hans den S. 26 erwähnten Pullover geschenkt, alle vier sind in Sophies Wohnung anwesend, und gestört wird die Chronologie zum dritten Mal durch diese Aussage Rainers: "Diese Überfälle, die wir planen, sollen ein Gerüst von Motivationen haben, die höher oben liegen." (Au, 67f.) Diesmal steht fest, es haben noch keine Überfälle stattgefunden. Im zweiten

---

[105]Die Aufteilung in Szenen von Y. H.

Teil dieser Szene fahren Rainer Anna und Hans mit der Straßenbahn nach Hause. Anna dient als Lockvogel für einen Passagier, dem Rainer und Hans die Brieftasche stehlen. In der Szene IX (S. 76-82) kommt Hans nach Hause, im Prinzip sollte er die Kleider tragen, die er von Sophie geschenkt bekommen hat, da er sie S. 67 als Bedingung dafür, sie behalten zu können, vor Sophie anziehen mußte. Weggegangen war er in einem schäbigen Anzug, seine Mutter, die den sichtbaren Kleidungswechsel bemerken müßte, sagt nichts. Szene XI (S. 92-97) fahren alle vier in den Wienerwald, Sophie muß eine Mutprobe (S. 93) bestehen, um in die Bande aufgenommen zu werden, "sonst gehört sie nicht dazu." (Au, 93) Wann hat Hans seine Mutprobe abgelegt? In der Straßenbahn? Wieder ein Hinweis darauf, daß bis zu diesem Zeitpunkt noch keine Überfälle stattgefunden haben. Weitere Bestätigungen dafür befinden sich in der Szene XII (S. 105-117): "Rainer will, daß sich die anderen für ihn die Hände dreckig machen (...), er wird sich aus der Tat heraushalten (...)" (Au, 106), und etwas später: "Es wird also ein Überfall mit Raubabsicht sein." (Au, 114) "Die Überfälle werden ein starkes Erlebnis sein (...)." (Au, 116) In der Szene XIX (S. 160-167) hat immer noch kein Raubüberfall stattgefunden: "Innerlich hat sich Rainer schon ganz von dieser Familie gelöst, äußerlich wird er sich in Form von Raubüberfällen auf unschuldige Personen von ihr lösen." (Au, 164) Rainer wiederholt zum x-ten Mal: "Wir müssen das noch genauer besprechen mit unseren Verbrechen." (Au, 166) In der Szene XXI (S. 177-186) erklärt er seiner Schwester erneut: "Gewalt wird unser Verbrechen begleiten, Anni, meinst du nicht auch?" (Au, 184) Szene XXII (S. 187-199): "Sophie fragt Hans, was er von Verbrechen hält. Rainer will Verbrechen begehen, und sie glaubt, daß sie das jetzt endgültig auch will." (Au, 194)

Erst in der Szene XXIV (S. 208-214) kommt es zum ersten und letzten chronologisch einreihbaren Überfall. Alle vier überfallen einen Handelsreisenden, der nichts mit der Person zu tun hat, die auf der ersten Seite beschrieben wird. Mittlerweile ist es Sommer geworden, die Schulferien nahen; während Sophie Hans dazu anstiftet, ihr die Zuteile zu einer Bombe zu besorgen, weigern sich die Zwillinge immer mehr, an derartigen Gewaltaktionen teilzunehmen. Es werden keine weiteren Überfälle mehr beschrieben.

2.3.3 Fazit der Erzählstruktur

Anhand dieser detaillierten Aufzählung läßt sich feststellen, daß der einzige Raubüberfall, der sich chronologisch einordnen läßt, erst in der Szene XXIV stattfindet, sieht man davon ab, daß die Episode in der Straßenbahn als Mutprobe für Hans gilt. Bestätigt wird der Überfall auf den Handelsreisenden S. 218 ("und ich hoffe, die gestrige Aktion hat euch gefallen"), wann aber der einleitend geschilderte Überfall auf den Prokuristen stattfindet, läßt sich nicht ausmachen, da sämtliche Szenen, die folgen werden, eine Vorbereitung auf die Szene XXIV sind. Bis zu diesem Zeitpunkt werden die Überfälle immer nur geplant. Was bedeutet nun diese Szene auf der ersten Seite, die sich nirgendwo einordnen läßt? Mehrere Hypothesen bieten sich an.

Erstens könnte man diese Szene als optische Täuschung betrachten, die den Blick, den Blickwinkel des Lesers orientiert. Als Raster, das sich über den ganzen Text spannt und dem Raubüberfall jegliche Erhabenheit raubt, denn durch die Einbettung in die Rubrik des fait divers wird er der Welt des Massenkonsums zugeordnet, was ebenfalls bedeutet, daß die Differenzierung zwischen gut und böse auf das Klischee, das Zeitungen von gut und böse vermitteln, reduziert wird. Im Zuge seiner Integration in den Bereich der alltäglichen Schreckensnachrichten, des Sensationellen verliert der Raubüberfall seine böse Aura. Der so domestizierte, assimilierte Schrecken geht in den Massenmedien unter, verfällt zur moralisch verwerflichen Kategorie für Zeitungsleser. Und der weiß, daß "das Opfer immer besser [ist], weil es unschuldig ist." (Au, 7) Der Leser wird durch die pseudo-journalistische Darstellung des Raubüberfalls auf der ersten Seite so beinflußt, daß er gewissermaßen die Tragödie als fait divers mit den Augen des Zeitungslesers weiterliest und unter anderem sofort die Identität Täter/Opfer fixiert.

Zweitens könnte man von einer beabsichtigten Irreführung im Rahmen der Umfunktionierung des Kriminalromans sprechen. In einer Nacht fängt der Roman mit einer kriminellen Handlung an und endet an einem frühen Morgen mit einer, wie man glauben könnte, gesteigerten Form der einleitend dargestellten Gewalt. Dazwischen liegen wenige Monate. Besonders "mildes Frühlingslicht" (Au, 44) wird in der Szene VI erwähnt und die letzte Szene findet nach dem Abschlußball in der Schule statt. Vom Frühjahr bis zum Sommer: eine Zeit, in der die Saat (der Gewalt?) aufgeht. Unwillkürlich verbindet der Leser die ausführlich vorbereiteten Überfälle mit dem Familienmord, verknüpft die theoretischen Ausführungen über die Gewalt mit dem Massaker. Wie ein Wort das andere ergibt oder Gewalt Gewalt erzeugt, glaubt der Leser, daß die einleitend dargestellte Gewalt nur noch in einem Blutbad enden kann. Dabei enden die Raubüberfälle eben nicht im Mord. Man kann sogar behaupten, daß diese unabhängig vom Familienmord zu betrachten sind. Überdies weigern sich die Zwillinge ausdrücklich, an Sophies Bombenanschlag teilzunehmen, erstens weil sie an dieser Form von Gewalt kein Interesse haben, und zweitens weil sie der Gewalt zu diesem Zeitpunkt der Handlung schon abgeschworen haben. Von einer Steigerung der Gewalttätigkeit kann also keineswegs die Rede sein.

Da weder das eine das andere erklärt noch das eine mit dem anderen verbunden ist, könnte man eine dritte Hypothese formulieren: Die lückenhafte Chronologie der Erzählstruktur arbeitet gegen die Konstitution eines Sinnzusammenhangs. Die Überfälle sind kein kritischer Kommentar zu den österreichischen Verhältnissen der Nachkriegsjahre: Rainer, Anna, Hans und Sophie sind keine anarchistischen Racheengel, wie groß auch die Chancen sein mögen, daß ihre Opfer unbestrafte Täter sind. Man kann die Überfälle zwar als gesellschaftskritische Metapher deuten, aber diese Interpretation ist unzureichend, weil sie nicht nur das Resultat der spezifisch österreichischen Nachkriegssituation sind. Sie erscheinen vielmehr als das Resultat einer Pendelbewegung zwischen internalisierter und ausgeübter Gewalt, in der Vergangenheit erlaubt, in der Gegenwart nicht verurteilt und in der Familie weiterhin toleriert, als Resultat einer Pendelbewegung zwischen realen, imaginären und verinnerlichten Grenzen, und nicht zuletzt als Resultat der festgelegten Rollenverteilung auf staatlicher, familiärer, individueller Ebene.

2.3.4 Die Wiederkehr des Gleichen:
Schweinereien, die Sau rauslassen oder die Sau abstechen

Zum einen wird unter Beibehaltung einer kontinuierlichen Erzählsprache eine Geschichte mit sogenannten richtigen Romanfiguren erzählt, die jedoch einem kontinuierlichen Sinnzusammenhang entgegenarbeitet, und zum anderen entstehen Bildkomplexe, die entwicklungsfähiger sind als die Fguren. Dadurch werden nicht die Figuren und ihre grausamen Spiele zur eigentlichen Geschichte der *Ausgesperrten*, sondern die Bilder der Metamorphosen der Gewalt, der Grenzen, der "Schweinereien ".

Das Bild der Grenzen und ihrer unmöglichen Überschreitung wurde schon erwähnt. Hier nun als Schlußfolgerung zu den *Ausgesperrten* die metaphorische Variation oder Komposition, die sich wie ein roter Faden durch den ganzen Text hindurchzieht: die "der Schweinereien". Mit dem Schwein sind im geläufigen Sprachgebrauch Schmutz, Vulgarität, depravierte Sexualität verbunden. In den *Ausgesperrten* wird das Bild des Schweins zu einem zentralen Bild. Man könnte fast sagen, daß es durch den Text hindurchdekliniert wird. Sei es als Entblößung eines identischen Zustands (das schon zitierte Sumpfgebiet Staat, das sich im Schweinestall der Witkowskis wiederfindet) oder auch als sukzessive Etappen einer identischen Geschichte. Dazu gehören die schweinischen Fotos von der Mutter, die

Schweinereien des überfallenen Opfers – in der Vergangenheit wie in der Gegenwart –, die Schweinereien, die Anna und Sophie an ihren Opfern ausüben, die Schweinereien des Vaters, kurz die Sexualität aller Betroffenen, die immer nur schweinisch zum Ausdruck kommt.

Schweinereien prägen den Werdegang der Figuren. Die meisten Assoziationen werden im Text expressis verbis aufgestellt, so daß auch hier große Vorsicht davor geboten ist, den Familienmord ausschließlich als herkulischen Säuberungsakt zu deuten. Da Rainer zu den wenigen Ausnahmen zählt, deren Phantasmen ausschließlich um die weiße makellose Frau kreisen, stellt sich die Verbindung zwischen dem Familienmord und der Säuberung des Augiasstalls fast von selbst ein. Gezeigt werden soll hier nur eine gewisse semantische Verknüpfung, die vom Schmutz als Invarianz ausgeht, dessen metaphorische Ausdehnungen und Metamorphosen sich in allen Bildern und Strukturen wiederfinden, auch antonymisch in Rainers Phantasmen von der weißen Sophie und der geschlechtslosen Mutter. Hier ein Beispiel der Kette: Dreck-Intimsphäre-Bajonett-Krieg-Mord-Blutbad:

> Kaum ist der Entschluß da, traktiert er seine Frau Gretl im Schlafzimmer, wo Mann und Frau intim miteinander sind, mit der Reitpeitsche, einem seiner zahlreichen Andenken von früher, zu denen auch ein Bajonett gehört. (Au, 142)

Die erste Erwähnung einer möglichen Rache an dem Vater befindet sich Seite 143: "Der Rainer sagt: Anni, wir müssen etwas unternehmen wegen dem alten Schwein." Ausgelöst wird diese Reaktion durch die Schreie der Mutter, die soeben im Schlafzimmer mit der oben zitierten Reitpeitsche geschlagen wurde. Rainer befürchtet, daß sein Vater eines Tages die Mutter erschießt, ("Aber er wird sie umbringen" Au, 143) woraufhin er beschließt, einen Zweitschlüssel für den Pistolenkasten anfertigen zu lassen, der symptomatischerweise nicht funktionieren wird:

> (...) wahrscheinlich tut er es (...), um die Pistole zu bergen, damit seine Mutti vom Vati nicht totgeschossen wird, was ihr schon des öfteren ohne nennenswerte Folgen angekündigt wurde. (Au, 201)

Der intimste Raum der Wohnung ist sadistisch besetzt, wird zum verlängerten Schlachtfeld, denn die Reitpeitsche gehört zu den Reitstiefeln, an die sich Otto Witkowski ebenfalls noch erinnern kann.

> Ich weiß noch, wie wir in polnischen Dörfern vielfach bis zu den Knöcheln unserer Reitstiefel in Blut wateten. (Au, 17)

Die Ausstattung des SS-Offiziers wird zum Requisit seiner sexuellen Phantasmen; durch die Erwähnung des Bajonetts in diesem Zusammenhang (Reitpeitsche als Requisit und Andenken, "zu denen auch ein Bajonett gehört") wird der Gegenstand ein zweites Mal dämonisiert: durch die Verlängerung in die Intimsphäre wird aus dem Schlachtfeld ein Schlachten: "Oft denkt der Vater an die dunklen Skelette der Menschen, die er tötete, bis der Schnee Polens nicht unberührt und weiß, sondern berüht und blutig war." (Au, 33) Der ehemalige polnische Schlachter macht nun seine Frau zur "Sau". Der Ausdruck sollte nicht als grobe Redewendung mißverstanden werden, er bezeichnet vielmehr die metonymische Verschiebung, die durch die Assoziation Intimsphäre, Blutbad in Polen und Bajonett stattgefunden hat. Otto Witkowski verbindet in direkter Weise Sexualität und Vergangenheit:

> Denselben Nachdruck wie damals bei der Berufswahl setzt er heute hinter sein Hobby, das keine Einschränkungen kennt: die künstlerische Fotografie. Seine Gegner von einst waren durch die Schornsteine und Krematorien von Auschwitz und Treblinka entwichen oder bedeckten slawische Erden. Die kleinlichen Grenzen, die Deutschland heute gesetzt sind, überschreitet Rainers Vater jeden Tag aufs neue, wenn er künstlerisch fotografiert. (Au, 15)

Die Gegner von damals hießen Juden, im Munde eines Witkowski "Judensäue". Diese werden im Text nie erwähnt, obwohl er sich häufig genug zur Vergangenheit äußert. Und gerade dadurch, daß diese "Gegner" totgeschwiegen werden, werden sie zum allgegenwärtigen Bild, das palimpsestartig unter Witkowskis "Schweinereien" durchschimmert.

Mit demselben Bajonett wird Rainer die Körper der Familie verstümmeln. Er fängt mit dem Vater an und zersticht ihm "Hals, Brust und Nabel" (Au, 262), den Oberkörper also, dann geht er zur Mutter über, die er "hauptsächlich in den Unterleib" (Au, 263) sticht, wogegen in Bezug auf seine Schwester, die er zum Schluß verstümmelt, nur erwähnt wird, daß er sie "mit aller Kraft [ersticht]". (Au, 263) Die Bedeutung dieser Geste ist nicht zu übersehen: vom ersten öffentlichen Einsatz des Bajonetts als Ausdruck der faschistischen Staatsgewalt auf den polnischen Schlachtfeldern hinüber zum Ausdruck der väterlichen Gewalt in der Intimsphäre, bis hin zur gewalttätigen Ausrottung der Familie hat sich an der ursprünglich Funktion: "die Sau abstechen" nichts geändert. Das Bajonett hat sowohl eine historische als private Dimension: es schlachtet Schlachter und Schwein in einem, den Schlachter von Polen und das die Mutter degradierende "Schwein".

Ein Schlachten war's, nicht eine Schlacht zu nennen (Schiller).

Der erste ausdrückliche Hinweis auf den Vatermord, den man fast überlesen könnte, befindet sich in der Erwähnung einer "großen Bauerntruhe, in die ein ganzes geschlachtetes Schwein hineinginge." (Au, 184) Der Vergleich nimmt einen nicht wunder, liest man ihn parallel zu der Aussage Rainers: "Anni, wir müssen etwas unternehmen wegen dem alten Schwein". (Au, 143) Im Gegensatz zu den Überfällen, die er ausführlich plant, denkt Rainer an keiner Stelle im Text an die konkrete Ausführung des Vater-mordes. Der Schlüssel für den Pistolenkasten, den er nach einem Wachsab-druck hat anfertigen lassen, paßt nicht, angeblich hat er ihn ja machen lassen, um die Mutter zu schützen. In diesem gleichen Kasten liegen die Fotos von der Mutter:

> Im Pistolenfutteral des Vaters, einer Kassette, die 7-8 cm hoch, 30 cm lang und 15 cm breit ist und aus Eisen hergestellt, liegt die Pistole. Darunter Aktaufnahmen von Rainers Mutter, manchmal auch Nahaufnahmen ihrer Genitalien. Den Schlüssel dazu trägt der Vater immer bei sich, an seinem Körper. (Au, 166)

Der erste Teil der Beschreibung erinnert stilistisch an ein Inventar, klingt wie die Vorwegnahme eines Polizeiprotokolls und macht somit den Leser auf die Rolle, die diese Pistole im Verlauf der Handlung spielen wird, aufmerksam. Wichtiger jedoch als die Vorwegnahme des Protokolls scheint die ausgesprochen phallische Dimension der Verschachtelung: zuerst wird das Futteral erwähnt und dann erst in der Apposition als Kassette bezeichnet, wodurch die häufig weiblich konnotierte Kassette metonymisch zur unanfechtbaren Virilität des Vaters wird. Und in diesem eisernen Futteral liegt die Pistole des Vaters auf den Aktfotos der Mutter. Daß allein der Vater den "Schlüssel (...) an seinem Körper" zu den "Genitalien" der Mutter haben darf, mag wohl erklären, warum der "Nachschlüssel" des Sohnes nicht funktioniert. Der Bezug zur Geschlechtlichkeit in der Ausführung des Massakers ist nicht zu übersehen. Denn ebenso symptomatisch wie der mißratene "Nachschlüssel" ist der Einsatz der verschiedenen Waffen. Allein die Schwester und die Mutter werden mit der väterlichen "Steyr-Kipplaufpistole" (Au, 260) aus der Nazizeit erschossen, der Vater wird mit einer Axt erschlagen, die er "aus dem Klo" (Au, 261) holt und die, im Gegensatz zur Pistole und zum Bajonett, im Laufe des Texts nie erwähnt worden ist. Die einzigen Kadaverreste, die Rainer zu verstecken versucht, sind die des Vaters, die er in die oben zitierte Bauerntruhe, "in die ein ganzes geschlachtetes Schwein hineinginge" (Au, 184) legt. Hinzufügen muß man noch, daß in der Truhe:

> (...) viel kaputtes Spielzeug aus Kindertagen herum[liegt], das, wie alles in dieser Wohnung, in die bleierne Öde der Halbwüchsigentage hinübergerettet wurde (...). (Au, 184)

Auch hier kann man sich fragen, ob in dieser Aussage nicht eine metonymische Verschiebung stattgefunden hat. Kaputtes Spielzeug oder kaputte Kindertage, die nicht mehr zu retten sind? Das geschlachtete Schwein und die kaputte Kindheit sind nun in einer Truhe vereint, das eine im anderen versenkt. Durch die Überlagerung stellt sich eine neue Assoziation ein: Der Familienmord hat aller Verstümmelung zum Trotz keine Trennung geschaffen. Heute und Gestern verschachteln sich in einer geschlossenen Truhe.

Das Schwein ist geschlachtet, die Sau abgestochen, das weibliche Ebenbild zerstört. Rainer hat die Körper so aufgetrennt, daß man sie nicht mehr voneinander unterscheiden kann, weder den Vater von der Mutter noch die Mutter von der Schwester; anhand der Genitalien, die man gerade noch erkennt, ist es den Polizisten möglich, die Leichname "der jeweils passenden Person zu[zu]ordnen." (Au, 263) Jegliche geschlechtliche Differenz ist annihiliert, der Unterschied zwischen Vater und Mutter, Jugend und Alter aufgehoben.

Von H.C. Artmann stammt der schon zitierte Satz, die fünfziger Jahre seien an sich schon ein Schwerverbrechen, vielleicht sollte man abschließend für *Die Ausgesperrten* hinzufügen, daß der Mord, den Rainer Witkowski begeht, zwar kein bewußter historischer Racheakt ist, wohl aber als Bild, oder Gegen-Bild eines solchen gesehen werden kann. Im Sinne einer Spiegelung und Parallelisierung von politischen und privaten Schweinereien (von der Schlacht zum Schlachten, vom Schlächter zum Geschlachteten), im Sinne einer Faschismusanalyse, die das Triebhafte miteinbezieht. Hinter dieser Problematik, die sich aus den Elementen der österreichischen Geschichte zusammensetzt, entwickelt sich eine zweite, die aus der textinternen Verbindung der analysierten Bilder (Grenzen, Schlüssel, etc.) entsteht. Und wie fast alle Geschichten Jelineks erzählt diese Geschichte von der unmöglichen Trennung und von der unmöglichen Vereinigung. Das Problem der geschlechtlichen Differenzierung, der Versuch, die Geschlechtlichkeit zu definieren, zieht sich wie ein roter Faden durch ihr Werk, und es scheint, als sei das geschlachtete Schwein der *Ausgesperrten* eine verlorene Schlacht mehr im Krieg der Generationen, im Krieg der Geschlechter. *Ein Schlachten war's,* ein Schlachten ist's, *nicht eine Schlacht zu nennen.*

3. Raum der sozialen Hierarchie am Beispiel der *Liebhaberinnen*

3.1 Zum Thema Heimat

Anfang und Ende der *Liebhaberinnen* – im übertragenen wie im wortwörtlichen Sinne – bildet die Beschreibung einer Fabrik. Sie wird im Laufe der Erzählung kaum erwähnt, ist aber allgegenwärtig. Sie gehört, wie der "konsumladen" (Lh, 13) im Dorf, zur "drehscheibe" (Lh, 13) des gesellschaftlichen Lebens im Lande. Sie hat ihren Hauptsitz in einem Dorf in den Voralpen und eine Zweigstelle in einer österreichischen Großstadt. Brigitte, die Städterin, eine der beiden Liebhaberinnen, arbeitet zu Beginn der Handlung als ungelernte Akkordarbeiterin in der Zweigstelle, die sie dank ihrer Heirat verlassen wird, während Paula, das Landmädchen, das anfangs eine Schneiderlehre macht, nach einer gescheiterten Ehe dort landen wird, wo Brigitte angefangen hat, als ungelernte Akkordarbeiterin in der Zweigstelle der Fabrik. Zwischen Paula und Brigitte gibt es keine Berührungspunkte, ihre Geschichte verläuft parallel und ist nach dem Prinzip des Fortsetzungsromans, stets zwischen Stadt und Land hin und her pendelnd, aufgebaut.

Die Zeit der Handlung, die sich über ein paar Jahre hinzieht, wird nicht angegeben, sie ergibt sich indirekt aus diversen Anspielungen: auf die Konsumgesellschaft, auf den Triumph der Versandhausära ("erich, das lebendige versandhauspaket" Lh, 33) und auf populäre Schlagersänger und Schauspieler, wie "uschi glas" (Lh, 24). Es ist im großen und ganzen die Zeit, in der Neckermann alles möglich macht.

Als *Die Liebhaberinnen* 1975 erschienen, konnte man in der österreichischen Literatur bemerken, daß dem durch die Blut- und Bodenliteratur diskreditierten Thema "Heimat" und "Natur" eine neue Relevanz beigemessen wurde:

> Das Thema Heimat und Herkunft, Bauernland und Provinz ist in der Gegenwartsliteratur wieder präsent, interessant und wichtig; wenn man will: relevant.[106]

Josef Donnenberg zählt zu den Repräsentanten der neuen Heimatliteratur u.a. Innerhofer, Scharang, Turrini und Jelinek. Er weist in seiner Studie darauf hin, daß die Perspektive und der Ansatz dieser Autoren in keinem Vergleich zu der Tradition, wie sie Karl Heinrich Waggerl darstellen mag, stünden. Die neue Heimatliteratur sei weder eine Verherrlichung der Provinz, noch eine Projektion des "Sündenfalls" auf die Städte, sie sei vielmehr eine Problematisierung der Provinz und dadurch gekennzeichnet, daß

> (...) die Besinnung auf Heimat und Herkunft, Landschaft und Lebensraum (...) sich zu einer Kritik der politischen und ökonomischen 'Heimatbedingungen' entwickelt.[107]

Donnenberg unterscheidet zwischen einer marxistisch-materialistischen Tendenz, die dem Thema Heimat eine mehr oder weniger politische Analyse überstülpe, und einer individuellen Tendenz, die danach strebe, in

> (...) Erinnerung und Reflexion die eigene Beziehung zur Heimat zu klären.[108]

Er spricht von einer wiedergewonnenen Selbstverständlichkeit der persönlichen Besinnung auf Heimat, die keine "verklärende Beschwichtigung" sei, sondern "kritisch-realistische Desillusionierung, vielleicht Aufklärung – aber nur selten volkstümliche Aufklärung."[109] In diesen Romanen finde man "wenig Respekt vor traditionell-einheimischen Vorurteilen und Einstellungen" – die man mit anderen Worten auch die legendäre Borniertheit des Landlebens nennen könnte – "aber auch kaum eine Aussicht auf neugewonnene, tragfähige Grundlagen individueller und kollektiver Identität."[110]

Man könnte zu Anfang der Erzählung glauben, dem Hin und Her zwischen Stadt und Land entspreche eine antithetische Funktion: Kalte unbarmherzige Stadt gegen menschliche Wärme auf dem Land oder umgekehrt, primitive Engstirnigkeit des Landes gegen städtische Kultur. Das stimmt bis zu einem gewissen Punkt, geht man davon aus, daß Paula auf Grund des lähmenden Landlebens, der Engstirnigkeit scheitern wird und daß Brigitte der

---

[106] J. Donnenberg: "Das Thema Heimat in der Gegenwartsliteratur und Anzengruber als Schlüsselfigur der Tradition der Heimatliteratur", in Friedbert Aspetsberger (Hrsg.), *Traditionen in der neueren österreichischen Literatur. Zehn Vorträge*, Bundesverlag Wien 1980, S. 67.
[107] Ebda. S. 73.
[108] Ebda. S. 73.
[109] Ebda. S. 73.
[110] Ebda. S. 73.

gesellschaftliche Aufstieg in der Stadt gelingen wird. Am Beispiel der Fabrik wird deutlich, was der Roman nicht ist: weder Heimat- noch Liebesroman. Aber auch keine "Industriereportage". Die äußerliche Erscheinung der Fabrik macht die Beschreibung ihrer Innenräume, die Beschreibung der Arbeitswelt von innen überflüssig, da die Außenwelt die Innenwelt beherrscht, da das Gesellschaftliche das Private strukturiert und dominiert.

3.1.1 Der natürliche Kreislauf der Natur

In den *Liebhaberinnen* ist das Land kein "Wunschbild" sondern ein "Schreckbild".[111] Die Stadt jedoch bietet keine Alternative. Zwar wird auf formaler Ebene die traditionelle Gegenüberstellung beibehalten, aber sie fungiert nicht antithetisch. Gezeigt werden soll, daß die zentrale Metapher des Textes die eines Kreises ist, daß sämtliche Strukturen (Erzählstruktur, Raumstruktur, Struktur der Persönlichkeit usw.) unter dem Zeichen der Analogie, der Symmetrie, der Wiederholung, bis hin zur trivialsten Form der Verdoppelung in Form von Tautologien und Pleonasmen stehen.[112]

"(...) der konsumladen ist die drehscheibe des natürlichen kreislaufs der natur" (Lh, 13) heißt es ganz zu Anfang in den *Liebhaberinnen* und die Frage, ob der Pleonasmus "natürliche Natur" als solcher überhaupt noch wahrnehmbar ist, scheint legitim. Denn Natur ist in unserer Gesellschaft nur noch als technisch und sozial konstituierte Natur, als vom Menschen geprägte, umgestaltete, lädierte, kanalisierte, programmierte, kurzum als künstlich gestaltete Natur wahrnehmbar. Und trotzdem wird dieses Artefakt Natur weiterhin als Gegenpol zur Kunst, zum Künstlichen oder zur Kultur/Zivilisation gepriesen, wo die traditionelle Opposition längst schon im Technischen aufgegangen ist. In diesem Zusammenhang könnte man auch den vom Übertreibungskünstler Bernhard fingierten Dialog zwischen Claus Peymann und Hermann Beil zitieren:

Immer kommen Sie mir
mit ihrem *natürlich*
wenn Sie doch einmal sagen würden *künstlich* (...)
es ist doch alles *künstlich* in der Welt (...)
alle um mich herum sagen andauernd *natürlich*
wo sie doch nichts als *künstlich* sagen sollten die ganze Zeit (...)

---

[111]Nach dem Titel eines Aufsatzes von F.Sengle: "Wunschbild Land und Schreckbild Stadt", zitiert in Aspetsberger, op. cit. S. 94.
[112]Manche Kapitel sind im Wortlaut sogar identisch, z.B. die Beschreibung der Hochzeit der beiden Liebhaberinnen, und das die Handlung einrahmende Vor- und Nachwort.

> Sagen Sie doch einmal *künstlich*
> aber sagen Sie nicht mehr *natürlich*
> es gibt nichts Natürliches mehr
> und in Wien schon gar nicht[113]

Kunst gegen Natur. Die Griechen unterschieden zwischen *physis* und *techné*; "physis", das war die Totalität der von sich aus bestehenden Dinge und Lebewesen innerhalb einer harmonischen Hierarchie, die zugleich göttlich und rationell war. Alles Bestehende hatte seinen Sinn und war am richtigen Platz. Wogegen "techné" dasjenige bezeichnete, was erst geschaffen werde mußte, etwas, was seine Existenz etwas anderem verdankte, also hervorgebracht, bewerkstelligt werden mußte. Was sich den Sinnen heute darbietet, nennt Hartmut Böhme eine "Technonatur",[114] ein Wort, das den Griechen ein Barbarismus gewesen wäre. Es bezeichnet die Landschaften, die "wir als Natur ansehen", eigentlich aber "Erzeugnisse der industrialisierten Agrikultur sind". Als Beispiel zitiert Böhme die Wälder, die wir durchwandern und die "nicht physis sondern Plantagen der Holzindustrie sind ".[115] Und in genau dieser Technonatur entfaltet sich die Handlung der *Liebhaberinnen* – als Gegenprojekt zu den idyllischen Heimatromanen:

> keiner denkt an den wald als an eine landschaft. der wald ist eine arbeitsstätte. wir sind doch hier nicht in einem heimatroman! (Lh, 82)

3.1.2 Ikonographie – Ikonoklasmus: kennen Sie dieses SCHÖNE Land

Der Titel verspricht etwas, was der Text nicht einlöst, denn von Liebe, verliebten Frauen, oder Liebesidylle handelt der Text nicht. Der Leser wird um eine Liebesgeschichte betrogen, seine Erwartungshaltung vom ersten Satz an unterminiert: "kennen Sie dieses SCHÖNE land mit seinen tälern und hügeln?" (Lh, 7) Die Erinnerung an das erhabene Vorbild schillert hier noch palimpsestartig durch: "Kennst du das Land, wo die Zitronen blühn?" beinhaltet aber als ästhetische Referenz indirekt ihre eigene Verneinung. Denn durch die Hervorhebung in Großbuchstaben, schlägt das "SCHÖNE land" in eine kodifizierte Postkartenidylle und ein erstarrtes Klischee um – kein schöner Land in dieser Zeit –, das keiner weiteren Beschreibung bedarf, weil der

---

[113]T. Bernhard: "Claus Peymann und Hermann Beil auf der Sulzwiese" in Weinzierl (Hrsg.), *Lächelnd über seine Bestatter: Österreich, österreichisches Lesebuch von 1900 bis heute*, Piper Verlag München 1989, S. 442 f.
[114]H. Böhme: "Aussichten einer ästhetischen Theorie der Natur", in *Entdecken-Verdecken, eine Nomadologie der Neunziger*, herbst-buch zwei, Droschl-Verlag, Graz 1991, S. 16.
[115]Ebda. S. 16.

Rahmen durch das Erstarrte geliefert wird. Der Leser erwartet nach dieser – obwohl schon rhetorisch anmutenden – Frage eine Antwort in Form einer genaueren Beschreibung und statt dessen werden "schön[e] berge", "wiesen, äcker und felder" (Lh, 7) erwähnt, die der besonderen Hervorhebung der Schönheit dieser Landschaft nicht gerecht werden. Wiesen, Äcker und Felder gibt es in jedem Land. Auch die Erwähnung des Horizonts mit der Erklärung "was nicht viele länder haben" (Lh, 7) fungiert nach dem Prinzip der in der positiven Aussage beinhalteten Verneinung. Horizonte gibt es überall dort, wo sich nichts dem Blick entgegenstellt, so daß der Blick in die Ferne schweifen kann. Das Alpental jedoch, in dem die Handlung stattfindet, wird "in der ferne von schönen bergen begrenzt" (Lh, 7). Dementsprechend ist auch der Blick begrenzt, die Einwohner verfügen weder über einen Weit- noch einen Überblick, allein schon durch die geographische Situation ist ihr Horizont ein begrenzter.

Der ganze erste Abschnitt (Lh, 7) steht unter dem Zeichen des Schönen:

> kennen sie dieses SCHÖNE land (...).
> es wird (...) von schönen bergen begrenzt.
> mitten in dieses schöne land hinein (...).
> bildet (...) einen schönen kontrast (...).
> wo es schön ist und nicht anderswo, wo es unschön ist.
> die heime stehen in derselben schönen landschaft (...),

ohne daß diese Schönheit je durch eine Beschreibung untermauert würde. Das Schöne bezieht sich stets auf die Schönheit der Natur, ungefähr so als würde die antike Gleichung, wonach aus der Schönheit der Natur Schlüsse für die Natur des Schönen gezogen wurden, noch aufgehen. Der Bezug, auf den diese Schönheit zurückzuführen ist, entspricht einer ganz bestimmten ästhetischen Vorstellung, weit entfernt von einem Schönen als *des Schrecklichen Anfang*. Obwohl auch das gleich zu nuancieren wäre, denn schon im Vorwort artet das "SCHÖNE land" zur monströsen Idylle, zu einem Schrecken ohne Ende aus. Das Schöne, auf das hier angespielt wird, das sind zunächst die "schönen Bilder", aber nicht diejenigen, die Benjamin als "auratisch" bezeichnete, d.h. "solche, die, wie nahe sie auch sind, zum Betrachter von ferne zurückblicken, die in seinen Augen die Augen aufschlagen." [116] Jene Bilder beruhten auf einer Korrespondenz zwischen dem Wesen des Betrachters und dem betrachteten Objekt. Das Auratische an dem Österreichbild, das Elfriede Jelinek in allen ihren Texten entwirft, hat zwar noch einen

---

[116] zitiert in D. Voss: "Metamorphosen des Imaginären", in *Postmoderne* op. cit. S. 220.

Bezug zum Schein, aber es ist kein sakraler, sondern Scheinheiligkeit, Schein als Simulation, Simulationsbild:

> In den Waldheimen und auf den Haidern dieses schönen Landes brennen die kleinen Lichter und geben einen schönen Schein ab, und der schönste Schein sind wir. Wir sind nichts, wir sind nur, was wir scheinen: Land der Musik und der weißen Pferde.[117]

Konnte Goethe Mignon noch in der Hoffnung verweilen lassen, daß sie scheine, bis sie werde, so geht Elfriede Jelinek davon aus, daß der Schein von dem "SCHÖNEN land" mit der Substanz verwechselt wird. Und dieser Schein ist kein schöner, vielmehr ein Trugbild, welches das (Un)Wesen hat vergessen lassen. In diesem trügerisch scheinheiligen Bild sind Sein und Schein verschmolzen zu einem Abziehbild, "wo sich die Lüge wahrlügt".[118] Die Lüge, die in den *Liebhaberinnen* sich wahrzulügen versucht, ist die Lüge von einem ästhetisch harmonischen Weltbild, in dem die Landschaft als ein lebendiges, heiteres Ganzes, als organische Totalität (trotz aller zivilisatorischen Eingriffe: Felder, Wiesen, Äcker, Fabrik) von Mensch und Umgebung dargestellt wird:

> hier gedeiht zufriedenheit, das sieht man.
> wen die landschaft nicht zufrieden machen kann, den machen die kinder und der mann vollauf zufrieden.
> wen die landschaft, die kinder und der mann nicht zufrieden machen kann, den macht die Arbeit vollauf zufrieden. (Lh, 8)

Es gibt eine Ordnung der Zufriedenheit, besonders für Frauen. Die hier dargestellte Hierarchie steigert sich in einer unerwarteten Reihenfolge, sie geht von der Landschaft aus, wird von den Kindern und dem Mann ergänzt und gipfelt in der Arbeit. In der Hierarchie der Zufriedenheit steht die Arbeit auf der höchsten Stufe, womit der ideologische Rahmen (in dem der Mensch nur als Produktivkraft zählt) gegeben wäre und das traditionelle Schema: Unfrieden stiftende Arbeit und zufriedenstellendes Privatleben umfunktioniert wird.

Zu dem semantischen Feld des Schönen gesellt sich eine zweite Reihe von Adjektiven, die das Schöne im Sinne einer friedlichen Heiterkeit ergänzen: (Lh, 7f)

> kennen Sie seine friedlichen häuser und die friedlichen menschen darinnen?
> (...) gute menschen haben sie [die fabrik, Y.H.] errichtet.
> und gute menschen gehen in ihr ein und aus.

---

[117]E. Jelinek: "In den Waldheimen und auf den Haidern", Rede zur Verleihung des Heinrich-Böll-Preises in Köln am 2.12.1986, in *Blauer Streusand*, herausgegeben und mit einem Nachwort versehen von Barbara Alms, Suhrkamp Verlag, Frankfurt/M. 1987 S. 42.
[118]Anders, op. cit. S. 195.

die fabrik freut sich trotzdem, wenn frohe menschen sich in sie ergießen, weil solche mehr leisten als unfrohe.
so sind alle zufrieden.

Gute, frohe, zufriedene, friedliche Menschen gestalten also eine schöne Landschaft, d.h. sie gestalten sie nicht, denn gestaltet oder vielmehr verunstaltet wird sie von denjenigen, die die Landschaft investieren, und das sind die Fabrikherren. Der schöne Schein, der hier entsteht, ist der Schein einer wechselseitigen Vermittlung, als gäbe es noch jene Welt, die auf einer Korrespondenz zwischen den menschlichen Beziehungen und ihrem Milieu beruht, gleich dem rousseauistischen Ideal von der Gesellschaft als etwas Organischem. Der naive Ton der ersten Zeilen des Vorworts erinnert weniger an verbrämende Beschreibungen heiterer Geschäftigkeit wie sie in den Heimatromanen geläufig sind, als an die ästhetische Legitimation einer Mythologie, wie sie im bürgerlichen Roman des 19. Jahrhunderts geläufig war. Dieser strebte keineswegs die Verdrängung der mit der kapitalistischen Welt verbundenen Probleme an, im Gegenteil: Antagonismen und Problematik der modernen Gesellschaft sollten zum Ausdruck kommen. Auch das Häßliche, Denaturierte sollte in das gesellschaftlich determinierte Weltbild integriert werden. Im Gegensatz zu den zeitgenössischen Industriereportagen waren die Auseinandersetzungen mit der industrialisierten Welt – und mochten die Affrontements noch so stark sein – ein künstlerisches Arrangement zur Bewahrung des Individuums. Die "Regungen und Gefühl[e]" des Einzelnen reichten im bürgerlichen Roman "ans Verhängnis noch heran"[119], das "Innere des Einzelnen" vermochte noch etwas und durfte allen Kämpfen zum Trotz nicht verloren gehen. War die Arbeit auch widerwärtig, lustfeindlich, ausbeuterisch, der Einzelne war aufgehoben in diesem vermittlungsstiftenden gesellschaftlichen Prozeß, den seine Arbeit bedeutete, und konnte sich mit ihr identifizieren.

"hier gedeiht zufriedenheit, das sieht man" (Lh, 8), behauptet die das Landschaftsbild überblickende Erzählerinstanz, und auch dieser Satz bezieht sich (ironisch) auf eine Ästhetik des schönen Scheins zur Vermittlung eines einfühlsamen Bildes. Die Zufriedenheit der Menschen er*scheint* als Ergebnis des guten Nährbodens, die Verlängerung des organischen Landschaftsbildes, sie gedeiht wie eine Pflanze auf gutem Nährboden und hat ihre Wurzeln in sämtlichen Instanzen des Landes: in der Landschaft, der Familie, den Kindern, dem Ehemann und der Arbeit. Diese Zufriedenheit ist äußerlich sicht-

---

[119]Siehe Adornos Defintion des bürgerlichen Romans, ders. in: "Standort des Erzählers im zeitgenössischen Roman", in *Noten zur Literatur I*, Suhrkamp, Frankfurt/M. 1973, S. 63.

bar: "das sieht man". Wer ist "man", könnte man geneigt sein zu fragen, denn ein Begriff wie auktoriale Erzählperspektive scheint hier unzureichend. Die kollektive und alles in sich einbeziehende Zufriedenheit, von der hier die Rede ist, ist eine Zufriedenheit, die nichts wissen will von einem bedrohten, traumatisierten Individuum mit seinem prosaischen Einzelerlebnis, weil das Einzelne stets mit Beunruhigendem, Verunsicherndem, mit Unheimlichem verbunden ist. Das bis zur Häßlichkeit denaturierte Landschaftsbild (die Fabrik) bekämpft die Ästhetik des schönen Scheins nicht durch Verdrängung, sondern durch Integration. Die Errichtung der Fabrik kann mit einem Trauma für das Land verglichen werden; die Verteidiger eines harmonischen Gesellschaftskörpers müssen große List an den Tag legen, um die Beschädigung in ihrem Diskurs zu rechtfertigen, um die Beschädigung ihrer Willkür zu entledigen, um sie in die Ordnung des Guten und des Schönen zu integrieren. Die für jedermann sichtbare Zufriedenheit ist nur dem "sonnenhaften" Auge zugänglich, d.h. in diesem Fall denjenigen, die ein Interesse am Aufrechterhalten der hübschen Fassade haben, eine Fassade, die Elfriede Jelinek eben als Ideologie entlarvt.

3.1.3 Alles künstlich

Der geographische Begriff Österreich ist also in diesem ersten Satz weniger wichtig als die Darstellung Österreichs in Bildern, Bildern einer wohl verwalteten Idylle, wie sie eine gewisse Literatur nahelegt (Naturlyrik, Heimatromane usw.). Mehrmals wird der Leser darauf hingewiesen, daß er für sein Geld "hier nicht auch noch naturschilderungen erwarten!" (Lh, 81) darf und daß er sich weder in einem "heimatroman ", noch in einem "liebesroman" (Lh, 101) befindet, obwohl der Text "scheinbar von der heimat und der liebe handelt." (Lh, 101) Das "SCHÖNE land" mit seinen tälern und hügeln" ist in erster Linie ein begrenztes Land, aber nicht, weil "es (...) in der ferne von schönen bergen begrenzt" (Lh, 7) wird und einen "horizont [hat], was nicht viele länder haben" (Lh, 7), sondern weil es in eine gewisse Vorstellung des Schönen eingeengt und in diesem verkitschten Bild erstarrt ist. Die ästhetische Wahrnehmung steht von der ersten Zeile an unter dem Zeichen des Erstarrten, der Idyllisierung des Schönen, des Hübschen im Postkartenformat.

Thomas Bernhard behauptete von sich, daß er ein "Geschichtenzerstörer" [120] und in seinen Büchern "alles *künstlich*" [121] sei. Dieser Satz hat zahlreiche

---

[120] T. Bernhard: "Drei Tage", in *Der Italiener*, suhrkamp taschenbuch, Frankfurt/M. 1989, S. 83.
[121] Ebda. S. 82.

Interpretationen hervorgerufen, wobei die Interpretation von Wendelin Schmidt-Dengler besonders hervorzuheben ist. Er bezieht ihn auf das, was er die "Umspringbilder" [122] in Bernhards Texten nennt. Zum Beispiel gäbe es die Orte, die in seinen Texten erwähnt werden, häufig auf der Landkarte, jedoch werde "jeder Versuch einer einfachen Anagnorisis im vorhinein abgebogen, zerstört, vernichtet, aufgelöst." [123] Kaum habe man eine Figur identifiziert, einen Ort lokalisiert, so lasse Bernhard die Umspringmechanik funktionieren und erkläre die Künstlichkeit des Ganzen. Und das genau in dem Augenblick, wo der Leser in die ihm gestellte Falle, die Realitätsfalle, gestolpert sei.

In ihrer Funktionsweise ist die Mechanik des Umspringbildes für Elfriede Jelineks Texte ebenfalls gültig, mit einem Vorbehalt jedoch: da die realistische Illusion nur selten aufrechterhalten wird, bezieht sich diese Technik eher auf den ständig wechselnden Standpunkt des Erzählers oder des Erzählten. Nicht das Hin und Her zwischen Fiktion und Wirklichkeit ist in der Jelinekschen Erzähltechnik von Relevanz, sondern das unmerkliche Gleiten von einer Ebene zur anderen innerhalb des Künstlichen, des Konstrukts selbst. In dem ersten Teil des Vorworts wurde das schöne Land der Zufriedenheit (felix austria?) aus der Perspektive einer zum Kitsch und Klischee degradierten Naturästhetik dargestellt; Zeile um Zeile schleichen sich dann unheimliche Elemente ein, die diesen Diskurs relativieren, verneinen, zerstören und die Natur als eine gesellschaftlich bedingte, als eine dem Menschen durchaus feindliche: als eine Tötungs- und Vernichtungsmaschine erscheinen lassen.

> alle leute, die zu diesem ort gekommen sind, sind frauen.
> sie nähen. sie nähen mieder, büstenhalter, manchmal auch korsetts und höschen.
> oft heiraten diese frauen oder sie gehen sonstwie zugrunde. solange sie aber nähen, nähen sie. oft schweift ihr blick hinaus zu einem vogel, einer biene oder einem grashalm.
> sie können manchmal die natur draußen besser genießen und verstehen als ein mann.
> (Lh, 7)

In der semantischen Kette dieser Passage werden die Natur, die Frauen, das Nähen, die Heirat, das Zugrundegehen in ein und denselben Prozeß amalgamiert, der sich aus folgenden Elementen zusammensetzt: einer weiblich besetzten Ortschaft ("alle leute, die zu diesem Ort gekommen sind, sind frauen"), einer weiblichen Beschäftigung zur Herstellung weiblicher Kleidungselemente ("sie nähen mieder, büstenhalter, manchmal auch korsetts und

---

[122] W. Schmidt-Dengler: "Literatur in Österreich 1945-1966". Skriptum zur Vorlesung, Sommersemester, Wien 1988, S. 122.
[123] Ebda. S. 122.

höschen"), einer Einblende in das weibliche Schicksal innerhalb der Ehe, einer Gegenüberstellung Mann/Frau.

Warum diese Landschaft hauptsächlich weiblich besetzt ist, wird nicht erwähnt, die Antwort ergibt sich indirekt: die Fabrikherren halten die Löhne derartig niedrig, daß die einzigen "leute", die sich mit diesen Gehältern zufrieden geben, nur Frauen sein können. Die allgemeine Zufriedenheit nimmt konkret ideologische Züge an, sie erweist sich als ein "sich mit etwas Zufriedengeben" müssen. Dargestellt wird der Arbeitsprozeß als eine idyllische Tätigkeit: hier nähen Frauen für Frauen. Dann folgt der Satz: "oft heiraten diese frauen oder sie gehen sonstwie zugrunde", der sämtliche Aussagen, die vorausgingen, annuliert und retrospektiv monströs erscheinen läßt. Der Leser wird von einem Satz zum anderen und auch innerhalb eines Satzes ohne die geringste Vorwarnung in eine Perspektive katapultiert, auf die er nicht gefaßt war. Er wird in der von ihm erwarteten Entweder-oder-Logik enttäuscht, denn die erwartete Alternative zur Heirat sollte lauten: oder sie bleiben ledig, oder bekommen uneheliche Kinder, oder lassen sie abtreiben, oder werden verführt und sitzengelassen usw. Durch den Einschub des "sonstwie", werden die Vorstellungen, die mit der Heirat verbunden sind, radikal modifiziert (Glück, Familiengründung etc.) und die Ehegemeinschaft in die Spielarten des Zugrundegehens eingegliedert. Durch das "sonstwie" erhält der Satz einen Umschlagpunkt, der zwei a priori antagonistische Elemente miteinander verbindet: Heiraten und Sterben (die Heirat sollte der Anfang eines neuen Lebens sein – die Kinder), und somit die Heirat in diesem "SCHÖNEN land" rückwirkend als eine Frauenvernichtungsmaschine entlarvt. Durch das "sonstwie" werden die Eigenschaften der guten, friedlichen, zufriedenen Menschen monströs modifiziert, denn was sind das für Menschen, die in ihrem Privatleben den anderen zugrunde richten? Heirat, Ehe, Familie als Institution werden somit radikal in den Bereich des schlimmstmöglichen Zustands einbezogen. Daher auch die grundlegende Strategie, das Element des Monströsen an letztmöglicher Stelle im Satz auftreten zu lassen: "oft heiraten diese frauen oder sie gehen sonstwie zugrunde". Man könnte nach diesem Satz glauben, es folge eine subjektive einfühlsame Perspektive, die Erzählerinstanz solidarisiere sich mit dem grausamen Schicksal dieser Frauen. Aber auch hier ist die Umspringmechanik wieder im Gange: "solange sie aber nähen, nähen sie". Solange sie aber..., läßt erwarten: solange sie noch in der Fabrik arbeiten, also noch ledig sind, bleiben sie am Leben, sind sie vor der Vernichtung bewahrt. Was aber folgt, ist eine zynische Tautologie, die der soeben ausgesagten Tragik Hohn spricht und jegliche Identifizierung mit dem Schicksal dieser Frauen unterbindet. Die kaum angedeutete subjektive Perspektive wird in dem Moment abrupt abgebrochen, wo die Erwartungshaltung des Lesers am stärksten ist, auch hier wieder as eben erwähnte rhetorische Prinzip, das Element der Enttäuschung so weit wie möglich im Satz hinauszuschieben: "solange sie aber nähen, nähen sie". Nähen bedeutet für diese Frauen weder Leben (im Vergleich zur Heirat = Zugrundegehen) noch Arbeit, d.h. Eingliederung in den Produktionsprozeß; die Arbeit als solche muß maskiert werden, das Nähen ist keine Arbeit und verweist auf nichts anderes als auf sich selbst: nähen ist nähen. Durch die Tautologie wird nahegelegt, daß diesen Frauen der Status eines bewußten Mitglieds in der Arbeitswelt verweigert wird, selbstverständlich aus der Perspektive derjenigen, die ein Interesse daran haben, Frauenarbeit zu diskreditieren, derjenigen die nolens volens den Lohn austeilen müssen. Durch die folgende Eingliederung in den allgemeinen Kontext der Natur: "oft schweift ihr blick hinaus zu einem vogel, einer biene oder einem grashalm. sie können manchmal die natur draußen besser genießen und verstehen als ein mann" (Lh, 7), wird der Naturideologie die Krone aufgesetzt. Die Symbiose der Frau mit der Natur ist komplett: da sie von Natur aus stärker mit der "natur draußen" verbunden ist, schweift ihr Blick "oft" hinaus zu den Vögeln, Bienen oder Grashalmen, während sie nur "manchmal" die Natur "besser genießen und verstehen" können als Männer. Verstehen und Genießen passen nicht in das Register der symbiotischen Naturverwachsenheit, Verstand und Genuß setzen Distanz zum betrachteten Gegenstand voraus, eine Distanz, die eben Männern "oft" zugeschrieben wird.

Die Schlußfolgerungen, die man aus diesem ständigen Wechsel innerhalb des Diskurses über die Natur ziehen kann, sind zahlreich: Die Natur ist kein Buch mehr, in dem man lesen kann. Die Natur ist eine durch und durch konstruierte und ideologisch besetzte. Der Gesellschaftsvertrag, den die "guten menschen" mit der Natur abgeschlossen haben, ist ungültig geworden. Der Plan, nach dem sie investiert wurde, ist nicht mehr rekonstruierbar; da das Abkommen mit einem Natürlichkeitsschleier überzogen wurde und immer noch wird, kann man höchstenfalls versuchen, ihn zu zerfetzen. Die traditionelle Aufteilung in Raum der Natur (als Heraustreten aus dem Raum der Geschichte, der Zivilisation) und Raum der Kultur (der gesellschaftlichen Zusammenhänge) existiert nicht mehr. Die historische Differenzierung ist durch diejenigen, die den Raum der Natur vereinnahmt und beschlagnahmt haben, unsichtbar gemacht worden.

Man wird verstanden haben, daß die Geschichte von dem "SCHÖNEN land" die Geschichte einer Zerstörung ist. Aber nicht die Erzählung als solche (im Gegensatz zu *Oh Wildnis, oh Schutz vor ihr*, wo die Zerstörung bis in die narrative Struktur hingreift) wird zerstört, sondern die verschiedenen Bilder, die sich der Leser von Österreich macht. Elfriede Jelineks ikonoklastischer Angriff auf das "SCHÖNE land" gilt einem Land, das "zu seinem eigenen Bild geworden "[124] ist.

3.1.4 Österreich: (K)ein geographischer Begriff

Das "SCHÖNE land" als Synonym für Österreich kann also als geographischer Begriff und als fiktive Geographie angesehen werden. In Jelineks Texten (das gleiche gilt für Thomas Bernhard) ist Österreich immer zugleich eine Mischung aus historischen Elementen (das durch den Ersten Weltkrieg amputierte, und metaphorisch viel zu enge, bornierte Land), politischen Elementen (die österreichische Allianz von Katholizismus und Nationalsozialismus) und künstlichen Elementen (die Selbstdarstellung Österreichs als Summe der verschiedenen Verbrämungsversuche). Das Österreichbild, das sich aus dieser fingierten und existierenden Konstellation ergibt, ist weder ein reales, noch ein aus dem luftleeren Raum gegriffenes Bild. Nicht der Vergleich mit einer außerhalb des Textes liegenden Realität ist in diesem Zusammenhang wichtig, sondern die Funktion, die dieses Bild als Wunschtraum, Rollenspiel, ideologisches, literarisches Vorbild, Projektionsfläche, Stereotyp usw. übernimmt. Das Österreichbild, das sich so zusammenstellt, ist ein Diskurs über Österreich, ein Bild, das sich aus diskursiven Verschränkungen zusammensetzt. Es muß also stets berücksichtigt werden, wer oder was, in wessen Interesse und welchen Steuerungsmechanismen unterliegend, den Raum investiert und sich den Raum (sprechend) zu eigen macht.

Landschaftsbeschreibungen im Sinne der schon erwähnten Erstbeschreibung gibt es keine, dafür Überbleibsel aus dem Fundus einer karikierten Naturästhetik wie sie der Heimatroman verkörpern mag: "schön[e] berge" "friedlich[e] häuser", "friedlich[e] menschen", "gute menschen", "frohe menschen", "hier gedeiht zufriedenheit" (Lh, 7f.) – all diese zum Postkartenkitsch passenden Floskeln zielen im Heimatroman auf Rührseligkeit, auf triefend klebrige Sentimentalität, die der Reflexion enthebt; Josef Donnenberg hebt als Charakteristikum für den Heimatroman hervor, daß er als Gattung weniger eine erzählende als eine beschreibende sei, man könne, so Donnenberg, von einer Heimatgeschichte Genauigkeit erwarten, aber keine "kalte Präzision, sondern Genauigkeit, die das Herz erwärmt".[125] Jene Geschichten

---

[124]E. Jelinek: "In den Waldheimen (...)" in *Blauer Streusand*, op. cit. S. 42.
[125]Donnenberg: "Das Thema Heimat in der Gegenwartsliteratur" in Aspetsberger, op. cit. S. 68.

bezeichnen die Idyllisierung oder vielmehr Ideologisierung des Glücks in der Armut, der Freude an der Schlichtheit unter Ausgrenzung des Antagonistischen, des Dämonischen. Dem Heimatroman sind Krieg, Sexualität, Elend und Schuld fremd, in ihm triumphiert das Private, der Einzelfall in seiner Abgegrenztheit vom öffentlichen Raum, vom sozialen Gefüge. In den *Liebhaberinnen* ist das soziale Gefüge vorrangig und sichtbar. Die Landschaft ist synomyn für die gesellschaftliche Aufteilung des Raumes, jeweils codiert nach dem Bild, das sich die Figuren von der Gesellschaft, in der sie leben, machen. Und das Dämonische, das Monströse wird genau dort aufgedeckt, wo im Heimat- und Liebesroman grenzenloses, ungetrübtes Glück herrscht: in der Liebe, in der Ehe, in der Familie, in der Natur.

3.1.5 Entdecken – Verdecken

Das Vorwort, das den allgemeinen Rahmen liefert, der Fabrik in den Voralpen gewidmet ist und noch nicht auf die Geschichte von Brigitte und Paula eingeht, stellt die sozialen Verhältnisse anhand der topographischen Beschaffenheit des Landes dar. Das zum Teil identische Nachwort grenzt den zwischen Vor- und Nachwort eingebetteten Text in soziale Strukturen ein. Die Grenzen der Handlung sind gleichzeitig die gesellschaftlich etablierten Grenzen. Das Agieren der Personen begrenzt sich auf die Vorstellungen, die sie sich von der Gesellschaftsordnung machen, und ist von dem jeweiligen Grad des Weitblicks und des Überblicks, über den sie (nicht) verfügen, abhängig. Die Welt einer Fabrikarbeiterin ist begrenzt, und die Behauptung, sie habe "viel verantwortung, aber keinen überblick und keinen weitblick. aber meistens einen haushalt" (Lh, 7), entlarvt die Verantwortung als ein leeres Versprechen. Der Haushalt ersetzt die Perspektive auf etwas anderes, wer keinen erhabenen Standpunkt hat, auf der untersten Stufe der Produktionsverhältnisse steht, bzw. vor einer Nähmaschine sitzt und sie bedient, der trägt auch keine Verantwortung.

Die Fabrik selbst "duckt sich" (Lh, 7) als personifizierte Bescheidenheit in eine Talmulde der Voralpen, "obwohl sie keinen grund hat, sich zu ducken" (Lh, 7). Sie ist möglichst unauffällig gebaut worden, damit sie so aussieht, als "ob sie ein teil dieser schönen landschaft wäre. (...) als ob sie hier gewachsen wäre" (Lh, 7). Sie wurde passend zum natürlichen Dekor gebaut, und das "aluwelldach [bildet] einen schönen kontrast zu den laub- und nadelwäldern ringsum." (Lh, 7) Alles trägt zur Banalisierung des Ideologischen, des Ökonomischen bei. Die Ironie ist offensichtlich, denn das Aluminiumwelldach ist ja gerade ein Zeichen dafür, daß billig und in

Verachtung der natürlichen Umgebung gebaut wurde. Aus dieser (als Fassade aufgebauten) organisch-harmonischen Verwachsenheit ergibt sich, daß die Berg- und Talstrukturen der Alpenrepublik mit ihren Dörfern und Städten Zeichen für soziale Strukturen sind. Das harmonische Landschaftsbild soll über die Macht- und Besitzverhältnisse hinwegtäuschen. Dächer teilen den Raum in oben und unten auf, Dächer sind erhaben, die unter ihnen Lebenden und Arbeitenden sind dem Dach untertan. Die geduckte Haltung der Fabrik soll diese Raumaufteilung vertuschen. Hervorgehoben wird in diesen ersten Zeilen, daß der Raum von der Fabrik investiert wird, und daß die Besitznahme der Landschaft einhergeht mit einer vorgetäuschten Aufhebung der Unterscheidung zwischen oben und unten, zwischen den Gesetzen der Ökonomie und den Gesetzen der Natur zugunsten einer von der Natur vorgezeichneten Ökonomie. Durch die scheinbare äußerliche Anpassung an die "schöne Landschaft" wird suggeriert, die in der Fabrik herrschenden Strukturen seien nichts anderes als eine Verlängerung der Naturgesetze. Die Opposition Raum der Natur – Raum der Kultur/ Zivilisation geht in einem pseudo-organischen Raum auf, der den sozialen, politischen und ökonomischen Raum unsichtbar machen soll. Hinter der harmonischen, organischen, natürlichen Fassade verbirgt sich eine historisch determinierte Ordnung. Die natürliche Fassade ist die ideologische Maske der Aufrechterhaltung einer spezifischen und relativen Gesellschaftsordnung, die sich, "natürlich" bemäntelt, in die ewigen, unabänderlichen Gesetze der Natur einschreiben will. Die Menschen "gehen in ihr ein und aus" (Lh, 7) und abends "ergießen sie sich in die landschaft, als ob diese ihnen gehören würde." (Lh, 7) Wie das Naturelement Wasser fließen sie hinein und nach vollbrachter Pflicht – das Wort Arbeit wird so gut wie nie gebraucht – in ihre Heime zurück, als ob es sich um natürliche Vorgänge handeln würde. Der Boden, auf dem sie aufgewachsen sind, gehört ihnen nicht, er gehört der Fabrik.

3.2 Der landläufige Tod

3.2.1 Umfunktionierung des Bildungsromans

Für die Thematik der Absage an das Private, Individuelle, Psychologische, an die Entwicklungsmöglichkeiten des Individuums in den zeitgenössischen Texten schlägt Rudolf Burger den Begriff des "soziologischen Romans"[126]

---

[126]Burger: "Dein böser Blick, Elfriede", in *Forum* 30, Heft 352/353, Wien 1983, S. 48.

vor; dieser werde die literarische Form einer Gesellschaft sein, die das Individuum nicht mehr zerstöre, weil sie es gar nicht entstehen lasse, seine Entwicklung schon im Keim ersticke. Diese Literatur, so Burger, werde "keine Geschichte des Scheiterns mehr erzählen, keine degradierte Suche nach authentischem Werden", weil es "keine Entwicklung" mehr geben werde, und kein "problematisches Individuum". Der soziologische Roman werde scheinbar "die Deskription absolut monadischer Existenzen", in Wahrheit aber, der "Beziehungsroman *par excellence* sein, die Literatur der reinen Interaktion, ohne interagierende Subjekte".[127]

Im Hinblick auf die Paula gewidmeten Episoden könnte man geneigt sein, *Die Liebhaberinnen* in die Kategorie des soziologischen Romans einzuordnen. Die Prädominanz des Sozialen, die schon im Keim erstickte Entwicklung, die von vornherein zum Scheitern verurteilte Paula, die Unmöglichkeit eines authentischen Werdens, die Figuren als Typenträger legen ihn nahe. Trotzdem ist der Begriff des soziologischen Romans mit Vorsicht zu handhaben. Erstens, weil das Streben und Scheitern zentrale Begriffe bleiben, die etappenweise geschildert werden, weil die Ausgangssituation keineswegs mit der Situation am Ende identisch ist: "paula hat dort geendet, wo brigitte auszog, um das leben kennenzulernen." (Lh, 121) Und zweitens, weil die Suche nach dem Werden, der Verwirklichung von Wünschen als Motiv, als Themenkonstante bestehen bleibt:

> im schlechteren leben beginnen also paulas lehrjahre, im besseren sollen sie enden. (Lh, 18)

Man muß berücksichtigen, daß Paulas Werdegang den Strukturen der modernen Gesellschaft angepaßt ist, einer Gesellschaft, in der die Massenmedien, das gesellschaftliche Über-Ich charakterprägende Funktionen eingenommen haben. Ihr Werden bedeutet keine Entwicklung zum Authentischen hin, die individuelle Urheberschaft ist in der industrialisierten und standardisierten Welt belanglos geworden, Identitätssuche bedeutet in diesem Kontext Identifizierung mit Vorbildern aus der Matrizenindustrie. Bildend ist an diesem Vorgang nur noch das Geprägtwerden durch Vorgeprägtes:

> paula hat einmal über bestimmte männer gelesen, die in einer gewohnten umgebung wie die panther in einem dschungel gewirkt haben.
> fremdartig, gefährlich und angenehm fürs auge und herz.
> sie hätte nie geglaubt, daß sie selbst in ihrer gewohnten wohnküche einmal einen mann haben würde, der dort wie ein gefährlicher panther in einem gefährlichen dschungel

---
[127]Ebda S. 48.

wirken würde. wenn aber einer das könnte, dann erich, der panther. gleich sucht paula in der wochenendzeitschrift die stelle mit dem panther, da ist sie ja! (Lh, 33)

Obwohl die zentralen Begriffe des Bildungs- und Entwicklungsromans völlig umfunktioniert sind, und die Vorbildfunktion von industriell fabrizierten Vorbildern übernommen wird, bleibt in den *Liebhaberinnen* eine wichtige Konstante dieser literarischen Gattung bestehen: nämlich die grundsätzliche Auseinandersetzung zwischen dem Lustprinzip und dem Realitätsprinzip. Vielleicht sollte man genau aus diesem Grund vermeiden, von einem soziologischen Roman zu sprechen, weil der Ausdruck zu objektivierend klingt und den Strategien der Wünsche und des Wunschdenkens, dem subtilen Spiel der Täuschung und Selbsttäuschung, den diversen Steuerungsmechanismen nur ungenügend Platz einräumt.

Selbst wenn von dem Schema des Bildungsromans nicht viel übrig bleibt, selbst wenn *Die Liebhaberinnen* nur ein postmodernes Spiel mit Zitaten aus dieser Tradition wären, so sollte man trotzdem kurz an die entscheidenden Etappen erinnern, die der Held im Laufe seiner Bildung/Entwicklung durchzumachen hatte. Denn ob soziologischer oder postmoderner Bildungsroman, der Bezug auf diese Tradition ist nicht zu verneinen.[128] Schematisch zusammengefaßt macht der Held oder die Heldin – meist aber doch der Held – im Bildungsroman einen Prozeß der Selbstfindung durch. Sei es in Auseinandersetzung mit vertrauten aber verletzenden, traumatisierenden Instanzen (Elternhaus, Erziehungswesen, Verboten), oder durch Konfrontation mit dem Fremden, dem Unbekannten, dem Unheimlichen (Reisen, Erfahrungen, Begegnungen). Negative Erfahrungen sind Etappen auf dem Weg zum Selbst, sollen die freie Entfaltung der Persönlichkeit fördern. Bildung und Kulturgüter sollen eine positive Einwirkung auf Gemüt, Charakter und Willen des Einzelnen bewirken; sollen seine individuelle Eingliederung ins Allgemeingültige bewirken. Und eben durch diese Eingliederung des Einzelnen ins Allgemeine oder Allgemeingültige wird das Lustprinzip zugunsten des Realitätsprinzips in Schach gehalten. Der Triumph des Realitätsprinzips bedeutet aber auch Resignation. *Wilhelm Meisters Wanderjahre* tragen den Untertitel: *Oder die Entsagenden*.

---

[128]Vorbild für den Text (fast allen Texten liegt ein anderer zugrunde) ist der Roman von D.H. Lawrence *Sons and Lovers* (*Söhne und Liebhaber*). Auf Töchter hat E. Jelinek im ihrem Titel verzichtet, weil in ihnen eine Nebenbedeutung von "höhere[n] Töchter[n]" mitschwinge. Zur Entstehungsgeschichte der *Liebhaberinnen* siehe: "Gespräch mit E. Jelinek vom Münchner Literaturarbeitskreis", in *Mamas Pfirsiche – Frauen und Literatur*, Heft 9/10, Münster 1978, S. 177.

Paulas Werdegang ist die Geschichte einer Entsagung, im Sinne einer Resignation. "plaudern mag sie nicht mehr" (Lh, 122), heißt es ganz zum Schluß, vielleicht in Erinnerung an das große literarische Vorbild. Ihre negativen Erfahrungen werden nichts Positives fördern, weil ihre Entwicklung innerhalb eines Totschlägerkreises stattfindet:

> paula hat mit dem zerbrechen begonnen, jetzt ist sie fertig zerbrochen.
> aus dem hoffnungsvollen lehrmädchen der schneiderei im ersten lehrjahr ist eine zerbrochene frau mit ungenügenden schneidereikenntnissen geworden.
> das ist zu wenig. (Lh, 120)

Dazwischen waren einige Vernichtungsmaschinen am Werk.

3.2.2 Tod auf Raten oder "Todesarten"

Die erste Vernichtungsmaschine auf dem Lande, falls ein Kreis je irgendwo anfängt, heißt Mutter, sie eröffnet sozusagen den Totentanz, überliefert als erste das für die Tochter zu befolgende Modell: "ein mann muß her", damit die Töchter "möglichst schnell auch so sterben (...) wie sie selber einmal gestorben sind" (Lh, 14). Die Hochzeitsvorbereitungen auf dem Lande sind makaber, und variieren den einleitend erwähnten Satz: "oft heiraten diese frauen oder sie gehen sonstwie zugrunde." Zusammen mit dem Vater kauft die Mutter

> (...) für den tod der tochter schon ein: leintücher und handtücher und geschirrtücher und einen gebrauchten kühlschrank. da bleibt sie wenigstens tot aber frisch. (Lh, 15)

Sinngemäß würde man erwarten: wenigstens frisch aber tot, was schon makaber genug ist; durch die zynische Umkehrung "wenigstens tot" wird eine Distanz in dieses regelrechte Hinrichtungsritual eingeführt, ein makabres Gelächter, etwas uneigentlich Komisches, vom Standpunkt der Logik kaum noch Nachvollziehbares, das die mit dem Tod verbundene Tragik schlagartig banalisiert und dadurch aufhebt. Durch das Wortspiel wird die Banalität des gesellschaftlich sanktionierten Leidens der Frauen hervorgehoben: für sie ist das Leben weder ein Traum, noch ein Alptraum, sondern ein kühles dem Tode Entgegensterben. Hochzeit und Ehejahre sind Allegorien des Todes, und in Anlehnung an Bachmann könnte man sie in die Reihe der "Todesarten" einordnen. Die "leintücher und handtücher und geschirrtücher" sind die Leichentücher der zu verheiratenden Töchter oder auch ihr Nessusgewand:

während die männer schön reifen (...) dauert der todeskampf ihrer frauen oft jahre und jahre, oft auch noch so lang, daß sie dem todeskampf ihrer töchter beiwohnen können. (Lh, 14)

"Es ist alles lächerlich, wenn wir an den Tod denken", mit diesen Worten nahm Thomas Bernhard den österreichischen Staatspreis entgegen. Jelineks "Todesarten" sind nicht minder lächerlich, wobei "lächerlich" bedeutet, daß der Tod in die Kategorie der Komödie einzuordnen ist. Bei Bernhard sei das Absolutum Tod, durch welches "die Unterschiede zwischen den Begriffen fließend" werden, "die Worte ihre semantischen Konturen" verlieren, und die Figuren "ihre Identität" [129] immer mehr in den Bereich des Lächerlichen gerückt. Von Werk zu Werk, so Schmidt-Dengler, habe sich der Akzent auf das Lächerliche verlegt, so daß auch der Tod bei Bernhard wieder zum Umschlagbild werde und man sich stets die Frage stellen könne: "Ist es eine Komödie? Ist es eine Tragödie?"[130] Diese Frage kann man sich ebenfalls für *Die Liebhaberinnen* stellen. In den Ausdrücken: "ein mann muß her ", damit "die töchter möglichst auch so schnell sterben ", "für den tod der tochter schon ein[kaufen] ", "wenigstens tot, aber frisch" wird die Hochzeit nicht mit dem Tod verglichen, auch nicht analog zum Tod gesehen (die Hochzeit als symbolischer Tod: Ende der Jugend, oder "enterrer sa vie de garçon", ein Ausdruck, der nur für Männer gilt, weil jene bekanntlich ihre Freiheit einbüßen, wogegen Frauen erst in der Ehe aufblühen), sondern als austauschbare, mit dem Tod identische Chiffre eingesetzt. Die Hochzeit *ist* der Tod, und dieser Tod wird wiederum zu einem Spiel mit der Sprache: "wenigstens tot, aber frisch". Also doch – wenn auch nicht direkt – auf der Seite der Komödie angesiedelt, als wortspielende Antwort auf die Frage: gibt es ein Leben vor dem Tod? Das Nein ist eindeutig, da es aber gleichzeitig in einen Lachen hervorrufenden Prozeß einbezogen wird, schlägt die pessimistische Lebensverneinung in einen Witz um, der sich der Fixierung auf etwas Positives oder Negatives entzieht. Die Ehe ist ein Sakrament, diese dem Tod gleichzusetzen verstößt gegen ein Verbot: die Ehebande sind heilig, wenn auch in der modernen Gesellschaft nicht mehr als solche angesehen. (Obwohl von Paula nie erwähnt wird, daß sie zur Kirche geht, es gibt ja auch keine Kirche im Ort, legt Paula großen Wert darauf, vor der Ehe im Pfarrhaus am Eheunterricht teilzunehmen). Der Topos von der ehelichen Gemeinschaft als Hölle ist an sich kein neuer, auch ist die Ehe immer schon Gegenstand von Witzen gewesen. Gegenstand von Männerwitzen allerdings, was Jelinek als

---

[129] Schmidt-Dengler: "Literatur in Österreich 1945-1966", op. cit. S. 122.
[130] Nach einer gleichnamigen Erzählung von T. Bernhard in *Amras*, Insel Verlag, Frankfurt/M. 1964.

gesellschaftlichen Tatbestand mitzitiert: "heinz macht ständig blöde witze über seine verlorene freiheit" (Lh, 106). Derartige Männerwitze haben ihre ursprüngliche Funktion der Grenzüberschreitung verloren, sie sind Ausdruck eines integrierten, akzeptierten und versöhnten Konfliktes, und gehören zum bürgerlichen Familienszenario, sie haben kaum noch etwas mit dem Verbot zu tun und sind Ausdruck eines Verbiederungsprozesses, einer Einebnung von Antagonismen. Die von Jelinek formulierte Austauschbarkeit (Leben und Tod, Hochzeit und Begräbnis) setzt im Gegensatz zu den "blöde[n] witze[n]" eine Zerstörung des Sinns voraus, denn wenn leben sterben ist, dann bedeutet das auch gleichzeitig, daß der Sinn des Lebens zerstört worden und mit einem zerstörerischen, befreienden Trieb besetzt worden ist, dem Lachen eben – das Lachen ist hier ein aggressiver zerstörerischer Akt – um dann neu gebunden in einer anderen Assoziation aufzutreten: "wenigstens tot, aber frisch". Das Objekt des Lachens hat dabei nichts zu lachen – die Ebene der Tragik für die zu verheiratende Frau bleibt bestehen. Als Gegenstand der Austauschbarkeit der Zeichen (Hochzeit=Tod=Relativ=Lächerlich) werden diese Frauen nicht lächerlich gemacht, wohl aber zum Schauspiel eines Widerspruchs, den der außenstehende Leser rekonstruieren kann.

Die zweite Vernichtungsmaschine heißt Arbeit, Alkohol und Krankheit; sie setzt den Reigen fort und frißt die Totschläger von innen auf:

> der krebs hat auch schon etwas schöneres gesehen als diesen ruinierten unterleib, in dem sich im laufe der langen ehejahre schon einiges abgespielt hat. (...) die krankheit erntet ab, was noch zu ernten ist. viel ist es nicht mehr. (Lh, 59 f)

Also selbst wenn der Tod nicht als Allegorie (Hochzeit/ Begräbnis), sondern tatsächlich in Form einer tödlichen Krankheit eintritt, bleibt ihm kaum noch etwas zum Abtöten übrig, weil das Leben schon geerntet hat, was eigentlich der Sensenmann zu ernten hätte, wobei das Bild von der Ernte in diesem Bild besonders makaber ist: ernten heißt die Früchte eintragen. Die Früchte des weiblichen Unterleibs heißen Leibesfrüchte, und diese, zusammen mit den Abtreibungsversuchen ("von den sitzungen im kochendheißen wasser zur abtreibung wollen wir gar nicht erst anfangen." Lh, 59 f.) und den gewalttätigen Ehemännern ("für wen hat der vatta diesen unterleib denn letzten endes verwüstet?" Lh, 60) haben bewerkstelligt, was sonst nur der Tod vermag, am Ende des Lebens geht selbst der Tod mit leeren Händen aus. Nicht der Tod ist Inbegriff des absoluten Schreckens, sondern das Leben, unter anderem in Form der heiligen Leibesfrüchte und dessen Begleitumständen, auch eheliche Pflichten genannt.

Anhand der bislang zitierten Beispiele könnte man glauben, allein die Töchter, Ehefrauen und Mütter seien auf dem Lande am Tage ihrer Geburt dem Tode schon anheimgegeben, dem ist jedoch nicht der Fall. Der Tod nagt an allen und überwuchert das ganze Land. Er verschont weder jung noch alt, weder Mann noch Frau. Im Alter fressen sich die von der Arbeit und dem Krebs und dem Alkohol Zerfressenen gegenseitig auf:

> wie zwei insekten sind die alten eheleute ineinander verbissen, wie zwei tiere, die einander gegenseitig auffressen, einer schon halb im leib des andren drinnen.
> fleisch ist nahrhaft und sehr geduldig. (Lh, 56)

Nicht nur die Männer hausen wie die Wandalen in den Frauen, beide Ehepartner gehen den verderblichen Weg allen Fleisches: Sie fressen sich und werden gefressen, und nicht, weil sie sich zum "Fressen gern haben". Die christliche Metapher des Fleisches, des *Mann und Frau sind ein Fleisch*, der Ehegemeinschaft hat sich in eine kannibalische Fleischergemeinschaft verwandelt. Einer der Fleischer des anderen. Dieses Fleisch ist auch nicht schwach, sondern zäh wie das Fleisch von alten Tieren, an dem man sich die Zähne ausbeißt. Und mit der christlichen Symbolik der Fleischwerdung als Menschwerdung, der Personifizierung und Inkarnation der Liebe teilt dieses Fleisch nur noch den metonymischen Einsatz des Wortes. Mit Liebe hat dieses Fleisch überhaupt nichts mehr zu tun. Und wenn es als "nahrhaft" bezeichnet wird, dann nicht, weil es zu der irdischen Nahrung zählt, obwohl es sich in tierisches Fleisch verwandelt hat, sondern weil es den Haß auf den anderen nährt. Ihre Liebe ist keine dialektische Haßliebe, eher schon eine Liebe zum Haß. Sie verleiben sich nicht den anderen ein, um mit ihm zu kommunizieren, ein Fleisch mit ihm zu werden, sich mit ihm zu identifizieren, sondern um ihn von innen zu zerstören.

Es scheint, als sei der einzige Zement, der alles zusammenhält, der Haß:

> es ist ein allgemeines hassen im ort, das immer mehr um sich greift, das alles ansteckt, das vor keinem halt macht(...). (Lh, 24)

Als sei der Haß, die Liebe zum Haß, die einzige Möglichkeit in dieser vom Tod besetzten Landschaft, sich existieren zu fühlen, seine Existenz überhaupt zu behaupten. Denn wenn der Haß einerseits die Vernichtung des anderen als Gegenstand des Begehrens anstrebt, so ist er auch gleichzeitig eine objektstiftende Kraft; während die Liebe stets nach Verinnerlichung, Inkorporation des anderen zur Wiederherstellung einer fusionellen Subjekt–Objekt–Beziehung verlangt. Hassen bedeutet sowohl all das von sich abstoßen, was Unlust bereitet, als eine Unterscheidung zwischen Subjekt und Objekt, innen und außen etablieren. Der Haß ist eine zentrifugale Kraft, die, wenn die Befriedigung versagt wird, den Gegenstand der Begierde von sich wegschleudert, im Gegensatz zur Liebe, die die Einverleibung des Gegenstandes der Begierde ins Ich, ins Eigene anstrebt. Haß trennt das Ich vom Rest der Welt, etabliert Grenzen und Distanzen zwischen dem Eigenen und dem Fremden:

> frühzeitig lernt paula, ihren körper und das, was mit ihm geschieht, als etwas zu betrachten, das einem andren passiert als ihr selbst. einem nebenkörper gewissermaßen, einer nebenpaula.
> alles material aus paulas träumen, alle zärtlichkeit geschieht mit paulas hauptkörper, die prügel, die vom vatter kommen, geschehen dem nebenkörper. (...)
> man muß sich nur zu helfen wissen. man muß sich doch irgendwie helfen können! (Lh, 25f.)

Paulas Haß ist allen organischen Metaphern zum Trotz kein Gefühl, das von Natur aus da war, wenn er auch wie Unkraut durch das Land schießt und einen Nährboden braucht:

> wenn etwas in paula ist, dann ist es der haß, der wächst und wächst.
> diese gefühle sind nicht von selber in sie hineingekommen, da haben einige schwer dran arbeiten müssen. (Lh, 82)

3.2.3   "die drehscheibe"

Paulas Haß bedeutet in erster Linie ein sich von ihrer Umwelt Differenzieren, Abstand nehmen im übertragenen wie im wörtlichen Sinne: im Nachbardorf den Beruf der Schneiderei erlernen und sich dadurch von den anderen Frauen im Dorf unterscheiden. Paulas Wunsch nach einer Berufsausbildung, verbunden mit den von der Stadt dargebotenen Entfaltungsmöglichkeiten [131] bedeutet Leben, ist aber für das Dorf ein unerhörtes Ereignis. "daß eine was LERNEN möchte", (Lh, 16) könnte bedeuten: (das) Leben kennenlernen, was dem natürlichen Lauf der Dinge widerstrebt, der natürlich! ein Stillstand, ein Auf-der-Stelle-treten, ein Nicht-vorwärts-kommen ist:

> so ist im laufe der jahre ein natürlicher kreislauf zustandegekommen: geburt und einsteigen und geheiratet werden und wieder aussteigen und die tochter kriegen, die hausfrau oder verkäuferin, meist hausfrau, tochter steigt ein, mutter kratzt ab, tochter wird geheiratet, steigt aus, springt ab vom trittbrett, kriegt selber die nächste tochter (...). (Lh, 13)

---

[131] Siehe zur Thematik des Lernens als "unerhörtes Ereignis" den 1971 erschienen Text von Peter Handke *Wunschloses Unglück*.

Es fehlt nur noch die Kirche und das drei K-Modell wäre komplett, aber das Dorf hat keine Kirche und keine Schule. Dafür einen Konsumladen, der die "drehscheibe des natürlichen kreislaufs der natur" (Lh, 13) darstellt:

> (...) in seinem obst und gemüse spiegeln sich die jahreszeiten, spiegelt sich das menschl. leben in seinen vielen ausdrucksformen, in seiner einzigen auslagenscheibe spiegeln sich die aufmerksamen gesichter seiner verkäuferinnen, die hier zusammengekommen sind, um auf die heirat und das leben zu warten. (Lh, 13)

Die Dorfgemeinde wie die Ehegemeinschaft ist keine christliche Gemeinde mehr, die Ehepaare wie die Einwohner werden erst dadurch zur Gemeinde, daß sie sowohl auf privater Ebene (siehe: "fleisch ist nahrhaft und geduldig") als auf öffentlicher Ebene am Konsum teilnehmen; erst der Kauf- und Konsumakt vereinigt sie, macht aus der christlichen Dorfgemeinde eine Kaufgemeinde. Das Kirchenjahr, wie die Jahreszeiten, wird ersetzt durch ein Nebeneinander von Angeboten und Sonderangeboten der Woche oder des Monats. Obst und Gemüse sind nicht mehr die periodischen Anzeiger für "den natürlichen kreislauf der natur", sondern Bestandteile der pluralistischen Angebote der Waren- und Konsumgesellschaft. Das Bild der Drehscheibe ist das einer horizontalen Rotation um ihre eigene Achse, eine Drehscheibe ermöglicht keine Darstellung von oben und unten, keinen Aufstieg und keinen Abstieg, weil sie im Gegensatz zum Rad der Fortuna keine vertikale Dimension hat.

In der antiken Schicksalsvorstellung setzte Fortuna die Menschen auf ein Rad und ließ sie mit dessen Umschwung auf und nieder steigen. Der "natürliche kreislauf", der den vier Jahreszeiten entsprechen sollte, entspricht in seinem Lauf auch einem Rad, aber dem Laufrad eines Hamsters. Die Menschen sitzen nicht mehr auf dem Rad, sondern strampeln innerhalb des Rades wie die Hamster auf der Stelle. Während das Rad sich um seine eigene Achse dreht, bleiben die im Rad Gefangenen stets an ihrem Ausgangspunkt, d.h. unten. Sie sind am Ende erschöpft, und kommen genau dort an, wo sie angefangen haben. Es ist Bewegung und Stillstand in einem, denn das Bewegungsgesetz des Rades "ist das einer rasenden Dialektik des Stillstands".[132] Jegliches Streben nach oben, jegliches Aufbegehren wird vom Landleben "im schach gehalten" (Lh, 13). Zur Naturalisierung des gesellschaftlichen Sachverhalts, denn während im Diskurs über die Natur die anthropomorphen Züge die Oberhand gewinnen, naturalisiert sich der Diskurs über das gesellschaftliche Gefüge. Die Maschinerie des Gesellschaftlichen steht aller Bewegung zum Trotz still, oder vielmehr: sie wird nicht durch die sich in ihr bewegen-

---

[132] Burger: "Dein böser Blick, Elfriede", in *Forum 30*, op. cit. S. 48.

den ausführenden Organe verändert. Die Figuren erschöpfen sich im Treten des Rades, setzen aber nichts in Gang:

> der opa ist verbraucht, die oma wird verschlissen. es ist kein verbraucher zu sehen, und doch ist man verbraucht. (Lh, 55)

Wobei das Passiv für die Oma zu bemerken ist und darauf hinweist, daß der Verschleiß der Frauen eben auf aktive Täterschaft zurückzuführen ist. Vom Mann, von den Kindern, von der Arbeit, der Armut usw.
Allmählich wird deutlich, daß eine kreisartig laufende Maschine den ganzen Text gestaltet. Hans Höller beschreibt in einer Analyse der literarischen Form der Bernhardschen Prosa die Funktionsweise einer ähnlich textgestaltenden Maschine:

> Eine MASCHINE ist Mittelpunkt und beherrschende Gestalt des Textes. 'Sie' unterwirft sich die arbeitenden Menschen, obwohl sie selbst das Produkt menschlicher Arbeit ist. Das tote Ding nimmt im Verhalten der Menschen mythische Dimensionen an, es erscheint als 'beseeltes Ungeheuer', während die arbeitenden Menschen zu seinem mechanischen Zubehör werden. (...) Zu den Prinzipien dieser umfassenden ökonomischen Maschinerie gehört die blinde Effektivität: der Zirkulationsprozeß darf nicht unterbrochen werden, genauso wie die einzelne Maschine ununterbrochen in Bewegung gehalten werden muß. Die Arbeiter müssen dabei selbst präzise wie Apparate funktionieren, denn das Unvorhergesehene erweist sich als tödlich. (...) ganz preisgegeben an die monotonen Bewegungen ihrer Arbeit an der Maschine, fixiert als bewußtloses Anhängsel eines unabhängig von ihnen ablaufenden Mechanismus.[133]

Höllers Analyse von der "MASCHINE" bezieht sich auf einen kurzen gleichnamigen Prosatext von Thomas Bernhard, den er als eine Kritik der mit der industriellen Gesellschaft verbundenen Entfremdung interpretiert. Die Parallele zu den *Liebhaberinnen* ist insofern interessant, als auch in diesem Text zentrale Bilder immer wieder auf einen Zirkulationsprozeß hinweisen und das nicht nur wegen der den Text kreisförmig einrahmenden Fabrik. Die "drehscheibe" und der "kreislauf" scheinen über ein eigenständiges Leben zu verfügen, während die Menschen als Zubehör zu dieser Maschine mechanisch immer wieder das gleiche reproduzieren, in einem Reproduktionsprozeß gefangen sind, der sie zu Gebärmaschinen, Vernichtungsmaschinen und Verschleißmaschinen entarten läßt:

---

[133] H.Holler, *Kritik einer literarischen Form. Versuch über Thomas Bernhard*, Heinz, Stuttgart 1979, S. 9f.

> (...) geburt und einsteigen und geheiratet werden und wieder aussteigen und die tochter kriegen, (...) tochter wird geheiratet, steigt aus, springt ab vom trittbrett, kriegt selber die nächste tochter (...). (Lh. 13)

Das gesellschaftliche Leben artet zu einer unsichtbaren Verschleißmaschine aus: "es ist kein verbraucher zu sehen und doch ist man verbraucht." Der Verschleiß – hier durch den "verbraucher" personifiziert – nimmt allerdings keine "mythischen Dimensionen (...) als beseeltes Ungeheuer [an]", denn diese Dimension wird durch das Wortspiel verhindert. Verbraucher sind im geläufigen Sinn: Konsumenten, Menschen, die Güter kaufen und verwenden. Die Verbraucher, von denen hier die Rede ist, gibt es nur im wortwörtlichen Sinne, getrennt vom geläufigen Sinnpotential. Angespielt wird auf das, was einen verbraucht, auf die Summe all dessen, was einen verausgabt, auf die Umstände, die für den Verbrauch, d.h. Verschleiß des Menschen verantwortlich sind.

Der "natürliche kreislauf der natur" oder das Hamsterrad wird von den in ihr Tätigen im Gang gehalten, ist aber nicht für sie da, und sie entscheiden auch nicht über den sogenannten Lauf der Dinge. In einer endlosen Wiederholung des immer Gleichen werden sie in der Tat "bewußtlose Anhängsel eines unabhängig von ihnen ablaufenden Mechanismus." Wenn nach Paulas gescheitertem Versuch, sich eine eigene Welt zu konstituieren, behauptet wird, daß für sie:

> (...) eine Welt zusammengebrochen [ist], was nichts macht, weil die welt sowieso in keinem stückchen paula jemals gehört hat. (Lh, 76)

dann sollte man dieses "was nichts macht" beim Wort nehmen, und nicht mit einer beschwichtigenden Redewendung verwechseln, die durch das "sowieso" noch verstärkt wirken könnte. Man sollte diese Ausdrucksweise vielmehr als einen Tatbestand betrachten, den Günther Anders eine *Klassentatsache* [134] nennt.

Anders illustriert diesen Begriff durch eine Anekdote: er beobachtete einen barfüßigen Jungen, der sich die Nase plattdrückte vor einem vornehmen Restaurant in Breslau; ein Polizist kam vorbei und schubste den Jungen von der Fensterscheibe weg mit der Frage: *"was hast du hier denn eigentlich verloren?"* Der Junge antwortete: *"Nichts!"* Anders nimmt dieses "Nichts" beim Wort, und fügt hinzu: "er hatte deshalb nichts verloren, weil er zuvor

---

[134] G. Anders, *Mensch ohne Welt. Schriften zur Kunst und Literatur*, Verlag C.H.Beck, München 1984, S. XII.

nichts gehabt hatte, was er hätte verlieren können." [135] In der Welt sein bedeutet für Anders, daß man zu ihr "*gehört*", und zu ihr gehören heißt, daß sie einem "*mit-gehört*"[136]. Paula gehört nur die Armut, sowie die vermeintlich hauseigenen Vorstellungen vom Glück, die auch wiederum fremdgesteuerte Chimären sind. "wenn man sich etwas vorstellt, was es in der wirklichkeit der es sich vorstellenden person nicht gibt" (Lh, 24), dann entstehen aus dieser "üblen konstellation", (Lh, 24) "träume". Und diese Träume sind eine direkte "folge der zeitschriften, die sie gerne liest" (Lh, 24). Wenn also diese fremdgesteuerte Traumwelt zusammenbricht, dann bedeutet dieser Zusammenbruch wirklich nichts für das Gefüge, in dem sie sich befindet, bedeutet dementsprechend nichts als eine Redewendung. Paula gehört zu den Menschen, die Anders als "Mensch ohne Welt" bezeichnet, weil sie "*Außerhalb-Bleiben*".[137] Diejenigen, die behaupten, die "Welt der Armut" sei schließlich eine "Welt", verwenden laut Anders "einen ganz leeren Weltbegriff" und verdienen "nur jenen Hohn, den Marx für Stirner hatte, als er diesem nachsagte, dieser hätte wohl kaum gezögert, den Hungrigen als den 'Eigentümer seines Hungers' zu bezeichnen".[138] Paula ist Eigentümerin von Chimären, die nicht von ihr stammen.

Im Heimatroman ist das Landleben synonym für harmonisches Zusammenleben von Mensch, Tier und Ackerbau. Ein Leben im Rhythmus der Jahreszeiten: säen, reifen, füttern, melken, ernten, schlachten; in der Natur kommt alles in regelmäßigen Abständen wieder. In den *Liebhaberinnen* gibt es keine Jahreszeiten, und somit auch keine Differenzierung und keine Rhythmisierung des menschlichen Lebens. Die Kadenz wird von der Maschine vorgegeben.

> (...) in dieser Landschaft sind alle Jahreszeiten immer gleichzeitig![139]

heißt es in einem Text von Thomas Bernhard, in dem die Natur ebenfalls in Unnatur umschlägt, ebenfalls dämonisch besetzt ist und unter dem Zeichen des Todes steht:

> Plötzlich bemerkte ich, daß hinter mir alles abgestorben war. Abgestorben, tot. Mein großer Kopf lag in einem toten Land. In Finsternis.[140]

---

[135] Ebda. S. XIII
[136] Ebda. S. XIII.
[137] Ebda. S. XIII
[138] Ebda. S. XIII
[139] T. Bernhard, *Frost*, Frankfurt/M. 1963, S. 30
[140] Ebda. S. 30.

Es handelt sich bei dieser Vision um den Alptraum eines Malers, den man als die Nachtseite der Natur interpretieren könnte. In den *Liebhaberinnen* gibt es nur noch diese Nachtseite, ihr tödlicher Schatten ist mit der Tagseite kongruent geworden. Der Vernichtungsvorgang überall schon vollzogen und allgegenwärtig.

Im eigentlichen Sinne kann man vom Land*leben* auch gar nicht sprechen, weil das Leben auf dem Land abwesend ist, weil es ein Zustand ist, ein blokkierender und sich reproduzierender Zustand, der jegliche Entfaltungsmöglichkeiten im Sinne eines Auflebens unterbindet. Das Leben auf dem Land ist ein Sterben ohne Werden, es ist kein Kreislauf von Leben und Tod, sondern wie schon das Bild des Konsumladens zeigte, eine horizontale Drehscheibe, auf der sich die diversen Stadien des Todes präsentieren. Ein Zustand, der, zu welcher Jahreszeit auch immer, stets gleich nah zur Hölle ist, wie in diesem Gedicht von Jandl.

2.
der sommer
ist die hölle.

der herbst hingegen
ist die hölle.

anders der winter;
er ist die hölle.

erst der frühling
ist die hölle.[141]

3.2.4 Die Stadt: *"versprechen für ein leben in einer schöneren zukunft"*

Die Stadt. Sie wird nicht beschrieben, die meisten Aussagen über die Stadt stammen von den Landbewohnern. Es ist das Stadtbild einer erträumten Stadt. Die Stadt wird zur Projektionsfläche der Wünsche und Träume. Für die

---

[141] E. Jandl: "die jahreszeiten", aus dem Zyklus: "die bearbeitung der mütze", in *Gesammelte Werke 2, Gedichte*, Luchterhand Literaturverlag Frankfurt/ M., Sonderausgabe 1990, S. 291.

Mädchen vom Lande ist sie "versprechen für ein leben in einer schöneren zukunft" (Lh, 14), Inbegriff für das Andere, Abenteuer und Fremde. So jedenfalls ihre Aussage. Für die Mädchen vom Lande ist die Kreisstadt ein Höhepunkt von Exotik, denn bis zur Hauptstadt schafft es keine. Durch die Bezeichnung *Kreis*stadt, entsteht jedoch eine Analogie zur "drehscheibe des natürlichen kreislaufs der natur", die die Alternative zum Land im gleichen Atemzug wieder fragwürdig erscheinen läßt. Vom Kreislauf zur Kreisstadt: bleibt es im geschlossenen Kreis. Auch hier könnte man mit den rhetorischen Indikatoren des anderen Zustands aus Jandls *Jahreszeiten* sagen: die Kreisstadt hingegen... anders die Kreisstadt... erst die Kreisstadt... ist die Hölle. Beschrieben wird die Stadt genauso wenig wie das Land, und aus Brigittes Sicht, obwohl sie in einer Großstadt lebt und ihre Geschichte parallel zu der Paulas angelegt ist, erfährt der Leser nichts. Brigitte arbeitet als ungelernte Näherin am Fließband in der Hauptstelle der Fabrik, und als solche ähnelt ihr Leben dem Leben der Frauen in den Voralpen, die in der Zweigstelle arbeiten. Die beruflichen Aussichten der Frauen in der Stadt wie auf dem Land sind die gleichen.

Da den arbeitenden Frauen der Blick auf das Andere, das Unbekannte versperrt ist, oder ihr Blick vielmehr immer nur auf dasselbe fällt, richtet sich ihr Augenmerk auf denjenigen Ort, wo "ein leben in einer schöneren zukunft" Chancen hat, sich zu verwirklichen. All ihre Hoffnungen sind auf die Stadt gerichtet, weil die Stadt voller verheißungsvoller Berufe ist. Wohlbemerkt: der Traum vom Beruf wird auf den Mann mit dem Traumberuf verschoben, der Mann der Träume ist in erster Linie ein Mann mit einem verheißungsvollen Beruf. Also selbst im Bereich der Träume und der Wünsche dominiert das gesellschaftliche Vorbild. Der Mann der Träume, der ideale Ehemann ist weder ein leidenschaftlicher Liebhaber noch ein schützender Familienvater, er ist hauptsächlich ein Mann, durch den gesellschaftlicher Aufstieg möglich wird. Er verkörpert also doch nicht das Andere, sondern Steigerungsformen der eigenen Existenz: "leben in einer schöneren zukunft", er ist ein "mann mit einer schöneren zukunft" (Lh, 14), er hat den "besseren" (Lh, 14) Beruf, "besseres" (Lh, 14) zu bieten, und sie sind die "besseren" (Lh, 14) unter den Männern. Besser und schöner als das, was sie schon kennen, und nicht fremd und anders. Die Männer vom Lande

> (...) sind entweder holzarbeiter oder sie werden tischler, elektriker, spengler, maurer oder sie gehen in die fabrik oder sie versuchen tischler, elektriker spengler, maurer oder fabrikarbeiter und gehen dann doch in den wald und werden holzarbeiter." (Lh, 13)

Die Palette der städtischen Berufe dagegen:

> (...) lehrer, fabrikarbeiter, spengler, tischler, schlosser, aber auch uhrmacher, bäcker, fleischhauer! und selcher! (...) (Lh, 14)

Die städtischen, d.h. "besseren" Berufe sehen denen vom Lande nicht nur zum Verwechseln ähnlich (die Kreisstadt als Verlängerung zum Kreislauf?), sie sind obendrein auch noch erschreckend, denn was sind das für Träume, die beim Selcher und Fleischhauer enden? Wenn das der Traum vom besseren Leben ist, wie mag dann der Alptraum aussehen? Im Gegensatz zum Heimat- und Liebesroman träumen die Frauen vom Lande nicht von Chirurgen oder Chefärzten, Großgrundbesitzern oder Piloten, von Berufen, die vollkommen aus ihrer Sicht- und Greifweite sind, sondern von biederen Handwerkern, wobei die Selcher und Fleischhacker wohl den Höhepunkt bedeuten. Die Ausrufezeichen heben die Ironie hervor, suggerieren aber auch eine viel grausamere Frage, nämlich die nach dem Fleisch, das diese "selcher!" und "fleischhauer!" wohl verarbeiten mögen? Denn gleich nach der Aufzählung folgt der Satz:

> (...) und alle brauchen sie ununterbrochen frauen und verwenden sie auch (...). (Lh, 15)

D.h. mit der Heirat könnten die Frauen wirklich *ein Fleisch* für die Selcher und Fleischhacker werden.

Und wovon träumen die Großstadtmädchen, Brigitte und Susi? Die eine von einem Elektriker, den sie heiraten wird, die andere von einem Oberarzt, den sie nicht heiraten wird; sie wird sich mit einem "mittelschulprofessor" (Lh, 115) abfinden müssen. Auch ihnen bedeutet der Mann ihrer Träume gesellschaftlicher Aufstieg. Im Gegensatz zu den Landmädchen ist Brigitte weitsichtig genug, um in Heinz den zukünftigen Geschäftsmann zu sehen, der sich selbständig machen wird. Susi, die aus gutem Hause stammt, besucht eine Frauenoberschule und kann dementsprechend auch von einem Oberarzt träumen. Susi bedeutet eine ständige Gefahr für Brigitte, weil sie mit Heinz bekannt ist, und Heinz nicht erfahren darf, daß es eine Steigerungsform von Brigitte, etwas "besseres" gibt: "wenn man heinz erst einmal das bessere vorführt, womöglich will er es dann auch besitzen." (Lh, 53) Susi und Heinz haben sich im Strandbad, "einem berührungspunkt vieler interessen, einem schnittpunkt aller klassen, anschauungen und richtungen" (Lh, 50f), unter dem Zeichen einer möglichen Aufhebung der Klassenunterschiede kennengelernt. Brigittes und Heinz' erste Begegnung steht unter dem Zeichen der gesellschaftlichen und literarischen Irrelevanz:

die geschichte, wie die beiden einander kennengelernt haben, ist unwichtig. die beiden selber sind unwichtig. sie sind geradezu symptomatisch für alles, was unwichtig ist. (Lh, 11)

Brigitte und Heinz mögen zwar als Gegenstand der Erzählung irrelevant sein, aber wären sie so unwichtig, wie behauptet wird, gäbe es keine Erzählung. "Etwas erzählen", so Adorno,

> (...) heißt ja: etwas *Besonderes* zu sagen haben, und gerade das wird von der verwalteten Welt, von Standardisierung und Immergleichheit verhindert.[142]

Das Problem der Besonderheit der Figuren, der Rollenspiele und der Erzählstrukturen soll später diskutiert werden. Wichtig ist zunächst in diesem Abschnitt zu zeigen, daß die Unwichtigkeit der Figuren nicht verbunden ist mit einer postmodernen Skepsis, die die Glaubwürdigkeit von Modellen und Vorbildern in Frage stellt.[143] Brigitte und Heinz, Paula und Erich streben nichts als die gesellschaftliche Norm oder Normalität an. Als solche haben sie nichts Besonderes und nichts Bedeutendes zu sagen, und glauben nach wie vor an die Gültigkeit und Absolutheit der ihnen erstrebenswerten Gesellschaftsordnung. Dieses System ist ihnen kein System unter anderen, sondern ein absolut gesetztes, und so unbedeutend ihre Stellung innerhalb dieses gerasterten Systems auch sein mag, es wäre trotzdem falsch zu behaupten, sie seien austauschbare Figuren im gesellschaftlichen Getriebe. Ihre Stellung ist von Bedeutung für das repressive System, weil es ein codiertes, klassenbedingtes, auf Ungleichheit und Unterdrückung beruhendes System ist, in dem die einen oben stehen und die andren den über ihnen stehenden unterliegen. Diese Unterdrückungsmechanismen sind keineswegs bedeutungslos.

---

[142]Adorno:"Standort des Erzählers im zeitgenössischen Roman", in *Noten zur Literatur* I, op. cit. S. 63.
[143]F. Jameson definiert die Krise der Moderne nicht wie Adorno als einen Verlust des Besonderen, sondern als einen Verlust des Absoluten: "[..] als mit einemmal klar wurde, daß D.H. Lawrence keinesfalls eine Absolutheit war, nicht die unwiderruflich erreichte Verkörperung von Wahrheit der Welt, sondern nur eine Kunst-Sprache unter vielen, nur ein Regal voller Werke in einer in ihrer Fülle schwindelerregenden Bibliothek", zitiert in *Postmoderne*, op. cit. S. 181.

3.3 Männer und Frauen: ihre Position im gesellschaftlichen und privaten Raum

3.3.1 Die Ehe als Kaufordnung und Strategie des sozialen Aufstiegs

Das Landleben wurde als ein Hamsterrad, ein Totschlägerkreis beschrieben, die keinen Aufstieg und keinen Abstieg ermöglichen, nur ein erschöpfendes Auf-der-Stelle-Treten. Innerhalb dieser kreisförmigen Ordnung gibt es aber eine Unterordnung, nämlich die der Frauen unter die Männer. Erich mag zwar ein stumpfsinniger Alkoholiker und Holzhacker sein, den Paula wegen seiner Schönheit und Ähnlichkeit mit Mannsbildern aus Illustrierten geheiratet hat und auch weil sie so früh wie möglich ihre Familie verlassen und ein Eigenheim wollte, Erich, der kaum zwei Worte aneinanderreihen kann und als Dorftölpel gilt, steht trotzdem als Mann per definitionem (naturgemäß?) *über* Paula.

> über den gegenstand paula bestimmt erich, über dessen körperkräfte wieder andre bestimmen, bis sich seine eingeweide einem frühen tod entgegenzusetzen, bei dem der alkohol das seine leistet. erich bestimmt über das leben von paula und das leben von seiner tochter susanne. (Lh, 101)

Erich ist kein guter, kerniger, ursprünglicher, erdverbundener Landsmann, wie ihn der Heimatroman gerne darstellt,[144] sondern ein brutaler Alkoholiker, geistig schwach, aber körperlich stark, und das ist das einzige, was auf dem Land zählt. Die berühmte Solidarität auf dem Lande bekommt Erich nur in Form von Ausbeutung seiner Arbeitskraft zu spüren. "Dörfer stoßen solchen Müll nicht fort" (...), heißt es in *Oh Wildnis, oh Schutz vor ihr*, wo das gleiche Thema wieder aufgenommen wird: "Nichts wird in eine Anstalt geworfen, vorher muß es noch hervorragend ausgemolken werden." (O, 10 f.) Der Wert eines holzfällenden Erichs ist quasi null innerhalb des Gewindes der gesellschaftlichen Maschinerie; in der privaten Ökonomie jedoch steigt sein Wert umgekehrt proportional zu seiner gesellschaftlichen Bedeutungslosigkeit: der Besitzlose steigt durch die Ehe auf zum Besitzer und Eigentümer seiner Frau. Durch die Ehe, eine Karikatur des Gesellschaftsvertrags, verändert sich für

---

[144] Siehe die Definition des Heimatromans in G. von Wilpert, *Sachbuch der Literatur*, Kröner Verlag, Stuttgart, erweiterte Auflage 1976, S. 330.

Erich die Schlagordnung, der Geschlagene wird zum Schläger, was nicht ausschließt, daß der Schläger auch weiterhin geschlagen wird. Er ist nach wie vor unbedeutend im ökonomischen Prozeß, steht nach wie vor am tiefsten in der Wertskala, aber dadurch, daß er zum Oberhaupt einer Familie wird, vertieft sich die Perspektive, geht die Skala noch eine Stufe tiefer, auf der sich seine Frau und Kinder befinden. Erich steht jetzt nicht mehr auf der letzten Stufe, sondern auf der höchsten; es ist eine Erhabenheit, die durch die Erniedrigung der Frau entsteht.

Obwohl Paula über eine Grundschulausbildung verfügt, eine Lehre angefangen hat und Erich durchaus überlegen ist, sinkt ihr Wert automatisch mit der Eheschließung. Durch den Aufstieg des Mannes zum Familienoberhaupt, versinkt die Frau in der völligen Bedeutungslosigkeit. Auf gesellschaftlicher wie privater Ebene. Es bleiben ihr der Haushalt und:

> (...) ihre kleinen hausfrauenreiche, in denen sie königinnen sind. manchmal macht sie ein spülmittel zur königin, manchmal ein patentkochtopf. (Lh, 54)

Als Ehefrau und Mutter wird die Frau interessant für die freie Marktwirtschaft, als Verwalterin des Haushaltsgeldes ist sie wertvoll für die Warengesellschaft, in deren Interesse es liegt, sie so schnell wie möglich in die Kaufordnung zu integrieren. So gewinnt sie durch die Teilnahme am Konsum, am Kauf, einen neuen Wert; was sie durch die Heirat hat einbüßen müssen, findet sie im Supermarkt wieder: Waschmittelproduzenten setzen ihr die Krone auf, machen die ans Haus gefesselte Sklavin zur Sauberkeitskönigin. Sie selbst hat aber vorher ihr Geld dort angelegt, wo für sie die Chancen am höchsten standen, ihren Verkaufswert zu steigern: "nylonstrümpfe, pullis und miniröcke (...) als investitionsgüter" (Lh, 24) Im Gegensatz zu den Sklaven vergangener Jahrhunderte müssen sich die privilegierten Sklaven der Konsumgesellschaft selbst um ihren Unterhalt kümmern. Die Frauen haben die Wahl, zwischen weißer als weiß und den Sonderangeboten der Woche. Die Männer die Wahl zwischen "gebrauchte[n]" und "ungebrauchte[n]" Frauen, und keiner will "eine schon gebrauchte frau kaufen" (Lh, 15). Der Status dieser Frauen ist der der Leibeigenschaft. Sie gehören ihren Männern, die die Leibeigenen ihres Betriebes, ihrer Arbeit sind.

Die Ehe wird zur Strategie des sozialen Aufstiegs; was die Frauen sich davon versprechen, ist die Steigerung ihrer eigenen Existenz. Diese Steigerung geht über die Besitzergreifung des anderen, der wie schon gesagt, nicht das Andere, sondern eine Steigerungsform der eigenen Existenz verkörpert – womöglich in Form eines Eigen-Heims –, es ist eine Besitzergreifung, in der die Beute vom Jäger nicht mehr zu unterscheiden ist. Wenn es um das Besitzen, die Einverleibung geht, wird das Opferfleisch Frau zum aktiven Besitzergreifer. Die christliche Metaphorik des Ein-Fleisch-werden lautet in der Sprache der Konsumenten: Klein aber mein – käufliches Eigentum werden:

> wenn die frauen von ihren männern reden, dann sagen sie nur: meiner. MEINER. sonst nichts, nicht mein mann, nur meiner (...). paula beobachtet das siegerlächeln, wenn die mutta oder die schwestern sagen: meiner. die einzige gelegenheit, wo die besiegten ein siegerlächeln im mundwinkel haben. (Lh, 26)

Die Strategie, die die Frauen entwickeln, um sich einen Mann eigen zu machen, gleicht der Strategie des Marketings. Paula und Brigitte sind Karikaturen des Kleinunternehmertums und rivalisieren auf ihrer Ebene mit den Verheißungen der Konsumgesellschaft. Der Markt, auf dem sie sich absetzen möchten, heißt gesellschaftliche Anerkennung, diese scheint ihnen durch Heirat käuflich. Und da Frauen eine "leicht verderbliche Ware" sind und Männer derartige Konzessionen auf lebenslänglich nur ungern verkaufen, muß die Nachfrage stark stimuliert werden, für Paula wie für Brigitte ex nihilo geschaffen werden, weil weder Erich noch Heinz sich für die um sie werbenden Frauen interessieren. Paula und Brigitte müssen also einen hohen Gebrauchswert bieten, in beiden Fällen ihren Körper, und beide verstehen sich in dieser Marktstrategie:

> man hat paula beigebracht zu taxieren, wer ihr da zwischen die beine greift. ist es einer mit zukunft oder ohne zukunft. (Lh, 25)

Paula und Brigitte verkaufen ihr einziges Kapital, ihren Körper als Instrument der Sexualität, als Gebärmaschine und Arbeitskraft, und zahlen den für die Heirat zu entrichtenden Preis mit ihrem Körper. Ihr Unternehmen ist ein auf die Ehe hin arbeitendes. Brigitte mit Erfolg, während Paulas Unternehmen "ein von vornherein zum scheitern verurteiltes mit verlust arbeitendes kleinunternehmen" (Lh, 12) ist. Der hauptsächliche Unterschied zwischen Paula und Brigitte liegt darin, daß Brigitte weiß, daß Gefühle keine Investitionsgüter sind und zu Fehlinvestitionen führen, während Paula auf Grund ihrer Lektüren glaubt: "nur die liebe läßt uns leben." (Lh, 39)

Während Paula als Fabrikarbeiterin endet, gelingt Brigitte der Einstieg ins Kleinunternehmertum. Heinz hat sich vom tüchtigen Elektrikerlehrling zum Gesellen und Meister hochgearbeitet und hat dank den Ersparnissen seiner Eltern ein kleines Geschäft aufmachen können. Trotzdem ist Brigittes Einstieg in das Kleinunternehmertum kein Strukturwandel. Die hierarchischen Verhältnisse sind intakt geblieben, Brigitte unterstützt das Unternehmertum eine Stufe höher als vor ihrer Heirat: als Akkordarbeiterin gehörte ihre Arbeitskraft dem Fabrikbesitzer, der Rest ihrer Person gehörte ihrer Familie, denn "die frauen, die hier arbeiten, gehören ganz ihren familien." (Lh, 7) Als legitime Ehefrau des Kleinunternehmers Heinz gehört ihre Arbeitskraft ihrem Mann, und der Rest ihrer Person erst recht ganz ihrer Familie. Sie hat die "ruhige weibliche arbeit " (Lh, 8) in der Fabrik gegen eine ruhige weibliche Arbeit an der Kasse im Geschäft ihres Mannes eingetauscht:

> die hirnlose brigitte steht nach meinung susis unter einer dreifachbelastung als frau, mutter und geschäftsfrau. (Lh, 115)

Geschäftsfrau sein heißt konkret für Brigitte, daß sie im Geschäft ihres Mannes als Verkäuferin arbeitet.

> (...) mutti verkauft einen abflußsifon aus edelstahl (...). mutti verkauft ferner einen haarföhn, zwei kleine elektroöfen (...). mutti kann zufrieden sein mit ihrem tag, weil er ein guter war. (Lh, 111)

Ein Geschäft, das sie ihr eigen nennt, obwohl sie, Brigitte, und das Geschäft ihrem Mann gehören. Eines Tages wird es ihren Kindern gehören, aber zu Lebzeiten Brigittes wird sich an den Macht- und Besitzverhältnissen nichts ändern. Früher hat sie für einen Konzern gearbeitet, jetzt opfert sie sich gänzlich für ihren Mann und sorgt für eine schönere Zukunft ihrer Kinder. Der Unterschied ist minimal, als ungelernte Fabrikarbeiterin war sie ein unzufriedenes, ohnmächtiges Opfer der Macht- und Produktionsverhältnisse, als Hausfrau, Mutter und unbezahlte Aushilfskraft im Geschäft des Ehemanns ist sie ein zufriedenes, selbstverschuldetes Opfer der Macht- und Produktionsverhältnisse. Früher war ihr Leben eine anonyme Ausbeutung zugunsten eines anonymen Konzerns, jetzt weiß sie, für wen sie arbeitet, bezieht kein Gehalt mehr und opfert sich ganz für die Zukunft ihrer Kinder.

Die Familie hat sich um ein Opfer bereichert: Genau wie sich ihre Schwiegereltern für den Sohn geopfert haben, so opfert sich jetzt Brigitte und reproduziert auf diese Weise ein oft beschriebenes Verhaltensmuster in Jelineks Texten – das des freiwilligen Opfers. Verbunden mit dem Opfer: das Hinausschieben der Lust auf ein anderes Mal, der zeitweilige Verzicht auf eine Verwirklichung der Wünsche:

> brigitte braucht heinz, und brigitte braucht das zukünftige geschäft von heinz, und sie braucht ihre schwiegereltern aus dem weg, dann braucht sie arbeit, arbeit und nochmals arbeit, um das geschäft zu verschönern und zu vergrößern.
> was brigitte im augenblick hat: arbeit arbeit und nochmals arbeit. wenn man seine kraft in etwas eigenes investiert, dann kommt einem das vielfach wieder zurück, dann kann man gern auf die liebe und ihre auswüchse und spielarten verzichten. (Lh, 89)

Was nicht zurückkommen wird: die Lust. Weder an der Arbeit noch am Ehe- und Familienleben. Brigitte wollte erst besitzen, dann genießen. Aufgeschoben ist die Lust auch aufgehoben, denn *Lust will aller Dinge Ewigkeit, will tiefe, tiefe Ewigkeit.*

3.3.2 Die Liebhaberinnen

Der Aufstieg Brigittes und der Abstieg Paulas (unabhängig davon, daß Paula von Anfang an auf das falsche Pferd gesetzt hat, die Chancen eines trunksüchtigen Holzfällers sind so gut wie null) lassen sich besser erklären, untersucht man ihr Verhältnis zur Wirklichkeit.

Paula hält Gefühle für real, d.h. sie glaubt an die Macht der Gefühle, glaubt, daß Liebe Berge versetzen kann, und ist also fest davon überzeugt, daß sie kraft ihrer Gefühle, Erich in einen braven Familienvater verwandeln kann. Paula glaubt, daß die Ursache (Liebe) die entsprechende Wirkung (Berge versetzen) nach sich zieht.

Brigitte dagegen trägt keine ursprüngliche Liebe in sich, von der sie sich etwas verspricht. Sie "haßt heinz sehr glühend" (Lh, 44) von Anfang an und ekelt sich sogar vor seinem fetten Körper, aber der Körper "zählt für brigitte als mittel zum besseren zweck" (Lh, 45). Brigittes Verhältnis zu ihrem Körper ist das eines Zweck-Nutzen-Verhältnisses jenseits des Lustprinzips. Paula wiederum hat sich angewöhnt, ihren Körper in einen schon erwähnten "hauptkörper" und einen "nebenkörper" (Lh, 25) einzuteilen, alles Unangenehme widerfährt ihrem Nebenkörper, alles Angenehme ihrem Hauptkörper. Paula verdrängt die Unlust auf einen imaginären Nebenkörper, von dem sie sich einredet, er existiere getrennt vom Hauptkörper, obwohl auch dem nichts Angenehmes widerfährt. Paula ist ganz Hingabe an das Lustprinzip, aber die Einteilung in Lust und Unlust bedeutet noch nicht, daß in ihrer psychischen Ökonomie die Unlust vermieden wird und die Befriedigung der Triebe und Bedürfnisse gelingt, sondern vielmehr, daß Paula einer Art magischem Wunschdenken verhaftet ist. Paula lebt in ständiger Erwartung des Angenehmen, das nie kommen wird, und das sie auf einen immer späteren Zeitpunkt hinausschiebt: erst muß sie Erich durch ein Kind an sich binden, dann muß er sie heiraten, dann muß er ihr ein Heim gründen... und dann kommt die Liebe ganz von allein und dann wird sie glücklich sein. Paulas Strategie ist eine Strategie des Aufschubs. Die Verwirklichung der Wünsche wird auf einen immer weiter in der Zukunft liegenden Zeitpunkt verschoben. Die gehäuften Erfahrungen der Unlust entfernen sie immer weiter von der Wirklichkeit. Was nicht bedeutet, sie flüchte sich ins Imaginäre und daß das

Irreale ein Synonym für das Imaginäre wäre. Weil die Vorstellungen, in die sie sich flüchtet, stets mit dem sozialen Status des Glücks verbunden sind, eines Glücks, das der öffentlichen Anerkennung bedarf und das von der Öffentlichkeit suggeriert wird. Ein Verb wie "liebhaben" ist für Paula kein Begriff aus der Innenwelt, der Welt der Gefühle, der Träume, der Wunschvorstellungen, sondern eine Spielart des Verbums "haben"; das Liebhaben muß sich mit dem nach außen sichtbaren Haben decken, bis die Innenwelt mit der Außenwelt oder die Außenwelt mit der Innenwelt identisch wird. Die Liebhaberin Paula ist kein verliebtes junges Mädchen, sondern ein Mensch, der sich den sozialen Vorstellungen der Liebe anpaßt; sie ist ein sich Vorbildern konformierendes Mädchen, das sich verliebt, sich im Gegenstand ihrer Liebe täuscht. Sie irrt sich in dem, was sie für ihre eigene Liebe hält, und sie irrt sich im Investitionsgegenstand ihrer Liebe, Erich. Die Liebhaberin Paula hat das Haben lieb:

> paula will haben und liebhaben, und den leuten zeigen, daß man hat, und was man hat und liebhat. (Lh, 90)

Die Liebhaberin Brigitte hat ebenfalls das Haben lieb, aber auf einer realisierbaren Ebene, sie hat sich nicht verliebt, und hat denjenigen gewählt, der ihre sozialen Vorstellungen vom Glück verwirklichen kann. Es sind die gleichen Vorstellungen wie die von Paula, aber mit dem Unterschied, daß die Erwägung der Lust erst gar nicht in Betracht gezogen wird. Während des Geschlechtsakts mit Heinz fühlt Brigitte "nichts als ein seltsames unangenehmes schaben in sich." (Lh, 44) Sie fängt die Unlust bei vollem Bewußtsein mit ihrem einzigen Körper ab, ohne je ihr Ziel aus den Augen zu verlieren. Weder Paula noch Brigitte empfinden Lust beim Geschlechtsakt mit ihren Partnern, keiner von beiden wird dabei die geringste Zärtlichkeit zuteil. Aber während sich Brigitte der Unlust bewußt ist und sich zielstrebig dem Kapital entgegenarbeitet, lebt Paula in der ständigen Erwartung der Liebe, die sich auf einer anderen Ebene als die der Wirklichkeit – auf einer Bühne – abspielt.

> wenn sich brigitte in ihren illustrierten mit millionärsvillen befaßt, dann rechnet sie sich sofort die ausmaße von ihrem künftigen einfamilienhause im kopf aus, dann überlegt sie sogleich, wo die geschäftsräume hinsollen und wo wir eine tür durchbrechen.
> wenn paula dasselbe liest, dann ist sie mittendrin im vollen, dann ist das haus schon da, aus der luft herbeigeflogen, dann ist der riesengarten schon da und in eine reinliche umgebung hineingestellt, wie eine theaterkulisse, und glückliche junge leute tummeln sich darin: erich mit seiner jungen familie. und die zwei deutschen schäferhunde dazu. (Lh, 91)

Die eine baut Luftschlösser mit einem Lustgarten, projiziert Gesehenes auf eine imaginäre Bühne, während die andere sofort an Zweck und Nutzen, an das Geschäft denkt. Die eine weiß, das Vorbild auf ihre Maße zu reduzieren (ein Einfamilienhaus), die andere vergrößert ins Gigantische, was nie für sie existieren wird. Brigitte ist in der Lage, Grundlagen zu schaffen, um dann die Wirkung abzuwarten, Paula denkt an die Wirkung, ohne sich um die Grundlagen zu kümmern. Eine Wirkung, die über das reine Kausalitätsprinzip hinweg im Sinne von Wirkung auf etwas, auf die Umwelt verstanden werden muß. Wirkung heißt für Paula, Wirkung auf die anderen, Bestätigung durch das Publikum:

> und die leute aus dem dorf stehen am zaun und glotzen und beneiden. (Lh, 91)

Auf Paulas imaginärer Bühne wird das Stück vom kleinbürgerlichen Glück gespielt. Die Elemente der Idylle: Haus, Garten, Familie, Hunde, unbeschwerte Fröhlichkeit stammen aus dem Bereich der Postkartenidylle; es ist die Idylle vom vorzeigbaren Glück, gleich den eingerahmten Fotos und Postkarten aus dem Urlaub, die man stolz dem Bekanntenkreis als Beweis des empfundenen Glückes vorzeigen kann. Sie haben kaum etwas mit den vom Triebleben gesteuerten Wunschvorstellungen aus der Nacht des träumenden Subjekts zu tun und stammen auch aus keiner Privatsphäre. Sie könnten aus einer beliebten deutschen Frauenzeitschrift wie BRIGITTE oder SCHÖNER WOHNEN stammen. Während Brigitte sich mit der Vorlage "befaßt", d.h. in der Lage ist, sich mit dem Vorbild und der möglichen Umsetzung in die ihr gegebene Wirklichkeit auseinanderzusetzen, das Imaginäre völlig ausschaltet und sich der Rechenmaschine bedient, die in ihrem Fall sowohl die Gefühlswelt als den Verstand regiert, inszeniert Paula eine Operettenbühne mit den Statussymbolen der Hochglanzillustrierten. Eine Idylle, die durch den Zaun und die zwei deutschen Schäferhunde unheimliche Züge annimmt und das Element des Monströsen durchschimmern läßt: muß doch das sogenannte grenzenlose Glück als umzäunte Enklave in einem feindlichen Gebiet (der Neid der Nachbarn) von Wachhunden verteidigt werden. Hinter der Fassade dieses dem Anschein nach harmlosen Traumes verbergen sich Drahtzieher, deren Aufgabe es ist, an die Lust als Kauflust zu appellieren, dem Bilderkonsumenten glaubhaft zu machen, er könne seine Lust in kaufbare Objekte investieren. Kann man demzufolge überhaupt noch von Traum sprechen, da die Vision von einer Industrie gesteuert wird, die den Einzelnen nicht träumen läßt, sondern ein Interesse daran hat, die durch die Vorlage ausgelöste Wunschproduktion ökonomisch und ideologisch zu steuern?

Man kann Paulas Traum vom Zaun mit den neidischen Nachbarn als legitimen Wunsch derjenigen lesen, die außer Chimären nichts besitzen, man kann ihn aber auch anders lesen: als Schutz- und Abwehrmechanismus zur Wahrung der Ich-Instanz, das sich von der feindlichen und Unlust bereitenden Außenwelt abgrenzen muß. Eine Tendenz, die sich leicht ideologisch ausbeuten läßt, und durch das Bild der Schäferhunde angedeutet wird. Brigitte denkt an Türen, die den privaten Raum mit der Öffentlichkeit verbinden. Türen kann man öffnen und schließen, Türen verbinden. Zäune dagegen sind durchsichtig, sie trennen, aber anders als die Türen, durch die man das Private verläßt, um in die Öffentlichkeit zu gehen. Die Öffentlichkeit kann auch durch dieselbe Vorrichtung ins Private eindringen. Türe regeln den Verkehr. Zäune dagegen stecken Territorien ab, demonstrieren, daß Eintritt verboten und Grenzüberschreitung für den Eindringling mit Gefahr verbunden ist (die Schäferhunde). Gleichzeitig aber ermöglichen sie den öffentlichen Blick ins Private, der für den von der Außenwelt Betrachteten wiederum mit Lustgewinn verbunden ist (der Neid der Nachbarn). Paulas Traum von einem Gartenzaun, der von neidischen Nachbarn belagert wird, teilt den Raum weder ökonomisch noch politisch ein (Privatwelt, Geschäftswelt, Einflußsphäre der Öffentlichkeit usw.); indem sie das Vorbild auf eine Bühne projiziert, teilt sie den Raum in einen Spiel-Raum ein. Auf der einen Seite die passiven Zuschauer (Paula als Gegenstand von Schaulust), auf der anderen Seite das *sujet*, die Akteurin und Regisseurin Paula, und dazwischen der abgrenzende, aber transparente, keine unterschiedlichen Sphären vermittelnde Zaun. Der Zaun trennt den Spiel-Raum in eine fluktuierende Subjekt-Objektsphäre ein. Paula sieht sich auf beiden Seiten, mal auf der Bühne und mal im neidischen Blick der Zuschauer.

3.3.3 *Männer stehen (oben) – Frauen liegen (unten)*

> in der frauenoberschule, da liegt man richtig.
> nur bei dem richtigen mann, da liegt man richtig. der richtige mann ist gleich oder ein wenig oder möglichst viel besser als man selber ist. bei einem mann liegt man schief, wenn er unter dem eigenen niveau liegt. (Lh, 51)

Frauen liegen: sie liegen richtig an der Seite des Mannes. Für ein Mädchen wie Susi aus gehoberenen Kreisen als Brigitte und Schülerin einer Frauen*ober*schule ist diese horizontale Lage Resultat einer "mühevolle[n] kleinarbeit" (Lh, 50). Ihre Mutter hat ihr zunächst "beigebracht" wie man "eine richtige kleine frau mit all den kleinen fehlern und schwächen" wird, "die eine frau hat" (Lh, 50), und dann diese private Erziehung in einer Frauenoberschule vervollständigen lassen, weil da die höheren Töchter "richtig" liegen: *unter*würfig. Um sich später dem Richtigen zu unterwerfen. Der Richtige steht aufrecht, denn ein Mann ist "auf sich allein gestellt" (Lh, 44), weil er "seinen mann dorthin stell[t], wo er gerade gebraucht" (Lh, 109) wird. Wenn etwas unter den Männern liegt, dann sind es Frauen, in der Öffentlichkeit wie im Privatleben, in der Stadt wie auf dem Land.

Wenn Frauen arbeiten, dann grundsätzlich unter der Leitung von Männern:

> auch der intelligenzberuf des konsumfilialleiters wird von auswärts importiert, *unter* (Hervorhebung von Y.H.) ihm arbeiten immer drei frauen und mädchen aus dem dorf und ein lehrmädchen aus dem dorf. (Lh, 13)

In der Fabrik sind die leitenden Posten von Männern besetzt, aber der Blick der Frauen ist dermaßen begrenzt, daß er nicht einmal ausreicht, um diese auch nur zu sehen:

> das einzige männliche sind die *höheren* (Y.H.) posten, die man nicht sieht (...). (Lh, 36)

In der Familie:

> (...) die mutta [ist] dort, wo sie hingehört, nämlich an asthmas seite *unter* (Y.H.) asthmas fuchtel (...). (Lh, 87)
> am samstag ist großer *unter*werfungstag (Y.H.). das dorf zittert dann von den knierücken- und schulterwürfen. (Lh, 23)

In den gesellschaftlichen Beziehungen:

> als frau ist susi etwas *tieferes* (Y.H.), als mensch, der einen rang in der gesellschaft einnimmt, ist sie wiederum etwas *höheres* (Y.H.) als heinz. (Lh, 77)

Im Bett:

> anschließend pflanzt sich brigitte hin und heinz *auf sich* (Y.H.) drauf, in ihrer konservativen art. (Lh, 84)

Diese Art der Darstellung erscheint manchen Kritikern als Karikatur und Vereinfachung der Gesellschaftsordunung, und sie sehen in den *Liebhaberinnen* einen engagierten Text zu einem überholten Problem:

> In der Tat ist die Parteilichkeit, mit der sie ihre Stoffe wählt und zuschneidet, so dominierend, daß sie nur den bereits von dieser Parteilichkeit überzeugten Leser für sich gewinnt.[145]

---

[145] Kosler, op. cit.

Es ist schon symptomatisch, daß Kosler ausgerechnet für *Die Liebhaberinnen* eine Metapher aus der Textilbranche (siehe "das nähen an sich liegt den frauen schon im blut") verwendet, und es ist erstaunlich, wie Kosler Reduzierung auf Strukturen und Exemplifizierung mit Simplifizierung und Parteilichkeit verwechseln kann. Parteilichkeit, heißt ja voreingenommen und befangen sein in vorgefaßten Meinungen, also die kritische Distanz zum Gegenstand des Engagements verlieren. Dabei gibt es in den *Liebhaberinnen* kaum eine Aussage, die nicht kritisch durchleuchtet und dadurch relativiert wird. Auch die Position der Frauen in der Gesellschaft wird ja nicht in einer unschuldigen und zu verteidigenden Opferpose dargestellt, sondern als strukturierender Bestandteil eines weitaus komplizierteren Systems, in dem sich die öffentliche Ordnung (Ökonomie und Politik) und die private Ordnung (Sexualität und Familie) via Erziehung, Schule, Massenmedien usw. gegenseitig bedingen. Selbst wenn der Text ein engagiertes Pamphlet oder ein soziologisches Dokument zu einer überholten Situation wäre, dann müßten diejenigen, die derartiges behaupten, zum Beispiel auch in der Lage sein, Beweise für einen grundlegenden Strukturwandel zu liefern. Leider genügt es, sich die regelmäßig erscheinenden Statistiken der verschiedenen Staatssekretariate für Frauenfragen im gesamten europäischen Raum anzuschauen, um exakt belegen zu können, daß Frauen nach wie vor unterbezahlt und unterpriviligiert sind, unter Männern arbeiten und daß der Mann nach wie vor die gesellschaftliche Norm liefert. Wie dieses Modell von sämtlichen Instanzen der Gesellschaft überliefert wird, und wer ein Interesse daran hat, wird in den *Liebhaberinnen* bis in die feinsten Verästelungen aufgezeichnet.[146]

---

[146]Die Meinung, daß die feministische Problematik eine überholte sei, sollte Kosler angesichts der aktuellen Entwicklung revidieren. In der Tat konstatiert *Die Zeit* vom 12.3.1993, daß der Satz "Männer und Frauen sind gleichberechtigt"ein weitgehend leeres Versprechen geblieben ist. Politikerinnen aus allen Parteien wollen den Artikel 3 des Grundgesetzes ergänzen, aber die Debatte, die sich um die Gesetzesänderung entwickelt, zeigt, wie weit die Frauen noch von einer realen Gleichberechtigung entfernt sind.

4. Das Buch der Natur als medialer Programmsalat: "Oh Wildnis, oh Schutz vor ihr"

4.1 "Keine Geschichte zum Erzählen"

Auf den Plot reduziert, läßt sich die Handlung von *Oh Wildnis, oh Schutz vor ihr* folgendermaßen zusammenfassen:
1. AUSSENTAG. *Gedicht*: Der Holzfäller Erich, der von seiner Frau verlassen wurde, folgt der Einladung einer Dichterin; zu diesem Anlaß bringt er ihr einen Rucksack voller Lebensmittel mit, weil die alte Dame ihre Berghütte kaum noch verläßt. Auf dem Weg hinauf führt er Gespräche mit sich selbst, mit seiner Frau, seinen Kindern, seiner an Krebs sterbenden Schwester, mit der Natur. Im Ort ist derzeit eine Jagdgesellschaft angekommen, zu der ein Kaufhauskönig und die Managerin eines großen deutschen Konzerns gehören. Erich und die Managerin treffen sich auf dem Hohlweg und er läßt sich für die nächsten Tage als Jagdgehilfe anheuern. Die Hintergedanken der Managerin sind identisch mit denen der Dichterin, auch sie möchte aus dem Holzknecht einen Liebesknecht machen. Sie vereinbaren einen Termin.

2. INNEN. TAG. *Keine Geschichte zum Erzählen*, ausgerechnet dieser Teil erzählt eine kohärente Geschichte. Der Untertitel spielt auf moralisch Verwerfliches an, scheint eine unanständige Geschichte anzukünden, eine Geschichte aus der Innenwelt, die besser nicht nach draußen gelangen sollte. Sie stammt aus dem Interieur der Dichterin. Genau betrachtet enthält dieser Untertitel eine doppelte Ironie, denn zum einen wird in diesem Teil ein Einblick in die geschichtliche Vergangenheit der Naturverbundenheit gegeben (nationalsozialistische Blut- und Boden-Ideologie), und zum anderen wird diese Geschichte kohärent erzählbar dargestellt, konstrastierend zu den parataktischen Erinnerungssplittern des ersten Teils. Erzählt werden die Vergangenheit der Aichholzerin als Lebensgefährtin eines nationalgesinnten Philosophen, deren kläglichen Bemühungen, sich mit ihrer Lyrik auf die Höhen des Gefährten zu schwingen, ihre Aktivitäten als Nachlaßverwalterin des großen Mannes (regelmäßig empfängt sie die Jünger des Verstorbenen), ihre ebenso kläglichen Versuche, sich den Holzknecht durch eine kompliziert im Keller angebrachte Falle zu eigen zu machen (sie will einen Sturz vortäu-

schen, so daß dem Knecht nichts anderes übrig bleibt, als sich um sie zu kümmern) und ihr klägliches Ende, das dem Leser zwar vorenthalten wird, ihn jedoch nicht daran hindert, es sich selbst zusammenzudichten: auf Grund seiner sprichwörtlichen Kenntnisse weiß er, daß Grubengräber häufig in der selbstgegrabenen Grube enden.

3. AUSSEN. NACHT. *Herrliche Prosa! Wertvolle Preise!* Hier geht es um den Kaufwert der Natur, um die dunklen, im Verborgenen vollzogenen Machenschaften der "Beherrsche[r] der Wildnis" (O, 282). Der dritte Teil wendet sich dem ökonomischen Aspekt zu und ist der Jagdgesellschaft gewidmet. Das ganze Leben im Dorf kreist bei Ankunft der Herrschaften nur noch um die feine Gesellschaft, die das Dorf normalerweise nur auf der "Leinwand, auf unsrigem Schutz und Schirm" (O, 202) zu sehen bekommt. Erich wird als Handlanger für die Jagd eingestellt und wieder ist es eine Frau, die Gefallen am ihm findet, diesmal die Managerin. Sie lädt ihn auf ihr Zimmer in die Jagdhütte ein, und schon verwechselt Erich die Situation, verkennt, was er verkennen muß, denn Holzknechte sind für die Managerin "Fußvolk und Geschlechtshelfer" (O, 35), Liebe und Abenteuer heißen nicht Erich für eine solche Frau, die davon ausgeht, "so ein Waldmensch müsse funktionieren wie durch Münzeinwurf (...): schnell, unkompliziert und ohne seine Federn nachher alle wieder aufzulesen." (O, 267) Als Erich fluchtartig das Zimmer verläßt und ins Freie rennt, gerät er mitten unter die Leibwächter und Treiber der Jagdgesellschaft, die ihn für einen Eindringling oder Flüchtling halten und wie einen Hasen abknallen:

> Der Schuß fällt hin, und einer von uns allen fällt um, fällt, von seiner eigenen Last gezogen auf die Knie, dann auf alle Viere, dann ganz auf die Seite. Schon wieder ist ein Vertreter der Mehrheit umgefallen, und keiner merkt es, denn an den Mehrheitsverhältnissen ändert das überhaupt nichts.
> (...)
> Es war ein Unfall, heißt es.
> Wir alle heißen ja auch irgendwie.
> Was wir nicht wissen, ist ein sanftes Ruhekissen.
> Sonne, los jetzt! (O, 282)

Mit diesen Zeilen endet der Text, wie er zynischer nicht enden könnte. Aber was bedeutet dieser Zynismus? In diesem Falle nichts anderes, als jegliche tragische Identifizierung des Erzählers mit seinem Stoff, des Lesers mit dem Text zu unterbinden, die Möglichkeit selbst der Trauer auszuschließen. Erichs Tod ist keine Tragödie, Erichs Tod ist eine grausame Farce, höhnisch, spöttisch inszeniert für eine anonyme Gesellschaft, in der keiner für den anderen haften würde, die keine Trauer, keine Tragik, keine Identität mehr kennt. Und wenn, dann verwechselt sie eine Tragödie und das mit ihr verbundene Schicksal mit einem "Vierfarbendruck" oder einer schwarz auf weiß gedruckten Zeitungsmeldung.

Der Plot an sich ist irrelevant und steht von der ersten bis zur letzten Zeile unter dem Zeichen der Banalität: "An keinem besonderen Tag" (O, 7) fängt die Geschichte an und endet in einer noch größeren Banalität: "Es war ein Unfall, heißt es. Wir alle heißen ja auch irgendwie." (O, 282) Die tödliche Kugel, die Erich trifft, trifft einen politisch, sozial, ökonomisch irrelevanten Aussenseiter der Gesellschaft, dessen Verschwinden kein Gewissen stört, nichts auslöst und nicht einmal der Trauer wert ist. Trotzdem wird etwas Besonderes erzählt, aber um dieser Besonderheit auf die Spur zu kommen, muß man versuchen, die strukturierenden Elemente anders zusammenzusetzen und neu miteinander zu verbinden. Man könnte zum Beispiel versuchen, Themenbereiche aufzustellen, und die verschiedenen Fetzen und Splitter um diese Bereiche gruppieren, woraus sich folgende Perspektiven ergeben würden:

– Die Mediatisierung der Natur ist wirklicher als das Original, es gibt keine Originale, nichts Authentisches mehr.

– Kritik des Naturdiskurses: die Natur erträgt auch die gemeinste Hand auf sich. Vom nationalsozialistischen Diskurs über den ökologischen hin zum konsumeristisch-ästhetischen.

– Die Natur ist und bleibt für die, die sie erleiden, ein Raum der monströsen Idylle, Ausdruck von Machtverhältnissen.

Unter diesen Aspekten analysiert, fügt sich der Text zu einer kohärenten, modernen Kultur- und Medienkritik zusammen, die sich sowohl gegen die Blut- und Bodenmystik, als gegen die neueren Formen der Naturmystik (in Politik, Wirtschaft und Ästhetik) erhebt.

4.1.1 Fortsetzung folgt oder grün, grün, grün sind alle meine Farben

1985 – 10 Jahre nach den *Liebhaberinnen* – grünt es, wo man hinschaut. Nach den Höhenflügen der Konsum- Einweg- und Wegwerfgesellschaft nun die sogenannte umweltbewußte Gesellschaft: "Umweltschutz ist Sache jedes Bürgers", so das Umweltprogramm der Bundesregierung. Der politische Diskurs rückt seit den achtziger Jahren mit einer neuen Farbe heraus: Grün ist Trumpf. Grün als politische Farbe bedeutet im Rahmen einer Gesellschaft, in der sich das Interesse für Politik ohnehin auf eine Kosten-Nutzenrechnung reduziert – Tarifverhandlungen, Erhaltung der Kaufkraft, des Lebensstandards, Kampf gegen Arbeitslosigkeit, Bugdetkürzungen jeder Art – grün als politische Farbe also, bedeutet, daß eine gemeinsame Front entstanden ist, die sich vermeintlich über Klassenschranken und Besitzverhältnisse hinwegsetzt.

> An der Waldschützerfront kämpfen die Adeligen und Brauereibesitzer am leidenschaftlichsten, inzwischen glaubt sogar die Allgemeinheit, der Wald gehöre ihr! Haha. Erfolg Erfolg! (O, 157)
> Millionen unterschreiben unterdessen Volksbegehren für eine schöne Natur, die den Millionären gehört, die ebenfalls unterschreiben, es geht um ihren angestammten Besitz! (O, 276)

Eine große Solidarität ist in den siebziger und achtziger Jahren entstanden. Waldbesitzer, Industrielle, Jäger, der Durchschnittsverbraucher, alle kämpfen sie ungeachtet ihres sozialen Ursprungs an der gleichen Front in einer regressionsbedürftigen Gesellschaft – zurück in den Schoß von Mutter Natur – und alle sind sie gewillt, ihren Respekt vor der Natur zu beweisen.

> Unter der warmen Decke der begrünten Langeweile fällt denen zum Spaß die Natur ein, dort wollen sie einen Park anlegen, damit die Menschen darin im Kreis gehen sollen. (O, 225)

Was unter dem Respekt vor der Natur zu verstehen ist, ist nicht immer deutlich: denn der "Natur kann man alles ungestraft nachsagen." (O, 49) Grün hat sich in eine finanzträchtige Farbe gemausert und der Markt der Natürlichkeit kennt keine Grenzen mehr, schreckt vor nichts zurück. Selbst Kunststoffabrikanten respektieren die Natur, da sie mit ihren Produkten die nicht unerschöpflichen Schätze des Bodens und der Natur schonen: "(...) und die Rohstoffe erholen sich bereits, weil sie ersetzt werden können" (O, 45).

Umwelt, so heißt die Natur als Milieu für den Menschen und jetzt, wo sie lädiert, traumatisiert, von unserer Zivilisation geschädigt ist, bedarf sie des Respekts. Auch das Vertrauen zu dem vertrauten Milieu ist unterminiert, die gefährdete Natur ist gleichzeitig eine den Menschen gefährdende:

> Auch die mittelalterliche Kundin achtet nun auf Qualität, was den Ackerboden betrifft, in dem die Kartoffel wuchs. (...) Und jetzt hat sich die Gefahr, die auf sie lauert, drastisch erhöht. Sie kauft letztendlich die Orangen, denn man kann sie schälen, die schadenstiftende Umwelt damit deutlich reduzierend. (Ks, 114)

Die verseuchte Natur rächt sich, kompromittiert die Wechselbeziehung und den aktiven Austausch zwischen Mensch und Natur: macht euch die Erde untertan, auf daß ihre Früchte euch als Nahrung dienen. Das biblische Gleichgewicht ist zerstört. Man ist innen wie außen gefährdet:

> Die Kinder sind heuer recht blaß ausgefallen. Sie essen aus giftigen Vorgärten Selbstgezüchtetes. (O, 24)

Die Umweltvergiftung hebt die Opposition bedrohliche Außenwelt, geschützte Innenwelt auf, das Gift kennt keine Grenzen, es schleicht sich überall ein. Zerstört den Körper von innen. Das Gift auf dem Gemüse gegen die Schädlinge der Außenwelt wirkt in der Innenwelt des Menschen weiter. Durch die alles umfassende Umweltproblematik wird der Körper als "Sphäre der Geborgenheit" zu einem "Ort des Unheimlichen":

> Es geht dabei um mehr als um einen Belagerungszustand: Der Körper wird sich selbst zum inneren Feind, zur inneren Umwelt, zum bedrohlichen Endlager. Durchzogen von Giften, zersetzt, wird er zu einer Landschaft des Schreckens, zum Schlachtfeld. Nicht mehr geht die Natur in ihm auf, sondern er vergeht durch sie. Sie beleidigt den Körper; nicht aufblühen läßt sie ihn, sondern sie verätzt ihn. Mutter Natur ist zur Stiefmutter geworden.[147]

Die verseuchte Luft, der verseuchte Boden, das verseuchte Grundwasser dringen als "blind[e] Passagier[e]",[148] deren Identität nie endgültig zu fassen ist, in den Körper ein. Für diesen "blinden Passagier" scheint das gleiche Gesetz zu gelten wie das in den Liebhaberinnen erwähnte Gesetz des Verbrauchs: "es ist kein verbraucher zu sehen und doch ist man verbraucht." (Lh, 55) Mal sind es die Bauern, mal ist es die Industrie, mal das Ausland, und mal der eigene Staat mit seinem atomaren Monopol, sicher ist eigentlich nur eins: es handelt sich wieder einmal um die unendliche Kette der Verschiebungen und grundsätzlich um den Müll des Anderen.

> Der Zustand des Waldes (...) ist längst überprüft und als besorgniserregend bis entsetzlich disqualifiziert worden. Es ist nicht seine Schuld, er [der Kaufhauskönig, Y.H.] steckt Unsummen in die Erhaltung und Erneuerung seines Baumbestandes, und das Ergebnis der Bestandsaufnahme für das schlagende Herz des Besitzers ist so unerfreulich wie dieser ganze Staat. Fremde Schandstoffe, womöglich aus dem Osten (...) schweben Tag für Tag hernieder, der Luftraum sollte ihnen abgesperrt werden! Sie sind aggressiv wie die Russen
> und giftiger als die Notdurft eines Kindes aus einem Arbeiterbezirk. (O, 253 f.)

---

[147]C. Rath: "Sinnesgifte und Giftsinne. Einige Spuren", in D. Kamper und C. Wulf (Hrsg.), *Das Schwinden der Sinne*, edition suhrkamp, Frankfurt/M. 1984, S. 196
[148]Ebda, S. 201.

4.2 "Natürlich Natur!" (Gernot Böhme)

Oh Wildnis, oh Schutz vor ihr: geschützt wird all das, "was sich gegen ihren Schutz nicht zur Wehr setzt (...). Bis in die Massen hinein hat sich das, was sich einfach gehört, ohne einfach zu sein, mithilfe der Medien herumgesprochen und somit durchgesetzt." (O, 211) Wohlbemerkt Wildnis und nicht die in aller Munde florierende Natur oder Umwelt. Denn die Wildnis ist eine Variante der Natur, von der wir heute nur noch träumen können: ursprünglich, unangetastet von Menschenhand, wild, reguliert durch eine ihr inhärente Gesetzmäßigkeit. Die Wildnis ist ein Traum des zivilisierten Menschen. Er träumt von der wilden Natur, was aber macht er, wenn er mit ihr konfrontiert wird? Sein erster Wunsch ist, sie zu zivilisieren, die Wildnis in einen paradiesischen Garten zu verwandeln, was daran liegen mag, daß wir sehr widersprüchliche Vorstellungen von der Natur haben. Keiner würde sich ungeschützt der Wildnis anvertrauen.

Die Wildnis ist nicht der Garten Eden, keine paradiesische Natur, kein nach welchem Plan auch immer wohlgeordnet kultivierter Garten, dem man sich getrost anvertrauen kann. Die Tiere der Wildnis sind nicht zu unserem ästhetischen Entzücken da, sie sind Jäger oder Gejagte. Die Wildnis, das ist die beängstigende Seite der Natur, die es seit Anfang der Menschengeschichte zu zähmen, zu domestizieren gilt. Eine Natur, die noch kein soziales, noch kein historisches Produkt ist, eine Natur, die heute fast nirgendwo mehr aufzufinden ist und in den letzten zwanzig Jahren zum Fetisch derjenigen Gesellschaft geworden ist, die für ihre Zerstörung verantwortlich ist.

Die Natur, für die sich heute alle einsetzen, zählt zu den ökonomischen Luxusprodukten: im Dienste der Freizeit, der Warengesellschaft, politischer, ästhetischer Vorstellungen, Gütesiegel für alles und jedes. Sie gehört zu den wertvolleren Angeboten der freien Marktwirtschaft:

> Was Sie hier sehen, ist ein Luxusgegenstand, den Sie nicht kaufen können, nämlich die Welt der Alpen in ihrer ganzen Hierarchie. (O, 55)
> Das Laub kalbt raschelnd. Käfer krabbeln daraus hervor. Der Zähler der Natur wird eingeschaltet, damit die Natur schalten und walten kann, eine Münze klappert im Naturkanal. Lied erklinge! (...) Von einer Schallplatte kommt der Name der Natur und das Thema der Natur. Das Thema wird dann verarbeitet. (O, 32)

Dem pathetischen Ausruf oder der ironischen Berufung auf die Wildnis folgt anaphorisch der Schrei des Entsetzens: *Oh Schutz vor ihr.* Zu einem Zeitpunkt, wo in sämtlichen Sphären der Gesellschaft einstimmig der Verlust der "natürlichen Natur" bedauert wird, wo in Industrie, Politik und Ästhetik ebenso einstimmig ein Loblied auf die Natur, zu ihrem Schutz, zur Erhaltung ihrer Schönheit, erklingt, schreibt Elfriede Jelinek *Oh Schutz vor ihr.* Wo das allgemeine Schlagwort: schützt die Natur, Naturschutz, lautet. Der aktuelle Konsens heißt: die Natur muß vor den menschlichen Eingriffen geschützt werden, und dafür braucht sie den Schutz des Menschen, weil sich die Natur allein nicht schützen kann. Der ökologische Diskurs, den sich Industrie und Politik angeeignet haben und der da spricht vom Respekt für die Natur, von natürlichem Kreislauf, beinhaltet nichts anderes als menschlich-technische Eingriffe zur Steigerung der Lebensqualität. Also keine Naturpolitik, sondern eine Natur*schutz*politik, die aber auch keine konsequente Prophylaxe ist, sondern sich hier und da auf flickschusternde Eingriffe beschränkt:

> Ja, schon der Samen lebt bereits, kein Kunststück, denn es lebt die Wüste sogar! Nur die Natur ist hin. Die Lebensschützer schlagen schwitzend auf die steinernen Politiker ein, um ihnen eine Träne für die Hilflosesten zu entlocken (...). Aber da stehen die Waldschützer bereit: noch hilfloser als der Embryo ist der Baum, der in dieser Gegend schon oft Menschen im Fallen erschlagen hat. (O, 224)

Der Hilferuf oder Schreckensschrei: *oh Schutz vor ihr,* kann bedeuten, daß die Wildnis des Menschen Todfeind ist oder aber auch, daß es an der Zeit ist, der Berufung auf die Natur nachzugehen, um all das, was in ihrem Namen getrieben wird, aufzudecken. *Oh Schutz vor ihr* kann bedeuten: man schütze uns vor dem ideologischen Rückgriff auf den Mythos Natur. Schutz vor der Infamie, mit der die Natur ausgebeutet wird. Schutz vor dem grün Getarnten, bukolisch Verpackten, Schutz vor all dem, was im Mantel (recycelt?) der Natur oder im synthetischen Twinset Kunst/Natur auftritt.

4.2.1 "Reine Schurkenwolle"

Welch ein Schindluder – literarisch, philosophisch, ökonomisch, politisch – mit der Natur im allgemeinen und der Liebe zur Natur im besonderen getrieben wird, stellt *Oh Wildnis, oh Schutz vor ihr* unter verschiedenen Aspekten dar. Unter anderem aus der Sicht derjenigen, die sie bearbeiten, verarbeiten oder vermarkten, dargestellt an den Figuren des Holzfällers, der Naturlyrikerin und der Managerin.

Anspielungen auf seinen Alkoholismus, seine Unfähigkeit, je eine Führerscheinprüfung zu bestehen, die Brutalität seinen Kindern und seiner Frau gegenüber, lassen vermuten, daß es sich bei der Figur des Holzknechts um den Holzfäller Erich aus den *Liebhaberinnen*, also um Paulas Ehemann handelt. Mittlerweile ist er von ihr geschieden und lebt allein. Die beiden Kinder sind bei seiner Frau, deren Schicksal nicht weiter erwähnt wird, bis auf die Tatsache, daß sie ihn für einen Oberförster verlassen hat. *Oh Wildnis, oh Schutz vor ihr*: die Fortsetzung in gewisser Hinsicht eines den Fortsetzungsroman parodierenden Romans.

Erich lebt immer noch auf dem Lande, eigentlich immer mehr im Wald, in dem er total vereinsamt. Und nach wie vor ist das Leben auf dem Lande keine Idylle, nichts als ein einziges elendes Dahinsiechen, das dem schon erwähnten "und so sterben sie sich gegenseitig an" (Lh, 15) entspricht. Von Natur aus ist die Gegend schlecht ausgestattet worden, jedenfalls was den Geschmack der Touristen betrifft und dementsprechend Fremdenverkehr anziehen könnte; keine richtigen Berge, keine richtigen Täler, kein See, also keine Touristen, weit und breit nichts als "leicht entzündliche Stahlkochereien. Ein Walzwerk (...). Ein Zementwerk (...)" (O, 7 f.) und der "ungelöschte Kalk ißt Knochen, ob in Tierhaut oder in einem Menschenpelz." (O, 7) Auch hier wieder eine kaum bemerkbare monströse Umkehrung, denn anatomisch korrekter müßte es heißen: Menschenhaut und Tierpelz. Viehbetrieb gibt es auch keinen mehr. Die meisten Einwohner sind Nebenerwerbsbauern, die "durch Erwerb die Existenz nicht verdoppeln, sondern halbieren!" (O, 30) Weder Stadt, noch Land, nur verunstaltete Landschaft: "Jahre haben ohne Grund das meiste zerstört, keine Essenz in diesen Jahren, nur der Essig des Lebens von Daheimgebliebenen." (O, 7)

Der streng symmetrisch aufgebauten Erzählstruktur der *Liebhaberinnen* entspricht in *Oh Wildnis, oh Schutz vor ihr* ein scheinbares Durcheinander ungeordneter Erinnerungssplitter, innerer Monologe, Reflexionen der Erzählerinstanz über die Natur, die Kunst, das Leben auf dem Lande. Wie in den früheren Texten wird wieder an die Undeterminiertheit der sprechenden Person angeknüpft. Es alternieren das kollektive 'wir', die erste und dritte Person Singular, ohne daß sich eindeutig feststellen ließe, ob das sprechende ich z.B. auch mit dem sprechenden Subjekt übereinstimmt:

> Meine Frau hat einen neuen Lebensplan aufgestellt in ihrer alltäglichen hübschen Art. Er weiß nichts. Die Natur ist ihm ein Rätsel, er verdient an ihr. Was bewegt sie dazu, Gesteine zu häufen. Leute zu tyrannisieren? Ansichtskarten von sich abfertigen zu lassen? Zum Verdienst zu werden? Die Natur ist schmutzig, wo man mit ihr in Berührung kommt. Es handelt meine Frau nach neuem Lebensplan. Ich prügelte meine beiden Kleinkinder auch später, als Volksschulkinder. Und die Natur schlug mich dafür wie ein eisenhartes Kissen ohne Daunen. Der letzte Stand meiner Lernschwächlinge: zweite und dritte Klasse Volks. (O, 8 f.)

Wer spricht? mag wohl die erste Frage sein, die sich der Leser hier stellt. Wer übernimmt hier die Paternität des Diskurses? Wer ist verantwortlich für das, was gesagt wird, da es kaum möglich ist, weder den Ursprung noch die Erzählperspektive auszumachen? Gerade aber diese Unmöglichkeit ist charakteristisch für die Pluralität des gesamten Textes. Je schwieriger das Ausfindigmachen *eines* originären Sprechers, desto pluraler der Text, desto mehr Stimmen mischen sich in den Text ein. Thomas Bernhard verfährt nicht anders, indem er Zitate endlos ineinander verschachtelt. Seine Texte geben zwar vor, jede Aussage einem Sprecher zuzuordnen, die Anhäufung der verschiedenen zitierten Instanzen ist jedoch weniger dazu gedacht, eine Hierarchie des Diskurses aufzustellen, als den Leser im Labyrinth der Zitate irrezuführen, um ihm jede Möglichkeit zu nehmen, dem jeweiligen Diskurs ein Bewußtsein zuzuordnen. Hier ein besonders frappierendes Beispiel aus dem Prosatext *Gehen*. Es handelt sich um einen Hosenkauf, für dessen Berichterstattung nicht weniger als fünf Erzählinstanzen notwendig sind:

> (...) es sei nicht seine, Karrers Art, auch nur das geringste, diese Hosen betreffende, Rustenschacher gegenüber zu verschweigen, wie er ja auch vieles, das *nicht* diese Hosen betreffe, Rustenschacher gegenüber nicht verschweigen könne, während es sicher für ihn, Karrer, von Vorteil sei, vieles, was er Rustenschacher gegenüber nicht verschweige, Rustenschacher gegenüber verschweige, warum diese Hosen auf eine diesen Hosen gegenüber sofort mißtrauisch machende Weise, so Karrer zu Rustenschacher hintersinnig, so Oehler zu Scherrer, diese unübersehbaren schütteren Stellen aufwiesen, bereits diese neuen, wenn auch abgelegenen und deshalb nicht mehr sehr ansprechend aussehenden, aber doch vollkommen ungetragenenen Hosen weisen diese schütteren Stellen auf, sagte Karrer zu Rustenschacher, so Oehler zu Scherrer.[149]

Der Gegenstand der Erzählung (die Hose) verliert sich in einer Vielfalt von Stimmen, verschwindet in einer Sprache, die – einer unaufhaltbaren Maschine gleich – jegliche Identifizierung unterbindet. Der Zitatenaufwand ist um so grotesker, als es sich um einen ganz banalen Hosenkauf handelt. Jelinek wie Bernhard schaffen die Anführungszeichen ab, und somit die Einstimmigkeit, die Glaubwürdigkeit des Diskurses. Ihre Aussagen pervertieren explizite Autoritäten (Berichterstatter, Erzähler, Autor) unterminieren den Respekt vor Herkunft, Eigentum, Autorenschaft. Die organische Einheit des Textes wird abgeschafft. Während der Bernhardsche Berichterstatter noch den Schein eines Sprechers aufrechterhält, der im Namen anderer spricht und durch die indirekte Rede eine ironische Distanz zu seiner wiedergegebenen

---

[149] T. Bernhard, *Gehen*, suhrkamp taschenbuch, Frankfurt/M. 1973, S. 54.

Aussage etabliert, bricht Elfriede Jelinek noch radikaler mit der Einheit des sprechenden Subjekts.

Im Munde eines Erich erscheint die oben zitierte Assoziationskette äußerst fragwürdig, vom Standpunkt der Bedeutung (für Erich) kaum nachvollziehbar. Erich mag zwar zuweilen die sprachliche Quelle von Aussagen sein, nur ist damit noch nicht gesagt, daß er auch für die Bedeutung des Gesprochenen bürgen kann. Aussage und Bewußtsein klaffen auseinander. Von einem psychologisch-realistischen Standpunkt aus ist diese Art von Selbstgespräch vollkommen unplausibel für einen Holzarbeiter. Der Stand seiner eigenen Bildung, die totale Vereinsamung im Wald und seine vom Alkohol zerstörte Wahrnehmung widersprechen einem derartigen Ausdrucksvermögen, stehen im krassen Widerspruch zu dem mit dem "Ich" verbundenen Identitätsanspruch. Die Einschübe über das Verhältnis zur Natur, wie die gehobene Ausdrucksweise: "Es handelt meine Frau" entsprechen weder dem Sprachniveau eines Holzfällers, noch sind sie seinem Bewußtsein zugänglich. Erich ist kein sinnstiftendes Subjekt, und während er spricht, stellt sich dem Leser eine doppelte Frage: weiß Erich, wovon er spricht, und was bedeutet die Bedeutungslosigkeit für das sprechende Subjekt? Nichts in dieser Rede verweist auf Nachahmung, auf das naturgetreue Portrait eines durch Arbeit und Alkohol zerstörten Waldarbeiters. In dieser Rede ist alles künstlich, alles Konstrukt. Angefangen mit dem Ich, das kein anonymes ist, sondern den Namen Erich trägt, das mit den Attributen eines "Ich" versehen ist (Biographie, Charakterzüge, usw.) und trotzdem kein Name ist, der auf Identität Anspruch erheben kann, und durch seinen Tod besonders hervorgehoben wird:

> Es war ein Unfall, heißt es.
> Wir alle heißen ja auch irgendwie.(O, 282)

Auch wenn alle literarischen Namen erzählerische Alibis sind, so ist der Name Erich eine Täuschung, weil er kein *Eigen*name war. Die Person oder Persönlichkeit Erich wird zur Figur, Stilfigur, zum Wortspiel. Das Problem der Identität zu einem Spiel mit dem Zeichen. Das Ich zur Kunstfigur, zur Chimäre.

Der zweite Kunstgriff dieses Abschnittes liegt in dem Hin und Her zwischen der ersten und dritten Person. Durchgehend in der dritten Person geschrieben, wäre er unproblematisch. Dann gäbe es eine mehr oder weniger distanziert ironische Erzählerinstanz, deren Aussagen jenseits einer psychologischen Plausibilität angesiedelt wären: "*Seine* Frau hat einen neuen Lebensplan aufgestellt (...). Er weiß nichts. Die Natur ist ihm ein Rätsel (...). Was bewegt sie dazu (...). Die Natur ist schmutzig (...). Es handelt *seine* Frau (...). *Er* prügelte seine Kinder (...). Und die Natur schlug *ihn* dafür (...). Der letzte Stand *seiner* Lernschwächlinge". Der Textkörper würde eine organische Einheit erhalten, die er so nicht hat. Die Einheit ist dadurch aufgespalten, daß ein sprechendes Ich nicht mit seiner Aussage identisch ist. Die Ungewißheit über das sprechende Ich verhindert, daß man je weiß, wer für den Diskurs verantwortlich ist, und ob es hinter den Aussagen überhaupt noch ein Subjekt gibt. Die Frage: Wer spricht? ist in dieser Perspektive eine obsolete und wird ersetzt durch eine wesentlich komplexere, die Lacan folgerdermaßen formuliert:

> Es geht nicht darum zu wissen, ob ich von mir in einer Weise spreche, die dem, was ich bin, konform ist, sondern darum, ob ich, wenn ich darüber spreche, derselbe bin wie der, von dem ich spreche.[150]

Künstlichkeit und Konstruktion anstelle von Mimesis waren schon in den *Liebhaberinnen* ein grundlegendes Prinzip, aber das Prinzip der Erzählbarkeit war unangetastet. *Oh Wildnis, oh Schutz vor ihr* führt dieses Prinzip weiter bis zur Auflösung des Erzählprinzips. Es gibt zwar noch eine Erzählung, aber diese wird systematisch zerstört: mal durch die collageartige Aneinanderreihung verschiedener Erzählstränge, mal durch eine simultane, parataktisch diskontinuierliche Darstellung von Sachverhalten, die eine zusammenhängende Erzählfiktion verhindert, oder aber auch durch direkten Eingriff des Erzählers, der im 2. Teil das Geschehen abrupt abbrechen läßt, nicht jedoch ohne zuvor die Erwartungshaltung des Lesers durch Vortäuschung einer kohärenten Geschichte geschürt zu haben:

> Zu Fleiß und aus den undurchschaubaren Gründen der Kunst erfährt jetzt keiner, ob sie es überlebt hat. Vielleicht, vielleicht auch nicht. Wie Gott kann einer, der etwas erfindet, das Werk so oder so gestalten. Wie geht es also aus? Ich bin ja keine Uhr, daß ich es wüßte. (O, 195)

Die Geschichte des Holzfällers kann stricto sensu als solche nicht bezeichnet werden und von einer Handlung kann man kaum sprechen. Erich hat keine Geschichte zu erzählen und seine Geschichte ist des Erzählens kaum wert. Erich stammt aus dem Zeitalter der technischen Reproduzierbarkeit, der Standardisierung und Immergleichheit, die, so Adorno, das Erzählen verhindern: "Zerfallen ist die Identität der Erfahrung, das in sich kontinuierliche und ar-

---

[150] J. Lacan: "Das Drängen des Buchstabens" aus dem Französischen übersetzt von N. Haas, in A. Haverkamp (Hrsg.), *Theorie der Metapher*, Wissenschaftliche Buchgesellschaft, Darmstadt 1983, S. 2O2.

tikulierte Leben, das die Haltung des Erzählers einzig gestattet." [151] Nun wird der Werdegang Erichs trotzdem erzählt – während des ganzen ersten Teils steigt Erich einen Hohlweg hinauf, um der Einladung einer Dichterin zu folgen –, und das in einem Modus, der im krassen Widerspruch zu seinem Erfahrungshorizont steht, nämlich assoziativ, parataktisch, lyrisch. Daß sich Erich auf dem falschen Weg befindet, läßt sich allein schon der Tatsache entnehmen, daß er einen Hohlweg hinaufsteigt. Aufstieg und Fall: Erich verwechselt den Gang ("Hohlweg"!) zur "windigen Höhe" (O, 7) mit sozialem Aufstieg; während er steigt, bereitet man ihm auf der Bergspitze eine "Liebesfalle" (O, 195) vor.

4.2.2 Buch der Natur gegen Kino

Rein formal teilt sich der Text in Innen- und Außenräume auf, die kinematographischen Einstellungen (Aufnahmen) entsprechen und drei Erzähleinheiten bilden, die wiederum als drei verschiedene Einstellungen zur Natur verstanden werden können.
1. AUSSENTAG
Gedicht
2. INNEN.TAG.
Keine Geschichte zum Erzählen
3. AUSSEN. NACHT.
Herrliche Prosa! Wertvolle Preise!
Die Titel der drei Erzähleinheiten liefern eine auf ein Minimum reduzierte Raum- und Zeitangabe. Jeder Einheit entspricht eine zentrale Figur: Erich, die Aichholzerin, die namenlose Managerin eines deutschen Konzerns.

In dem ersten Untertitel AUSSENTAG/*Gedicht* werden Tag und Außen zu einem amalgamiert, auf die gleiche Ebene gestellt, die Zeit (TAG) durch den Raum (AUSSEN) determiniert. Es gibt keinen Punkt, keinen Bruch, kein Bindeglied zwischen den beiden Einheiten, so daß man nicht weiß, ob es die nach außen gestülpte Seite des Tages oder, nach dem Modell der Wochentage (Montag = Tag des Mondes usw.), ein zusätzlicher oder auch x-beliebigen äußerlichen Aktivitäten gewidmeter Tag ist, wie der erste Satz es zu verstehen geben könnte:

> An keinem besonderen Tag vor dem Wintergefrier geschieht es endlich, es zieht einer sich festlich an (wie er sich das so vorstellt!) (...). Er geht ohne Verwunderung, denn er

---

[151] Adorno: "Standort des Erzählers im zeitgenössischen Roman" in *Noten zur Literatur I* op. cit. S. 62.

kennt den Weg schon lebenslang, einer windigen Höhe entgegen. Er folgt einer Einladung von ganz oben. (O.7)

Eine weitere vom Untertitel suggerierte Assoziation wäre die des Außenseitertums. Erich lebt nicht nur draußen an der sogenannten freien Luft, mitten im Wald, sondern auch am Rande der Gesellschaft, ohne jedoch die Aura des Außenseiters, weil er sein Außenseitertum erleidet, als Leidensgeschichte lebt. Erich trägt an seinem Körper die Narben, Stigmen, die äußerlich sichtbaren Zeichen der nicht geglückten gesellschaftlichen Integration:

> Blutende Naturwunden auch in meinen Handflächen lieber Heiland (...). (O,12)
> (...) zahlreiche schwere Verletzungsspuren aus dem Holz (...). Furchtbarster Gemeinheiten machte dieser Wald sich schuldig, äußerlich ist er freilich beeindruckend (...). (O, 13)

"Naturwunden", die nicht natürlich sind, sie stammen aus der sozial konstituierten, der instrumentalisierten, technisch verarbeiteten Natur. Das Äußere Erichs ist das eines Geschundenen, er ist innen wie außen eine Ruine; ein gefolterter Körper, ein ohnmächtiger Spielball von Gesetzmäßigkeiten, der die Spuren institutioneller Macht- oder Gewaltverhältnisse zur Schau trägt:

> Schreckliche Schwerkraftgesetze werfen Bäume auf Leute (O, 23)

aber:

> Noch nie ist ein Waldbesitzer von einem Stamm erdrückt worden (O, 224).

Sein schief gewachsener Körper ist auf die zahlreichen Knochenbrüche im Forst zurückzuführen. Während man die einheimischen "Holzknechte schief zusammenwachsen" läßt, genießen die ausländischen Touristen und Schifahrer die "höchste Versorgungsstufe" (O, 13). Erichs Körper ist eine Veranschaulichung der sozialen Unterschiede, er verkörpert sie; gleich den Symptomen, die den Konflikt bis zur Unkenntlichkeit entstellen, kehrt die soziale Hierarchie an seinem Körper wieder. An ihm läßt sich die Geschichte – eine kollektive Geschichte – des beschädigten, des verstümmelten Lebens ablesen. Kohärent ist diese Geschichte nicht und sie kann es auch nicht sein, weil sich das literarische Konstruktionsprinzip aus der Entwicklung, Darstellung und Gestaltungsform der mediatisierten Wirklichkeit ergibt. "Die Präsentations- und Gestaltungsformen dieser Medien", so Günther A. Höfler:

die die Wirklichkeit für den Wahrnehmenden tendentiell durch eine perfekte Simulation ersetzen, sind unlösbar in die Schreibweise Jelineks eingegangen(...).[152]

Wie schon erwähnt, läßt sich die 3-teilige Struktur von *Oh Wildnis, oh Schutz vor ihr* (1. AUSSENTAG 2. INNEN. TAG. 3. AUSSEN. NACHT.) unter dem Aspekt der Kameraeinstellung oder auch als Montage im kinematographischen Sinne, dem eigentlichen Anordnungsverfahren des Films, analysieren. Als:

> (...) Aneinanderreihung separater szenischer Tableaus, die mit benachbarten Einstellungen keine zwingende Verbindung haben (...), Fragmentierung von Figuren und Handlungen, wie sie sich aus dem Kamerablick ergeben.[153]

Die Anspielung auf die Filmwelt bedeutet gleichzeitig eine mit dem Zeitalter der Technik verbundene, sich wandelnde Wahrnehmung von Zeit und Raum, die mit der Illusion des Theaters nicht mehr zu vergleichen ist. Benjamin hat darauf hingewiesen, daß durch Kameraaufnahmen dem Auge Zeit- und Raumstrukturen zugänglich werden, die sich sonst dem Bewußtsein entziehen. Die physischen Eigenschaften des menschlichen Auges erlauben keinen Zeitraffer, keine Zeitlupe, keine Groß-, Nah- oder Panoramaaufnahmen, das menschliche Auge kann, im Gegensatz zum Kameraauge, die Dinge so nicht erfassen. Dem Objektiv der Kamera erschließt sich "eine andere Natur", ein Raum, den Benjamin als den des "Optisch-Unbewußten"[154] bezeichnet.

Diesen der menschlichen Natur nicht zugänglichen, im wahrsten Sinne des Wortes unnatürlichen Einstellungen, die weder dem Sosein der Dinge noch dem menschlich-möglichen Apperzeptionsvermögen entsprechen, also ganz unter dem Zeichen des Technischen stehen, widersprechen die jeweiligen Untertitel, die aus einer Ästhetik stammen, die noch mit anderen Konzepten operierte: "Gedicht", "Keine Geschichte zum Erzählen", "Herrliche Prosa! Wertvolle Preise!" Sie können als Parodie sinnlos gewordener Kategorien (Lyrik, Narrativität, Prosa) angesehen werden, weil Begriffe wie Lyrik, Erzählbarkeit und Prosa in keinem Verhältnis zu den modernen Simulationsprogrammen stehen. Bleibt man aber bei dem parodistischen Aspekt stehen, so verliert man einen ebenso wichtigen Aspekt aus dem Auge. Denn durch die Gegenüberstellung oder Überlagerung zweier ästhetisch radikal entgegengesetzter Konzepte – unendliche Vervielfältigung des Bildes wie sie

---

[152]G. Höfler: "Vergrößerungsspiegel und Objektiv: Zur Fokussierung der Sexualität bei E. Jelinek" in Bartsch und Höfler (Hrsg.), op. cit. S. 157.
[153]Ebda. S. 150.
[154]Benjamin: "Kleine Geschichte der Photographie" in *Das Kunstwerk im Zeitalter seiner technischen Reproduzierbarkeit*, edition suhrkamp, Frankfurt/M. 1977, S. 50.

die Photographie, der Film, das Fernsehen ermöglicht vs. Einmaligkeit des authentischen Kunstwerks – wird ja auch eine weit über die Parodie hinausgehende Frage gestellt: was bedeutet das geschriebene Wort, das Medium Buch aus der "Gutenberg-Galaxis" (Mc Luhan) im Rahmen der "Société du spectacle" (Guy Debord), in der das Bild vom "Wahren zur Ware degradiert",[155] zum Warenfetisch verdinglicht ist, und die Existenz der Bilder nur die Existenz der Lüge beweist?[156]

4.3 Kulturkritik als Medienkritik, als Kritik der Mediatisierung der Wirklichkeit und der Simulationsprogramme

4.3.1 Was ist Kulturkritik?

Kulturkritik kann man unter zweierlei Aspekten betreiben: indem man einen festen, erhabenen Standpunkt einnimmt, meistens einen Verlust an Substanz (Harmonie, Idylle, Natur) beklagt und die kulturellen Werte gegen die Barbarei verteidigt. Der Begriff der Kultur bleibt unangetastet. Ein solcher Kritiker spricht dann entweder im Namen einer unverdorbenen Natur, im Namen eines verlorengegangenen Gefühls, und aus seinem Unbehagen heraus entsteht ein Gegenmodell, das jedoch im Bannkreis des von ihm Angeklagten bleibt. Im Bannkreis des Gegenstands seiner Kritik, weil die "Wahrheit von morgen" nicht unbedingt "die genaue Kehrseite der Lügen von heute"[157] ist. Diese Art von Kulturkritik, so Adorno, vergegenständliche die Kultur eine zweites Mal, indem sie die Kultur zu ihrem Gegenstand mache, wobei ihr eigentlicher Sinn doch "die Suspension von Vergegenständlichung"[158] sein

---

[155] Nach einem Ausdruck von H. Arntzen in *Literatur im Zeitalter der Information*, Athenäum Frankfurt/M. 1971, S. 205.
[156] Siehe G. Debord: "Les images existantes ne prouvent que les mensonges existants" ders. in *In girum imus nocte et consumimur igni*, op. cit. S. 21.
[157] Barthes, *Mythen des Alltags*, deutsch von H. Scheffel, edition suhrkamp, Frankfurt/M. 1974, S. 149.
[158] Adorno: "Kulturkritik und Gesellschaft" in *Prismen*, suhrkamp taschenbuch, Frankfurt/M. 1979, S. 12.

sollte. Sie führe zur Fetischisierung von Kategorien "wie Geist, Leben, Individuum ".[159]

Anders dagegen verfährt der Mythenjäger: er verbietet sich jegliche Vorstellung von dem, was sein könnte, nachdem der Gegenstand seiner Kritik aus dem Weg geräumt ist. Sein Anliegen erschöpft sich darin, denjenigen zu der Sprache zu verhelfen, die von den herrschenden Strukturen mundtot gemacht werden. Folgt man Adorno in seiner Schlußfolgerung, so ist diejenige Kulturkritik, die in ihrem Gebilde die objektiven Widersprüche zum Trug der Harmonie versöhne, eine mißlungene; gelungen sei dagegen eine Kritik, die in ihrem Gebilde "die Idee von Harmonie negativ ausdrückt, indem es die Widersprüche rein, unnachgiebig, in seiner innersten Struktur prägt."[160]
Elfriede Jelineks Kulturkritik läßt sich in diese Kategorie einordnen, sie hält an keinem Fetisch fest und trauert keinem Verlust nach. Dafür hebt sie um so radikaler die lügenhaften Strukturen hervor, mit denen "Geist, Leben" und Individualität simuliert werden:

> Vor allem die Machtlosen in meinem Text, die Ausgebeutetsten, werden in sich selbst quasi als schwarze Sprachlöcher, als Augen des Sturms, in die Höhe gehoben und auf eine Ebene versetzt, die ihnen im Leben von den Herrschenden verwehrt wird. Also das, was ihnen versagt bleibt, von dem sie ausgeschlossen sind, die Kultur, deren Träger werden sie in meinem Text. Während die Herren der Sprache ins Triviale zurückgestoßen sind, also ein Art Umkehrung der Sprachebenen für Herrscher und Beherrschte. (...)
> Das Objekt richtet sich auf und verhöhnt die Sprache seines Beherrschers. Nur auf diese Weise gebietet das, wovon man nicht spricht und die, die nicht sprechen kann und darf, über ihren Gegenstand, indem die Sprache des Herrn auf ihren Kern reduziert wird: Die Lüge, den Reichtum der Lüge.[161]

Erich könnte als ein solches Objekt betrachtet werden. Man könnte sich auch fragen, warum die Illusion einer Figur aufrechterhalten, warum ihr einen Namen geben, wenn die Sprache, die sie spricht, nicht mehr zurückzuführen ist auf das sprechende Subjekt. Elfriede Jelinek nennt ihre Figuren oft "Typenträger", oder "Sprachrohre", die man vom Standpunkt weder eines bewußten noch eines unbewußten Sprechens erfassen kann. Was bedeutet also vor dem Hintergrund der gesellschaftskritischen Analyse der Sprachlosen die Aussage, Erich sei "eine Vierfarbenreproduktion von nichts" (O, 80), er stamme von der "Reproduktion einer Nachahmung ab." (O, 80)

Zunächst eine radikale Infragestellung, sogar Verneinung der psychologischen oder psychoanalytischen Subjektanalyse. Ausschaltung der Konzepte

---

[159]Ebda. S. 13
[160]Ebda. S. 27.
[161]Y. Hoffmann: "Entretien avec E. Jelinek", in *Lust*, Ed. J. Chambon, Nîmes 1991, S. 282.

wie Vernunft und Subjekt. Nicht-Existenz der Einmaligkeit und Autonomie. Erich ist zum Bild verflacht, da er keine Tiefe hat, kann er auch nicht tiefenpsychologisch erfaßt werden. Erich ist kein Mensch, der der Produktion von Wünschen fähig wäre. Er ist vielmehr Abdruck von Gesetzmäßigkeiten, in diesem konkreten Fall, wie schon erwähnt, sozialer Machtverhältnisse. Erich, die "Vierfarbenreproduktion", ist Schauplatz antagonistischer Kräfte, deren er niemals Herr werden kann. Womit eine zweite Radikalisierung eingeführt wird, die an die von Horkheimer und Adorno diagnostizierte Versachlichung erinnert, durch die der Mensch zum: "(...) Knotenpunkt konventioneller Reaktionen und Funktionsweisen zusammen[schrumpft], die sachlich von ihm erwartet werden." [162]

Zur Verneinung der autonomen Wunschproduktion, zur Versachlichung der Seele und Reduzierung auf Funktionsweisen, kommt nun auch noch die Verneinung des Sinns, des sprechenden Subjekts als Autor, als sinnstiftende Instanz seines Diskurses hinzu. "Die Reproduktion einer Nachahmung" schließt Autorenschaft aus. Industrielle Kopien haben weder ein Bewußtsein noch eine Seele, und die Sprache einer Reproduktion kann demzufolge nicht mehr als Produkt eines lebenden Subjekts aufgefaßt werden, sie muß als System von prägenden Strukturen verstanden werden. Diese Strukturen gehören zu einem Zeitalter, in dem das Bild weder dazu dient, das Nichts zu verdecken, noch ein Verhältnis zur Wirklichkeit hat. Es sind Modelle ohne Urbild, Modelle, denen der Bezug zur Wirklichkeit abhanden gegangen ist:

> Das Bauernjahr und seine eingefleischt schlechten Gewohnheiten messen sich nicht länger an der Nahrung, die kommt und geht, sondern an der dreist hingeknallten Volkskunde auf dem Bildschirm. Nicht verständlicher wird ihnen aufgrund dieser Volkstanz-Attraktionen ihr Leben. Sie schauen aber sehen nicht. (O, 76)
> Das Fernsehen nützt die Menschen aus und nützt ihnen nichts. Es nützt ihnen nicht, im Fernsehen vorzuführen: so tanzt und singt das Volk. (O, 77)

4.3.2 *Die Stimme seines Herrn*

Im Gegensatz zum Theater bietet das Fernsehen keine szenische Darstellung der Ereignisse, Fernsehen verflacht alles zum Ornament. Die These von Jean Baudrillard lautet: die Szene ist notwendig, um Sinn zu stiften. Und die Szene kann nur existieren, wenn es eine Illusion gibt:

> (...) ein Minimum an Illusion, das heißt an Einsatz, an imaginärer Bewegung, an Herausforderung ans Reale, die einen hinreißt, einen verführt, einen aufbringt, einen auf-

---

[162]Horkheimer und Adorno, *Dialektik der Aufklärung*, Gesammelte Schriften Bd. 3, Suhrkamp, Frankfurt/M. 1977.

reibt; ohne diese eigentlich ästhetische, mythische, spielerische, illusionäre Dimension gibt (...) es überhaupt keinen Raum, in den ein Ereignis eintreten könnte – und diese Szene, diese minimale Illusion sind uns entschwunden. (...) Durch die Massenmedien verfügen wir von alledem über eine Überrepräsentation, aber keine mögliche Repräsentation, keine Vorstellung mehr, keine Szene, keinen Affekt, keine Phantasmen – und also weder Leidenschaft noch Verantwortung.[163]

Es liegt schon in der Macht der "Zehrbild[er]" (O, 40), die das "Fernsehen schafft" (O, 40), an Tiefenstrukturen zu appellieren, Phantasmen, Sehnsüchte auszulösen, Assoziationen hervorzurufen; nur darf man nicht aus dem Auge verlieren, daß es sich um serienmäßig fabrizierte Stimuli handelt, hinter denen sich entweder ein ökonomisches oder ideologisches Interesse verbirgt. Die vorfabrizierten *Zehr*bilder nähren nicht das Imaginäre. Es liegt nicht im Interesse derjenigen, die diese Stimuli steuern, den Zuschauer in einen Bilder*produzenten* zu verwandeln, im Gegenteil, es soll ein Bilder*konsument* aus ihm gemacht werden. Ebensowenig soll er nach neuen, fremden Bildern verlangen, so groß die Auswahl der Bilder auch scheinen mag, es liegt ihnen ein gemeinsames Anliegen zugrunde: den Wiederholungszwang des Konsumsüchtigen ausbeuten, indem ein nachzuahmendes Verhaltensmuster für den einzelnen Konsumenten geprägt wird. Mit jeder sogenannten neuen Sendung verstärkt sich der Wiederholungszwang als Konsumzwang, als Kaufzwang:

> (...) etwas Nagelneues ganz für sich allein, aber so neu kann es nicht sein, denn ihre Vorbilder auf dem Bildschirm tragen es ja längst oder spielen längst damit! Sie sind mit ihren Vorbildern identisch, aber mit ihren Wohnungsnachbarn wollen sie ein Spinnefeind sein. (O, 238)

Entfremdung, Irreführung und Selbstblendung sind komplett: Die Identität des in die Ferne Schauenden zerfällt in Reproduzierbarkeit eines Verhaltensmusters, in eine Reproduzierbarkeit, die nicht mit einem konstruktiven Nachahmen von Verhaltensmustern zu verwechseln ist, da sich die optische Wahrnehmung auf eine Wahrnehmung von Waren reduziert. Die "Vorbilder auf dem Bildschirm" suggerieren käufliche Identität und diese Identität ist nicht einmalig, sondern kollektiv und multiplizierbar. Aus den Mündern der Vorbilder strömt es zweideutig: die manifeste Seite ihres Diskurses wendet sich an den Einzelnen in seinem privaten Raum, die versteckte an den anonymen Massenmenschen. Durch den Kaufakt entsteht für den Durchschnittsverbraucher eine felix conjunctio mit Vorbildern, die eine zeitweilige aber nicht minder illusorische Aufhebung der realen Entfremdung bewirkt, bereits am

---

[163]Baudrillard: "Die Szene und das Obszöne", in Kamper und Wulf, op. cit. S. 282f.

nächsten Tag werden ihm die "Vorbilder" ein neues Spiel-Zeug vorführen. Denn das Gesetz des Konsums lautet überall gleich: Aufrechterhaltung der Hoffnung, ins "gelobte Land des totalen Konsums" [164] zu gelangen – durch *Teil*nahme am Konsum. Und der Kaufakt muß als individueller Akt dargestellt werden. Die Selbsttäuschung in dem Satz "ihre Vorbilder tragen es ja längst (...)" liegt eben darin, daß sie sich selbst in der Natur ihrer Entfremdung täuschen. Das, was die Figuren auf dem Bildschirm tragen oder womit sie spielen, sind repräsentative Muster, Musterproben für Herrn und Frau Jedermann, das Gegenteil des Individuellen; die Stars des kleinen Kastens stellen zur Schau, was das Lager der Konsumgesellschaft zu bieten hat: katalogisierte Verhaltensmuster. Indem diese industriell gesteuerten Gespenster aus der Matrize, die auf kein Original zurückzuführen sind, einen vermeintlich aber käuflichen Identifizierungs- und Individierungsprozeß auslösen, besiegeln sie auch gleichzeitig die Auflösung des Sozialen: "mit ihren Wohnungsnachbarn wollen sie ein Spinnefeind sein." (O, 238) Die "Vorbilder auf dem Bildschirm" werden den Gegenstand nur so lange tragen, wie sie dafür bezahlt werden, wogegen der Betrachter und sein Nachbar noch lange an den Kosten zu tragen haben werden, wollen sie den gleichen Gegenstand. Und das nächste Nagelneue kommt am nächsten Tag, so sicher wie das Amen in der Kirche. Obendrein wird der gelobte Gegenstand in dem Augenblick seine Aura, seinen heiligen Schein verlieren, wo er bei dem Zuschauer und seinem Nachbarn Eintritt hält: "Zu spät offenbart sich seine Armseligkeit, bedingt natürlich durch das Elend seiner Produktion." [165] Solidarität mit der Schein-Welt und Entfremdung gegenüber der Wirklichkeit sind die zwei Seiten eines Prozesses, der darauf abzielt, das Imaginäre der Repräsentation zu tilgen, um es in einen Wiederholungszwang, einen Kaufzwang zu verwandeln. Die Solidarität mit den "Vorbildern auf Bildschirm" wird zu einer neuen Weltfremdheit.

4.3.3 Kritik der Mediatisierung: "Ärmliches Moos, kümmerliche Flechte, nirgends das Echte vom Bildschirm"

Zu den sogenannten eigenen vier Wänden des privaten Raums hat sich eine fünfte gesellt: der Fernseher. Eine vermeintlich transparente Trennwand zur Wahrnehmung und Vermittlung der Ferne aus der Nähe gedacht, ein Bild-

---

[164] Debord, *La société du spectacle*, op. cit. S. 49.
[165] Debord, ebda. S. 49.

schirm, auf dem für den von der Außenwelt abgeschirmten Zuschauer eine Vorstellung (im theatralischen Sinne) geliefert wird:

> Eine über und über bestickte Sängerin erscheint im Bildkasten, spreizt weit die Kiefer. Es ist Anneliese Rothenberger, glaube ich. Zu ihren Füßen keine dreckige Wäsche wie bei uns daheim. (O, 65)
> Die Zähne fletschen sich wie von selbst, einer Lanzette gleich schießt der kochende Strahl ihrer glänzenden Schreie durch die Glaswand (oder was für ein Material ist das, welches soviel aushalten kann, nicht einmal der Krug kann endlos zum Brunnen gehen) des Schirms, der einen Apparatteil, vielleicht sogar den wichtigsten, bildet. (...) Sie strengt sich so an und Sie können nichts als Salzstangerln essen. Genießen Sie lieber das Bild! (O, 67)

Man braucht nicht mehr in die Ferne zu schweifen, weil alles in Form von zu konsumierenden Tableaus, Bildern von der Wirklichkeit lieferbar geworden ist. Die Ferne rückt immer näher, verliert die Distanz und somit auch an Fremdheit. Nichts entgeht der Kommerzialisierung, Verbiederung und Verflachung. Die These von Günther Anders lautet: wenn uns all die verschiedenen Regionen der Welt gleich nahe kommen, "[verschwindet] die Welt als Welt."[166]

Betrachtet man den Fernseher als Öffnung auf die Welt, müßte man ihn zur Fenstermetapher zählen. Fernsehen macht die Wände durchsichtig, und trotzdem verwandelt es den Einzelnen in "fensterlos[e] Monaden".[167] Die Ereignisse werden erst ins Haus geliefert, nachdem die Tür ins Schloß gefallen ist, denn:

> Was zugestellt wird, sind aber nicht nur Kunstprodukte (...), sondern die wirklichen Geschehnisse (...). Mindestens diejenigen, die als "Wirklichkeit" oder an Stelle dieser für uns ausgewählt, chemisch gereinigt und präpariert werden.[168]

Diese chemisch gereinigte Wirklichkeit, die als verbiederte Miniatur in den privaten Wohnraum eindringt, ist weder nah noch fern. Sie setzt die schützende Kraft der Wände und Mauern außer Kraft und bewirkt ein Verschmelzen von Realem, Imaginärem und Symbolischem. Der Fernseher ermöglicht den auralosen Blick, läßt Begriffe wie Authentizität obsolet erscheinen.

Die Natur kann mit dem Fernseher nicht rivalisieren: "Ärmliches Moos, kümmerliche Flechte, nirgends das Echte vom Bildschirm." (O, 7) Im Vergleich zur Fernsehlandschaft schneidet die Landschaft kläglich ab, sie kann mit dem "Zehrbild" (O, 40), das das "Fernsehen schafft" (O, 40) nicht rivali-

---
[166] Anders, *Die Antiquiertheit*, op. cit. S. 194.
[167] Ebda. S. 110.
[168] Ebda. S. 110.

sieren. Aber das Fernsehen vermag noch sehr viel mehr, es liefert nicht nur vermeintliche Wirklichkeit ins Haus, es prägt obendrein das Wahrnehmungsvermögen des Einzelnen so, daß dieser sein reales Umfeld rückkoppelnd nur noch als Kopie oder "Zerrbild" empfindet.

> Beim Auspuff der Mutter erscheint das Zerrbild eines Kindes. (O, 41)

Darin liegt seine größte Errungenschaft. Ein mit der Außenwelt immateriell verbundenes Gerät, ein "Phantom", wie Anders sagt, liefert in hunderttausend Exemplaren überall zur gleichen Zeit ein Bild der Wirklichkeit, das sich als *die* Wirklichkeit ausgibt:

> Sie blicken einander auf die Ebenbilder. Sie sind einander wechselseitig nachgebildet (...). (O, 209)
> Das Fernsehen ist wirklicher als sie, aber sie ahmen es immerhin tapfer nach. (O, 210)

Ein Phantom, der Bildschirm, liefert Authentisches und der Betrachter sucht und erkennt die Kopie, das Abbild eines Phantombildes in der Wirklichkeit. "Die Kopie ist glatter als das Vorbild" (O, 14), wohlbemerkt nicht als das Original, weil der Begriff des Originals innerhalb eines Systems, das nur noch auf *pattern recognition* beruht, überhaupt keinen Sinn mehr hat, da sich alles auf eine endlose Verschachtelung von Bildern reduziert. Die Miniaturbilder auf dem Bildschirm, die "glatter als das Vorbild" sind, sind der Zufälligkeit, der einmaligen zeitlich räumlichen Dimension beraubt, sie sind ubiquitär, sie sind flach und erheben Anspruch auf Authentizität. Sie geben vor, unmittelbare Realität zu sein, sind aber Inszenierung, Inszenierung einer säuberlich präparierten Wirklichkeit. Sie sind Inszenierung und "Ideologie par excellence", weil sich, so Guy Debord, in ihnen die Essenz eines jeglichen ideologischen Systems manifestiere: "Verarmung, Verknechtung und Verneinung des wirklichen Lebens." [169]

> Ein kleiner Kasten hat ihm erklärt, was er von der Natur zu sehen hat und was nicht. (O, 77)

Wirklich ist, was in den Medien vorkommt: mit dieser radikalen Formel ließe sich eines der kulturkritischen Hauptthemen von *Oh Wildnis, oh Schutz vor ihr* zusammenfassen:

> Das blank gerodete Firmament, das wir gerade im Fernsehen zum ersten Mal an diesem Tag erblicken dürfen ("das Österreichbild, also ein Land, das einmal echt und einmal als sein Bild vorkommt"), erschlägt sie einen Augenblick fast vor Glück, als sie jetzt vors

---

[169] Debord, *La société du spectacle*, op. cit. S. 166.

Haus tritt, um zu atmen. Herrlich! Wie viele können es gerade heute nicht sehen! Fühlen! Das feurige Erdreich in seiner ganzen Attraktivität. (O, 208)

Die Natur als Reservoir von zur Verfügung stehenden Bildern ist kein Kunst-Stück, keine Erfindung der Mediengesellschaft, schon die bürgerliche Gesellschaft bediente sich der besungenen, gemalten, beschriebenen Natur, um sie strategisch als Bild einzusetzen. Meistens waren es Bilder des Vorgesellschaftlichen, des Geschichtsfreien, des Utopischen als Alternative zur pervertierten Gesellschaft. Aber es waren Bilder. Die Illusion blieb sichtbar. Das kann man vom Landleben als inszeniertem Heimkino nicht mehr behaupten. Die Gesten des Landlebens in einem Lied, Gedicht, Gemälde, oder Roman sind bildgewordene Gesten, die, mythologisiert, zum Instrument verschiedener Interessen werden können. Die Bilder vom Bildschirm sind zwar immer noch Instrument diverser Interessen, aber dadurch, daß sie weder Nachahmung noch Kopie, noch Parodie sind, sondern Substitution der Wirklichkeit durch Wirklichkeitseffekt, verschwindet jegliche Distanz zwischen dem Gegenstand der Betrachtung und seinem Betrachter. Alles ist gleich nah – was nicht heißt, daß es greifbar, begreiflich wäre –, oder gleich fern. Man braucht nicht mehr zur Tür hinauszugehen, kein Fenster mehr zu öffnen; die traditionellen Öffnungen zur Vermittlung mit der Außenwelt können geschlossen bleiben, die miniaturisierte Außenwelt verschachtelt sich in die Innenwelt:

(...) manchmal [wünscht] einer, es gäbe die Natur nicht. Sie ist ihm nämlich zu groß. Das Nachmittagsprogramm im Fernsehen gibt es zum Glück. (O, 42)

Der Fernseher gehört zum Mobiliar der guten Stube. Die "dreist hingeknallt[e] Volkskunde auf dem Bildschirm" (O, 76), die das Landleben reguliert, ist Inszenierung von Leben, das sich im Schau-Spiel, im Spektakel, erschöpft. Das, was sich auf dem Bildschirm abspielt, sind sichtbare, aber unerreichbare, weder dem Kopf noch der Hand zugängliche Zeichen eines dem Zuschauer historisch verweigerten Glücks. Die "Volkstanz–Attraktionen" (O, 76) stellen den Landbewohner als attraktiven homo ludens dar, dem auch die Arbeit spielend von der Hand geht, denn das ist ja die unterschwellige Botschaft. Seine Arbeit ist kein historisches Produkt, sondern spielerisch-natürlich-unwandelbarer Ausdruck seiner Persönlichkeit. Durch den mediatisierten Volkstanz wird das Volk weder aufgeklärt noch unbedingt für dumm verkauft (man spricht ja oft vom Fernsehen als Volksverdummungsprozeß), es handelt sich eher um ein ständig wachsendes Mißverständnis, denn das Fenster, durch das man in die Welt hinauszuschauen glaubt, hat die Besonderheit, daß nicht wir ans Fenster treten müssen, um hinauszuschauen, sondern das Fremde zu uns hereinschaut und, durch die Wärme der guten Stube verbiedert, 'unnatürlich' (durch das Wunder der Technik!) heimlich wird: "Pfeifend entringt sich ein erschöpfter Atemzug, die Bäuerin sinkt auf ihr eisiges Fernsehkissen." (O, 24) In diesem Prozeß wird alles verheimlicht. In der Geborgenheit des Zimmers bleibt das Wesen der Dinge im Verborgenen:

> Wir geben der Natur unser Leben und was kommt zurück ein flaches Bild! Dieses Bild soll ein Gutschein für hineingespendetes Leben sein. Wir wandeln uns selbst um. Wir geben uns und bekommen unser Abbild zurück. (...) Zur Abwechslung kommt jetzt die Lachparade der leichten Muse an die Reihe. Sie steht hier insgesamt für das Volk. (O, 72)

Kanäle sollten verbinden, nicht so der "Naturkanal" (O, 32), dieser ist ein Einwegkanal. Er ist auch kein Medium im wortwörtlichen Sinne, keine mediatisierende Instanz, die zwei auseinanderliegende Bereiche, Innenwelt und Außenwelt, verbindet, da dieser Naturkanal nur Attrappen ins Haus liefert. Der Betrachter glaubt, die Außenwelt käme in sein Heim, ohne zu bemerken, daß diese vermeintliche Außenwelt weder mit der Außenwelt kongruent sein muß, noch wirklich ist. Aber was ist wirklich in einem solchen Kontext? Man sollte bei der Beantwortung dieser Frage zunächst davon ausgehen, daß es in allen "(...) Bilderkriegen um die Frage [geht], ob das Bild den gleichen Anspruch auf Wirklichkeit erheben kann wie das auf ihm Abgebildete; oder ob Abbildung und Abgebildetes vom Wesen her eine Einheit sind".[170] Seit sich der Blickwinkel durch die Entwicklung der Photographie und der Massenmedien geändert hat, kann man die Frage, ob Abbildung und Abgebildetes noch eine Einheit bilden, negativ beantworten. Die Bilder sind von ihrem Objekt gelöst, existieren unabhängig von ihm, sind zeitlich und räumlich unabhängig geworden, speicherbar, abrufbar, zu jedem Zweck reproduzierbar. Sie simulieren Gegenwart und Gegenwärtigkeit, zeitliche und räumliche Simultaneität, und verdrängen das Objekt so weit, bis sich ihm das Bild substituiert. Diese Substitution bewirkt eine Derealisierung des Objekts und eine Wirklichwerdung des Bildes. "Dort, wo sich die wirkliche Welt in einfache Bilder verwandelt, werden die einfachen Bilder zu wirklichen Wesen."[171] Dem Bild wird heute eine Autonomie zuteil, die dem Betrachter, dessen "überboten[e]

---

[170]B. Brock: "Der Wirklichkeitsanspruch der Bilder. Vom Bilderkrieg zur Bilderschulung" in ders., *Ästhetik als Vermittlung. Arbeitsbiographie eines Generalisten*, Köln 1977, S. 266, zitiert in Kamper und Wulf, op. cit. S. 41.
[171]Debord, *La société du spectacle*, S. 15.

Augen (...) nur noch Einfallslöcher für Normalisierungskampagnen" sind [172], verweigert wird. Je mehr sich die Bilder verselbständigen, desto geringer die Möglichkeit für das betrachtende Subjekt, das Original hinter den Vexierbildern und Täuschungsmanövern entdecken zu können: "nirgends das Echte vom Bildschirm" (O, 7).

4.3.4 Jenseits von Sinn und Unsinn

Karl Kraus machte die damalige Presse verantwortlich für die "Verkehrung von Sinn und Wort", für die "Entleerung und Entehrung alle[r] Begriff[e] und allen Inhalts". [173] Er glaubte jedoch noch an eine Möglichkeit, die Wirklichkeit hinter den Dingen aufzudecken *und* den verlorenen, ursprünglichen Sinn unter den Lügen, die ihn ersticken, an den Tag bringen zu können. Es ist anzunehmen, daß ihm die heutige Situation jegliche Hoffnung nehmen würde. Denn was soll eine Gegenüberstellung von Wirklichem und Scheinhaftem innerhalb eines Simulationsprogrammes. Simulation und Simulakrum sind die postmoderne Variante der Mimesis. Aber sie sind die Nachahmung von nichts, möchte man überspitzt hinzufügen, sichtbare Darstellungen, Repräsentationen von nichts. Jelineks Medienkritik ist jenseits eines Schemas von richtig/ falsch, Wahrheit und Lüge angesiedelt. Die medienkritische Grundaussage von *Oh Wildnis, oh Schutz vor ihr* ist die: der Unterschied zwischen Wirklichkeit und Repräsentation/ Mediatisierung von Wirklichkeit ist ungefähr so groß, wie der zwischen "reiner Schurkenwolle und Acryl" (O, 191). Baudrillard wies in seinem Essai über die Konsumgesellschaft (1970) schon darauf hin, daß man sich davor hüten solle, das gigantische Herstellungsunternehmen von Artefakten, an dem die Massenmedien arbeiten, als Denaturierung oder Verfälschung eines "authentischen" Inhalts zu sehen. Denn das, was sich verändert habe, sei die Form, überall werde das Reale durch ein "néo-réel" ersetzt, das aus der Kombination von verschiedenen CodeElementen entstehe. Man kombiniere Elemente des Realen und mache daraus ein Modell, man lasse es ein Ereignis, eine Struktur "spielen" und ziehe daraus die taktischen Schlüsse, die es erlauben, in die Wirklichkeit einzugreifen. [174] *Oh Wildnis, oh Schutz vor ihr* scheint Baudrillards Analyse beim Wort zu nehmen:

---

[172]Kamper und Wulf: "Blickwende. Die Sinne des Körpers im Konkurs der Geschichte" in dies., *Das Schwinden der Sinne*, op. cit. S. 12.
[173] Kraus, *Werke*, hrsg. Von Heinrich Fischer, Kosel, München 1952-1957, Bd.1, S. 288
[174]Baudrillard, *La société de consommation*, folio essais, Paris 1991, S. 195.

Auf dem Nachtkastel ein Napf Blumen, die der Mann ungeübt aus dem Fernsehen gefischt hat. Nun tischt er sie seiner Frau auf. Eine Frischlingsgebärerin dankt herzlich. Auch das hat sie im Fernsehen gesehen. Gelernt von einem föhngewellten Menschen (der Natur liebt, und zwar ein großes Stück in Amerika), leider ist er so weit weg! Wir möchten ihn alle einmal anschauen gehen, wie groß er in Wirklichkeit ist. (O, 62)

4.4 Naturästhetik

4.4.1 Das Buch der Natur als Parodie?

Wer heute noch Naturlyrik schreibt, ist zur Sehnsucht verurteilt. Oder zum Zitat. Die sich immer weiter ausbreitende Dominanz elektronischer Medien, die eine immer größere Künstlichkeit des Vermittelten nach sich ziehen, verurteilt das, was einst Substanz einer Literatur war, zum Zitat, zur Sehnsucht, zur Parodie, zu einer Literatur des Palimpsests, das abgeschabt werden muß, um neu beschrieben zu werden, weil das Buch der Natur nicht mehr lesbar ist. Peter Handke teilt diese Auffassung nicht:

> Ich bin (...) auf Schönheit aus (...); ja, auf Klassisches, Universales, das, nach der Praxis-Lehre der großen Maler, erst in der steten Natur-Betrachtung und Versenkung Form gewinnt.
> Und die Meinung, es gebe doch keine Natur mehr? Sie erscheint mir wie die Behauptung: "Es gibt keine Jahreszeiten mehr". Die das sagen, scheuen, freiwillig gefangen in ihren Wohn- und Fahrmaschinen, selber Maschinen geworden, vielleicht nur das Freie. Denn hinter all diesen Gaunersprachen breiten sich doch draußen immer noch machtvoll die Äste der Bäume aus. Es *gibt* die Jahreszeiten. Die Natur *ist*. Die Kunst *ist*.[175]

Elfriede Jelineks *Oh Wildnis, oh Schutz vor ihr* liest sich im Vergleich zu den Aussagen Handkes geradezu als Parodie einer derartigen Naturauffassung, vor allem im Vergleich zu folgenden Zeilen aus Handkes dramatischem Gedicht *Über die Dörfer*:

> O Fluß im Nebel. O Herbstfarben am anderen Ufer (...) O fernes Meer. O vereister Brunnen. O Felsen der Vorzeit. O Morgendämmerung mit den Regentropfen im Wegstaub, wo ich vorzeiten mit jemandem ging und dem Dasein am nächsten war. O Erde, die man einst das Reich des Lichtes genannt hat. O Sommer und Winter (...).[176]

---

[175] P. Handke, *Das Ende des Flanierens. Gedichte, Aufsätze, Reden, Rezensionen.* Suhrkamp, Frankfurt/M. 1980, S. 158f.
[176] P. Handke, *Über die Dörfer. Dramatisches Gedicht*, Suhrkamp, Frankfurt/M. 1981, S. 60f.

Da man Handkes Naturästhetik wohl kaum der *littérature au second degré*[177] unterordnen kann, soll sie auch hier nicht weiter debattiert werden, denn gezeigt werden sollte allein der Kontrast. Derartig arkadische Töne wird der Leser in *Oh Wildnis* nicht vernehmen. Und wenn, dann ganz im Sinne der Etymologie der Parodie:

Parodie ist eine Zusammensetzung aus Ode (Gesang, Gedicht, Lied) und para (entlang, neben), bedeutete also ursprünglich Nebengesang, Beilied.[178]

Der pathetische Vokativ *Oh Wildnis* steht zweifelsohne in einem parodistisch mimetischen Verhältnis zu Handkes oben zitierter Anrufung der Natur. Handkes O-Ausrufe kann man als ursprüngliche Töne eines authentisch einfühlsamen Subjekts, das in der Natur noch zu versinken vermag, deuten, sie lassen sich in die Tradition eines unantastbaren, unwandelbaren Naturschönen einschreiben. Jelineks "Oh" mag ein Zitat aus dieser Tradition sein, steht aber gleichbedeutend für einen ästhetisch saturierten Ausdruck (Symbol des Affekts, der Leidenschaft, der seelischen Ergriffenheit), der kontrapunktisch eingesetzt wird.

Gérard Genette sieht in dem kontrapunktischen Einsatz ein wesentliches Merkmal der Parodie. Den "Beigesang" interpretiert er im Sinne von falsch singen (chanter faux), in einer anderen Stimme (dans une autre voix), kontrapunktisch singen (en contrepoint).[179] In der Entwicklungsgeschichte des Begriffes unterscheidet Genette drei Etappen. Die erste parodistische Abwandlung bestand darin, daß der Rhapsode die traditionelle Vortragsweise und/ oder die musikalische Begleitung veränderte. Der Textinhalt blieb intakt, am Epos selbst wurde nichts verändert, allein der Rhythmus wurde modifiziert. Inhalt und Form stimmten noch überein.[180] Der Sinn eines nachahmenden verzerrenden Liedes entstand in einer zweiten Phase, in der Inhalt und Form auseinanderklafften. In dieser Phase entstanden stilistische Transpositionen: von den Helden der noblen Epen wurde in trivialen Gattungen erzählt. Der Inhalt blieb ein unangetasteter Wert. Die komische Konnotation entstand in der dritten Phase: ein lächerlich triviales sujet wurde im epischen Stil erzählt. Hier wurde der Inhalt verballhornt.

Im ersten Fall findet eine minimale rhythmische Transformation statt, die nichts am Inhalt des Textes änderte; im zweiten handelt es sich um eine rein stilistische Transformation, die den Gegenstand der Erzählung im Rahmen dessen, was die stilistische Umformung ermöglicht, intakt ließ. Im dritten

---

[177] G.Genettes Definition der parodistisch-satirischen Literatur.
[178] *Duden 7, Herkunftswörterbuch*
[179] Genette, *Palimpsestes, la littérature au second degré*, Seuil, Paris 1982, S. 17f.
[180] Ebda. S. 17.

Fall komponierte der Parodist in einem vorgegebenen Stil einen anderen Text, meistens antithetisch zum noblen Modell.[181]

Im Vergleich zu den von Genette etablierten Kategorien der Parodie scheint *Oh Wildnis, oh Schutz vor ihr* alle drei Aspekte zu enthalten. Angefangen mit dem falschen Skandieren: der Parodist sang oder begleitete einen Text in einem anderen als vom Modell vorgegebenen Rhythmus. Dieser Aspekt bezieht sich auf den Untertitel des ersten Teils ("Gedicht"). Gedichte werden bekanntlich skandiert, so daß man die Aneinanderreihung der verschiedenen Erzählsplitter (Ungereimtheiten?) auch als rhythmische Parodie deuten könnte. Das einheitliche Erzählen wird durch einen staccatoartigen Rhythmus aus einer anderen Gattung unterbunden, wodurch eine erste Distanz zum Gegenstand der Erzählung entsteht. Der durch den Untertitel eingeführte parodistische Eingriff ist minimal, löst eine bestimmte mit dieser Gattung verbundene lyrische Erwartungshaltung aus – Poesie war von Anfang an ein privilegiertes Mittel zur Vermittlung der Naturerfahrung –, die zum Teil erfüllt, zum Teil dementiert wird. Der Leser erwartet ein bestimmtes stilistisches Verfahren, das er mit der Poesie verbindet (auch wenn der erste Teil nur metaphorisch als Gedicht zu verstehen ist): Lyrisch malerische Ausschweifungen zum Thema Natur – ut pictura poesis.

Als Parodie eines Gedichts stellt die Parataxe des ersten Teils einen beim Wort zu nehmenden Nebengesang zu den bukolisch, arkadisch, harmonisch anmutenden Oden auf die Natur dar. Dieser Nebengesang muß nicht unbedingt mit Komik verbunden sein, er weist darauf hin, daß das lyrische Ich nicht mehr mit dem Innenleben des Dichters verbunden und auch nicht mehr ein das Weltbild organisierendes ist. Die Sprache, die Erich in den Mund gelegt wird, ist insofern eine Parodie der dichterischen Sprache, als sie eine vom Subjekt abgeschnittene ist, die sich zusammensetzt aus miteinander unverbundenen, zeitlich und räumlich entlegenen und heterogenen Elementen, die dem Bewußtsein eines Holzfällers überhaupt nicht zugänglich sind. Inhalt und Form klaffen auseinander. Die Tatsache, daß Erich als Tölpel oder Naiver (der parodistischen Umkehrung entsprechend) *sujet* einer erhabenen Erzählsprache ist, macht aus ihm keine komische Figur. Lachen kann man über ihn nicht. Aber auch die Erhabenheit des tragischen Helden wird ihm verweigert.

---

[181] Ebda. S. 18.

4.4.2 Von der Parodie zur Satire

Komisch dagegen ist die Figur der Aichholzerin, Dichterin von Beruf, spezialisiert in der poetischen Ausbeutung der Natur:

> Sie dreht an ihren zarten Knöpfen, und die Gefühle fließen. Die Dichterin stellt sich auf die Empfindung ein und beschreibt damit den Fels. Der Bergsteiger liest es verständnislos. Sie arbeiten doch beide an der Natur, die sie als ein Turngerät mißbrauchen. Sie gehen beide in die Irre. Die Natur hält still. (O, 93)

Sie thront auf einem Berg, den sie aufgrund ihres Alters kaum mehr verläßt, und läßt sich von Erich versorgen. Ähnlich dem Germanistikprofessor in Thomas Bernhards Stück *Über allen Gipfeln ist Ruh* empfängt auch sie regelmäßig Studenten und Forscher, um mit ihnen über das Werk ihres verstorbenen Geliebten zu referieren, d. h. die jungen Leute kommen in der Hoffnung, Privates über den großen, national gesinnten Philosophen zu erfahren, und werden mit hausbackenen Gedichten und Gebäck abgespeist. Zu Lebzeiten des großen Mannes war es ihr unmöglich, sich auf den Olymp der Dichtung zu hieven, nun erhofft sie sich mehr Ruhm durch ein Enthüllungsbuch über den geliebten Lebensgefährten. Sie ist um Subventionen und akademische Anerkennung bemüht und schickt regelmäßig an alle Instanzen Gedichte:

> Sie rempelt noch immer kräftig die nachdrängende schreibende Jugend von den Futterkrippen der Kulturbüros. Sie sperrt ihnen das Wasser ab, denn sie kennt die alten und uralten Beamten dort. (O, 94)

Ihre Gedichte entstehen mit der Regelmäßigkeit eines Metronoms. Ist eins fertig, macht sie sich an das nächste. Mit jeder neuen Produktion wird die Kunst etwas mehr verhunzt: auch ihre Kunst ist eine "Kunstvernichtungskunst". Dichter wie Frau Aichholzer verurteilen die Kunst zum Scheitern, machen sie zur Farce. Daß Elfriede Jelinek die Kunst wesentlich ernster sieht, als im geflügelten Wort behauptet wird (Ernst ist das Leben, heiter die Kunst), und die Kunst als Konzept unangetastet bleibt, zeigen die satirischen Ausschweifungen zum Thema Kunst und Sublimierung, Kunst und Brotverdienst, Kunst und Kritik, Kunst und Kulturbetrieb.

Die Vermutungen über den Ursprung der Satire im Gegensatz zum Etymon der Parodie gehen hauptsächlich in zwei Richtungen. Die einen berufen sich auf den Grammatiker Diomedes und seine Erwähnung der lanx satura – eine mit verschiedenen Früchten angefüllte, der Ceres dargebrachte Schüssel –, leiten sie aus dem Adjektiv ab und gelangen zu der Bedeutung: vermischte

Gedichte, Mischung von Genre, Formen und Metrik. Duden (Herkunftswörterbuch) unterstützt diesen Ursprung und erklärt die metaphorische Verschiebung folgendermaßen:

> (...) die ursprünglich römischen Satiren eines Ennius, Lucilius, Varro und Horaz waren einer solchen "Fruchtschüssel" vergleichbar. Sie zeichneten in einer bunten Mischung der betrachteten Gegenstände Lebensbilder, in denen die menschlichen Unzulänglichkeiten dem verständnisvollen Schmunzeln des Lesers preisgegeben wurden, in denen zugleich aber auch mit sittlichem Ernst Kritik an den verwerflichen Auswüchsen menschlicher Gesinnung geübt wurde.[182]

Andere stützen sich auf Varro, der die Satire von einer Art Wurst- oder Geflügelfüllung, – farcimen, Farce – ableitet.[183] Man sieht, daß Satiriker im Vergleich zu Parodisten anders verfahren. Parodisten arbeiten hauptsächlich mit Umkehrung, Zweckentfremdung eines vorgegebenen Modells, ihr Projekt ist nicht unbedingt moralischer Natur, Satiriker dagegen werfen alles in den gleichen Topf, d.h. sie vermengen Kunterbuntes zu einer Farce, spielen hierarchielos diverse Diskursregister gegeneinander aus. "Leipziger Allerlei aus tägl. Einerlei geschöpft" (O, 84), so könnte der Jelineckische Beitrag zum Etymon Satire lauten. In fast allen Texten wird die Kunst mit einer Kunst des Zubereitens (in der Kürze liegt die Würze), des Abschmeckens (Abgeschmacktes?), der Einverleibung (kannibalische Sitten des Kulturbetriebs), und das Schöpfen mit Abschöpfen und Schöpflöffeln gleichgesetzt:

> Schließlich ist auch der Nachschöpfer noch eine Schöpferform. Er würzt die Suppe seines Spiels stets mit etwas Eigenem, etwas von ihm selber. Er tropft sein Herzblut hinein. (Ks, 21)

Da die Nahrung des Geistes und die irdische Nahrung ein und demselben Gesetz der Warenästhetik unterworfen sind, gibt es auch keinen Grund mehr zur Differenzierung, vermengt wie sie sind zum "Kulturbrei" (Ks, 236) im Eintopf der Konsumgesellschaft. In dieser Gesellschaft lautet die allgemeine Parole: Fressen und/oder Gefressenwerden. Erika Kohut, die Klavierspielerin und "Feinschmeckerin der Künste" (Ks, 96) nimmt z.B. die Musik in "verschiedenen Aggregatzuständen zu sich, (...) in Dosen oder röstfrisch, einmal als Brei, einmal als Festnahrung" (Ks, 124). Alle wollen sie kosten vom "Kulturbrei", der nie fertig gekocht ist, (...) den sie sich in kleinen genüßlichen Bissen einverleiben, ihre tägliche Nahrung, ohne die sie gar nicht exis-

---

[182] *Duden 7 Herkunftswörterbuch*
[183] Siehe zum Ursprung der Satire, Dietmar Korzeniewski (Hrsg.), *Die römische Satire*, Wissenschaftliche Buchgesellschaft, Darmstatt 1970, S. VIII.

tieren könnten." (Ks, 236) Nicht anders verfahren all die, die mit der Natur ihr Geschäft machen: "An der Natur naschen und profitieren zu viele." (O, 182) Die größte Verwandtschaft mit der Kochkunst weist jedoch die Dichtkunst auf:

> Sie [die Dichterin, Y.H.] beschreibt ihr Leid, denn das Leid ist die Würze der Kunst. Also ist das Leid in der Kunst wie Maggi. Genau. Es verbessert eigentlich so gut wie jede Speise, aber keiner will es heute mehr, denn alle diese Kulinariker aus der Zeitung möchten jetzt eine zeitlang Suppe aus echt Natur essen. (O, 133)

Umweltbewußt und bedacht auf den Geschmack ihres Publikums, so sind auch ihre "Kunstsemmeln von Hand gefertigt" (O, 120). Wie aus Natur Kunst wird, erklärt sich durch einen Prozeß des Einverleibens und des Ausscheidens. Künstler schöpfen bekanntlich ihr Rohmaterial in oder aus der Natur, verarbeiten es und lassen es in sublimierter Form als Kunst wiederkehren. Auch Frau Aichholzer schöpft aus dem Kessel der Natur, erschöpft sie sozusagen, "reimt alles wüst zusammen wie eine Müllhalde" (O, 105). Als Dichterin nimmt sie "kleine Bissen Natur in sich auf" (O, 93) und "quetscht in kurze Zeilen und kleine Gedanken was sie draußen erspäht." (O, 93) Ob Kunstwürste in Naturdarm oder kleine Brötchen, der künstlerische Schaffensprozeß hat große Ähnlichkeit mit dem Verdauungsprozeß. Dieser wird durch Naturkost erleichtert, die natürlich, wie und wo sonst, im Freien wächst, und die sie sammelt, wie andere Pilze sammeln: "Plötzlich steht sie da im Wald und sammelt stolz Gedichte in den Korb." (O, 95) Und während dem Heißhunger der "fette[n] alte[n] Gedichtbäckerin" (O, 99) wohl kaum Grenzen gesetzt sind, werden die Bestände der Natur immer magerer: "Wo sieht man hier noch Natur? Nicht einmal genügend für die Dichtkunst ist vorhanden." (O, 121) Es "naschen", wie schon gesagt, zu viele an ihr. So bleibt der Gedichtbäckerin nichts anders übrig, als "Zucker auf den ruhig dahinfließenden Lebkuchen Natur" (O, 99) zu pinseln. Begabt (von Haus oder Natur aus?) ist sie nicht, und viel vermag die Zucht nicht: "Seit fünfzig Jahren dressiert sie ihre Gedanken, und noch immer können sie nicht einmal durch einen Reifen springen." (O, 105)

4.4.3 Kunstkritik: die Kunst ist am Ende angekommen

Man wird verstanden haben, daß die Kunst, die hier verhöhnt wird, parallel zu lesen ist zu den oben kommentierten mediatisierten Formen der Wirklichkeit: "wenn wir sie ansehen, kommen wir zu der Feststellung, daß Gott und Goethe uns verlassen haben" (O, 80). Nicht die Kunst an sich, sondern die Kunst als naiver Gegenpol zur Natur, in ihrer Auffassung als Warenästhetik und Triebsublimierung wird hier angegriffen. Am Beispiel der Aichholzerin wird nicht die Kunst zum Verhängnis für den Ausübenden, sondern der Ausübende zum Verhängnis für die Kunst. Gegenstand des Angriffes ist die Ruhmsucht des Kunstausübenden und das Konzept der Virtuosität, durch die der sogenannte Künstler die Kunst liquidiert. Diese Liquidation wird in *Oh Wildnis, oh Schutz vor ihr* ausschließlich komisch, grotesk verzerrt dargestellt, während sie für die Jugendbande in den *Ausgesperrten*, für *Clara S.*[chumann] und Erika Kohut, die *Klavierspielerin*, mit dem Scheitern an der Kunst, mit der Unmöglichkeit, den Anforderungen der Kunst zu genügen, mit dem Scheitern der Frau in und an der Kunst noch im Zusammenhang steht.

Vieles mag Thomas Bernhards und Elfriede Jelineks Werke voneinander trennen, eines jedoch haben sie gemein: eine radikale Kritik an der Kunst und an dem Geniebegriff. Oft scheitern die Bernhardschen Figuren am überwältigenden Vorbild oder am nicht zu erreichenden Ideal, sie drehen sich im Kreise, sind unproduktiv, um nicht zu sagen steril, enden im Wahn oder Selbstmord. Trotzdem bleibt das Genie eine Referenz, aber unerreichbar, eingesperrt im Musealen:

> Und es ist ein stinkendes Museum, in das wir von den Philosophen, sobald wir uns mit ihren Philosophien beschäftigen, hineingeführt werden. Von allen Philosophien wird immer behauptet, daß sie Fenster aufmachten und Luft in das Museum hereinströmen ließen, *frische Luft, frische Luft*, Doktor. Aber in Wahrheit ist es seit Kant keinem einzigen mehr gelungen, das Museum zu lüften, keinem einzigen (...). Seit Kant ist die Welt eine ungelüftete Welt![184]

Und wenn die Bernhardschen Figuren nicht am genialen Vorbild zu Grunde gehen, dann an ihrem eigenen Genie, das jedoch nie konkret im Text zum Ausdruck kommt. Es wird zwar immer betont, an welch genialem Werk die Figur gerade arbeitet oder vielmehr verhindert wird zu arbeiten, nur: die Beweise bleiben aus, nie wird aus dem genialen Werk zitiert, der Leser muß den Behauptungen des Erzählers Glauben schenken. Zum Zeitpunkt der Erzählung ist das Genie immer schon daran gehindert (aus welchem Grund auch immer) sich auszudrücken, das Genie scheint allein der Vergangenheit anzugehören, womit indirekt auch gesagt wird, daß das Genie nur in der Vergangenheit gedeihen konnte.

---

[184] T. Bernhard *Verstörung*, Bibliothek Suhrkamp, Frankfurt/M. 1986, S. 164.

Schmidt-Dengler, der "keine bündige Antwort dafür parat" hat, warum "gerade die Musik zu einem so wesentlichen Strukturmerkmal für die österreichische Literatur dieser Zeit" ist, geht davon aus, daß:

> (...) sich die Problematik des Künstlers, der sich von jenen ausgeschlossen wähnt, die durch die Kunst denn auch etwas mitteilen wollen, in der Musik geradezu radikalisiert darbietet. In allen diesen Werken ist das Scheitern eingeplant; einerseits zerbrechen die Figuren an der Gesellschaft, von der sie sich durch den Versuch, in der Kunst kompromißlos zu sein, absondern, andererseits an der Kunst selbst, deren Forderungen sie nicht zu genügen imstande sind. Hat man diese fatale Dialektik einmal durchschaut, wird einem sicher auch bewußt, wie sehr diese Romane vom Wesen der Kunst an sich handeln.[185]

Einerseits scheitert also die Kunst in ihrer transzendierenden Eigenschaft, andererseits scheitert der Einzelne an den Forderungen der Kunst. Während Bernhard nur vom verhinderten männlichen Genie schreibt, beschreibt Jelinek das Schicksal der weiblichen Kunstausübenden. Da jedoch wie Schmidt-Dengler bemerkt, das Hauptmerkmal im Scheitern liegt, und im Grunde das Wesen der Kunst selbst in Frage gestellt wird, wird das Problem der Kreativität der Frauen in Jelineks Texten zwar als ein historisch erschwerender Umstand und Prozeß der Ausgrenzung der Weiblichkeit beschrieben, keineswegs aber als Gegenpol zu einer patriarchalischen Kultur. Jelineks Kulturkritik beinhaltet selbstverständlich die männliche Annexierung und Territorialisierung der verschiedenen kulturellen Bereiche; sie jedoch auf eine Kritik der männlichen Kulturproduktion zu reduzieren wäre ein Irrtum, da, wie schon gesagt, das Hauptproblem im Scheitern angesiedelt ist. Ganz deutlich bringt Jelinek diese Position in *Clara S.* zum Ausdruck, wo sie die Hauptfigur, Ehefrau und Interpretin von Robert Schumann sagen läßt:

> CLARA: Der alte bürgerliche Traum vom Kopf, als dem Sitz des Genies. *Sie spricht jetzt echt empfunden.* Leerer Größenwahn! (...). Diese wahnhafte Sucht nach etwas, das noch nie geschrieben, komponiert, gesprochen. Die Ori-gi-na-li-tät! (...) diese Sehnsucht dauernd nach extremster Einmaligkeit ... setzt Energie frei, und die Kunstmaschine rotiert, rotiert...[186]

Der Wunsch nach Einmaligkeit in der Kunst führt zum Wahn: "Größenwahn! (...) wahnhafte Sucht". Claras Beitrag zur Kunst reduziert sich auf die Interpretation der Werke ihres Mannes, wie Erika Kohut gehört sie nicht zu den Schöpfern, sondern zu den "Nachschöpfer[n]", (Ks, 21) die die "Suppe" des "Spiels" mit etwas "Eigenem" würzen, nämlich ihrem "Herzblut" (Ks, 21).

---

[185] Schmidt-Dengler: "Literatur in Österreich von 1980 bis 1990", Skriptum zur Vorlesung WS 1991/ 1992, Basisgruppe Germanistik (Hrsg.), Wien 1992, S. 74.
[186] E. Jelinek: "Clara.S. musikalische Tragödie" in *Theaterstücke*, op. cit. S. 75.

Ähnlich wie die Figur der Carmilla und der Emily in *Krankheit oder moderne Frauen* ist Clara Schumann eine Kreuzung von verschiedenen Stimmen, die ebenfalls wie in *Krankheit* explizit zitiert werden.

> Für die musikalisch Tragödie *Clara S.* wurden u.a. Zitate aus folgenden Werken in den Text eingeflochten:
> Clara Schumann: Tagebücher, Briefe
> Robert Schumann: Briefe
> Gabriele d'Annunzio: aus den Romanen
> Tamara de Lempicka und Gabriele d'Annunzio: Briefwechsel
> Aélis Mazoyer: Tagebücher
> Ria Endres: Am Ende angekommen[187]

Die Aussagen Claras sind also nicht zu verwechseln mit einer authentisch weiblichen Stimme, da sich in ihre Stimme männliche wie weibliche einmischen, die mal mit der ihren übereinstimmen, mal kontrastieren, mal an ihr vorbeisprechen und sie mal übertönen. Keine feste, endgültige Aussage also zum Thema weibliche Kunst, dafür ein immer wiederkehrendes Leitmotiv, das des Originalgenies. Claras Existenz ist die eines Zweitschumanns, so wie *Der Untergeher* Wertheimer sich als "Zweitschopenhauer, Zweitkant, Zweitnovalis"[188] versucht. Claras eigentliche Kunst ist die eines *Stimmenimitators*, denn auch sie verfügt über keine eigene Stimme, und beherrscht dafür die der anderen zur Perfektion; Clara, wie die meisten Figuren in Jelineks Texten ist eine Zitatenkünstlerin. Was sie sagt, haben immer schon andere gesagt und erhebt keinen Anspruch auf Erstbeschreibung. Alles an ihr ist Reproduktion: als Mutter, als Interpretin der Werke ihres Mannes, als Sprachrohr anderer. Nichts in ihrer Rede läßt sich auf eine ursprünglich, authentisch weibliche Substanz fixieren. Es entsteht keine Alternative zur männlichen Kunstauffassung, das Schöpferische ist zum Zitat verurteilt, scheitert am Bewußtsein, daß alles schon da gewesen ist. Nur ist sich Clara im Unterschied zu ihrem wahnsinnig gewordenen Mann dieser Tatsache bewußt. Sie ist es, die ihn immer wieder darauf aufmerksam machen muß, daß die Lieder, die er singt, keineswegs seine eigenen Kreationen sind, daß die Werke, die sie auf dem Klavier interpretiert und die Robert in seinem Wahn nicht wiedererkennt, seine eigene Schöpfung sind. Der einzige Unterschied zwischen Künstler und Künstlerin wäre vielleicht dieser: die Künstlerin weiß, daß sie nur noch eine zitierende Nachschöpferin ist, während der Künstler dem Wahn der Ursprünglichkeit, der Authentizät verfallen ist. Die Frau hat dem Schaffen des Mann nichts Authentischeres gegenüberzustellen, sie schafft nur die An-

---

[187]Ebda. S. 101.
[188]T. Bernhard, *Der Untergeher*, Frankfurt/M. 1983 S. 145.

führungszeichen ab, die Gegenüberstellung von wahr und falsch, echt und gefälscht, und somit die Autorenschaft. Dieser grundlegende Zug der Figuren in Jelineks Texten läßt Birgit R. Erdle zu der Schlußfolgerung kommen, daß "die weibliche Künstlerin von jeher eine postmoderne Autorin" [189] sei.

4.4.4 Nature morte

Der Kunst sagt man nach, sie sei heiter. Jelinek stellt sie zwar heiter dar, aber das trägt nur dazu bei, die Ernsthaftigkeit der Problematik stärker hervorzuheben. Am Beispiel des uralten Problems der Mimesis wird in *Oh Wildnis* deutlich gemacht, wie die Natur durch Dilettanten liquidiert wird:

> Die Natur läßt sich nicht planen, das Naturgedicht schon. (...) Das Vorbild verändert sich ständig, daher ist das Ergebnis ungleich besser. (...) Sie gibt sich eine ausgezeichnete Note. Sie ist der Schiedsrichter, der die Grashalme austauscht, die Tanne vom Feld nimmt und nachspielen läßt. (O, 95)

Indem sich die Naturlyrikerin als erhabene Raumgestalterin sieht, den Raum der Natur umgestaltet, ihn der Zufälligkeit beraubt und durch ihr erhabenes Wissen Volumen, Gestalten, Figuren auf die Ebene der Naturlyrik transponiert, läßt sie die Natur in der Kunst zur Künstlichkeit erstarren, und verurteilt sie im gleichen Zuge zur Totgeburt oder auch zur *nature morte*. Ihre Gedichte sind wie Produkte aus Kunststoff, in denen man die Naturfasern unter der Lupe suchen muß, daher wahrscheinlich ihre "bügelfreie Naturlyrik" (O, 121), die wiederum an den "Übertreibungskünstler" erinnert, der das Bügeln jedoch für eine noch größere Kunst hielt: "das Bügeln wird immer unterschätzt/ die Bügelkunst ist eine der höchsten Künste".[190] Naturlyrik schreiben bedeutet in der *Wildnis*: Verwandlung von Naturfaser (Naturgefasel) in Kunststoff, in reine "Schurkenwolle" (O, 191). Und die Natur schlägt nicht zurück, weil man ihr "unbesehen alles andichten darf" (O, 57). Jemandem etwas andichten heißt so viel wie lügen, womit auf den Wahrheitsanspruch der Kunst angespielt wird. Die Metamorphose von Natur in Kunst bedeutet für die Aichholzerin nicht: Veränderung der Wahrnehmungsstruktur im Sinne von Augen und Ohren für das Niegesehene, das Unerhörte öffnen, die abgestumpften Sinne des Kunstkonsumenten erneut innervieren; der Geltungsanspruch ihrer Kunst erschöpft sich im Geltungsanspruch ihrer eigenen

---

[189] B. Erdle: "Die Kunst ist ein schwarzes glitschiges Sekret'. Zur feministischen Kunst-Kritik in neueren Texten Elfriede Jelineks" in M. Knapp und G. Labroisse (Hrsg.), *Frauen-Fragen in der deutschsprachigen Literatur seit 1945*, Amsterdamer Beiträge zur neueren Germanistik Bd.29, Amsterdam /Atlanta, GA 1989, S. 333.
[190] T. Bernhard, *Heldenplatz*, Frankfurt/M. Suhrkamp 1988, S. 45.

Person. Sie spannt die Kunst in eine ihre Person valorisierende Zweckdienlichkeit ein. Wie dem Bergsteiger ist ihr die Natur "ein Turngerät"; daß sie darauf keine großartigen Kunststücke vollbringt, wurde schon gesagt:

> Jedes einzelne Gedicht ist bisher erschienen, um ihr Alter und ihre Beziehungen zu kulturellen Hochkreisen zu ehren. (O, 94)
> Als Dichterin ähnelt sie keinem, der je bekannt geworden ist und möchte dafür belohnt werden, beachtet von den Augen der Öffentlichkeit. (O, 95)

Zum Ruhm soll ihr die Kunst verhelfen. Ihre Kunst wendet sich nicht an das Auge des Betrachters oder des Lesers, sondern an den anonymen Blick, die anonymen Augen der Öffentlichkeit. Ihre Kunst kann keinen Anspruch auf ästhetische Gültigkeit erheben, ihre Kunst ist eine Kunst der Überheblichkeit.

4.4.5 Die Kunst als "Antikörper"

"Infam wie die Natur ist, duldet sie aber auch jede Hand auf sich." (O, 49) Nicht so die Kunst, die rächt sich aufs Gemeinste an all denen, die ihre Gefilde abgrasen und sich von ihr ernähren möchten. Die "Zitzen des Kunsttiers" sind "dürr" (O, 107) und "die Kunst ist besonders gemein zu denen, die am leidenschaftlichsten an sie glauben. Am ekelhaftesten ist sie zu denen, die von ihr leben wollen. Ausnützen läßt sie sich nicht." (O, 109) Im Gegenteil, Kunstmißbrauch wird bestraft, was der vermeintliche Künstler am eigenen Körper erfährt. Ist die Kunst pathogen an sich oder wirkt sie sich nur im Falle des Mißbrauchs pathologisch auf den Körper aus? Eine Frage, die Jelinek wortspielerisch beantwortet:

> Die Kunst zieht einem das Blut zusammen zu einem Antikörper, denn die Kunst ist meist gegen den Körper des Künstlers gerichtet. (O, 123)

Keine Läuterung der dunklen Triebe: damit wäre auch die freudsche Theorie von der Sublimierung durch die Kunst verhöhnt. Antikörper sollten den Körper vor Krankheiten schützen, ihn immun machen gegen die krankheitserregenden Einflüsse der Außenwelt. Ohne Antikörper wäre der für alles anfällig gewordene Körper erbarmungslos dem Tod ausgeliefert. Hier besiegelt der ganz besondere Saft keinen Pakt, sondern wird zu einer Substanz, die das Fleisch angreift; einen solchen Antikörper gibt es weder in der Medizin noch im üblichen Sprachgebrauch. Es gibt ihn nur als künstlich aufgeteilte Wortkonstruktion: Anti-Körper. Der durch diesen Akt der Willkür neu entstandene Antikörper ist nun negativ besetzt, was aber nicht bedeutet, daß dieser Vorgang mit Tragik verbunden ist. Er bedeutet nur, daß die sinnstiftende

Einheit des Zeichens zerrissen und ohne die geringste Narbe neu verbunden wurde:

> (...) die neuen Vorrichtungen [enthalten] jetzt den Bruch, von dem das Lachen seinen Ausgang nimmt. Die Textpraxis ist eine Art von Lachen, dessen Ausbrüche sich in der Sprache vollziehen. (...) Jede (signifikante Vorrichtung) innovierende Praxis ist Lachen (...).[191]

Die Kunst als heimtückische Gegnerin des Körpers läßt wieder einmal die Frage aufkommen: Ist es eine Tragödie oder eine Komödie? Es ist anzunehmen, daß Jelinek in diesem Punkt mit Bernhard übereinstimmt: "*Tatsächlich eine Komödie*".

---

[191] J. Kristeva, *Die Revolution der poetischen Sprache*, deutsch von R. Werner, edition suhrkamp, Frankfurt/M. 1978, S. 219.

5. Die Lust an der Sprache: Sprachsatire – Sprachspiele (*Wolken.Heim.* und *Die Klavierspielerin*)

5.1 Von den Sprachschablonen zum Angriff auf die Sprache selbst

Die Analyse der *Ausgesperrten*, der *Liebhaberinnen* und der *Wildnis* zeigt, wie schwierig es ist, die sprachlichen Verfahren von der Handlung oder den Figuren zu trennen. Da man in Jelineks Texten nur selten zwischen direkter und indirekter Rede unterscheiden kann, man nie mit Sicherheit weiß, ob eine Person spricht, besprochen wird oder fremdgesteuert spricht, da nicht einmal ein vorgetäuschter Dialog zustande kommt und der Standpunkt des Erzählers von Satz zu Satz die Perspektive wechselt, da die Figuren von dem Sprachregister und dem damit verbundenen Rollenspiel untrennbar sind, mag es problematisch erscheinen, dem rein sprachkritischen und sprachspielerischen Aspekt ein eigenes Kapitel zu widmen. Notwendig ist es nur, um einen Einblick in die Vielfalt der Verfahren zu geben und die Entwicklung anzudeuten, die zu dem führt, was man die "depravierte Sprache" Jelineks nennen könnte.

Depraviert, weil die mit diesem Ausdruck verbundene moralische Konnotation wichtig ist: Elfriede Jelinek gehört zu den wenigen weiblichen Autoren, die sich mit der Sprache der Sexualität direkt auseinandersetzen. Diese Sprache besteht hauptsächlich aus Brüchen, aus a priori nicht zusammenpassenden Sprachregistern, in denen das Triviale und das Erhabene ständig aufeinanderprallen. Kaum ein Register wird in *Lust* verschmäht, und das Geschlecht, einem grammatikalischen Paradigma gleich, wird durch heterogene Sprachregister durchdekliniert. *Lust* variiert ad nauseam die Metapher des Sexuellen sowohl im sozial Konstituierten, als auch in der Natur. Das Geschlecht ist Werkzeug, Produktionsmittel, jeglicher Erotik bar. In seiner textinternen Funktion ist es mit dem Bild der Grenzen in den *Ausgesperrten* vergleichbar, eine Art strukturale Matrix, nie aber ist das Sexuelle Synonym für Lust, nie ist das Geschlecht ein Ort der Lust. Und genau das ist es, was diese Sprache pervers macht: die Verlagerung der Lust in das Verhältnis zur Sprache. Die Ausdrücke "pervers" und "depraviert" sind hier nicht zu verwechseln mit moralischer Verurteilung. Sie sind in diesem präzisen Kontext relevant, weil sie etymologisch auf das konkrete Verdrehen und Entstellen zurückzuführen sind.

Was also hauptsächlich unter "depravierter" Sprache zu verstehen ist: die Lust am Entstellen, Verdrehen, Zerstückeln, die Lust am Zerschneiden, am Zerlegen, am Montieren, die Lust am Buchstaben, an der willkürlichen Trennung von Signifikat und Signifikant, die Lust am Umprägen, an der innovierenden Textpraxis. Unter "depravierter" Sprache ist Lust an der Sprache zu verstehen, die keine Sprache der Lust aufkommen läßt.

5.1.1 Cherchez les guillemets

In Jelineks Texten fehlt ein wichtiges Schriftzeichen zur traditionellen Kennzeichnung der Urheberschaft eines Diskurses: die Anführungszeichen. Daß diese schon seit geraumer Zeit aus den Texten der Moderne und Postmoderne verschwunden sind und dieser Prozeß seine Anfänge bei Flaubert findet, ist allgemein bekannt. Trotzdem funktioniert der berühmte "style indirect libre" anders in Jelineks Texten. Wollte man ihre Sätze – man muß sich in diesem Fall an kleinere Texteinheiten halten –, mit einem Bild aus den bildenden Künsten vergleichen, dann drängt sich das Bild eines Mobiles auf. Ein Mobile, an dem Bekanntes, Unbekanntes, Deplaziertes, Überraschendes hängt, das sich ständig bewegt und ständig darauf abzielt, sich einer endgültigen Sinnkonstitution zu entziehen, und trotzdem ein Ganzes bildet: Sprachflächen oder Sprachregister werden gegeneinander ausgespielt. Mal stoßen sie frontal aufeinander, mal fließen sie ineinander, wie ein Wort das andere ergibt. Manche Übergänge sind vom Rhythmus diktiert, manche durch einen ruckartigen Wechsel vom sensus allegoris zum sensus litteralis, manche durch eine arbiträre Entstellung, gefälschte Etymologien. Wollte man die Verfahren katalogisieren, so würde man feststellen, daß Elfriede Jelineks Schreibweise wesentlich mehr der klassischen Rhetorik verdankt, als der experimentelle Charakter ihrer Texte auf den ersten Blick vermuten lassen könnte. Hier sollen nur die Hauptmerkmale der rhetorischen Verfahren angeführt werden, weil eine komplette Aufstellung der *procédés d'écriture(s)* eine Arbeit für sich rechtfertigen würde. Schematisch gesehen, könnte man als Richtlinie folgende Entwicklung aufstellen: Von dem Einsatz der unmanipulierten zur manipulierten Sprache. Wenn die "Kitschigkeit und Verlogenheit nicht mehr zu überbieten" sind, dann brauchen sie auch nicht mehr parodiert zu werden, dann "spricht die Sprache für sich selbst".[192] Wenn sich aber die Verlogenheit geschickt verbirgt, muß man die Sprache so manipulieren, daß man die "Abgründe" dort sieht, "wo Gemeinplätze sind". [193]

5.1.2 Wolken. Heim. oder Mein ist/ Die Rede vom Vaterland, das neide/ Mir keiner (Hölderlin)

Der Einsatz der Mediensprache, der Sprache der Konsumgesellschaft, der heimatlichen Dichter und Denker und Ideologen wurde am Beispiel der *Liebhaberinnen* und der *Wildnis* verdeutlicht. In einem Exkurs zu *Wolken. Heim.*, eine fast ausschließlich aus fremden Textelementen bestehende Montage, soll nun kurz die Komplexität eines einzigen Zitats aufgezeichnet werden, weil detaillierte Analysen zu diesem Text schon vorliegen.[194] Wenn ein Zitat die dezidierte Wiedergabe dessen ist, was andere schon vorher gesagt haben, dann müßte *Wolken. Heim.* nur aus Anführungszeichen bestehen. Die Autorin führt zwar zum Schluß die zweckentfremdeten Elemente an,

> Die verwendeten Texte sind unter anderem von: Hölderlin, Hegel, Heidegger, Fichte, Kleist und aus den Briefen der RAF von 1973-1977. (WH, 56)

deutet aber auch gleichzeitig das Verfahren an, dem diese Elemente unterworfen sind. Sie spricht von "verwendeten Texten". Die Sprache der anderen wird zum Material. Sie bleibt als Sprache der Dichter und Denker erkenntlich. Ob der Begriff des Zitats überhaupt für *Wolken. Heim.* anwendbar ist, muß dahingestellt bleiben, denn in dem Augenblick, wo die Aussage eines anderen (unter der größtmöglichen Beibehaltung der Form) manipuliert wird, kann man von Zitaten stricto sensu nicht mehr sprechen. Ein Zitat ist eine Aussage, die einem nicht gehört, eine Art juristisches Eigentum, schreibt Barthes, das den Nachteil habe, die Mehrwertigkeit einer Aussage zu zerstören. Ein mehrwertiger Text vollziehe nur dann seine konstitutive Duplizität bis zu Ende, wenn er die Entgegensetzung von wahr und falsch umstürze, seine Äußerungen (auch mit der Absicht, sie unglaubwürdig zu ma-

---

[192]E. Jelinek: "Ich schlage sozusagen mit der Axt drein", in *TheaterZeitSchrift* (7), Schwalbach 1984, S. 15.
[193]Kraus, *Die Sprache,* suhrkamp taschenbuch, Frankfurt/M. 1987, S. 373.
[194]Siehe dazu: M. Kohlenbach: "Montage und Mimikry. Zu E. Jelineks *Wolken. Heim.*" in Bartsch und Höfler, op. cit. S. 121-153. Und vor allem G.Stanitzek: "Kuckuck", in D. Baecker, R. Hüser, G. Stanitzek, *Gelegenheit. Diebe. 3 X Deutsche Motive*, Haux-Verlag, Bielefeld 1991, S. 11-80.

chen) keinen expliziten Autoritäten zuschreibe; wenn er jeden Respekt vor Herkunft, Vaterschaft und Eigentum abwende und die Stimme, die dem Text eine ("organische") Einheit geben könnte, zerstöre, kurz wenn er mitleidlos und regelwidrig die Anführungszeichen abschaffe.[195] In *Wolken.Heim.* schafft Jelinek den Respekt vor dem literarischen Eigentum am radikalsten ab und amalgamiert die Aussagen zu einem Kontinuum, das den Leser für vergangene und zeitgenössische Diskurse über Deutschland hellhörig macht. Die zweckentfremdeten Elemente kreisen ausschließlich um das Thema Staat, Vaterland, Heimat, Volk, manche sind manipuliert, manche sind unverändert in den Text eingefaßt. Tonangebend für den corpus: Hölderlin. Wollte man dem ganzen Ausmaß der Textmontage gerecht werden, so müßte man wesentlich längere Abschnitte wiedergeben, als im Rahmen dieser Arbeit möglich ist, deswegen hier stellvertretend eine Auseinandersetzung mit dem Titel, der in kondensierter Form exemplarisch für die Gesamtgestaltung des Textes gelten kann: ineinanderverschachtelte Zitate, manipuliert durch Amputation. Eine Amputation, die zur Erweiterung des Sinns beiträgt.

Wolken. Heim. Zwei durch einen Punkt voneinandergetrennte Substantive, die im Original zusammengehören und die ein Vogel miteinander verbindet: der Kuckuck. Der aber fehlt. Das Original: der in Aristophanes Komödie *Die Vögel* gegründete Vogelstaat, der zu einem geflügelten Wort geworden ist: in einem Wolkenkuckucksheim leben – in optimistischen Vorstellungen gefangen sein. Elfriede Jelinek klammert die Vögel aus und macht aus den "Wolken" und dem "Heim" zwei getrennte, selbständige Einheiten. Wolken – Punkt, Heim – Punkt. Zwischen den beiden keine Vermittlung. Punkte sind Schlußzeichen, kennzeichnen das Ende einer Periode, einer Einheit usw. Man muß bei der Aussprache eine Pause zwischen den beiden Termini einlegen, um den akustischen Eindruck eines Kompositums, eines Heims voller Wolken oder eines aus Wolken bestehenden Heims, zu vermeiden. Der Punkt nach dem "Heim" macht auf eine zweite Anomalie aufmerksam: bei Überschriften und Titeln fallen Punkte im Normalfall weg. Allein tonangebende Zeichen wie Ausrufezeichen, Fragezeichen, Auslassungspunkte sind geläufig. Das tonangebende Element für *Wolken. Heim.* wäre dementsprechend das des Bruchs, des Schnitts, der Zäsur, der arbiträren Trennung. Bruch mit dem Vorbild, der literarischen Tradition. Die beiden Punkte signalisieren zum einen, daß hier etwas fehlt, zum anderen, daß etwas beendigt ist. Vom Wortlaut her erinnert der Titel immer noch an den unter dem Zeichen der Komödie erfundenen Staat in den Lüften, an das utopisch-phantastische Modell, hat aber

---

[195]Barthes, *S/Z*, op. cit. S. 49.

durch die Ausklammerung des Kuckucks die von den Vögeln ersonnene Einheit und Harmonie eingebüßt. Der erträumte Staat, das erträumte Heim ist nicht mehr in den Wolken. Durch das Verschwinden des Kuckucks verschwindet die utopische Dimension. Es gibt noch die Wolken, es gibt noch das Heim, es gibt noch den Verweis auf das antike Modell. Das Heim ist mit den höheren Sphären nicht mehr verbunden, zwischen Himmel und Heim ein Bruch, ein Punkt.

Das Spiel mit den Konnotationen ist jedoch damit noch nicht beendet. In Aristophanes *Wolkenkuckucksheim* ist das Heim ein Zufluchtsort für politisch Verfolgte. In Jelineks Titel nimmt das Heim spezifisch deutsch-nationale Züge an. Isoliert betrachtet sind weder die Wolken noch das Heim Zitate, man kann aber davon ausgehen, daß die Vokabel Heim als Vokabel par excellence für deutsche Ortschaften steht. Das Heim ist nicht weit von der Heimat, von der Heimlichkeit, vom Daheim entfernt. Das Heim ist des Deutschen Ideal, und unwillkürlich sieht man mit Nietzsche, wie sich der biedere Michel "mit seinem Schlafrocke" bequem darin einnistet. In seinem eigen Heim. Da gehört kein Kuckuck rein, der die schlechte Angewohnheit haben soll, seine Eier in fremde Nester zu legen, seine Brut von Fremden ausbrüten und ernähren zu lassen. Im deutschen Heim ist kein Platz für den Kuckuck, für das Fremde. Das deutsche Heim beherbergt immer nur schon in ihm Enheimische. Es ist kein Ort der Zuflucht für Fremde:

> So scheidet der Boden jene, die fremd, ahnungslos sich ihm nähern, von jenen, die seine Gesetze kennen, den Einheimischen. Nur wir wohnen hier! Tödlich ist unser Boden den Fremden. (Wh, 31)

Wolken. Heim. ist kein Gelegenheitsgedicht, der Text wurde vor der deutschen Wiedervereinigung und vor der Asyldebatte am 21.9.1988 in Bonn uraufgeführt und dem Publikum als "Eine Invention zu Heinrich von Kleist, Raumprojekt von Hans Hoffer mit einem Text von Elfriede Jelinek" dargestellt.[196] Trotzdem kann man sich des Eindrucks einer *unheimlichen* Aktualität nicht erwehren. Sätze wie: "Nur wir wohnen hier! Tödlich ist unser Boden den Fremden" verbleiben als Metapher, eingeholt wie sie sind von der Wirklichkeit der Ereignisse des Sommers 1992 in Deutschland:

> Die Hand strecken wir nach dem Nachbarn aus, um seine Wege in die sträubenden Wolken zu lenken und uns an seine Stelle zu setzen und auszuruhn. Wir brauchen Raum. Wir brauchen Ruhm! (...) So kommen wir zur Heimat, und hätten wir auch Güter so viele wie Leid geerntet. Ihr teuern Ufer, ganz gehört ihr uns, und ein goldener Herbst verwandelt dem armen Volk in Gesänge die Seufzer. Wir sind bei uns daheim. Und die

---

[196] in "Programmheft zu *Wolken. Heim*" Bühnen der Stadt Bonn, Bonn 1988.

> Selbstsucht steht am ruhigen Ufer und von da aus sicher genießt sie des fernen Anblicks verworrene Trümmermassen. Die andern haben auf eigenem Boden nicht das Sagen. Wir spülen sie fort mit unsren Schläuchen. (...) Und immer wieder, wie Kinder, schuldlos sind unsre Hände. (Wh, 16 f.)

Georg Stanitzek hat *Wolken. Heim.* eine hervorragende Studie gewidmet, so daß hier nur ein kurzer Einblick in die Umfunktionierung der Hölderlin-Zitate gegeben werden soll.[197]

> J: sträubenden Wolken
> H: stäubende Wolken ("Der Frieden", S. 252)
> J: So kommen wir zur Heimat, und hätten wir auch Güter so viele wie Leid geerntet.
> Ihr teuern Ufer
> H: So käm auch ich zur Heimat, hätt ich/ Güter so viele, wie Leid, geerntet
> Ihr teuern Ufer ("Die Heimat", S. 283)
> J: und ein goldener Herbst verwandelt dem armen Volk in Gesänge die Seufzer.
> H: Ach! wo ein goldner Herbst dem armen/ Volk in Gesänge die Seufzer wandelt ("Der Main", S. 24O)
> J: Die andern haben auf eigenem Boden nicht das Sagen
> H: (...) und es hat auf / Eigenem Boden der Mann nicht Segen ("Der Frieden", S. 252)
> J: Und immer wieder, wie Kinder, schuldlos sind unsre Hände,
> H: Wie Kinder, wir, sind schuldlos unsere Hände ("Wie wenn am Feiertage...", S. 255)

Die hölderlinsche Wortfügung, der Rhythmus sind weder zu übersehen noch zu überhören, man müßte jedes Komma, jeden Bruch, jede Entstellung genau untersuchen, man müßte eine Lektüre à la lettre vornehmen, weil es sich um eine Buchstabenarbeit handelt: stäuben – sträuben, Segen – Sagen, man müßte die ganze Palette der eingreifenden Verfahren aufzeichnen, um hervorzuheben, daß *Wolken. Heim.* keine einfache Verballhornung der Klassiker ist, sich weder in Kategorien wie Satire oder Parodie einordnen läßt, sondern zu einer neuen Lektüre einlädt, zu einer kritischen Auseinandersetzung mit den sogenannten großen Texten, die, durch den Filter der jüngsten Vergangenheit gelesen, schaudern machen. Georg Stanitzek hat die grundlegende Textorientierung (die Deutschen auf dem Weg zu sich unter Ausklammerung der Anderen, des Fremden) folgendermaßen analysiert:

> Mehr oder weniger falsche, mehr oder weniger korrekte Zitate bilden diesen gewaltigen Tornistertext, der das *Wir* auf den Weg schickt, es in Stellung bringt: *Wir* von den *andren*, das *Eigene* vom *Fremden* umklammert. Der unbedingte Wille zur Einheit führt in eine Rhetorik der totalen Abgrenzung: Okzident und Orient, Unsrige und Namenlose, Deutsche und Slaven, Neues und Altes, Heimatboden und Großstadt, Mensch und Maschine – und wie die aus der Geschichte der deutschen Selbstfindungsversuche bekannten Topoi auch alle heißen. Der Geist der Einheit versucht, jede nur mögliche Unter-

---

[197] Für die Hölderlin-Zitate: siehe die Hanser Ausgabe in zwei Bänden: *Sämtliche Werke und Briefe*, Band I, München 1984.

scheidung zu ergreifen (...); und die fortgesetzte Markierung derselben wächst zu einem bedrohlichen Szenario der Einkreisung zusammen und geht deshalb in die Aufforderung zu deren Sprengung über.[198]

Zurück zum Titel und zu den Wolken. Bezogen auf Deutschland geht das Spiel mit den Wolken noch ein Stück weiter. Wolken sind kein spezifisch deutsches Motiv wie das Heim, aber im Zusammenhang mit ihm wird man sich an eine Spöttelei Nietzsches über die vermeintliche Tiefsinnigkeit der Deutschen, über die "Höhlen, Verstecke, Burgverließe" der deutschen Seele in *Jenseits von Gut und Böse* erinnern; man wird sich erinnern, daß die Deutschen einen besonderen Hang zu den Wolken haben:

> Und wie jeglich Ding sein Gleichnis liebt, so liebt der Deutsche die Wolken (...).[199]

Die Wolken sind Nietzsche kein Synonym für die Lüfte, das unfaßbare Leichte, im Gegenteil, sie bedeuten "(...) alles, was unklar, werdend, dämmernd, feucht und verhängt ist: das Ungewisse, Unausgestaltete, Sich-Verschiebende (...)".[200] Unter Einbeziehung der Anspielung auf Nietzsche ist der Hang des Deutschen zu den Wolken in diesem Kontext kein Hang zur Phantasie – in den Wolken leben –, sondern der kaum verhüllte Drang nach Selbstverwirklichung in seinem Element, in seinem eigenen Heim, das er sich aneignet, wo immer er hingeht: "Bei uns, im Boden sind wir heimisch." (Wh, 29) Der die Wolken liebende Deutsche ist ein sich selbst, ein sein Heim über alles Liebender.

> Wollen neue Titanen abermals den Himmel erstürmen? Bleibt doch bei uns! Er wird für euch nicht Himmel sein, denn ihr seid Erdgeborene. (...) Denn sie [die Erde, Y.H.] gehört uns. Hier sitzen wir und rücken nicht. Wir machen uns breit und dürfen es. (Wh, 52)
> Über uns die stäubenden Wolken. Und es bleibt daheim gern, wer in treuem Busen Göttliches hält, und frei wollen wir, so lang wir dürfen, euch all, ihr Sprachen des Himmels, deuten und singen. (Wh, 53).

Hölderlins Erdensöhne, Erdgeborene werden zu biederen Deutschen, die sich nirgendwo wohler fühlen als in ihrem ebenso biederen Heim, das auf erweiterter Ebene Heimat heißt und aus der Entfernung gesehen zum Heimweh führt. Der Deutsche sehnt sich nicht nach Wolken, er leidet an Heimweh.

---

[198] Stanitzek, op. cit. S. 42f.
[199] Nietzsche, *Jenseits von Gut und Böse. Vorspiel einer Philosophie der Zukunft,* § 244, Kröner Verlag, Stuttgart 1953, S. 175f.
[200] Ebda. S. 312.

Es wäre wesentlich einfacher aufzuzählen, was *Wolken. Heim.* nicht ist: weder eine Rede an (oder über) die deutsche Nation, obwohl aus Fichtes Reden zitiert wird, noch ein Schmählied auf Deutschland; weder eine Parodie der großen Texte noch eine Nachahmung, auch wenn alles nachgeahmt erscheint und der Leser an manchen Stellen, mag er noch so belesen sein, gar nicht mehr weiß, wen oder was er da eigentlich liest: Hölderlin oder Jelinek? Jelineks Widerwillen gegen Hölderlins Vaterlandsbegeisterung oder Jelineks Hölderlinbegeisterung? Von allen Texten erscheint *Wolken. Heim.* als einer der tragischsten. Gemeint ist mit diesem Ausdruck, daß die entstellende Arbeit am Zitat die satirisch-parodistische Perspektive auszuschließen. Die tragische Dimension bleibt aller Verzerrung zum Trotz intakt. "Nur um den Preis solcher Entstellungen werden diese Texte zur Waffe im deutschen Belagerungszustand" schreibt Stanitzek[201] und zitiert Emil Staiger: " 'Wer zitiert, nimmt etwas auf, das ihm gemäß ist, das ihm gefällt', Elfriede Jelinek gefällt es zu zitieren, was ihr nicht gefällt".[202]

Das wäre der einzige Punkt, in dem man mit Stanitzek nicht übereinstimmen könnte. An manchen Stellen kann man sich wirklich fragen, ob *Wolken. Heim.* nicht allem Schrecken zum Trotz – und das Deutschlandbild, das aus den Zitaten ensteht, ist zweifelsohne ein Schreckensbild – ob *Wolken. Heim.* durch die Allgegenwärtigkeit des Hölderlinschen Duktus nicht doch in die Nähe zu rücken ist zu der Musik, von der Nietzsche träumte:

> Ich könnte mir eine Musik denken, deren seltenster Zauber darin bestünde, daß sie von Gut und Böse nichts mehr wüßte, nur daß vielleicht irgend ein Schiffer-Heimweh, irgend welche goldne Schatten und zärtliche Schwächen hier und da über sie hinweglfen: eine Kunst, welche von großer Ferne her die Farben einer untergehenden, fast unverständlich gewordenen *moralischen* Welt zu sich flüchten sähe, und die gastfreundlich und tief genug zum Empfang solcher späten Flüchtlinge wäre.[203]

Und zuletzt könnte man noch die Frage stellen, ob *Wolken. Heim.*, wie abwegig das Verfahren auch erscheinen mag, nicht doch indirekt mit Hölderlin hofft: "Was bleibet aber, stiften die Dichter"?

---

[201]Ders.: op. cit. S. 43
[202]Ebda. S. 17.
[203]Nietzsche, *Jenseits*, § 255, op. cit. S. 192.

5.1.3 Rollenspiel / Sprachspiel

In *Wolken. Heim.* – obwohl für die Bühne konzipiert – gibt es keine Figuren, nur Stimmen, die aus der deutschen (Geistes)Geschichte stammen. In diesem Exkurs sollte nur gezeigt werden, wie Elfriede Jelinek mit vorgegebenem Material verfährt, und wie das Spiel mit den Zitaten und Anspielungen verläuft, um der Identität der Deutschen auf die Spur zu kommen. Im folgenden soll nun dargestellt werden, wie die fiktiven Romanfiguren zur Sprache kommen.

Sie sind, wie schon häufiger erwähnt, nicht aus Fleisch und Blut, aber: "Schwarz von Blut ist, was geschrieben steht".[204] Sie existieren allein durch die Schrift, nur durch Sprache, so daß es sinnlos wäre, das Rollenspiel der Figuren vom Sprachspiel zu trennen. Das Rollenspiel ist ein Spiel mit der Sprache. "Nur" d. h., daß die Figuren (sprechende oder besprochene Subjekte oder Objekte) als diskursive Verschränkungen aufzufassen sind. Unter "diskursiver Verschränkung" ist eine Identität zu verstehen, die sich in der Sprache erschöpft. Hinter den sprechenden Figuren verbirgt sich keine andere Identität, kein wahres Gesicht, kein unteilbarer Kern jenseits der sprachlichen Artikulierbarkeit. Die Gebundenheit der Figuren an spezifische Systeme, ihre politische, historische, geographische, soziologische Identität entsteht nur durch die Sprache, das heißt durch das Beherrschen eines Diskurses oder das Beherrschtwerden von einem Diskurs. Das Sprechen der Figuren wird durch das System, in das sie integriert sind, determiniert.

Am Beispiel der *Liebhaberinnen* wurde schon verdeutlicht, daß dieser Determinismus keineswegs mit einem simplifizierenden Naturalismus oder Realismus verbunden ist. Der Determinismus, von dem hier die Rede ist, bezieht sich auf kein präzises Milieu (das rudimentäre Landleben etc.), sondern vielmehr auf die Geschlossenheit des Systems, die ein individuelles Sprechen, ein Sprechen im eigenen Namen ausschließt. Elfriede Jelinek hält die freie Persönlichkeitsentwicklung für unmöglich:

> Ich möchte das jetzt wirklich überspitzt formulieren und sagen, daß in diesem System der Individualismus eine große Illusion und eine große Lüge ist. Bei der Geschlossen-

---

[204] E. Meyer: "Den Vampir schreiben. Zu *Krankheit oder Moderne Frauen*", in *Gegen den schönen Schein*, op. cit. S. 98.

heit dieses Systems ist individuelles Handeln kaum möglich. Es ist mir sehr wichtig, in meinen Büchern die Determiniertheit aufzuweisen.[205]

Determiniertheit heißt für *Die Liebhaberinnen*: Gebundensein an vorgefaßte Modelle. Und unter der diskursiven Verschränkung der Figuren ist das zu verstehen, was Soziologen und Psychologen unter dem Rollenspiel verstehen: das Verhaltensmuster des Einzelnen im Verhältnis zu einem Konsens, der von einer Gruppe determiniert wird. Je nach dem Grad der Anpassungsfähigkeit entstehen Rollendifferenzierungen, Rollenkonflikte. Die Erlernung der Rollen geht einher mit dem Zwang und der Druckausübung, es entsteht "eine Dialektik von Empfangenwollen und Gebensollen".[206] Identifizierung mit dieser Rolle als Verinnerlichung oder Auseinandersetzung mit ihr, das allmähliche in sie Hineinwachsen wie die verschiedenen Abwandlungen der Rolle: all diese Figurationen gehören zu den Spielarten der Modelle. Adorno geht noch einen Schritt weiter und sieht in der Geschichte der Anpassung des europäischen Kleinbürgertums die Grundlagen für ein sadomasochistisches Gesellschaftsspiel:

> Um die "Internalisierung" des gesellschaftlichen Zwangs zu erreichen, die dem Individuum stets mehr abverlangt als es ihm gibt, nimmt dessen Haltung gegenüber der Autorität und ihrer psychologischen Instanz, dem Über-Ich, einen irrationalen Zug an. Das Individuum kann die eigene soziale Anpassung nur vollbringen, wenn es an Gehorsam und Unterordnung Gefallen findet; die sado-masochistische Triebstruktur ist daher beides, Bedingung und Resultat gesellschaftlicher Anpassung. In unserer Gesellschaftsform finden sadistische sowie masochistische Neigungen Befriedigung.[207]

Auf die Bedeutung des Sado-Masochismus in Jelineks Texten wird in dem Abschnitt über die depravierte Sprache noch zurückzukommen sein. Wichtig ist, im Rahmen der Rollenspiele seine gesellschaftliche Funktion als Ausdruck eines Kräfteverhältnisses aufzuzeichnen, in der der Einzelne den kürzeren zieht. Weder *Die Ausgesperrten* noch die *Die Klavierspielerin* sind psycho- oder soziopathologische Fallstudien, darauf wurde schon oft genug hingewiesen, sie sind keine Veranschaulichung einer Gesellschaft, deren Werte im Verfall begriffen wären. Am Beispiel der *Liebhaberinnen* wurde zwar die Vorherrschaft des Sozialen über das Individuelle deutlich gemacht, aber diese Vorherrschaft macht, wie gezeigt, aus den Figuren keine gesellschaftlichen Prototypen.

---

[205]"Elfriede Jelinek in einem Gespräch mit Joseph-Hermann Sauter", in *Weimarer Beiträge 6* Berlin (DDR) 1981, S. 113.
[206]Siehe zu dem Begriff des Rollenspiels: Dietrich und Walter (Hrsg.), *Grundbegriffe der psychologischen Fachsprache*, München 1972, S. 241 f.
[207]Adorno, *Studien zum autoritären Charakter*, Frankfurt/M. 1973, S. 323.

In Elfriede Jelineks Texten ist die Sexualität ein bevorzugter Schauplatz, das Paradigma par excellence möchte man schon sagen, zum Ausdruck des sozialen sado-masochistischen Interdependenzverhältnisses. Und die bevorzugte Metapher, ist die des Fleisches, des Fressens. Die ausschlaggebende Parole für diese "sattgegessenen Barbaren in einem Land, in dem kulturell überhaupt Barbarei herrscht", (Ks, 87) lautet für alle gleich: Fressen und /oder gefressen werden. Man wird bemerkt haben, daß sich die Eß- oder Freßmetapher durch alle Texte zieht und die Funktion einer struktural prägenden Matrix für diese Machtbalance übernimmt. Konnotiert ist das Fressen sexuell, ökonomisch, ideologisch. Als konkretes Beipiel, das die drei Aspekte vereint: die Peep-Show-Szene in der *Klavierspielerin*.

5.1.4 Von Fleischbeschauern und Fleischfressern

Sie wechseln sich ab, die Frauen. Sie rotieren nach einem ganz bestimmten Unlustprinzip innerhalb einer ganzen Kette von Peep-Shows, damit der Dauerkunde und Stammgast stets in gewissen Intervallen ein anderes Fleisch zu sehen bekommt. Sonst kommt er ja nicht mehr. Der Abonnent. Schließlich trägt er sein teures Geld her und wirft es, Münze um Münze, in einen unersättlich klaffenden Schlitz hinein. Denn immer genau dann, wenn es recht spannend wird, muß er einen neuen Zehner nachwerfen. Die eine Hand wirft, die andere pumpt die Manneskraft sinnlos zum Fenster hinaus. Der Mann ißt zuhause für drei, und hier läßt er es einfach achtlos zu Boden klatschen. (Ks, 62f.)

Peep-shows sind eine für sogenannte arme Schweine inszenierte Form der Sexualität oder vielmehr ein zynisches Simulakrum. Zynisch, weil es sich um eine gezielt ökonomische Ausbeutung der Libido handelt. Voyeure genießen Fleisch mit den Augen, und dieser Genuß hat seinen Preis für die Peep-Show-Besucher, die, mit einem Haufen Kleingeld, "Zehnschillingsmünzen" (Ks, 64) bewaffnet, besonders ausgetüftelt ausgebeutet werden. Die Parallele zur Sprache der Wirtschaft, des Haushalts (Ökonomie der Triebe – Liebeshaushalt – Haushaltsgeld) ist offensichtlich. Erika Kohut muß sich das Geld von ihrer "Jause" (Ks, 67) absparen und der Stammkunde spart es vom Wirtschaftsgeld ab. Das Geld wandert von einem Haushalt zum anderen, das Wirtschaftsgeld wird für die Ökonomie der Triebe eingesetzt, via eines "klaffenden Schlitz[es]", hinter dem die Geschäftsführer des Unlustprinzips kassieren. Alles ist so angelegt, daß es im Rahmen der wiederholbaren Ausbeutbarkeit bleibt. Die Kunden brauchen keine Scheine, keine Schecks, kein Plastikgeld, Münzen genügen. Diese biedere Dimension ist überaus wichtig, sie ist die ökonomische Voraussetzung zur Ausbeutung des Wiederholungszwanges und läßt die Investition à fonds perdu minder erscheinen. Überdies verhält sich das Kleingeld "proportional zur Kleinheit ihrer privaten Behausungen" (Ks, 66). Es ist das Kleingeld des kleinen Mannes, der seine Ersparnisse in einen "unersättlich klaffenden Schlitz" wirft, den er mit der unersättlichen Gier der Frau verwechselt, er merkt natürlich nicht, wer kassiert und soll es ja nicht merken. Er weiß zwar, daß er einzahlt, glaubt auch, daß er es der "geile[n] Sau hinter dem Fenster" (Ks, 64) heimzahlt, weiß aber nicht, daß diese kollektiv organisierte Zirkulation der Begierde nichts anderes als sein Geld (Schweinegeld?) in Umlauf bringt und damit seiner Verfremdung noch ein bißchen mehr Vorschub leistet, weil seine Schaulust in einem fremdgesteuerten Investitionsprozeß integriert wird.

> Einer ist vom anderen streng separiert. Sperrholzkabinen sind ihnen genau nach Maß angepaßt. Die Kabinen sind eng und klein, und ihre temporären Bewohner sind kleine Leute. Außerdem – je geringer die Ausmaße, desto mehr Kabinen. (Ks, 65)

Der Schlitz als metonymische Verschiebung des weiblichen Geschlechts, der "geile[n] Sau hinter dem Fenster" (Ks, 64) versteht sich von selbst. Die Geste des zahlenden Kunden hat etwas Infantiles, erinnert an neugierige Kinder, die durch das Schlüsselloch schauen, erinnert aber auch durch das Münzeneinwerfen an den Sparschlitz des Porzellan- oder Plastikschweinchens, das Sparkassen an Kinder verteilen, um sie zu künftigen Kunden zu erziehen. Somit kommt dem Schlitz eine doppelte Bedeutung zu: Metonymie für die Frau (Sau) und Verlängerung zum häuslichen Sparschwein. Durch die Assoziation Sparen-Schlitz-Schwein- entsteht eine Parallele zur Obszönität des Systems selbst. Dieses System bietet dem Schein nach Befriedigung an, in Wirklichkeit aber orchestriert es die Frustration. Sparer und Peep-Show-Besucher haben etwas gemeinsam: sie kommen nicht in den vollen Genuß ihrer Investition. Sparen, um später genießen zu können, Sparen als Aufschub der Befriedigung der Wünsche. Die Befriedigung wird in der Peep-Show so weit wie möglich hinausgeschoben, aber nicht zur Steigerung der Lust, sondern um die Kunden dazu zu bringen, ihr "Wirtschaftsgeld", das sie sich "vom Munde absparen müssen" (Ks, 66) in den "klaffenden Schlitz " zu werfen, d.h. beim Geschäftsführer einzuzahlen. Und während die Männer sich selbst befriedigen – wobei man keinen schlechteren Ausdruck wählen kann, alles in einer Peep-Show ist Surrogat – während also der "Tölpel glotzt" und "über dem Schauen das Arbeiten am eigenen Walzwerk vergißt" (Ks, 70), wird er seinerseits "die ganze Zeit schon von einem riesigen unsichtbaren Teigrührer sorgsam vermengt." (Ks, 69) Und genau das ist die Obszönität des Ganzen: die unsichtbare, hinter dem Schauspiel verborgene Organisation, sowie die

Vermarktung der Sexualität als Mittel zum Zweck. Durch die Koppelung des Geldeinwurfs in der Peep-Show mit dem Sparschwein zuhause, der masturbierenden Männer mit dem unsichtbaren Teigrührer, des Samenergusses mit der Gefräßigkeit am Familientisch wird die Denunzierung des pornographischen Gewerbes in eine bestimmte Richtung orientiert. Obszön ist nicht das Schauspiel, obszön ist die Ökonomie, in der die Frau, zur Sau gemacht, als Fleisch für arme Schweine auf den Markt gebracht wird, und die Kassierer ihrerseits Schweinegeld damit machen. Obszön ist, wie auf dem Markt der vermeintlichen Befriedigungsangebote an Triebstrukturen appelliert wird. Obszön ist die ökonomische Machtbalance, in der der kleine Mann klein gehalten wird, zu Hause Nahrung für drei verschlingt, und dann seine Kraft, Manneskraft und Arbeitskraft, für ein sinnloses Simulakrum der Geschlechtlichkeit vergeudet. Obzön ist, wie mit seiner Begierde gespielt wird. Wobei 'spielen' ein verkehrter Ausdruck ist, denn es wird nicht mit der Begierde gespielt, sie wird gezielt ökonomisch manipuliert: Steigerung der Unlust zur Steigerung des finanziellen Einsatzes. Dargestellt wird es ihm als ein Spiel für den Tüchtigen, dem man freie Bahn in seinen voyeuristischen Phantasmen gewährt: "Nervös klicken die Sehschlitze. Wer wagt, gewinnt, wer noch einmal wagt, gewinnt vielleicht noch ein Mal." (Ks, 69) Das Geldspiel, das mit ihm gespielt wird, ist kein Glücksspiel, es ist ein Spiel um sein Geld, und die Spielregeln sind so angelegt, daß allein der Verkäufer gewinnt und der Kunde alles zu verlieren hat. Einerseits wird der sexuelle Reiz in eine Ware umgewandelt, andererseits wird jegliche Ware sexualisiert. Und genau dieser Prozeß kennzeichnet die Obszönität des Systems: die Umprägung der sexuellen Bedürfnisse durch das System, ein System, das den Voyeurismus fördert. Der begehrte Gegenstand muß immer in sichtbarer Nähe sein, sichtbar aber nicht greifbar, greifbar ist allein das Surrogat, mit dem sich allerdings nicht nur der Peep-show-Besucher befriedigen muß:

> Ein kleiner Sex-Shop ist nebenbei angeschlossen. Dort kann man kaufen, worauf man Lust bekommen hat. (...) Es gibt auch noch Bücher und Hefte, Schmalfilme und Video-Kassetten in verschiedenen Stadien des Verstaubens. Dieser Artikel geht hier gar nicht. Der Kunde hat das dazugehörige Gerät nicht bei sich zu Hause stehen. Die hygienischen Gummiartikel (...) verkaufen sich schon besser und auch die aufblasbaren Frauenimitationen. Zuerst sehen sie drinnen die echte Frau, dann kaufen sie draußen das Imitat. (Ks, 63 f.)

Es wäre jedoch ein Irrtum, die Surrogatindustrie auf den Sexmarkt zu beschränken. Das, was die Peep-Show-Szene eindeutig hervorhebt, geht über eine Denunzierung der Pornographie hinaus. Denn wenn die Sexkonsumenten zu Karikaturen ihrer selbst geworden sind, Peep-Show-Besucher eben, dann nicht ohne die seriöse Unterstützung einer Gesellschaft, die an ihrer Atomisierung, ihrer sexuellen Verstümmelung aktiv teilgenommen hat. Was Elfriede Jelinek hier diagnostiziert, ist nicht nur das Scheitern einer Körper-Kultur, einer Emanzipation der Sinne, sondern vielmehr einen allgemeinen Ausbeutungs- und Unterdrückungszusammenhang. Die Pornographie ist nicht das Übel, sie ist das Symptom einer Gesellschaft, der die Integration der Sinne, der Begierde mißlungen ist, das Symptom einer Gesellschaft, die die Sinne an das System des Angebots und der Nachfrage verraten, verkauft hat. Pornographie ist ein Geschäft, es ist die Kommerzialisierung einer Marktlücke, die der Verdrängung. Sie hat, allen periodisch auftretenden Antiporno Kampagnen zum Trotz, ihre systemgefährdende Aura verloren. Pornographie ist ein Bestandteil der *société du spectacle*. Pornokonsumenten sind keine perversen Erotomane, keine gefährlichen Psychopathen, keine Revolutionäre, sie sind Kunden einer gierigen Kasse, die ihrer spottet:

> Comme le mode production les a durement traités! De progrès en promotions, ils ont perdu le peu qu'ils avaient, et gagné ce dont personne ne voulait. Ils collectionnent les misères et les humiliations de tous les systèmes d'exploitation du passé; ils n'en ignorent que la révolte. (...)
> Séparés entre eux par la perte générale de tout langage adéquat aux faits (...); séparés par leur incessante concurrence, toujours pressée par le fouet, dans la consommation ostentatoire du néant (...).
> [Ils] se sentent bien davantage les fils du spectacle régnant que de ceux de ses domestiques qui les ont par hasard engendrés: ils se rêvent les métis de ces nègres-là. (...) Serviteurs surmenés du vide, le vide les gratifie en monnaie à son effigie.[208]

Am Beispiel von *Wolken. Heim.* und der Peep-Schow-Szene in der *Klavierspielerin* sollte gezeigt werden, wie Elfriede Jelinek im ersten Fall die vollendete Form der Sprache in Dichtung und Prosa (Kleist und Hölderlin) zu einer neuen Aussage zwingt oder vielmehr den Leser zu einer Überprüfung des ideologischen Gehalts auffordert, und im zweiten Fall durch den Einsatz der "Haushaltssprache" im Bereich der Sexualität einen Sinnzusammenhang offenbart, der sonst im Verborgenen bliebe. Die sprachlichen Verfahren, wenn auch dem Anschein nach weit voneinander entfernt, sind die gleichen. Die Hölderlin-Sprache wie die Sprache der Ökonomie wird als Schablone aufgefaßt und eingesetzt. Diese Sprachschablonen können Zitate aus der erhabenen Dichtung oder aus dem Trivial-Proverbialen sein. Wichtig ist allein die Tatsache, daß die Hierarchie der Sprachregister abgeschafft wird und daß die eine Sprache die andere nicht ausschließt. Daraus entsteht ein Sprachsystem, welches nicht davor zurückschreckt, sich zu widersprechen,

---

[208]Debord, *In girum imus nocte et consumimur igni*, Paris 1990, S. 10ff.

welches der herkömmlichen Logik entgeht und sich der Geläufigkeit widersetzt, ein System also, welches die Sprachen nebeneinander, miteinander, gegeneinander aufkommen läßt. In *Lust* wird der Einsatz der Sprachschablonen am radikalsten durchgeführt. Anders als in *Wolken. Heim.*, wo Hölderlin erkenntlich bleibt und auch am Schluß angeführt wird, sind in *Lust* Auszüge aus ungefähr sechzig Gedichten eingefaßt, die auf Grund ihrer Umbeugung und Zweckentfremdung fast kaum mehr erkenntlich sind. Die Hölderlin-Zitate in *Wolken. Heim.* sind zwar manipuliert, aber die Aussage, zu der Jelinek sie zwingt, bleibt im Rahmen eines Diskurses über das Vaterland, der Erdverbundenheit, usw. Der Bezug auf die ursprüngliche Aussage bleibt in der Tat bestehen (was Hölderlin unter den Erdgeborenen versteht und wie Jelinek sie interpretiert, ist ein anderes Problem). In *Lust* werden die Hölderlin-Zitate u.a. in die Sprache der Sexualität eingeflochten, und grundsätzlich in einen Kontext gerückt, der mit der Hölderlinschen Thematik keine Verwandtschaft mehr aufweist.

5.1.5 Die ironische Verstellung

Ironie hat etymologisch mit der Unwissenheit des Sprechers zu tun, der vorgibt, nichts von dem zu wissen, was da gesagt wird. Der Sprecher verstellt sich, heuchelt Ignoranz, um die seines Gesprächspartners hervorzuheben. Das ist die pädagogisch-didaktische Aufgabe der Ironie. Die Frage nach dem Grad des Bewußtseins, des Wissens, der Einsicht in das Ausgesagte der Sprecher stellt sich, wie schon gezeigt, in allen Texten Jelineks, da es zu den grundlegenden Zügen ihres Schreibens gehört, stets zu verhindern, sowohl einen eindeutigen Standpunkt auszumachen, als eine eindeutige Antwort auf die Frage zu erhalten: wer spricht. Der Erzähler stellt sich zwar nicht dumm, auch verstellt er sich nicht im übertragenem Sinne, er ent-stellt, ver-stellt vielmehr die Gegenstände und Begriffe, von denen die Rede ist. Jelineks Verstellen ist immer ein Umstellen: Zitate werden aus ihrem Kontext gehoben, in eine neue Umgebung eingefügt. Wie bei jedem Umzug geht manches verloren und manches gerät in Unordnung, Buchstaben werden vertauscht, Worte und Wörter verdreht, manchmal verirren sich die Buchstaben auch: "Wer als die Mutter könnte Ruhe, Ordnung und Sicherheit in den eigenen vier Wänden besser gewehrleisten?" (Ks, 95). Auf dem Weg vom "ä" zum "e" erscheint, was Strategen schon lange wissen: die beste Gewähr für den Frieden ist ein Gewehr. *Si vis pacem, para bellum!*

Die Freudsche Interpretation der Entstellung als Verdichtung und Verschiebung ist nicht auszuschließen, jedoch bedarf der psychoanalytische Ansatz der Erklärung. Gemeint ist mit der psychoanalytischen Analogie eine gemeinsame Verfahrensweise. Als Arbeitsmaterial verfügt der Analytiker über nichts anderes als über die Aussagen des Analysanden, zu denen auch die Sprache des Körpers mit seinen Symptomen sowie die Gestik zählen. Aussagen, Körper, Gestik werden einer linguistischen Syntax gleichsetzt, denen er die gleiche Struktur wie dem Unbewußten zuschreibt. Diese Syntax zu analysieren heißt nicht, eine objektive Wahrheit an den Tag legen, sondern eine diskursive Realität rekonstituieren, zeigen, wie das sprechende Subjekt sich der Sprache bedient, um die Logik seines Diskurses, seine Sprache in der Sprache aufzubauen. Gezeigt werden soll in diesem Abschnitt zunächst die sprachliche Entstellungstechnik, die, analog zur Traumarbeit, hauptsächlich mit den Verfahren der Verdichtung und Verschiebung operiert.

5.1.6 Die Entlarvung der Phrasen durch Verschiebung: Vom Schwein zum Schlachter zur Lebensaufgabe

Es läßt sich unzweifelhaft eine Entwicklung in dem kritischen Verfahren der Jelinekschen Sprachbehandlung feststellen, die sich in den allgemeinen Prozeß der Moderne einschreibt. Den Einzelnen durch seine Sprache zu demaskieren ist – vor allem auf der Bühne – kein neues Verfahren. Durch den Einsatz von Redensarten, Sprichwörtern, Stereotypen im allgemeinen, die unmanipuliert in den Text hineinmontiert werden, entlarvten schon Kraus und Horvath die Verlogenheit der Repräsentanten einer Gruppe, einer Klasse. Diese Art von Sprachkritik sieht in der Sprache der Verbraucher, der Zeitungsleser, der Theatergänger, der Straßenbahnfahrer, der Künstlerbiographienleser ein Symptom, ein Symptom aus der Phrasenwelt. Kraus glaubte an eine Wirklichkeit hinter den Dingen, glaubte an einen ursprünglichen unter den Lügen der Presse und Medien erstickten Sinn. Er erhoffte sich jedoch keinen anderen Zugang zu dieser ursprünglichen Sprache als durch den Einsatz der gefälschten Sprache:

> Es wäre dem Menschen geholfen, könnte man ihm, wenn schon nicht das Auge für die fremde Schrift, wenigstens das Ohr für die eigene Sprache öffnen und ihn wieder die Bedeutungen erleben lassen, die er ohne es zu wissen täglich zum Munde führt. Ihn die Verlebendigung der Redensarten lehren, die Auffrischung der Floskeln des täglichen Umgangs, die Agnoszierung des Nichtssagenden, das einmal etwas gesagt hat. (...) Man muß damit anfangen, sich sprechen zu hören, darüber nachdenken, und alles Verlorene wird sich finden. (...) Jede Gedankenlosigkeit, die man spricht, war einmal ein Gedanke.[209]

---

[209]Kraus, *Die Sprache*, op. cit. S. 225 f.

Eine derartige Hoffnung geht von dem Postulat aus, daß der ursprüngliche Sinn noch hörbar oder sichtbar ist. Daß dem Leser oder dem sprechenden Subjekt die Möglichkeit gegeben ist, das Original hinter den Vexierbildern und den Täuschungsmanövern zu entdecken. Von dieser Hoffnung bleibt in Jelineks Texten nur noch ein Schimmer, die Befreiung aus der Phrasenwelt scheint unmöglich:

> männer können schweine sein, aber auch das gegenteil. was ist das gegenteil eines schweines? (Lh, 23)

Keiner fragt sich mehr, was ein Schwein sei, weil das Schwein ein für alle Male als Metapher für gemeine Dreckmenschen festgeschrieben ist. Das Bild vom "schwein" wird als Floskel entlarvt, weil die Frage "was ist das gegenteil eines schweins" nicht zu beantworten ist. Es gibt auf der metaphorischen Ebene kein Gegenbild. Man wird es als sauberes Tier auch nicht mehr rehabilitieren können, aber man kann durch die Vergleiche aus der Tierwelt auf die Trägheit der Menschen hinweisen, und damit hervorheben, daß sie unfähig sind, anders als in Fertigbildern zu denken und zu sprechen. Dieses Beispiel läßt sich in eine Serie sprachkritischer Eingriffe einordnen, die anhand von Kommentaren, entweder die Absurdität der Sprache oder den Sieg der Phrase hervorheben. In diesen Fällen findet keine Entstellung statt, die Sprache selbst bleibt unangetastet. Die kritische Distanz zur Aussage entsteht durch den Kommentar des Erzählers, hier in Form einer Frage, die die metaphorische und konkrete Ebene gegeneinander ausspielt: "was ist das gegenteil eines schweines?" Durch die Gedankenlosigkeit im Einsatz des Tiervergleichs wird die Grundaussage retroaktiv modifiziert: wenn es das Gegenteil von einem Schwein nicht gibt, wie sieht es dann mit den Männern aus, die mit ihnen verglichen werden, bleiben sie dann nicht das, was im ersten Teil der Aussage von ihnen behauptet wurde: "männer können schweine sein" ? Auf der einen Seite ist es also unsinnig, Menschen mit Tieren und umgekehrt zu vergleichen, und auf der anderen Seite ist es ebenso unsinnig zu glauben, daß Männer etwas anderes sein können – als Schweine. Liest man diesen Satz isoliert, so könnte man zu recht Einspruch erheben und ihn als primären Sexismus deuten. Das wäre ein Irrtum, denn erstens stellt Jelinek den Männern keineswegs die Frauen als etwas Besseres gegenüber – ihre Metaphern beziehen sich immer auf den schon erwähnten "schlimmstmöglichen Zustand" – und zweitens werden die Männer nicht de facto so dargestellt, sondern durch die Gedankenlosigkeit, durch die Sprachschablonen, die Jelinek denunziert, zu Schweinen gemacht. Das Sprechen in Fertigbildern sperrt Männer in derartige Metaphern ein. Das ist das Fazit, das man aus diesem Vergleich ziehen kann.

Schweine haben Schlachter zu fürchten: "Das Schlachten kann ein Fest werden. (...) Das Los trifft heute dieses Tier. (...) Das Tierauge tropft in einen Eimer. Das Tier vertraute zu seinem eigenen Schaden blind der menschlichen Sprache." (O, 83) Es vertraute dem Wort Schlachtfest, das eben nicht für alle Beteiligten, besonders für den Hauptbeteiligten, das Verheißen auf ein Fest hält. 'Komm wir feiern Schlachten', mag der Schlachter wohl zum Tier gesagt haben und das Tier, blind vertrauend, verlor u.a. dabei das Auge. Ein Schlachtfest ist ein bestialischer Akt, aber von Menschenhand geführt. Und die Moral von der Geschichte heißt: "Mithilfe der Sprache werden Tier und Mensch oft getäuscht." (O, 83)

Hier ein zweites Beispiel aus der Schlachtersprache, das auf die Absurdität mancher Komposita anspielt: in der *Klavierspielerin* ist von einem "Selberschlachter" die Rede, "der nie daran dächte, sich selbst zu schlachten" (Ks, 117). Der Kommentar mag zunächst absurd erscheinen, denn wer dächte je daran, daß ein Selberschlachter das Schlachtmesser gegen sich selbst richten könnte? Möglich ist der Kommentar zum "Selberschlachter" durch die Analogie zum Selbstmörder, von dem man auch nicht vermutet, daß er etwas anderes als sich selbst töten könnte und wortwörtlich, geht man von der signifikanten Ebene aus, ebenso gut ein Mörder sein könnte, der seine Morde selbst ausführt, anstatt andere damit zu beauftragen. Die Funktion des Kommentars liegt darin, die Selbstverständlichkeit eines geläufigen Ausdrucks abrupt zu unterbinden, und mit der Zweideutigkeit des Sinns zu spielen. Das Pronomen "selber" bezieht sich eben nicht nur auf das Ich der Person, also auf das Objekt, sondern auch auf die Taten, die von der Person "selbst", d.h. "von ihren eigenen Händen" vollbracht werden.

Sprache muß normativ sein, sonst gäbe es keine Kommunikation, genauso notwendig ist es jedoch, den Reflexmechanismus beim Sprechen und Lesen zu unterminieren, damit aus der konventionellen Verbindung von Ausdruck und Sinn, die ja bekanntlich eine willkürliche ist, keine "natürliche" wird, die sich von selbst versteht. Von "selbst" versteht sich gar nichts.

Analog zum Selberschlachter/Selbstmörder, die folgende Replik aus *Was geschah, nachdem Nora ihren Mann verlassen hatte oder Stützen der Gesellschaft*:

PERSONALCHEF: An meiner Position können Sie studieren, daß ein Beruf keine Flucht, sondern eine Lebensaufgabe ist.
NORA: Ich will aber mein Leben noch nicht aufgeben! Ich strebe meine persönliche Verwirklichung an. (N, 7)

Zunächst der Mann: Pompös behauptet er, daß ein Beruf eine Aufgabe *für* das Leben ist, im Sinne einer allgemeingültigen Maxime; als sollte man sein Leben der Arbeit widmen.

Noras Antwort dagegen materialisiert die Zweideutigkeit, die in der Lebensaufgabe enthalten ist. Aufgabe *für* das Leben zum einen, Aufgabe *des* Lebens zum anderen; die Pflicht wird zum Opfer, zur Aufopferung des Lebens. Und in der Tat ist die Arbeit, die der Personalchef Nora anbietet, keine auszurichtende Tätigkeit, sondern eine ideologische Hinrichtung, eine Aufgabe ihres Selbst.

> PERSONALCHEF: (...) Wir verfügen über Maschinen. Vor einer Maschine muß der Mensch zu einem Nichts werden, erst dann kann er wieder zu einem Etwas werden. Ich allerdings wählte von Anfang an den beschwerlicheren Weg zu einer Karriere. (N, 7)

Durch diese Replik denunziert sich der Personalchef "selbst". Die pompöse Lebensaufgabe reduziert sicht auf eine, auf *seine* Karriere; eine Karriere ist weder Pflicht noch Opfer, sondern egoistische Genugtuung. Nicht zu überlesen ist das "allerdings", das das "ich" von den anderen, von der Arbeiterschaft, abgrenzt. Wenn in seiner Fabrik die arbeitenden Frauen "etwas" werden wollen, müssen sie zum Nichts werden. Und daß der Weg vielmehr in die entgegengesetzte Richtung geht: vom Etwas zum Nichts, versteht sich auch von selbst. Es kommt immer darauf an, wer sich derartiger Ausdrücke bedient und zu welchem Zweck. Hier wird der ideologische Gehalt der Lebensaufgabe entlarvt, indem Nora aus dem Substantiv das Verb "aufgeben" ableitet, das zwar in der präexistierenden Polysemie enthalten ist, in ihrer Antwort aber sterben bedeutet. Bei dieser antinomischen Verschiebung ist aus der Aufgabe für das Leben, die die männliche Karriere kennzeichnet, eine Aufgabe des Lebens, ein Schicksalsbegriff für Fabrikarbeiterinnen geworden.

Das Spiel mit der Sprache beruht in den bislang zitierten Beispielen auf der Vieldeutigkeit der vorgegebenen Sprachmuster selbst. Es handelt sich jeweils um das systematische Ausbeuten der präexistierenden Polysemie, auf die das Wortspiel aufmerksam macht. Durch das Ausbeuten der semantischen Vielfältigkeit, der Interpretationsmöglichkeiten eines gleichen Sems wird deutlich, daß die Sprache durch ihre Beschaffenheit keineswegs etwas Selbstverständliches, von selbst verständlich ist. Zwischen der Lebensaufgabe (in der Rede) eines Mannes und der Lebensaufgabe (in der Rede) einer Frau liegt ein Abgrund, in dem das Leben der Frauen verschwindet.

5.1.7 Das Proverbiale

Nichts könnte die Versteinerung der Sprache besser ausdrücken als der Gebrauch des Sprichworts: in ihm ist die Form zur universellen Wahrheit geronnen, die vom Volke, vom Volksmund ausgehen soll. Sprichwörter sind komprimierte Verhaltensmuster, sie diktieren ein zu folgendes Verhalten. Daß sprachempfindliche Schriftsteller eine besondere Abneigung für diese vermeintlichen Volkswahrheiten hegen, wird niemanden wundern. Erstens, weil das Proverbiale in seiner Form ein für alle Male festgelegt ist, und zweitens, weil es, anstatt im Dienste der Weisheit zu stehen, als Volksverdummungsmechanismus eingesetzt werden kann, da es in seiner imperativen Form jeglicher Reflexion enthebt. Das Sprichwort gehört zu den privilegierten rhetorischen Formen in Elfriede Jelineks Texten. Sie werden entweder schablonenartig eingesetzt, oder sie werden ihres Gehaltes entleert und neu besetzt, so daß nur noch die Form an das Proverbiale erinnert.

In den *Ausgesperrten* wird Annas Aggressivität folgendermaßen dargestellt:

> Es gehört besonders viel Mut dazu, einem Menschen, der einen von vorn ansieht (...), das Gesicht zu zerkratzen, bzw. es auf seine Augäpfel abzusehen. Denn die Augen sind der Spiegel der Seele, der möglichst unbeschädigt bleiben sollte. Sonst glaubt man, die Seele ist hin. (Au, 7)

Wenn man einen besonderen Wert auf etwas legt, dann hütet man diesen kostbaren Gegenstand sprichwörtlich wie seinen Augapfel. Augen nehmen einen besonderen Platz in der Körper– und Seelenlandschaft ein. Spiegel und Fenster sind ihre geläufigsten Metaphern, so geläufig, daß man sie zu den Gemeinplätzen zählen kann. Ausgerechnet in dem Kontext eines Raubüberfalls von "Augäpfeln" und "Spiegel der Seele" sprechen, zeugt von einer besonderen Ironie, die dadurch entsteht, daß sich der Erzähler zwar von einer derartigen Grausamkeit distanziert (wie man es gemeinhin erwartet), aber er distanziert sich nur zur Form, in Form des Sprichwörtlichen. Man erwartet eine Sprache des Affekts, und was folgt, stammt aus dem Sammelsurium der Fertigsprache. Durch den Gemeinplatz "Spiegel der Seele", durch das zum Kitsch degradierte Bild der Augen entsteht eine Kluft zwischen Inhalt und Form: ein außergewöhnliches Ereignis (ein hinterhältiger Überfall) wird mit einem übersaturierten, erstarrten Begriff ausgedrückt. Annas Aggressivität an sich ist schon ein Stein des Anstoßes, aber erst die Koppelung ihrer Boshaftigkeit mit dem Sprichwörtlichen – man darf den Spiegel nicht beschädigen – verleiht der Szene einen diabolischen Charakter. Denn gerade in dem Kontext der Nachkriegsjahre ist es fraglich, ob diese Augen eine besonders schöne Seele widerspiegeln, man weiß nur, daß sie zu einem Opfer gehören, und daß dieses per definitionem "immer besser [ist], weil es unschuldig ist" (Au, 7). Durch die Verlagerung der Schuld- und Unschuldproblematik in den Bereich des Proverbialen, des Gemeinplatzes, des Unantastbaren wird eine Parallele etabliert, die unterschwellig die historische Lüge hervorhebt, welche wieder einmal versucht, sich "wahrzulügen". Das Sprichwort erfüllt die Funktion eines Kontrastmittels, das wie bei einer Röntgenaufnahme dort Kontraste schafft, wo die Gewebe nicht genügend voneinander zu unterscheiden sind. Hier handelt es sich um ein soziales Gewebe, in dem Opfer und Täter in der pathetischen Pose des überfallenen Landes aufgehen, und das kraft des rhetorischen Kontrastmittels auf seinen ideologischen Charakter hin durchleuchtet wird.

5.1.8 Das falsche Sprichwort: Beibehaltung der Form – Entleerung des Inhalts

"An einem Taxi beginnt man zu sparen, bei einer Wohnung hört man auf" (Ks, 93) lautet die Devise der ehrgeizigen Mutter Kohut, die für alles das passende Wort, selbst das falsche Sprichwort, parat hat, die ihren Sprachschatz der Sparkasse und dem dazugehörigen Buch verdankt.

> Die Mutter will alles später. Nichts will sie sofort. Doch das Kind will sie immer, und sie will immer wissen, wo man das Kind notfalls erreichen kann, wenn der Mama ein Herzinfarkt droht. Die Mutter will in der Zeit sparen, um später genießen zu können. (Ks, 8)

"Spare in der Zeit, dann hast du in der Not!" lautet das hier variierte Sprichwort. Aus der Not ist allerdings ein "notfalls" geworden, und die Notfälle der Mutter Kohut sind täglich, ist doch jede Abwesenheit der Tochter im Leben der Mutter ein Notfall. Die Mutter will "später genießen" und verschiebt die Erfüllung der Wünsche auf eine Zeit, in der sie aller Wahrscheinlichkeit nach nicht mehr in der Lage sein wird, zu genießen. Die weise (proverbiale) Voraussicht artet zur Wunschvernichtungsmaschine aus. Die Mutter geht schon auf die achtzig zu; das läßt den späteren Genuß äußerst fragwürdig und die Wunschvernichtungsmaschine hauptsächlich als eine gegen ihre Tochter gerichtete erscheinen: "Wer zahlt, bestimmt. Die Mutter, die nur eine winzige Rente hat, bestimmt, was Erika bezahlt." (Ks, 9) Der Gemeinplatz wird umgekehrt, denn Brotverdiener im Haushalt der Kohuts ist die Tochter, die, was man den Zitaten nicht zu entnehmen vermag, eine dreißigjährige Frau ist. Die Tochter verdient und die Mutter bestimmt, wie das Geld auszugeben ist: sparsam und klug. Sparsam versteht sich, klug bedeutet jedoch immer: gegen die Wünsche und für einen hypothetisch späteren Genuß – im Bereich des Häuslichen. Die Mutter spart via Erika auf eine Eigentumswohnung. Erikas Eitelkeit und heimliche Kleiderkäufe schmälern die Summen auf dem Sparbuch:

> Das Kleidergeld war für die Sparkasse bestimmt! Jetzt ist es vorzeitig verbraucht. Man hätte dieses Kleid jederzeit in Gestalt eines Eintrags ins Sparbuch der Bausparkassen der österr. Sparkassen vor Augen haben können (...). (Ks, 8)

Erikas Einkäufe beeinträchtigen den Ehrgeiz der Mutter, die für "Erika früh einen in irgendeiner Form künstlerischen Beruf (...) wählt, damit sich aus der mühevoll errungenen Feinheit Geld herauspressen läßt". (Ks, 32). Wer in der Zeit für die Not spart, spart häufig auch am Notwendigsten, möchte man hinzufügen. Notwendig wäre u.a. die Befriedung der Wünsche, die, wenn man sie sich oder jemandem ersparen will, Nöte einer ganz anderen Art aufkommen lassen, wie sie am Beispiel von Erika Kohut illustriert werden.

Wie das Verhalten und die Wahrnehmungsstruktur der Tochter von den sprichwörtlichen Geldvorstellungen des Kleinbürgers geprägt sind, zeigen eine Reihe von Bildern und Situationen, die immer wieder das Aufschieben, Verschieben, Hinausschieben, die Unmöglichkeit der Verwirklichung des Begehrens beinhalten und sich im Symbol des sparenden Kleinbürgers verdichten. Wenn Erika verliebt ist, dann klingt das so:

> Zu Atem gekommen, bietet sie unermüdlich noch viel heftigere, ehrlichere Gefühle an, poliert sie mit einem weichen Tuch und weist sie prahlerisch vor. Das alles habe ich für dich zusammengespart, Walter, jetzt ist es soweit! (Ks, 308)

Das Sparprogramm der Mutter: "spare in der Zeit", führt zum Notzustand der Tochter:

> Sie spart mit sich und gibt sich nur ungern aus, nachdem sie Überlegungen vielfältiger Art angestellt hat. Mit ihren Pfunden wuchert sie. Das Kleingeld ihres modernen Körpers wird sie Klemmer geizig auf den Tisch zählen, sodaß er denkt, es ist mindestens doppelt soviel, wie sie in Wirklichkeit ausgibt. (Ks, 300)

Der Notzustand der Tochter verdichtet sich im Inbegriff des sparenden Kleinbürgers, im Bild des Sparschweins:

> Im Sparschwein ihres Leibes steckt sie fest, in diesem bläulich angelaufenen Tumor, den sie ständig mit sich herumschleppt, und der bis zum Platzen prall ist. (Ks, 300)

Erikas Kopf und Körper sind bis zum Platzen voll mit Ersparnissen, weil Erika alles erspart worden ist. Nur führt die Sparschaft nicht zur Barschaft, wie das Sprichwort behauptet, sondern zu merkwürdigen Versuchen, das Sparschwein zu schlachten:

> Das Metall fräst sich hinein wie in Butter. Einen Augenblick klafft ein Sparkassen-Schlitz im vorher geschlossenen Gewebe, dann rast das mühsam gebändigte Blut hinter der Sperre hervor. (...) Vier Schlitze, aus denen es pausenlos herausquillt. (Ks, 57)

Diese etwas merkwürdige Freizeitbeschäftigung – Erikas "Hobby ist das Schneiden am eigenen Körper" (Ks, 110) – kommt nicht von ungefähr. Man könnte sie im wahrsten Sinne des Wortes als Resultat der Verdichtung und Verschiebung einer anderen Aussage nehmen, die zwar im Text nicht als solche formuliert wird, aber durch das rekurrierende Bild des Sparschweins ungefähr so lauten könnte: wie ein Sparschwein eine Kindheit und Jugend 'versauen'. Das 'Versauen' ist beim Wort zu nehmen, als prägende Struktur zu verstehen. Gemeint ist der Prozeß, der von der an allem sparenden Mutter zum monströsen Körper der Tochter führt.

Erika Kohut ist wie besessen von der Vorstellung, daß auf ihrer Haut Öffnungen entstehen müssen, die als "Schlitze" (Ks, 57) bezeichnet werden, und wiederum mit dem Schlitz des Sparschweins in Verbindung gebracht werden ("Sparkassen-Schlitz", Ks, 57). Meistens bedient sie sich der schon erwähnten väterlichen Rasierklingen. Die Urszene der Schnittversuche geht zurück auf einen von eigener Hand geführten Deflorationsversuch. Hinzugefügt werden muß, daß sie sich nie dabei ernsthaft verletzt und nie dabei den geringsten Schmerz empfindet. Es sind zwar Verstümmelungen, aber es haftet ihnen stets etwas Häusliches an. Wenn Erika sich ins eigene Fleisch schneidet, dann nach Haus-Frauen-Art.

> Daran hat sie vorher nicht gedacht, daß man die Schnittbahn jetzt nicht mehr kontrollieren kann wie bei einem Kleiderschnitt, auf dem man die einzelnen gepunkteten, strichlierten oder strichpunktierten Linien mit einem kleinen Rädchen abfahren kann (...). (Ks, 111)
> Das Metall fräst sich hinein wie in Butter. (Ks, 57)
> Sie spickt sich mit Haus- und Küchengerät. (Ks, 312)

All die Gegenstände, mit denen sie sich kasteit, stammen aus "ihrem heimischen Schatzkästlein" (Ks, 312), in dem die Folterinstrumente "zusammengespart "(Ks, 269) wurden. Erikas Sexualität, Erikas Notzustand, ist bis in die Phantasmen hinein an das Proverbiale gebunden. Selbst wenn Erika sich öffnen, ihren Körper öffnen will, schimmert die proverbiale Matrix durch:

> Die Natur scheint keine Öffnungen in ihr gelassen zu haben. Erika hat ein Gefühl von massivem Holz dort, wo der Zimmermann bei der echten Frau das Loch gelassen hat. (Ks, 67)

Natur? oder vielmehr die Mutter und der abwesende Vater als Verantwortliche für Erikas Geschlechtslosigkeit? Zu bemerken auch hier: die Umbeugung des Sprichworts: Jemanden zeigen, wo der Zimmermann das Loch gelassen hat. Nie hätte Mutter Kohut ihrer Tochter hinausgeworfen, ihr den Weg ins Freie gezeigt, ihr dazu verholfen, hinaus, aus sich hinaus zu gehen. Das "Gefühl von massivem Holz " hat seine Gründe, die nicht unbedingt in der Natur zu suchen sind. Naturholz ist es gewiß nicht.

5.2 Wort für Wort oder ein Wort für das Andere?

5.2.1 Wegweiser durch den Text:Die Umfunktionierung der Bilder

Erika Kohut hat Probleme mit ihrer Abstammung, ihrem Geschlecht, auch im weitesten Sinne. Ganz zu Anfang des Romans wird von ihr behauptet, sie stamme

> aus einer Familie von einzeln in der Landschaft stehenden Signalmasten. (Ks, 19)

Das mag eine erste Erklärung für das Holz sein, aus dem ihr eigenes Geschlecht besteht. Da das Bild wesentlich ungeläufiger als das des Zimmermannes erscheint und der Erläuterung bedarf, fügt die Erzählerinstanz sofort hinzu:

> Es gibt wenige von ihnen. (Ks, 19)

Was dem Leser gerne einleuchten will und sein Augenmerk auf den Seltenheitswert der Kohutschen Familie richten würde, ginge der Satz nicht folgendermaßen weiter:

> Sie pflanzen sich nur zäh und sparsam fort, wie sie auch im Leben immer zäh und sparsam mit allem umgehen. Erika ist erst nach zwanzigjähriger Ehe auf die Welt gestiegen (...). (Ks, 19).

Erste Aussage: die Eltern sind oder waren "Signalmasten", das sind im geläufigen Sprachgebrauch Masten, an denen Zeichen hängen, das kann auf einem Schiff der Radarturm sein oder ein Mast, an dem Signalflaggen hän-gen. Wie Eltern zu Signalmasten werden können wird noch zu erläutern sein. Festzuhalten ist zunächst, daß Signalmasten eben keine Symbole sind, sondern Zeichen mit festgelegter Bedeutung, Codeträger.

Zweite Aussage: sie kommen selten vor im Landschaftsbild, "es gibt wenige von ihnen", was der Leser gerne glauben will, *Stammbäume* findet man in Büchern, in der Natur wachsen Stämme, und keine Masten. Die implizite Antwort auf die Frage: warum gibt es nur wenige von ihnen? ist eine Antwort, die der Logik der Surrealisten in nichts nachsteht. Signalmasten sind selten, weil sie sich nur "zäh und sparsam" fortpflanzen. Masten kann man irgendwo hinpflanzen, aber das ist kein Wachsen, sondern ein umgangssprachliches Setzen. Fortpflanzen können sie sich "selbst" in keinem Fall, nimmt man das Bild beim Wort.

Die Absurdität wird noch ein Stück weiter getrieben durch die Behauptung: "Erika ist erst nach zwanzigjähriger Ehe auf die Welt gestiegen". Das Verb "steigen" markiert den Unterschied zu den Gemeinsterblichen und dem zu ihnen gehörigen Ausdruck: auf die Welt kommen. Erika ist also in einem Willensakt auf die Welt wie auf eine Bühne – die (Holz?)Bretter, die die Welt bedeuten – gestiegen. Wegbereiter, oder Wegweiser zur Bühne waren besagte "Signalmasten". So weit so gut. Wäre da nicht das Auf-die-Welt-Steigen der Tochter, das die Zeugungsfähigkeit der Eltern ("Sie pflanzen sich nur zäh und sparsam fort [...]") endgültig verneint und das Außergewöhnliche an dieser Familie hervorhebt. Aber kaum wird das Besondere hervorgehoben, wird es schon wieder ironisch beleuchtet durch die Doppelfunktion von "zäh und sparsam", einmal zur Bezeichnung ihrer Reproduktivität und dann zur Bezeichnung ihres häuslichen Verhaltens. Durch die Wiederaufnahme der gleichen Termini wird das Unerhörte, das Ungeläufige wieder zum Geläufigen. Die Sparsamkeit nimmt der Familie jeglichen Seltenheitswert, denn sparsam ist der kleine Mann, und der ist ein geläufiges Modell.

Vielleicht sollte man das Bild noch einmal zusammenfassen, um zu zeigen, daß "die Metapher ihren Platz genau da [hat], wo Sinn im Unsinn entsteht" [210]. Wie häufig in der Metapher hat eine Verschiebung von Belebtem (Eltern) zu Unbelebtem (Signalmasten) stattgefunden, das sich paradoxerweise (parthenogenetisch? in jedem Fall ungeschlechtlich) fortpflanzt. Verständlich wird die Verschiebung erst, wenn man implizit davon ausgeht, daß es Aufgabe einer Erziehungsinstanz ist, Richtlinien und Verbote aufzustellen, den Weg durch das Leben mit Signalen zu codieren, einen Sittencodex aufzustellen, auf das gesellschaftlich codierte Leben vorzubereiten, so-

---

[210] J. Lacan: "Das Drängen des Buchstabens", deutsch von N. Haas, in A. Haverkamp (Hrsg.) *Theorie der Metapher*, Darmstadt 1983, S. 192.

zusagen als Wegweiser durch die Existenz zu dienen. Das wäre die eine Seite der Aussage, die übertragene Ebene. Zugleich fungiert die Metapher des Signalmasten aber auch ganz konkret als Indiz für den Bilderraum, in dem sich die Figuren bewegen. Erika Kohut hat keinen *Stamm*baum, ihre Herkunft, ihre Ab-*stammung* geht zurück auf verkümmerte Bäume, funktionalisiertes Holz, das in ihrem Geschlecht wiederkehrt (siehe oben das Bild vom Zimmermann), sterile Signalmasten eben, die sich auf eine Funktion des Ausschilderns reduzieren. Wie diese Schilder die Wahrnehmungsstruktur einer Erika Kohut geprägt haben, beweisen eine Reihe von Bildern, die so gut wie nie aus der Nacht des sprechenden Subjekts *stammen,* immer sind es Bilder von Vorbildern. Das Vorbild artet zum gigantischen Über-Ich aus und übernimmt die Rolle einer Matrix. Äußere Wahrnehmungen wie Sinneswahrnehmungen werden durch diese Matrix gejagt und kommen dem Vorgeprägten entsprechend wieder hinaus. Würde man Erika Kohut die Augen aufschlitzen, könnte es sein, daß man dahinter ein zum Bildempfang prüfendes Testbild entdeckt. Das Bild des Signalmastes, zum Prüfbild jeglicher Wahrnehmung:

> Kein gerader Pfad der Lust erschließt sich zwischen ungestutzten Bäumen und Sträuchern. Die Frau faselt von Wäldern voll der irrsinnigsten Erfüllungen, und kennt zur Not doch nur Brombeeren und Steinpilze (...). Sie erwartet (...) von ihrer künftigen Lust eine Art Lehrwanderpfad mit sauber beschrifteten Gewächsen. Man liest ein Schild und ist erfreut, kennt man einen lang vertrauten Busch wieder. Man sieht dann die Schlange im Gras und ist entsetzt, weil sie kein Schild trägt. (Ks, 305f.)

5.2.2 Die schizophrene Sprache

Die bis jetzt zitierten Beispiele beruhen in ihrem Funktionsprinzip hauptsächlich auf der klassischen Verschiebung von einer Ebene zur anderen. Die Sprache an sich bleibt unangetastet. Ein Teilaspekt der depravierten Sprache wäre die schizophrene Sprache, wäre der Begriff der Schizophrenie nicht pathologisch vorbelastet. In Elfriede Jelineks Fall handelt es sich um einen wesentlich lustvolleren Vorgang, der die willkürliche Spaltung oder Aufspaltung des Wortes (nach dem Modell der "Lebensaufgabe"), die willkürliche Auftrennung der Einheit des Zeichens bezeichnet. Die schizophrene Sprache unterscheidet sich von dem Beispiel der "Lebensaufgabe", weil die Spaltung quasi unsichtbar im Text vollzogen wird. In dem folgenden Beispiel handelt es sich in Anlehnung an Lacan um das Zerreißen der Signifikantenkette:

> (...) als Auseinanderbrechen der (...) zusammengeschlossenen syntagmatischen Signifikantenfolge, die eine Aussage oder einen Sinn aufbaut.[211]

Die Spaltung ist in Jelineks Texten auf kleinere Einheiten beschränkt, die Signifikantenfolge bleibt auf den ersten Blick intakt, und somit eine gewisse Linearität in der Lesbarkeit, d.h. eine Kohärenz in der Oberflächenstruktur, erhalten:

> Da ich eben sehr mit dem einzelnen Wort arbeite, bleibt die Syntax oberflächlich unverletzt. Der Herrschaftsdiskurs wird eben geführt, indem die Wortkrüppel aufmarschieren (...).[212]

Unter den "Wortkrüppeln" ist keine kranke, verkümmerte Sprache zu verstehen, auch nicht die Verrohung der Sprache, sondern die oben erwähnte depravierte Sprache. Krüppel, weil sie Strukturen also Skelette sind, die in einem hypertrophierten Verhältnis zum Signifikanten stehen, die eigentlich nur noch die Materialität des Signifikanten widerspiegeln, von einem zum anderen gleiten (ein Wort ergibt das andere?) und durch das Gleiten Sinn erzeugen. Das heißt, der Sinn entsteht aus der Fortbewegung von einem Lautkörper zum anderen, entweder durch eine minimale metathetische Verschiebung oder mit anderen Mitteln der klassischen Rhetorik (Alliterationen, Assonanzen etc.).

Noch einmal zurück zu Erika Kohut und dem Topos der Häuslichkeit. Ganz zum Schluß des Romans wird von Erika Kohut behauptet:

> Solchen Blicken ist sie Jahre um Jahre aus dem Weg gegangen, indem sie einhäusig blieb. (Ks, 350)

Erika Kohut ist soeben an ihren eigenen Ansprüchen tragisch gescheitert und hat beschlossen, sich an ihrem Liebhaber, der den von ihr aufgestellten sadomasochistischen Vertrag als Einladung zur Vergewaltigung interpretiert, zu rächen. Mit einem Messer bewaffnet durchquert sie die Stadt in einem viel zu kurzen und engen Kleid, das im Rücken nicht geschlossen ist und dadurch die Aufmerksamkeit der Passanten auf sich zieht. Den Blicken der Außenwelt soll sie sich entzogen haben, indem sie "einhäusig blieb". Was soll man nun darunter verstehen?

Zunächst die geschlechtliche Konnation: das Haus steht in diesem Fall gleichbedeutend für die Geschlechtlichkeit. Im botanischen Sinn des Wortes,

---

[211] F. Jameson: "Postmoderne – zur Logik der Kultur im Spätkapitalismus", in Huyssen und Scherpe (Hrsg.) *Postmoderne*, op. cit. S. 70.
[212] Y. Hoffmann: "Entretien avec E. Jelinek" in *Lust*, op. cit. S. 281.

und das ist der geläufige, wäre sie dann vergleichbar mit einer Pflanze. Einhäusige Pflanzen sind Pflanzen, die in eingeschlechtigen Blüten männliche *und* weibliche Geschlechtsmerkmale aufweisen. Das ist die Monözie [aus dem Griechischen mono: einzeln, allein + oikos: das Haus]. Es entsteht eine erste metaphorische Ebene, auf der behauptet wird: Erika Kohut ist eine Pflanze, was ja schon ihr Name (Heidekraut) besagt, mit den Attributen des männlichen und des weiblichen Geschlechts. Nun beweist aber ihre Abstammung, wie der ganze Handlungsverlauf, daß sie geschlechtlich eher *noch* undeterminiert, ein Neutrum ist. Ihr Verhalten als Voyeurin, Besucherin von Peep-Shows und Pornokinos mag zwar männlich konnotiert sein, aber das ist eine gesellschaftlich determinierte Form der Männlichkeit, insofern es sich um ein für Männer inszeniertes Simulakrum der Geschlechtlichkeit handelt. Und in ihren sexuellen Phantasmen wünscht sich Erika Kohut im Grunde nichts anderes als einen Mann, der "die Liebe in der österreichischen Norm an ihr tätigt" (Ks, 289). Wie diese österreichische Norm ausschaut, wird man sich denken können, sie dürfte Analogien zu den Unterwerfungsmodellen in anderen Ländern aufweisen, wo die Männer ihren Mann stehen und die Frauen (unter ihnen) richtig liegen.

Das ganze Ausmaß der "Einhäusigkeit" Erikas erfaßt man erst, wenn man sie parallel zu einer anderen Textstelle liest, die dem Anschein nach nichts mit Erika zu tun hat. Es ist von zornigen – hintergangenen – Ehefrauen die Rede, die den Haushalt vernachlässigen, das "Putzen absichtlich" vergessen,

weil der Mann immer so spät kommt und aushäusig säuft. (Ks, 165)

Man kommt der Sache nun endlich näher, indem man die "Einhäusigkeit" beim Wort nimmt, d.h. indem man das Wort aufspaltet, es in seine Bestandteile zerlegt: in "ein" und "Haus", und dem "ein" kein "zwei" (das wäre die Zweihäusigkeit, die Diözie, die Verteilung der Geschlechter auf zwei verschiedene Individuen), sondern die Vorsilbe "aus" gegenüberstellt. Durch den terminus technicus aus der Botanik wurde ein Assoziation zur Geschlechtlichkeit hergestellt, die die eine Seite der Metapher darstellt. Die zweite Seite der Metapher sieht nun so aus: der Mann säuft außer Haus, Erika bleibt im Haus. Und auch diese Aussage muß sofort wieder korrigiert werden. Denn – allen mütterlichen Fangseilen zum Trotz – ist es ihr doch noch gelungen, einem Beruf außer Haus und ihren voyeuristischen Aktivitäten, ebenfalls außer Haus, nachzugehen. Und Hausfrauenarbeit hat Erika Kohut auf Grund ihrer empfindlichen Pianistenhände erst recht noch nie verrichtet:

> Im Haushalt hat Erika nie schuften müssen, weil er die Hände des Pianisten mittels Putzmittel vernichtet. (Ks, 9)

Erika hat noch nie gekocht, und auch noch nie ein Haus gehalten. Das Wirtschaften übernimmt in ihrem Haus die Mutter, wobei man sich sofort die Frage nach der Bedeutung des Hauses stellen sollte:

> Das Reich der Mutter ist alles übrige in dieser Wohnung, denn die Hausfrau, die sich um alles kümmert, wirtschaftet überall herum, während Erika die Früchte der von der Mutter geleisteten Hausfrauenarbeit genießt. (Ks, 9)

Langsam wird deutlich, daß die Einhäusigkeit Erikas in keiner Beziehung zu einer gelebten Realität steht. Der Sinn konstituiert sich nicht mehr wie im traditionellen Einsatz der Metapher aus einer Mischung von sensus litteralis (männlich/weibliche Pflanze) und sensus allegoris (die weibliche Häuslichkeit, Heimchen am Herd etc.), sondern aus einer ganzen Serie im Text verstreuter Sems, die sich alle um das Etymon 'oikos' – Haus gruppieren: Ökonomie im Sinne von wirtschaften, haushalten, im Sinne von Triebhaushalt, im Sinne von Familie, Geschlechterkunde, Genealogie. Auf die Person Erika bezogen und durch die dreifache Interpretationsmöglichkeit von "ein" als Zahl, Artikel und Vorsilbe, "signalisiert" (und nicht symbolisiert) die Einhäusigkeit eine an ein bestimmtes Haus (oder bestimmte Häuser: Peep-Shows, Pornokinos, die Besenkammer und Kindertoiletten im Konservatorium – Folterkammern) gebundene monadische Existenz und das daran gekoppelte Problem der geschlechtlichen Identität. Signalisiert – in Anlehnung an die "Signalmasten" –, weil man in keinem Fall behaupten kann, Erika symbolisiere eine einhäusige Pflanze. Man könnte nun einwenden, die Metapher sei absurd, sinn-los, wenn sie in keinem Verhältnis zum Referenten stehe. Und genau das ist sie nicht. Die Einhäusigkeit ist ein Wortspiel, das nur noch den buchstabierten, buchstabentreuen Signifikanten inszeniert, spielerisch einsetzt. Weil es ein Spiel mit dem Wort ist, ist es demzufolge auch ein Spiel mit der (geschlechtlichen) Identität oder umgekehrt: die Identität ist Spiel mit den Worten. Durch die Koppelung von "aushäusig saufen" und "einhäusig" bleiben entsteht ein Sinn, den es so in (der) Wirklichkeit und außerhalb der sprachlichen Textwirklichkeit nicht gibt und nicht zu geben braucht: auch die Innerlichkeit ist eine sprachliche Chimäre, ist nichts als ein Witz. Wobei der Witz weder zu geringschätzen noch zu unterschätzen ist:

> Man sieht, die Metapher hat ihren Platz genau da, wo Sinn im Unsinn entsteht, das heißt an jenem Übergang, der in umgekehrter Richtung genommen, wie Freud entdeckt hat, jenem Wort Raum gibt, das im Französischen "das Wort" par excellence ist, das Wort,

für das kein anderer als der Signifikant des *esprit* [Witz] die Patenschaft übernimmt, woran sich begreifen läßt, daß der Mensch sogar noch seinem Schicksal Hohn spricht durch den Spott des Signifikanten.[213]

5.2.3 Die depravierte Sprache

Wie schwierig es ist, eine psychoanalytische Interpretation zu vermeiden, läßt sich anhand der oben zitierten Beispiele leicht erkennen. Zum Schluß soll noch einmal darauf hingewiesen werden, in welchem Maße der analytische Ansatz für den Text relevant sein kann. Dem sexuellen Trauma einer Erika Kohut substituieren sich Metaphern, Metonymien, die konsequent den ganzen Text hindurch "durch den Spott des Signifikanten" ihrem "Schicksal Hohn [sprechen]". Seien es die Metaphern des Schweines, des Sparers, des Zimmermanns, sie alle substituieren sich – wortspielend – dem traumatisiertem Fleisch, verknüpfen sich zu einer signifikanten Kette des Körpers als Schreckenslandschaft.

Welche Bedeutung dem Spiel mit der Sprache beizumessen ist, soll nun abschließend am Beispiel des sado-masochistischen Spiels in der *Klavierspielerin* gezeigt werden, um hervorzuheben, daß die einzige Lust, die in Elfriede Jelineks Texten aufkommt, eine Lust an der Sprache ist. Die sich um so lustvoller auf den Leser auswirkt, als sie keine explizite Sprache der Begierde ist. Nichts kann langweiliger sein, als die Beschreibung der Lust eines anderen, die "Lust der Darstellung ist nicht an ihren Gegenstand gebunden."[214] Die Lust, die ich als Leser von Elfriede Jelineks Texten empfinde, ist unzweifelhaft eine Lust an der depravierten Sprache. Was darunter zu verstehen ist, wurde schon erklärt, trotzdem soll zum Schluß noch einmal darauf hingewiesen werden, daß diese Sprache nicht als Ausdruck einer Krise zu verstehen ist – Sprachkrise als Niederschlag einer Bewußtseins- oder Gesellschaftskrise – sondern als Sprache, die eine Krise hervorruft. Als eine Sprache die "Unbehagen erregt", die "die historischen, kulturellen, psychologischen Grundlagen des Lesers, die Beständigkeit seiner Vorlieben, seiner Werte und seiner Erinnerungen erschüttert, sein Verhältnis zur Sprache in eine Krise bringt".[215]

---

[213]Lacan: "Das Drängen des Buchstaben", in Haverkamp (Hrsg.) op. cit. S. 192.
[214]Barthes, *Die Lust am Text*, op. cit. S. 83.
[215]Barthes, ebda. S. 22.

5.2.4 Mortifikation und Erbauung

Mortifikation gilt dem Fleisch und der Begierde, der Abtötung der Begierde. Büßer kasteien sich, wenn ihnen das Fleisch zu schwach ist. Wer sich kasteit, fühlt sich schuldig, erlegt sich eine ritualisierte Strafe auf. Mortifikationen erinnern an Rituale, Liturgien, Litaneien, in denen das ständig wiederholte "Inventarverzeichnis des Schmerzes" (Ks, 272), das "Instrumentarium der Quälereien" (Ks, 277) bis an die Grenzen des Todes zur Leidenschaft wird. Die Mortifikationen der Erika Kohut, die keines Gesprächspartners aber eines Zeugen bedarf, sind geschwätzig. Ihre Vorschriften suchen einen Leser, den sie von der Wahrheit dessen überzeugen möchte, was sie zu wollen vorgibt. Was aber will Erika Kohut? In einem Brief an Walter Klemmer, einen ihrer Studenten, der sich in sie verliebt, und dem sie sich schon mehrere Male verweigert hat, stellt sie eine Liste der Folter auf, die er ihr auferlegen soll. Sie teilt Klemmer diese Folter schriftlich mit und zwingt ihn, diesen Katalog in ihrem Beisein zu entziffern. Die Szene findet in der Kohutschen Wohnung statt, im Zimmer Erikas, das kein Schloß und folglich keinen Schlüssel hat, so daß Klemmer eine riesige Kredenz vor die Tür stellen muß, um jeglichen Einbruch der Mutter zu verhindern. Allein schon aus dieser räumlichen Perspektive läßt sich entnehmen, daß die Entzifferung des Masochismus mit der Errichtung, Erbauung eines Bollwerkes verbunden ist. Bollwerk gegen das Draußen, gegen die Mutter, aber auch gegen Klemmer. Bollwerk zum Schutz des eigenen Körpers. Zur Festigung eines unsicheren Glaubens. Erika glaubt kein Wort von dem, was sie Klemmer (vor)schreibt, "Bitte tu mir nicht weh, steht unleserlich zwischen den Zeilen" (Ks, 283), und trotzdem schreibt sie ihm "bürokratisch[e] Lösungen" (Ks, 282) auf, die die Festung, die ihr Körper schon ist, noch uneinnehmbarer, noch unnahbarer machen. Hier ein etwas längerer Abschnitt, um die zunächst fragwürdig erscheinende Parallele zwischen Erikas masochistischen Phantasmen und der Erbauung nicht nur als Wortspiel darzustellen:

> (...) dieses von der Tochter ersehnte Eigenleben soll in einen Höhepunkt aller denkbaren Gehorsamkeiten einmünden, bis sich eine winzige, schmale Gasse auftut, nur einer Person gerade noch Raum gewährend, durch die sie hindurchgewunken würde. (...) Glatte, sorgsam polierte Mauern rechts und links, hoch ansteigend, keine seitlichen Abzweigungen oder Gänge, keine Nischen oder Höhlen, nur dieser eine enge Weg, durch den sie ans andere Ende muß. Wo, sie weiß es noch nicht, eine Winterlandschaft wartet, die in die Ferne reicht, eine Landschaft, in der sich kein Schloß zur Rettung aufbäumt, zu dem es keinen weiteren Pfad gibt. (...) In dieser endlosen Weite oder in dieser sehr be-

grenzten torlosen Enge wird sich dann das Tier in einer schönen Angst stellen, einem noch größeren Tier (...). (Ks, 132)
Erika überwindet sich so lange, bis sie keinen Trieb mehr in sich spürt. Sie legt ihren Körper still, weil keiner den Panthersprung zu ihr tut, um diesen Körper an sich zu reißen. Sie wartet und verstummt. Sie stellt dem Körper strenge Aufgaben und kann die Schwierigkeit durch das Einbauen von verborgenen Fallen noch beliebig erhöhen. (Ks, 133)

Die Wege der Lust, die Wege zur Lust, sind selten einfach, Umwege, Abwege, Irrwege sind geläufiger. Erika Kohut ist auf dem Holzweg (wen wird das noch wunder nehmen), wenn sie glaubt, es gäbe einen "gerade[n] Pfad der Lust" (Ks, 305), einen "Lehrwanderpfad" (Ks, 306), auf dem die Stationen der Lust ausgeschildert wären. Die Schleuse ihrer Phantasmen, die sich nachgebaut in ihrem Zimmer wiederfindet, vermag ihre Triebe nicht zu kanalisieren. Im Gegenteil, das Heil, die Lust rücken für immer in unerreichbare Ferne. Denn nicht sie, sondern Klemmer geht durch die Schleuse:

Nah ist das Heil durch Liebe, doch der Stein vor dem Grab ist zu schwer. Klemmer ist kein Engel, und Frauen sind ebenfalls keine Engel. Den Stein wegzuwälzen. Erika ist hart zu Walter Klemmer in bezug auf ihre Wünsche, die sie ihm alle aufgeschrieben hat. (Ks, 289)
Er umschlingt die fühllose Kredenz mit aller Kraft, deren er fähig ist, und rückt ihr millimeterweise zu Leibe, ohne daß Erika hilft. Er rückt sie vom Fleck, bis eine Luftschleuse entsteht, in die hinein er die Türe öffnen kann. (...) Grußlos geht er hinaus und schlägt die Wohnungstür hinter sich zu. Gleich darauf ist er fortgegangen. (Ks, 289f.)

Schmerz um Schmerz haben sich Erikas Körper und Psyche verfestigt, verhärtet. Es wurde schon erwähnt, daß Erika bei ihren Öffnungsversuchen keinen körperlichen Schmerz empfindet und ihr auch sonstige (Gefühls)Erregungen fremd sind. In den Bildern von den hohen Mauern, der engen Gasse, der endlosen Weite, der Winterlandschaft, herrscht eine erstarrte, lustfeindliche, fast klösterliche Strenge. Zeitlich und räumliche Dimensionen nimmt dieser Körper erst durch die sado-masochistischen Phantasmen an, Dimensionen, die ihm in der Wirklichkeit fehlen. Diesen Körper auf die Folter zu spannen, ihn zu mortifizieren, heißt, wenn auch auf grausamem Wege, ihn etwas erleben lassen. Und das will im Leben einer Erika Kohut schon sehr viel bedeuten. Geschlagen werden, Qualen erleiden, sind Vorgänge, die sich in einen ultimen Erinnerungsversuch an den Körper einschreiben. Ihn daran erinnern, daß er in Zeit und Raum existiert. Daher die Insistenz der Zeitangaben: sich "viele Stunden" (Ks, 270) in den Fesseln winden und dabei getreten oder geschlagen werden", in "qualvollen Stellung[en] stundenlang schmachten" (Ks, 273), die "Stricke vorher längere Zeit in Wasser einweich[en]" (Ks, 279), um die Wirkung der Fesselung zu erhöhen, "bis zum nächsten Tag" (Ks, 279) so gefesselt warten, "mindestens 5-6 Stunden lang so geknebelt" (Ks, 280) bleiben, "auf keinen Fall kürzer" (Ks, 280), "Beschreibe die Zeit, die wir dafür übrig haben, und versichere mir: wir haben Zeit genug! Drohe mir, daß du mich stundenlang in dieser Stellung beläßt" (Ks, 281f), "Stunden sind es, die du mich mit meinem Gesicht unter dir schmachten lassen kannst!" (Ks, 282) etc. etc. etc. All diese Zeitangaben bedeuten: ich existiere in der Zeit. Kein Schmerz ohne Zeit. Zeitangaben, die auf einen Rhythmus aufmerksam machen, der diesem Körper fremd ist. Das qualvolle Warten auf die nächste Folter, das Erwarten der Schläge rhythmisieren die Zeit, es sind Qualen, die Erikas Körper wieder in die Zeit einschreiben könnten, "eingebacken", "eingeschlossen" wie sie sonst ist unter der "gläsernen Käseglocke" (Ks, 20) der Zeitlosigkeit. Erikas Schicksal läßt sich in einem Satz zusammenfassen: "Eingebacken ist Erika in die Backform der Unendlichkeit"(Ks, 20).

Schmerz in Raum und Zeit empfinden zu wollen, könnte man als den Wunsch interpretieren, dem "Insekt in Bernstein, zeitlos, alterslos", das "keine Geschichte [hat] und keine Geschichten [macht]" (Ks, 20) wenigstens einmal ein Ende zu setzen. Schmerz empfinden könnte weiterhin bedeuten: unterscheiden zwischen heiß und kalt, Lust und Unlust. Schmerz empfinden könnte bedeuten: da ich empfinde, bin ich noch nicht ganz tot. Noch ist nicht alles abgestorben. Jeder Schlag wäre eine doppelte Vergewisserung: daß einerseits ihr Körper noch nicht tot ist, daß die Verwesung noch nicht alles zersetzt hat (Siehe das Bild vom Zimmermann: "Erika hat ein Gefühl von massivem Holz dort, wo der Zimmermann bei der echten Frau das Loch gelassen hat. Es ist schwammiges, morsches, einsames Holz im Hochwald, und die Fäulnis schreitet voran. (...) Sie verwest innerlich [...]" Ks, 67), und daß andererseits sich jemand um diesen Körper kümmern wird, sei es auch um ihm weh zu tun. Jemand bindet sich an ihren Körper, da er ihn anbindet: "Ich möchte, daß du ein Paket aus mir machst, das vollkommen wehrlos dir ausgeliefert wäre." (Ks, 277) "Diese Frau zeigt sich jetzt von einer neuen Seite und fesselt somit ihrerseits den Mann stärker an sich" (Ks, 270).

Wie ernsthaft dieser Brief gemeint ist, muß dahin gestellt bleiben, weil jede Aufforderung nach Gewalt gegen ihren Körper sofort wieder aufgehoben wird. "Erika zwingt Klemmer zum Lesen eines Briefs und fleht innerlich dabei, daß er sich über den Inhalt des Briefs, kennt er ihn erst, hinwegsetzen möge." (Ks, 266) Er soll, muß sogar, von ihren Phantasmen Kenntnis nehmen, um sie ungültig zu machen. "Erika wartet darauf, daß Klemmer aus Liebe Gewaltverzicht schwört." (Ks, 266) "Was hier steht, ist die Frucht von Erikas jahrelangen stillen Überlegungen. Sie erhofft jetzt, daß aus Liebe alles ungeschehen bleibt." (Ks, 283 f.) Was Erika will, ist so leicht nicht auszumachen, ein manifester, materialisierter Text behauptet: ich will geschlagen, getreten, gefesselt werden, ein ungeschriebener unter dieser gleichen Aussage behauptet: "Sag mir etwas Liebes und setze dich über den Brief hinweg, erbittet sie unhörbar." (Ks, 286) Ambivalenz der Begierde, die vor allem in folgender Formulierung gipfelt: "Wenn er sich leidenschaftsmäßig an ihr ausließe, stieße sie ihn mit den Worten: zu meinen Bedingungen oder gar nicht zurück." (Ks, 289) Heiß und kalt aus einem Mund, durch die Stellung der Verneinung bewirkt. Denn was wird hier eigentlich verneint? Welche Einheit des Satzes? Bezieht sich die Verneinung auf die Einheit: "zu meinen Bedingungen oder gar nicht" oder auf die Tatsache, daß sie ihn gar nicht zurückstoßen würde?

5.2.5 Den Weg alles Fleisches gehen

Die Fesseln, die Erikas Körper verdinglichen, ein "Paket" aus ihr machen, sind gleichzeitig eine Garantie dafür, daß sie der Gegenwart des Anderen nicht mehr entrinnen kann. Im gefesselten Körper wiederholt und konzentriert sich, was Erikas Existenz schon immer war: ein "Rastersystem" (Ks, 237), das sie "im Verein mit ihrer Mutter, in ein unzerreißbares Netz von Vorschriften, Verordnungen, von präzisen Geboten geschnürt [hat] wie einen rosigen Rollschinken am Haken eines Fleischhauers." (Ks, 237) Abgesehen davon, daß Rollschinken naturgemäß vom Schwein stammen, abgesehen davon, daß der Haken des Fleischhauers eine besonders makabre Variante der christlichen Märtyrerbilder (den durch Pfeile gemarterte Sebastian z.B.) darstellt, abgesehen davon, daß das durchbohrte Fleisch nicht einmal mehr blutet, beinhalten die Bilder vom Gefesseltsein immer wieder das gleiche Trauma: die Erfahrung des Todes. Sich freiwillig in den unbelebten Zustand eines willkürlich manipulierbaren Gegenstands versetzen, ein lebloses Paket aus sich machen, heißt auch, daß ein Leben, das schon tot ist, nicht mehr sterben kann, heißt den Tod verbannen. Die Mortifikation, von der Erika spricht: "Erika hat alles aufgeschrieben, was sie nicht sagen will" (Ks, 238) – ob sie all das auch verwirklichen will, steht auf einem anderen Blatt –, die Mortifikationen also, die sie in Erwägung zieht und sich genötigt sieht, schwarz auf weiß auszudrücken, sind zweifelsohne in Verbindung zu setzen mit den Bildern der Fäulnis, die den ganzen Text durchziehen. Mortifikation bezeichnet unter anderer Abtötung ja auch das Absterben des Gewebes. Gangrän, Verwesung, Brand, Fäulnis.

Erika hat im Laufe ihrer Entwicklung einen besonders ausgeprägten Sinn für das Abstoßende entwickelt und "sieht (...) beinahe zwanghaft überall das Absterben von Menschen und Eßwaren, sie sieht nur selten, daß etwas wächst und gedeiht." (Ks, 114 f.) Man könnte einen ganzen Katalog aufstellen: hier nur die markantesten Beispiele aus dem Bereich der libidinalen Ökonomie. Ihr Geschlecht empfindet sie entweder als "ranzige Frucht" (Ks, 247) oder als "morsches", von "Fäulnis" (Ks, 67) befallenes "Holz", als "gefühllose weiche Masse. Moder, verwesende Klumpen organischen Materials" (Ks, 246); ihre Gefühle werden als "bedrohliche Lawine voll spitzigen Abfalls" (Ks, 230) bezeichnet, und denkt sie an das, was der Durchschnittsverbraucher mit dem Liebesakt verbindet, so blitzen augenblicklich in ihrem Kopf Bilder von brandigem Fleisch auf:

> Schon im Augenblick, da die beiden für einander körperlich geworden sind, haben sie gegenseitig alle menschlichen Beziehungen zueinander abgebrochen. (...) Nicht mehr der eine Körper erfaßt den anderen, sondern das eine wird für das andere zu einem Mittel, zu der Eigenschaft des Andersseins, in das man schmerzhaft einzudringen wünscht, und je tiefer man vordringt, desto heftiger fault das Gewebe des Fleisches, wird federleicht, fliegt weg von diesen beiden fremden und feindlichen Kontinenten, die krachend gegeneinander und dann gemeinsam zusammenstürzen, nur mehr klapperndes Gestell mit ein paar Leindwandfetzen daran, die sich bei der geringsten Berührung lösen und zu Staub zerfallen. (Ks, 144)

Und wenn Erika einen Ausflug mit ihrem sogenannten Liebhaber plant, eine sogenannte 'Liebesidylle' in Erwägung zieht, dann:

> (...) öffnen sich sogleich Geröllhalden von Leistung, donnernde, unappetitliche Gletschermoränen. In einer wenig einladenden Bergstation soll zielbewußte Anstrengung nachgewiesen werden; Bananenschalen und Apfelgehäuse auf dem Boden, einer hat in die Ecke gekotzt, und all die entwerteten Zeugnisse, diese verdreckten Papierfetzen in den Ecken und Winkeln, diese abgerissenen Fahrscheine kehrt keiner je in den Mist. (Ks, 299)

Dies ist keine abfällige Sprache zur Ironisierung der Leidenschaft, sondern eine Sprache des Abfalls. Es scheint, als müßte jeglicher Gegenstand der Begierde erst fallen, verfallen, zum Kadaver werden (Kadaver: cadere – fallen), abstoßend d.h. von sich abgestoßen werden, um die eigene Überlebensstrategie zu organisieren. Man kann nicht umhin, sich die Frage zu stellen, wo eine derartige Zerstörungswut – Enthumanisierung des eigenen Fleisches und des Fleisches des Anderen – herrühren mag. Eine Erklärung psychologisierender Art soll hier vermieden werden und allein die Syntax in Betracht gezogen werden, in die sich die Bilder einschreiben. Diese Bilder sind ekelerregend und faszinierend zugleich im Einsatz zur offensiven und defensiven Strategie.

Sie sind offensiv, weil sie, abgesehen davon, daß sie gegen den sogenannten guten Geschmack verstoßen, Schrecken und Ekel bei dem Anderen erregen. Defensiv, weil sie durch die Heraufbeschwörung des Ekels bei dem Anderen, ihn von der eigenen Person abwenden, weil sie den Tod, das Absterben des Fleisches gegen die Todesangst ausspielen. Die Erniedrigung des eigenen Fleisches, die projizierte Verlängerung des "modernden Körpers" (Ks, 300) auf die anderen, auf das Andere schlechthin, steht in direkter Beziehung zu dem schon erwähnten Sparprogramm:

> Sie spart mit sich und gibt sich nur ungern aus, nachdem sie Überlegungen vielfältiger Art angestellt hat. Mit ihren Pfunden wuchert sie. Das Kleingeld ihres modernden Körpers wird sie Klemmer geizig auf den Tisch zählen, sodaß er denkt, es ist mindestens doppelt soviel, wie sie in Wirklichkeit ausgibt. (...) Im Sparschwein ihres Leibes steckt sie fest, in diesem bläulich angelaufenen Tumor, den sie ständig mit sich herumschleppt, und der bis zum Platzen prall ist. (Ks, 300)

Und immer wieder der höhnische Signifikant zur Tilgung, zur Tötung auch nur eines Anfluges von Trauer. Der höhnische Signifikant schließt die Trauer aus, womit eine für den Text wesentliche Assoziation aufgestellt wäre: Sparen und Trauer – sich die Trauer ersparen. Trauer entsteht durch Trennung, entsteht durch Verlust, entsteht durch Anerkennung des Anderen in seiner geschlechtlichen Differenz. Verschwunden, und nicht spurlos, ist im Text: der Vater.

5.2.6 Die "gefrorenen Tränen" des unbeweinten Vaters

Kaum daß man sagen kann, er sei gestorben, der Vater. Sein Untergang beginnt mit Erikas Geburt: "Erika trat auf, der Vater ab" (Ks, 7). Der endgültige Abtritt erfolgt nach einem Aufenthalt im Steinhof. Dort stirbt er im Zustand der geistigen Umnachtung, der offizielle Eintritt seines Todes wird im Text nicht weiter erwähnt. Das Trauma, das beschrieben wird, ist das seiner Einlieferung. Und hier, wie überall das untrennbare Duett: Fleisch und Sparen. Mutter und Tochter Kohut entschließen sich, den Vater internieren zu lassen. Ihr "angestammter Wurstwarenhändler" (Ks, 117) bietet sich an, den Vater in seinem "grauen VW-Bus, in dem sonst Kälberhälften baumeln" (Ks, 117) ins Irrenhaus zu transportieren. Er fährt sie gratis. Weil an allem gespart wird und Mutter Kohut alles, was billig auch recht ist:

> Doch dieser Fleischhacker hat feste Fixpreise und weiß auch, wofür er sie verlangt. Ein Ochsenschlepp kostet das, ein Beiried das, und ein Wadschinken wieder etwas anderes. Die Damen können sich die vielen Worte ersparen. Beim Einkauf von Wurst- und

Selchwaren dagegen sollen sie umso großzügiger verfahren, jetzt sind sie dem Fleischer verpflichtet, der nicht umsonst am Sonntag spazierenfährt (Ks, 122).

Zum Asyl oder zur Fleischerei? Und immer makabrer geht es weiter:

> Umsonst ist nur der Tod, und der kostet das Leben; und alles hat einmal ein Ende, nur die Wurst hat zwei, spricht der hilfsbereite Geschäftsmann und lacht in dicken Salven.(Ks, 122)

Hilfsbereit auf dem Weg zum Schlachten:

> "Du kannst dem Tier das Leben nicht, doch einen schnellen Tod kannst du ihm schenken". Ganz ernst ist er geworden, der Mann mit dem blutigen Handwerk. Die Damen K. pflichten ihm auch hierin bei. (...) Der Fleischhauer sagt daraufhin, daß ihm das Autofahren längst in Fleisch und Blut übergegangen sei. Dem haben die weiblichen K.s nichts entgegenzusetzen als ihr eigen Fleisch und Blut, das sie nicht vergießen wollen. Schließlich mußten sie soeben leider ein ihnen sehr teures Fleisch und Blut zu teurem Preise in einem vollgepferchten Schlafsaal unterstellen. Der Fleischer soll nicht glauben, es sei ihnen leichtgefallen. Ein Stück von ihnen ging mit und blieb dort in dem Heim in Neulengbach. Welches spezielle Stück denn, fragt der Fachmann. (Ks, 122 f.)

Mit diesen Worten endet die erzählte Geschichte des Vaters. In der häuslichen Ökonomie wiegt er nicht mehr als ein "Beiried", ein "Wadschinken" auf der Waagschale eines Fleischhackers. Die Beispiele Ochsenschlepp, Beiried und Wadschinken könnten makabrer nicht sein, weil der Vater durch diese Kontiguität nicht gerade in die Nähe der besten Stücke des Rindviehs rückt. Im Gegenteil, man zählt sie zu den hintersten und niedrigsten, d.h. zu den billigsten, die dem "teure[n] Fleisch und Blut" wieder einmal Hohn sprechen. Diesmal jedoch ist der Hohn nicht von Dauer, das verspottete Fleisch des Vaters verlangt seinen Tribut. Es rächt sich am Fleisch der Tochter, das Verdrängte – die ausgeklammerte Trauer, das langsame Hinsiechen, und nicht der schnelle Tod des Schlachtviehs – kehrt wieder, und sucht den Körper der Tochter heim. Das zum Suppenfleisch erniedrigte Fleisch schreibt sich in Erniedrigungsrituale ein. Denn, wenn etwas in den Mortifikationen Erikas wiederzukehren scheint, dann ist es das langsame Hinsiechen und Absterben des Vaters. In der Mortifikation des Körpers und der Seele, in der Abtötung jeglicher Begierde, in der alles überwuchernden Verwesung schreibt sich die abzurichtende Schuld (siehe "das Kleingeld ihres modernen Körpers") der Hinterbliebenen ein. Das Schuldgefühl, die nicht geleistete Trauer schlagen um in einen perversen Abwehrmechanismus: die Heimzahlung am eigenen Körper. Den Tod des Vaters im Sterben, Absterben flüchten.

Aus dieser Perspektive gesehen, wird die Frage, ob Erika Kohut wirklich das will, was sie in dem Brief behauptet, zu einer zweitrangigen Frage. Um so relevanter wird dagegen die Tatsache, daß sie die Erniedrigungsrituale aufschreiben mußte, daß es zu dieser Aussage kommen mußte; daß das Ausgesprochene wie das Ungeschriebene systematisch den Tod simulieren, inszenieren, daß in den beiden Seiten der Aussage mit dem Tod gespielt wird, der leibliche Tod jedoch, der tötliche Gnadenstoß nie vollzogen wird. Interessant ist dabei, daß der Tod – an Trauers statt?– woanders stattgefunden, sich in die Sprache verschoben hat. Daß die Sprache der *Klavierspielerin* eine Sprache des Todes ist.

Der Tod haust überall und das wäre der letzte Aspekt der depravierten Sprache: in der affektlosen, unbelebten, toten Sprache des Sprichworts, des billigen Witzes des Fleischers, des Geschäftsmannes, in den masochistischen Forderungen, die man zur Sprache des Fleischhackers zählen kann, in den unausgesprochenen wie den ausgesprochenen Liebesforderungen Erika Kohuts:

> Erika Kohut macht eine Liebeserklärung, die darin besteht, daß sie nichts als langweilige Forderungen, ausgeklügelte Verträge, mehrfach abgesicherte Abmachungen anbietet. (Ks, 302)
> Beginnen wir mit etwas Besserem! Den Schmerz möchte sie aus dem Repertoire von Liebesgesten gestrichen sehen. Jetzt fühlt sie es am eigenen Leibe und erbittet sich, wieder zur Normalausführung der Liebe zurückkehren zu dürfen. (Ks, 334)

Die "Normalausführung der Liebe", "die Liebe in der österreichischen Norm", (Ks, 289) die sie sich innigst wünscht: in all diesen Ausdrücken kein Funken Begierde. An den Grenzen des Erträglichen, weil die Dissoziation Subjekt – Sprache systematisch heraufbeschwört und jede heraufkommende Identifikation des Subjekts mit seiner Sprache im Keim getötet wird. Aus den Sprachspielen entsteht keine neue Sprache der Gefühle. Es ist nicht so, als wäre die Sprache, über die die Klavierspielerin verfügt, ein unangepaßtes Mittel zum Ausdruck des Unsäglichen, im Gegenteil: nichts findet außerhalb einer schon bekannten Sprache statt. Die subjektgespaltene Sprache gliedert sich in ein codifiziertes, strategisches Spiel der Verschiebung ein, einem Schachspiel gleich, in dem der Spieler nie die Kontrolle über die Züge verliert, sie für die eingesetzte Strategie des Angriffs, oder der Verteidigung lange vorauskalkuliert. Für Erika Kohut bedeutet dieser Vergleich mit dem Schachspiel, daß sie in jedem Augenblick die Kontrolle über das Gleiten und die Verschiebung des Signifikanten bewahren will. Alles, nur nichts Unbewußtes, scheint sie zu sagen, diese Sprache, die, gerade weil sie etwas zu verbergen hat, auf der interpretativen Ebene nur noch vielsagender wird. In diesem Spiel, das den Bruch inszeniert, sind alle Züge (Verschiebungen) erlaubt, bis zur eigenen Hinrichtung: "Erika ist bereit, bis zu ihrem Tod zu gehen" (Ks, 309), sie "sucht einen Schmerz, der im Tod mündet" (Ks, 310.) und "möchte mit brechenden Augen betrachten, wie er ihr die Gurgel zudrückt." Erika "will seine tötende Hand niederfallen spüren (...)" (Ks, 310), alles nur nicht das, was einen Affekt ausdrücken könnte.

Größer als die Angst vor dem Tod, ist die Angst vor der Lust. Der Tod ist nicht das Schlimmste, nicht zu wissen, was da spricht, das ist die Gefahr. Der Nacht der Worte (Wörter) ausgeliefert sein, Worten, Wörtern, die da sagen, was sie wollen und vielleicht nicht dem entsprechen, was "ich" von ihnen hören will, genau in diesen Zwischenräumen lauert die Gefahr. In dem Fall lieber schweigen, im Nichtssagenden bleiben (bürokratisch gebietend, etc., etc., etc.), oder an der depravierten Sprache von der Sprache genesen. Das heißt, die Sprache mortifizieren, um sie auf eine einzige Aussage zu reduzieren: den Tod, in dem alle Unterschiede, männlich/weiblich, Lust/Unlust, aufgehoben sind. Die Sprache mortifizieren heißt, der Sprache den Spielraum nehmen, die geringste Fuge ausfüllen, entweder durch das Wortspiel oder wie Erika Kohut den Körper metaphorisch als Träger einer signifikanten Kette dazwischen*klemmen*: Holz/ Verwesen/ Fleisch/ Schwein/ Sparen...

Ob Erika Kohuts Körper als Schreckens- und Todeslandschaft oder Jelineks *corpus littéraire*: beide wollen die Sprache so oder so zum Sprechen zwingen. Jelineks Versuch ist sprachlicher Natur, er ist pluralistisch/ antagonistisch und erinnert an jenen "umgekehrten Monsieur Teste", von dem Roland Barthes in der *Lust am Text* träumt:

> Man denke sich einen Menschen (einen umgekehrten Monsieur Teste), der alle Klassenbarrieren, alle Ausschließlichkeiten bei sich niederreißt, nicht aus Synkretismus, sondern nur um jenes alte Gespenst abzuschütteln: *den logischen Widerspruch*; einen Menschen, der alle Sprachen miteinander vermengt, mögen sie auch als unvereinbar gelten (...). Der alte biblische Mythos kehrt sich um, die Verwirrung der Sprachen ist keine Strafe mehr, das Subjekt gelangt zur Wollust durch die Kohabitation der Sprachen, die *nebeneinander arbeiten*: der Text der Lust, das ist das glückliche Babel.[216]

---

[216] Barthes, *Die Lust am Text*, op.cit S. 8.

Literaturverzeichnis

Primärliteratur: Elfriede Jelinek

Prosa, Essay, Theater, Lyrik

Die Ausgesperrten, Roman, Rowohlt, Reinbek 1980, Taschenbuchausgabe, Reinbek 1985.
bukolit, hörroman, mit Bildern von Robert Zeppel-Sperl, Rhombus, Wien 1979.
Die endlose Unschuldigkeit, Prosa, Hörspiel, Essay. Paula, Prosa, Ballade von drei wichtigen Männern sowie dem Personenkreis um sie herum (Hörspiel), Die endlose Unschuldigkeit, Essay, Schwiftinger Galerie-Verlag, Schwifting 1980.
Ein Sportstück, Rowohlt, Reinbek 1998.
ende, gedichte 1966-1968. Mit fünf Zeichnungen von Martha Jungwirth, Schwiftinger Galerie-Verlag, Schwifting 1980.
Isabelle Huppert in Malina, Ein Filmbuch von Elfriede Jelinek. Nach dem Roman von Ingeborg Bachmann, Frankfurt/M 1991.
Die Kinder der Toten, Roman, Rowohlt, Reinbek 1995.
Die Klavierspielerin, Roman, Rowohlt, Reinbek 1983, Taschenbuchausgabe Reinbek 1986.
Krankheit oder Moderne Frauen, herausgegeben und mit einem Nachwort von Regine Friedrich, Prometh, Köln 1987.
Die Liebhaberinnen, Roman, Rowohlt, Reinbek 1975 (Taschenbuchausgabe Reinbek 1989).
Lisas Schatten, Gedichte, Relief-Verlag-Eilers, München, Würzburg, Bern 1967.
Lust, Rowohlt, Reinbek 1989 (Taschenbuchausgabe Reinbek 1992).
Malina, ein Filmbuch, nach dem Roman von Ingeborg Bachmann, Suhrkamp, Frankfurt/M. 1991.
Michael, Ein Jugendbuch für die Infantilgesellschaft, Rowohlt, Reinbek 1972 (Taschenbuchausgabe Reinbek 1987).
Oh Wildnis, oh Schutz vor ihr, Prosa, Rowohlt, Reinbek 1985.
Präsident Abendwind. Ein Dramolett. Sehr frei nach J. Nestroy, in: Text + Kritik, H. 117, München 1993.
Theaterstücke: Was geschah, nachdem Nora ihren Mann verlassen hatte oder Stützen der Gesellschaft; Clara S. musikalische Tragödie; Burgtheater, Posse mit Gesang, herausgegeben und mit einem Nachwort von Ute Nyssen. Prometh, Köln 1984.
Totenauberg, ein Stück, Rowohlt, Reinbek 1991.
wir sind lockvögel baby! Roman, Rowohlt, Reinbek 1970 (Taschenbuchausgabe Reinbek 1988).
Wolken. Heim. Steidl, Göttingen 1990.

Hörspiele

Die Ausgesperrten, Süddeutscher Rundfunk / Radio Bremen / Bayerischer Rundfunk 1978, Neuproduktion: Süddeutscher Rundfunk 1990 [Abdruck in: Schirmer, Bernd (Hg.), *Das Wunder von Wien. Sechzehn österreichische Hörspiele*, Leipzig 1987, S.225-261].
Die Bienenkönige, Süddeutscher Rundfunk und Rias Berlin 1976, Regie: Hartmut Kirste [Abdruck in: Geyer-Ryan, Helga (Hg.), *Was geschah, nachdem Nora ihren Mann verlassen hatte*, acht Hörspiele von Elfriede Jelinek, Ursula Krechel, Friederike Mayröcker, Inge Müller, Erica Pedretti, Ruth Rehmann und Gabriele Wohnmann. Mit einem Almanach der seit 1970 in der Bundesrepublik gesendeten Hörspiele von Frauen über Frauen von Mechthild Zschau, München 1982, S.7-48.].

Burgteatta, Bayerischer Rundfunk und Österreichischer Rundfunk 1991, Regie: Hans Gerd Krogmann.

Erziehung eines Vampirs, Süddeutscher Rundfunk/Norddeutscher Rundfunk/ Bayerischer Rundfunk 1986, Regie: Otto Düben. Musik: Patricia Jünger.

*Frauenliebe – Männerleben (*Hörspielfassung von *Clara S.)*, Südwestfunk/ Hessischer Rundfunk 1982.

Für den Funk dramatisierte *Ballade von drei wichtigen Männern sowie dem Personenkreis um sie herum*, Norddeutscher Rundfunk und Süddeutscher Rundfunk 1974. Regie: Heinz Hostnig [Abdruck in: E. J.:*Die endlose Unschuldigkeit*, 1980, S. 16-48].

Jelka, Familienserie in acht Folgen, Südwestfunk 1973; Folgen 9-16, Südwestfunk 1977. [Abdrucke: 1. Folge in: *Wespennest* 21, 1975, S. 62-70; 11. Folge in: *Frischfleisch*, 1977, H.12, S. 11-17; 12. Folge in: *Fettfleck*, 1978, H.8, S. 24-32; 13. Folge in: *Die schwarze Botin*, 1977, H.4, S.28-35].

Die Jubilarin, Kurzhörspiel, Bayerischer Rundfunk 1978.

Kasperl und die dicke Prinzessin oder Kasperl und die dünnen Bauern, Süddeutscher Rundfunk 1974.

Die Klavierspielerin, Hörstück auf Texte von Elfriede Jelinek, Musik: Patricia Jünger, Südwestfunk 1988.

Porträt einer verfilmten Landschaft, Norddeutscher Rundfunk 1977, Regie: Hartmut Kirste.

Untergang eines Tauchers, Süddeutscher Rundfunk 1973, Regie Otto Düben [in: Matthaei Renate (Hg.), *Grenzverschiebung. Neue Tendenzen in der deutschen Literatur der sechziger Jahre*, Kiepenheuer & Witsch, Köln, Berlin 1970, S. 216-218].

Was geschah, nachdem Nora ihren Mann verlassen hatte oder Stützen der Gesellschaft, Süddeutscher Rundfunk / Hessischer Rundfunk / Radio Bremen 1979 [Teilabdruck in: Geyer-Ryan, op. cit. S. 170-205].

Wenn die Sonne sinkt, ist für manche auch noch Büroschluß, Süddeutscher Rundfunk / Bayrischer Rundfunk 1972, Regie: Otto Düben [Abdruck in: Klöckner Klaus (Hg.), Und wenn du dann noch schreist..., Deutsche Hörspiele der siebziger Jahre, Goldmann, München 1980, S. 151-176].

Wien-West, Norddeutscher Rundfunk / Westdeutscher Rundfunk 1972, Regie Otto Düben.

Wolken.Heim. Hessischer Rundfunk/ Süddeutscher Rundfunk/ Sender Freies Berlin 1992, Komposition und Regie: Peer Raben.

Veröffentlichungen in Sammelbänden und Periodika

adventure, in: Programmheft zu Krankheit oder Moderne Frauen, Bonn 1987, S. 42.

anfang, in: *Stuttgarter Hefte* 56, Hg. vom Württembergischen Staatstheater, Stuttgart 1983, S. 10-15.

Die Angst, in keiner Verschwörung drinnen zu sein, Elfriede Jelinek, Nachrichten über Thomas Pynchon, in: *Extrablatt* 6, H. 2, Wien 1982, S. 40-42.

Antworten auf die Umfrage: Heimat, das kenn'i net, in: Georgina Baum, Roland Links und Dietrich Simon (Hg.), *Österreich heute, ein Lesebuch*, Berlin (DDR) 1978, S.199 f.

Begierde & Fahrerlaubnis (eine Pornographie). Erster Text von vielen ähnlichen, in: *manuskripte* 26, H.93, Graz 1986, S. 74-76 und in Alms, Barbara (Hg.), *Blauer Streusand*, Frankfurt/M. 1987, S. 122-130.

Begierde (Begleitperson für eine schwarze Botin hinüber), in: *Die Schwarze Botin*, H.32/33, Berlin, Paris, Wien 1986/87, S. 8.

Die Bienenkönige, in: Roman Ritter / Hermann Piwitt (Hg.), *Die siebente Reise. 14 utopische Erzählungen*, München 1978, S. 141-158.

Der brave Franz ist brav, in: Gert Loschutz / Gertraut Middelhave (Hg.), *Das Einhorn sagt zum Zweihorn. Schriftsteller schreiben für Kinder*, München 1977, S. 114-122.

Ein Brief, in: Harald Seuter (Hg.), *Die Feder, ein Schwert? Literatur und Politik in Österreich*, Graz 1981, S. 86-90.

Dankeswort der Preisträgerin, in: *Die Schwarze Botin*, H.9, Berlin, Paris, Wien 1978, S. 6-8.

Dank – im Zeichen der Solidarität, in: *Volksstimme*, Wien, 13.9.1984.

Das im Prinzip sinnlose Beschreiben von Landschaften, in: *manuskripte* 20, H.69/70, Graz 1980, S.6-8, und in Rodja Weygand (Hg.), *Tee und Butterkekse, Prosa von Frauen*, Schwifting 1982, S. 71-77.

Das über Lager, in: Elfriede Gerstl und Herbert Wimmer (Hg.), *Ablagerungen*, Linz 1989, S. 16-20.

Der Einzige und wir, sein Eigentum, in: *Profil* 20, H.8, Wien 1989, S. 72f.

Erschwerende Umstände oder Kindlicher Bericht über einen Verwandten, in: Wolfgang Weyrauch (Hg.), *Das Lächeln meines Großvaters und andere Familiengeschichten, erzählt von 47 deutschen Autoren*, Düsseldorf 1978, S. 106-111.

Der ewige Krampf Elfriede Jelinek über zwei Arsenleichen (weiblich) in der Literatur, in: *Extrablatt* 4, H.9, Wien 1980, S. 82-85.

Der freie Fall der Körper, in: *Zeit-Magazin* 15, Hamburg 1989, S. 6-8.

der fremde! störenfried der ruhe eines sommerabends der ruhe eines friedhofs, in: Peter Handke (Hg.), *Der gewöhnliche Schrecken. Horrorgeschichten*, Salzburg 1969, S. 146-160.

fragen zu flipper, in: Alfred Kolleritsch und Sissi Tax (Hg.), *manuskripte 1960-1980. Eine Auswahl*, Basel, Stroemfeld, Frankfurt/M. 1980, S. 211-216.

Frauenbewegung und Frauenkultur, in: *Volksstimme*, Wien, 22.7.1978.

Die fünfziger Jahre. Für Elfriede Gerstl, in: *Falter*, H.19, Wien 1983, S. 13.

guten tag meine lieben ich freue mich euch endlich persönlich kennenzulernen, in: Sybil Gräfin Schonfeldt (Hg.), *Blickwechsel, Moderne Erzählungen*, Wien 1975, S. 40-49.

Der Herr Papst und die Frauen, in: *Die Zeit*, Hamburg, 16.11.1984, S. 80.

die hochzeit, in: *Stuttgarter Hefte* 56, Hg. vom Württembergischen Staatstheater Stuttgart, Stuttgart 1983, S. 15-17.

Ich fordere Sie ernstlich auf: Luft und Lust für alle, in: Brigitte Classen (Hg.), *Pornost. Triebkultur und Gewinn*, München 1988, S. 115-119.

Ich möchte seicht sein, in: *Jahrbuch der Zeitschrift Theater heute*, Zürich 1983, S. 102, und in *Schreiben* 9, Bremen 1986, H.29-30, S. 74.

Ich schlage sozusagen mit der Axt drein, in: *Theater-Zeitschrift*, H.7, Schwalbach 1984, S. 4 -16.

Ich werde von ganzem Herzen bejahen, Frau zu sein, Elfriede Jelinek über Sylivia Plaths *Briefe nach Hause*, in: *Extrablatt*, H.12, Wien 1979, S. 85, auch in: *Aufschreiben, Texte österreichischer Frauen*, Wien 1981.

Im Grünen, in: *manuskripte* 28, H.100, Graz 1988, S. 85f.

Im Namen des Vaters, in: *Profil* 14, H.50, Wien 1983, S. 52f.

In den Waldheimen und auf den Haidern, Rede zur Verleihung des Heinrich-Böll-Preises in Köln am 2. Dezember 1986, in: *Die Zeit*, Hamburg, 5.12.1986, S. 50.

Irmgard Keun und die Sprache des Kindes, in: *Die Schwarze Botin*, H.26, Berlin, Paris, Wien 1985, S. 9-12.

Jelinek über Bachmann, in: *Emma*, H.2, Berlin 1991, S. 21-23.

der kuß, in: Hugo Huppert und Roland Links (Hg.), *Verlassener Horizont. Österreichische Lyrik aus vier Jahrzehnten*, Volk und Wissen, Berlin (DDR) 1980, S. 372-373.

Keine Geschichte zum Erzählen, in: *Literaturmagazin*, Reinbek 1985, H.15, S. 183-189.

Die Komponistin, über Patricia Jünger, in: *Emma*, H.6, Berlin 1987, S. 32-36.

Der Krieg mit anderen Mitteln. Über Ingeborg Bachmann, deren Gesamtwerk neu aufgelegt wurde, in: *Das Magazin*, H.11, Wien 1984, S. 20-25.

Luft (Begierde), in: *Literaturmagazin*, H.18, Reinbek 1986, S. 114-148.

1966-1968. dansons la gigue (Verlaine), in: *Ahnungen*, H.4, Wien 1982, S. 22.

Milena Jesénska – Vom Schrecken der Nähe. Autorinnen über Autorinnen. Zusammengestellt von Elfriede Gerstl, Wien 1985, S. 71-79.

Minutenbuch. Kein Tod in Berlin, in: *Basta,* H.1, Wien 1983, S. 56.

mourez parmi la voix terrible de l'amour (Verlaine); sweet, sweet amaryllis; des herbsnachts; spiel mit großvater; wettlauf, in: *protokolle,* Wien 1968, S. 65-74.

Nachwort, in: *Thomas Pynchon,* Reinbek 1976.

Offener Brief an Kurt Waldheim, in: *Die Presse,* Wien, 18.9.1986.

Phallus (H), in: *Die Schwarze Botin,* H.29, Berlin, Paris, Wien 1985/86, S.23 und in: Alms, Barbara (Hg.), *Blauer Streusand,* Frankfurt/M. 1987, S. 21.

Schamgrenzen? Die gewöhnliche Gewalt der weiblichen Hygiene, in: *die tageszeitung,* Berlin, 26.11.1983, und in: *Konkursbuch,* H.12, Tübingen 1984, S. 137-139.

Ein schlafender Hund ist der Mann, in: *Falter,* H.14, Wien 1989, S. 10.

ein schönes erlebnis mit christoph, wenn es auch kurz war, war es doch schön, in: *Kronenzeitung,* Wien, 29.10.1972 und in: Otto Breicha und Reinhard Urbach (Hg.), *Österreich zum Beispiel, Literatur, Bildende Kunst, Film und Musik seit 1968,* Salzburg, Wien 1982, S. 137-139.

Das Schöpfergeschöpf, in: *protokolle,* H.2, Wien 1990, S. 13-15.

Sie ist jung & zwei andere Kapitel, in: *Akzente* 17, München 1970, S. 58-63.

Silvia Plath: die Glasglocke, in: *Wespennest,* H.61, Wien 1985, S. 51f.

Der Sinn des Obszönen, in: Claudia Gehrke (Hg.), *Frauen und Pornographie,* Tübingen 1988, S. 102f.

Die Sprache des Kindes, Elfriede Jelinek über die Literatur der Irmgard Keun, in: *Extrablatt* 4, H.2, Wien 1980, S. 88f.

Statement, in: Renate Matthaei (Hg.), Grenzverschiebung. Neue Tendenzen in der deutschen Literatur der sechziger Jahre, Köln, Berlin 1970, S. 215f.

Die süße Sprache, in: Ulrich Weinzierl (Hg.), Lächelnd über seine Bestatter: Österreich, österreichisches Lesebuch von 1900 bis heute, München 1989, S. 420-427.

Der Täter, der Opfer sein will, in: *Wiener* 4, H.48, Wien 1984, S. 34-39.

Der Turrini Peter, in: *Theater heute* 21, H.12, Zürich 1981, S. 40 und in: Otto Breicha und Reinhard Urbach (Hg.), *Österreich zum Beispiel, Literatur, Bildende Kunst, Film und Musik seit 1968,* Salzburg, Wien 1982, S. 335f.

unser motorrad, in: *Literatur und Kritik,* Wien 1969, H.32, S. 114f.

udo zeigt wie schön diese welt ist wenn wir sie mit kinderaugen sehen, untersuchungen zu udo jürgens liedtexten, in: Elfriede Jelinek, Ferdinand Zellwecker und Wilhelm Zobl, *Materialien zur Musiksoziologie,* Wien, München 1972, S. 7-14.

Über Clara S., in: *Stuttgarter Hefte* 56, Hg. vom Württembergischen Staatstheater Stuttgart, Stuttgart 1983, S. 4-6.

Über das Sprechen im Film, in: *Falter* 11, H.39, Wien 1987, H.39, S. 12.

Über einen Fall von Zensur, in: *Volksstimme,* Wien, 29.1.1984.

Unruhiges Wohnen, in: *manuskripte* 30, H.110, Graz 1990, S. 126f.Variationen über ein vorgegebenes Thema, in: *manuskripte,* Für Alfred Kolleritsch 1982, Graz 1981, S. 67.

verachtung; der kuss, in: Rodja Weigand (Hg.), *Papagena vogelfrei. Deutschsprachige Gegenwartslyrik von Frauen.* Bd.2, Schwifting 1980, S. 31-33.

Eine Versammlung, in: *Die Schwarze Botin,* H.2, Berlin, Paris, Wien 1977, S. 30f.

Verwüstung, in: *Basta,* H.5, Wien 1989, S. 201-203.

Vom Schrecken der Nähe. [Rezension von: Ria Endres *Milena antwortet*], in: *Die Schwarze Botin* H.18, Berlin, Paris, Wien 1983, S. 10-12.

Von Natur aus sind..., in: *Volksstimme,* Wien, 11.11.1987.

Der Wald, in: *manuskripte* 25, H.89/90, Graz 1985, S.43 f. und in: Alms, Barbara (Hg.), *Blauer Streusand,* Frankfurt/M. 1987, S. 35-39.

was ist das, was so leuchtet?, in: Sybil Gräfin Schönfeldt (Hg.), *Augenblicke der Liebe. Moderne Erzählungen*, Wien, Heidelberg 1978, S. 241-246.
"Wehr spricht?", in *Falter* 11, H.12, Wien 1987, S. 8.
Weil sie heimlich weinen muß, lacht sie über Zeitgenossen. Über Irmgard Keun, in: *die horen* 25, H.4, Bremerhaven 1980, S. 221-225.
Wie der Herr, so sein Krieg, Nachbemerkungen einer Unmündigen zu den Vollmundigen, in: *Die Zeit*, Hamburg, 29.3.1991, S. 61.
wir stecken einander unter der haut. konzept einer television des innen raums, in: *protokolle*, H.1, Wien 1970, S. 129-134.
Wir unnützen Idioten, in: *Wiener 4*, H.41, Wien 1983, S. 66.

Interviews und Gespräche

[Anonym]: Das Beste gerade gut genug, in: *Volksstimme*, Wien, 3.9.1976.
[Anonym]: Über den Wahnsinn der Normalität oder die Unaushaltbarkeit des Kapitalismus, Gespräch mit Böll-Preisträgerin (1986) Elfriede Jelinek, in: *Arbeiterkampf*, 1978.
[Anonym]: Fragen an Elfriede Jelinek, zu Was geschah nachdem Nora ihren Mann verlassen hatte oder die Stützen der Gesellschaft, in: Programmheft der Vereinigten Bühnen Graz, Graz 1979, unpag.
[Anonym]: "Unpolitischer Pazifismus ist nicht möglich...", in: *stimmen zur zeit*, H.107, 1986, S. 18/19.
[Anonym]: Ob es sie gibt, wird man sehen. Elfriede Jelinek stellte sich einem kurzen Gespräch über ihre Anschauungen zum Erneuerungsprozeß der KPÖ, in: *Grazer Stadtblatt*, Nr.1, Graz 1990.
[Anonym]: "Die Frau ist nur, wenn sie verzichtet zu sein". Ein Gespräch mit Elfriede Jelinek, in: *Die Philosophie* 8, 1993, S. 94-98.
Bandhauer, Dieter: Dieses vampiristische Zwischenleben, in: *die tageszeitung*, Berlin, 9.5.1990.
Bandhauer, Dieter: "Ich bin kein Theaterschwein", in: *Falter* 12, H.16, Wien 1990, S. 8-9.
Bartels, Ulrike: totale entäußerung, in: *Klenkes Stadtzeitung für Aachen*, H. 6, Aachen 1989.
Becker, Peter von: 'Wir leben auf einem Berg von Leichen und Schmerz', in: *Theater heute*, H.9, Zürich 1992, S. 1-8.
Bei, Neda und Wehowski, Branka: Die Klavierspielerin. Ein Gespräch mit Elfriede Jelinek, in: *Die Schwarze Botin*, H.24, Berlin, Paris, Wien 1984, S. 3-9 und 40-46.
Berka, Sigrid: Ein Gespräch mit Elfriede Jelinek, in: *Modern Austrian Literature*, Volume 26, 1993, Nr 2, S. 127-155.
Biller, Maxim: Sind Sie lesbisch, Frau Jelinek?, in: *Tempo*, H.4, 1990, S. 42-46.
Biron, Georg: "Wahrscheinlich wäre ich ein Lustmörder", in: *Die Zeit*, Hamburg, 28.9.1984, S. 47.
Braun, Adrienne: Tarzan, Jane und weiße Wäsche, in: *Stuttgarter Zeitung*, Stuttgart, 11.7.1991.
Breicha, Otto: "Pop ist gut!", in: *Kurier*, Wien, 17.5.1969.
Cerha, Michael und Horwath, Alexander: Die Bachmann war wohl gerechter zu Männern, in: *Der Standard*, Wien, 14.1.1991.
Classen, Brigitte: Das Liebesleben in der zweiten Natur, in: *Anschläge*, H.7/8, Wien 1989, S. 33-35.
Egghardt, Hanne: Texte wie im Fernsehen, in: *Trend-Profil*, H.7/8, Wien 1987, S. 33-35.
Fend, Franz / Huber-Lang, Wolfgang: Eine lautlose Implosion. Ein Gespräch mit Elfriede Jelinek über *Wolken.Heim*, europäische Visionen, österreichische Literatur und deutsche Heimaterde, in: *Zeitung für dramatische Kultur*, Nr 73, 1994, S. 4/5.
Famler, Walter: Elfriede Jelinek: Selbstporträt, eine Produktion des ORF gesendet am 5.11.1983 in Ö 1 um 14 Uhr 05.

Fleischhanderl, Karin: Schreiben und/oder übersetzen, in: *Wespennest*, H.73, Wien 1988, S. 24-26.

Friedl, Harald / Peseckas, Hermann: Elfriede Jelinek, in: Friedl, Harald (Hg.): *Die Tiefe der Tinte*, Wolfgang Bauer, Elfriede Jelinek u.a. im Gespräch, Salzburg 1990, S. 27-71.

Glaser, Doris: Die lange Nacht der Frauen, eine Produktion des ORF, gesendet am 8.3.1987 auf Ö 1 um 22 Uhr.

Gross, Roland: Nichts ist möglich zwischen den Geschlechtern. Ein Gespräch mit Elfriede Jelinek, in: *Süddeutsche Zeitung*, München, 20.1.1987. Auszug unter dem Titel: "Die Lady – ein Vampir ", in: *Theater heute*, H.4, Zürich 1987, S. 34/35

Hager, Angelika / Sichrovsky, Heinz: Gipfel der Lust. Elfriede Jelinek und Paulus Manker im Dialog über Sexualität, Pornographie und Kunst, in: *Basta*, H.2, Wien 1989, S. 102-107.

Hartmann, Rainer: Schreiben in der Männerwelt. Suche nach Formen für politische Inhalte, in: *Kölner Stadt-Anzeiger*, Köln, 2.12.1986.

Hirschmann, Christoph: Engel haben keine Genitalien, in: *Arbeiter-Zeitung*, Wien 22.6.1990.

Hörmann, Egbert: Das obskure Objekt der Begierde, Tip-Gespräch mit Elfriede Jelinek, in: *Tip* 19, H10, 1989, S. 100-104.

Hörmann, Egbert: Interview, in: *Vogue*, München, Januar 1991, S. 92 und 94.

Hoffmann, Yasmin: Entretien avec Elfriede Jelinek, in: *Les Exclus*, Postface, Nîmes 1989, S. 266-273.

Hoffmann, Yasmin: Entretien avec Elfriede Jelinek, in: *Lust*, Postface, Nîmes 1991, S. 273-282.

Hoffmann, Yasmin: Sujet impossible, entretien avec Elfriede Jelinek, in: *Germanica*, Lille 1996, S. 167-175.

Hoffmeister, Donna: Access Routes into Postmodernism: Interviews with Innerhofer, Jelinek, Rosei and Wolfgruber, in: *Modern Austrian Literature*, Volume 20, Number 2, 1987, S. 27-130. (Interview mit E. Jelinek: S. 107-117).

Hoffmeister, Donna: Interview mit Elfriede Jelinek, in: Vertrauter Alltag, Gemischte Gefühle. Gespräche mit Schriftstellern über Arbeit in der Literatur, Bonn 1989, S. 121-133.

Holwein, Jürgen: "Es gibt so viele Männer, die dienende Gattinnen haben", in: *Stuttgarter Nachrichten*, Stuttgart, 9.5.1983

Holzinger, Lutz / Szeiler, Josef: Die Komödiantenställe, in: *Das Magazin*, H.9, Wien 1984, S. 74-77.

Honickel, Thomas: Gesellschaft auf dem OP-Tisch, in: *TIP-Magazin* 12, H.22, Berlin 1983, S. 160-163.

Honickel, Thomas: "Ich habe mich nie mit Weiblichkeit identifiziert", in: *Münchner Buch-Magazin*, H.42, München 1985, S. 12-16.

Hüfner, Agnes: Warum ist das Schminken für Sie wichtig, Frau Jelinek?, in: *Faz-Magazin*, Nr.348, Frankfurt/M., 31.10.1986, S. 94-95.

Irnberger, Harald/Seibert, Ingrit: "Wenn Zucker siegt, ist alles klebrig", in: *Tempo*, August 1993, S. 77-79.

Janssen, Brita: Ein Porno nur für Frauen?, in: *Mannheimer Morgen*, Mannheim, 8.8.1986.

Kathrein, Karin: Mit Feder und Axt. Die österreichische Schriftstellerin im Gespräch, in: *Die Presse*, Wien, 3./4.3.1984.

Kathrein, Karin: "Der Autor ist heute am Theater das Letzte", Gespräch mit Elfriede Jelinek und Wolfgang Bauer, in: *Die Bühne*, H.5, Wien 1991, S. 12-18.

Kathrein, Karin: Eine Absurdität, D*ie Bühne*, H.9, Wien 1992, S. 26-27.

Kathrein, Karin: Heimat ist das Unheimlichste, Elfriede Jelinek zu Totenauberg, in: Bühne, H.9, Wien, 1992, S. 26/27.

Kerschbaumer, Marie-Thérèse: Portrait einer jungen österreichischen Autorin, 1971, in: dies.: *Für mich hat Lesen etwas mit Fließen zu tun... Gedanken zum Lesen und Schreiben von Literatur*, Wien 1989 (Reihe Frauenforschung,12), S. 114-147).

Klein, Erdmute: Clara S. oder "Die Welt der Männergenies ist eine Todeslandschaft", Gespräch mit der österreichischen Schriftstellerin Elfriede Jelinek, in: *Wissenschaft und Zärtlichkeit* 13/14, 1983, S. 167-170.
Lachinger, Renate: Kinder, Marsmenschen, Frauen, ein Gespräch mit Elfriede Jelinek, in: *Salz* 15, H.4, Salzburg 1990, S. 40-44.
Lahann, Birgit: Frauen sind leicht verderbliche Ware, in: *Stern* 12.2.1987, S. 192/193.
Lahann, Birgit: "Männer sehen in mir die große Domina", in: *Stern* 41, H.37, Hamburg, 8.9.1988, S. 76-85.
Lahann, Birgit: Lust statt Pornographie, in: *Literaturmagazin*, H..21, Reinbek 1989, S. 4f.
Lamb-Fallerberger, Margarete: Interview mit Elfriede Jelinek, in: dies.: *Valie Export und Elfriede Jelinek im Spiegel der Presse. Zur Rezeption der feministischen Avantgarde Österreichs*, New-York/ San Francisco/ Bern/ Baltimore/ Frankfurt/M./ Paris/ London 1992, S. 183-200.
Lehmann, Brigitte: Oh Kälte, oh Schutz vor ihr. Ein Gespräch mit Elfriede Kelinek – "Es geht nur um Sprache, es geht nicht um Erlebnisse", in: *Lesezirkel*, H.15, Wien 1985, S. 3.
Löffler, Sigrid: Jedes Wort von ihr ist eine Provokation. Interview mit Elfriede Jelinek, in: *Bücher*, Brigitte Sonderheft, Hamburg 1983, S. 26-29.
Löffler, Sigrid: "Ich mag Männer nicht, aber ich bin sexuell auf sie angewiesen". Gespräche über Pornographie, die Sprache des Obszönen, den Haß und das Altern, in: *Profil*, H.13, Wien, 28.3.1989, S. 83-85.
Mayer, Margit j.: Tolle Roben, geknechtete Frauen, in: *Wiener 4*, H.47, Wien 1984, S. 101.
Molden, Hanna: Schmerzhaft weinrot. H. Molden besuchte Elfriede Jelinek und weiß nun, wie sich Wohnmasochisten einrichten, in: *Wochenpresse*, 11.3.1986.
Morché, Pascal: "Eine Frau sollte nie tragen, was Männern gefällt", in: *Vogue*, H.1, München 1987, S. 74.
Moser, Gerhard: Von der nahtlosen Kontinuität, in: *Volksstimme*, Wien, 9.2.1986.
Müller, André: "Das kommt in jedem Porno vor". Gespräch über ihre Bücher, ihr Leben, ihre Gefühle und ihre politischen Ansichten, in: *Profil 26*, Wien 25.6.1990, S. 80-82. – und unter dem Titel "Ich lebe nicht", in: *Die Zeit*, Hamburg, 22.6.1990, S. 55f.
münchner Literaturarbeitskreis: gespräch mit elfriede jelinek, in *mamas pfirsiche – Frauen und Literatur*, Münster 1978, H.9/10, S. 171-181.
Nicolin, Mechtild: "Frauen sollen sich endlich durch ihren Kopf definieren", in: *General-Anzeiger*, Bonn, 24.4.1982.
Palm, Kurt: Gespräch mit Elfriede Jelinek, in: ders. (Hg.), *Burgtheater. Zwölfeläuten. Blut. Besuchszeit. Vier österreichische Stücke*, Wien 1987, S. 227-233.
Pflüger, Maja: Inszenierung ist alles, in: *Die Tüte*, Tübingen 9.1989.
Presber, Gabriele: "...das Schlimmste ist dieses männliche Wert- und Normensystem, dem die Frau unterliegt", in: dies. (Hg.), *Die Kunst ist weiblich, Gespräche*, München 1988, S. 106-131.
Presber, Gabriele: "Der Tod ist das absolute Nichts", in: *Arbeiter-Zeitung*, Wien, 31.10.1988.
Presber, Gabriele: in: dies.: Frauenleben, Frauenpolitik, Rückschläge & Utopien, Gespräche mit Elfriede Jelinek u.a.. Tübingen 1992, S. 7-37.
Raftl, Ro: Lust auf Blut, in: *AZ-Magazin*, Wien, 19.4.1990.
Reininghaus, Alexandra: Die Lust der Frauen und die kurze Gewalt der Männer, in: *Der Standard*, Wien, 17.11.1988.
Rizy, Helmut: ...um den Mann nicht zu stören, in: *Volksstimme*, Wien, 12.2.1984.
Roeder, Anke: Elfriede Jelinek: "Ich will kein Theater – Ich will ein anderes Theater", in: *Theater heute*, 1988/1989, H.8, S. 30/31 (gekürzte Fassung), auch in: dies. (Hg.): *Autorinnen, Herausforderungen an das Theater*, Frankfurt/M. 1989, S. 143-160 (vollständige Fassung).
Roos Theo: Bei der Stange bleiben. Ein Gespräch mit Elfriede Jelinek über ihr neues Heidegger-Stück, in *Symptome, Zeitschrift für epistemologische Baustellen*, 1991, H8, S. 49-51.

Roos, Theo: "Die Sprache und das Lassen-Tun" – Über Hannah Arendt, Martin Heidegger, Peter Handke und die deutsche Einheit, in: *Symptome, Zeitschrift für epistemologische Baustellen*.

Roscher, Achim: Gespräch mit Elfriede Jelinek, in: *Neue deutsche Literatur*, H.3, Berlin (DDR) 1991, S. 41-56.

Roschitz, Karlheinz: Faible fürs Alltägliche, Gespräch mit der Autorin Elfriede Jelinek, in: *Die Furche*, Nr.30, Wien, 25.7.1970, S. 9.

Sauter, Josef-Hermann: Interviews mit Barbara Frischmuth, Elfriede Jelinek, Michael Scharang, in: *Weimarer Beiträge* 27, Nr.6, Berlin (DDR) 1981, S. 99-128.

Schock, Sonja: Irgendwelche Überväter, in: *Freitag*, Nr 13, Berlin, 22.3.1991.

Schwarzer, Alice: Ich bitte um Gnade, A. Schwarzer interviewt Elfriede Jelinek, in: *Emma*, H.7, Berlin 1989, S. 50-55, auch in: Schwarzer, Alice: *Warum gerade Sie? Weibliche Rebellen, 15 Begegnungen mit berühmten Frauen*, Frankfurt/M, 1989, S. 97-116.

Seibert, Ingrit: Ist jede Frau ein Luxusweib?, in: *Elle* 12, 1990, S. 54-60.

Seiler, Christian: Was man dem Mann als Kühnheit und Mut auslegt, ist bei einer Frau nur ekelhaft, in: *Sonntagszeitung*, 3.9.1991, S. 19-21.

Sichrovsky, Heinz / Klein, Gabi: Elfriede Jelinek: "Wir haben verloren, das steht fest.", in: *Basta*, H.4, Wien 1990, S. 176-180.

Sichrovsky, Heinz: Elfriede Jelinek: Watchlist der Verachtung, in: *Basta*, H.12, Wien 1989, S. 164/165.

Stadler, Franz: Mit sozialem Blick und scharfer Zunge, in: *Volksstimme*, Wien, 24.8.1986.

Stadler, Franz: Krankheit und Wärmetod, in: *Volksstimme*, Wien, 18./19.2.1990.

Stadler, Franz: Schrecken unerfüllter Liebe, in: *Volksstimme*, Wien, 23.2.1990, Beilage.

Streibel, Robert: Für das Recht der Frau auf Künstlertum, in *Volksstimme*, Wien, 14.10.1982.

Sucher, C. Bernd: "Was bei mir zu Scheiße wird, wird bei Handke kostbar". Ein Gespräch mit Elfriede Jelinek, in: *Schauspiel Bonn*, 1986/1987, Bonn 1986, S. 45-52.

Sucher, C. Bernd: "Ich bin eine Buhfrau". Gespräch über ihre Stücke, über Feminismus, weibliche Ästhetik und Claus Peymann, in: *Süddeutsche Zeitung*, München, 23.9.1987.

Trenczak, Heinz und Kehldorfer, Renate: Achtzig Prozent der Filmarbeit sind Geldbeschaffung, in: *Blimp*, H.2, Wien 1985, S. 12-17.

Vansant, Jacqueline: Gespräch mit Elfriede Jelinek, in: *Deutsche Bücher*, H.1, Amsterdam 1985, S. 1-9.

Vogl, Walter: "Ich wollte diesen weißen Faschismus", in: *Basler Zeitung*, 16.6.1990.

Wehowsky, Branda / Bei, Neda: *Die Klavierspielerin*, ein Gespräch mit Elfriede Jelinek, in: *Die Schwarze Botin*, Berlin, Paris, H.24 Wien 1984, S. 3-9 und 40-46.

Wendt, Gunna: "Es geht immer alles prekär aus – wie in der Wirklichkeit!". Ein Gespräch mit der Schriftstellerin Elfriede Jelinek über die Unmündigkeit der Gesellschaft und den Autismus des Schreibens, in: *Frankfurter Rundschau*, Frankfurt/M., 14.3.1992, Zeit und Bild S. 3.

Winter, Riki: Es ist keiner so niedrig, daß er nicht noch etwas Niedrigeres hätte: seine Frau, in: *Neue Zeit*, Graz, 21.9.1979.

Winter, Riki: Mode – die Provinz weiblicher Ästhetik, in: *Sterz*, H.33, Graz 1985, S. 15.

Winter, Riki: Gespräch mit Elfriede Jelinek, in: Bartsch/Höfler (Hg.), *Elfriede Jelinek, Dossier 2*, Graz 1991, S. 9-19.

Allgemeine Sekundärliteratur zum Werk Elfriede Jelineks

Sammelbände

Arnold, Heinz Ludwig (Hg.): *Elfriede Jelinek*, Redaktion: Frauke Meyer-Gosau, München 1993, *Text + Kritik*, H. 117 (im folgenden als: Arnold).
Bartsch, Kurt/Höfler, Günther (Hg.): *Dossier 2: Elfriede Jelinek*, Graz 1991 (im folgenden als: Bartsch/Höfler)
Gürtler, Christa (Hg.): *Gegen den schönen Schein, Texte zu Elfriede Jelinek*. Mit Beiträgen von Alexander von Bormann u.a., Frankfurt/M 1990 (im folgenden als: Gürtler).

Zum Werk allgemein

Alms, Barbara: Triviale Muster – "hohe" Literatur, Elfriede Jelineks frühe Schriften, in: *Umbruch*, 1987, Nr 1, S. 31-35.
Bartsch, Kurt: "Denn die Liebe ist die Fortführung des Krieges mit anderen Mitteln". Zu Elfriede Jelineks Filmbuch *Malina*, in: ders., *Elfriede Jelinek Dossier 2*, Graz 1991, S. 173-179.
Beth, Hanno: Elfriede Jelinek, in: Puknus, Heinz (Hg.), *Neue Literatur der Frauen. Deutschsprachige Autorinnen der Gegenwart*, München 1980, S. 133-137.
Brokoph-Mauch, Gudrun: Die Prosa österreichischer Schriftstellerinnen zwischen 1968 und 1983 (Frischmuth, Jelinek, Schwaiger), in: Zeman, Herbert (Hg.): *Die österreichische Literatur: eine Dokumentation ihrer literarhistorischen Entwicklung. Ihr Profil von der Jahrhundertwende bis zur Gegenwart (1880-1980)*, Graz 1989, Teil 2. S. 121-1226.
Burger, Rudolf: Dein böser Blick, Elfriede, in: *Forum 30*, H.352/353, Wien 1983, S. 48-51.
Busche, Jürgen: Keine Lust für niemand?, in: *Pflasterstrand*, Nr 311, 6.4 – 19.4 1989.
Caduff, Corina: *Ich gedeihe inmitten von Seuchen, Elfriede Jelinek – Theatertexte*, Bern/ Berlin/ Frankfurt/M./ New York/ Paris/ Wien 1991.
Coqus, Jean-Claude, *La tentative Jelinek. Essais. Alentours d'une soirée*, Reims 1992 (manuscrit dactylographié et commercialisé: J.C. Coqus, 18, rue Payen, 51100 Reims).
Dormagen, Christel: Scheitern: sehr gut. Elfriede muß sich in Zukunft mehr zügeln, in: Arnold, S. 86-94.
Erdle, Birgit: "Die Kunst ist ein schwarzes glitschiges Sekret". Zur feministischen Kunst-Kritik in neueren Texten Elfriede Jelineks, in: Knapp, Mona/Labroisse, Gerd (Hg.), *Frauen-Fragen in der deutschsprachigen Literatur seit 1945*, Amsterdam/ Atlanta, 1989 (Amsterdamer Beiträge zur neueren Germanistik Bd. 29), S. 323-341.
Fliedl, Konstanze: Natur und Kunst. Zu neueren Texten Elfriede Jelineks, in: Walter Buchebner Gesellschaft (Hg.), *Das Schreiben der Frauen in Österreich seit 1950*, Wien/ Köln 1991, S. 95-104.
Fliedl, Konstanze: "Echt sind nur wir!" Realismus und Satire bei Elfriede Jelinek, in: Bartsch/ Höfler, S. 57-77.
Friedrich, Regine: Nachwort, in: Jelinek, Elfriede: *Krankheit oder Moderne Frauen*, Köln 1987, S. 84-93.
Gürtler, Christa: Der böse Blick der Elfriede Jelinek. Dürfen Frauen so schreiben?, in: Gürtler (Hg.), *Frauenbilder/Frauenrollen/Frauenforschung*, Wien – Salzburg 1987, S. 50-62.
Gürtler, Christa: Die Entschleierung der Mythen von Natur und Sexualität, in: Gürtler, S. 120-135.
Hass, Ulrike: Grausige Bilder. Große Musik. Zu den Theaterstücken Elfriede Jelineks, in: Arnold, S. 21-30.
Heidelberger-Leonard, Irene: War es Doppelmord? Anmerkungen zu Elfriede Jelineks Bachmann-Rezeption und ihrem Filmbuch *Malina*, in: Arnold, S. 78-85.

Hoff, Dagmar von: Stücke für das Theater. Überlegungen zu Elfriede Jelineks Methode der Dekonstruktion, in: Gürtler, S. 112-120.
Hoffmann, Yasmin: "Hier lacht sich die Sprache selbst aus". Sprachsatire – Sprachspiele bei Elfriede Jelinek, in: Bartsch/Höfler, S. 41-57.
Hoffmann, Yasmin: Présentation de l'oeuvre d'Elfriede Jelinek, in: Jelinek, *La Pianiste*, Paris 1993, S. I-IV.
Höfler, Günther: Vergrößerungsspiegel und Objektiv: Zur Fokussierung der Sexualität bei Elfriede Jelinek, in: Bartsch/Höfler, S. 155-173.
Janz, Marlies: Falsche Spiegel. Über die Umkehrung als Verfahren bei Elfriede Jelinek, in: *Literaturmagazin* 23, 1989, S. 135-148, auch in: Gürtler, S. 81-98.
Kempf, Marcelle: Elfriede Jelinek ou la magie du verbe contre l'abêtissement et le conformisme, in: *Etudes allemandes et autrichiennes*, Nice 1977, S. 133-142.
Kerschbaumer, Marie-Thérèse: Linguistics und Poetics (to honour Roman Jacobson), in: *Wespennest*, Heft 63, Wien 1986, S. 54-66.
Klier, Walter: "In der Liebe schon ist die Frau nicht voll auf ihre Kosten gekommen", in: *Merkur* 5, 41 Jhg., H.459, Stuttgart 1987, S. 423-427.
Lajarrige, Jacques: Formation et Appropriation d'un mythe: Le Cannibalisme et la littérature autrichienne de Nestroy à Jelinek, in: *Cahier d'études germaniques*, 1994, Nr 26, S. 151-162.
Lamb-Faffelberger, Margarete: *Valie Export und Elfriede Jelinek im Spiegel der Presse. Zur Rezeption der feministischen Avantgarde Österreichs*, New York – San Francisco – Bern – Baltimore – Frankfurt/M – Paris – London 1992, Austrian Culture, vol. 7
Laurien, Ingrid: "Man steht für die meisten Männer plötzlich da wie ein Monster. Schriftstellerinnen im Literaturbetrieb", in: Arnold Heinz Ludwig (Hg.), *Literaturbetrieb in der BRD. Ein kritisches Handbuch*, 2. völlig veränd. Aufl. München 1981, S. 341-355.
Löffler, Sigrid: "Was habe ich gewußt? Nichts". Künstler im Dritten Reich: Fragen nach der verdrängten Vergangenheit, in: *Profil 16*, Wien 1985, S. 88-95.
Meyer-Gosau, Frauke: Aus den Wahnwelten der Normalität. Über Brigitte Kronauer, Elfriede Jelinek und Kerstin Hensel, in: Arnold, Heinz Ludwig (Hg.): *Vom gegenwärtigen Zustand der deutschen Literatur. Text+Kritik Nr. 113*, München 1992, S. 26-37.
Nyssen, Ute: Nachwort, in: Jelinek, *Theaterstücke*, Köln 1984, S. 151-162.
Niedle, Gabriele: Mehr, mehr, mehr! Zu Elfriede Jelineks Verfahren der dekorativen Wortvermehrung, in: Arnold, S. 95-103.
Rasper, Christiane: "Der Mann ist immer bereit und freut sich auf sich", Die satirische Inszenierung des pornographischen Diskurses, in: *Liebes- und Lebensverhältnisse: Sexualität in der feministischen Diskussion*, Interdisziplinäre Forschungsgruppe Frauenforschung (IFF), Frankfurt/M – New York 1990, S. 121-140.
Rigendinger, Rosa: Eigentor, in: Arnold, S. 31-37.
Schmid-Bortenschlager, Sigrid: Der analytische Blick, in: Kleiber, Carine/Tunner, Erika (Hg.), *Beiträge des internationalen Kolloquiums: Frauenliteratur in Österreich von 1945 bis heute*, Bern/Frankfurt/M./ New York 1986. S. 109-129.
Schmid-Bortenschlager, Sigrid: Gewalt zeugt Gewalt zeugt Literatur... *wir sind lockvögel baby!* und andere frühere Prosa, in: Gürtler, S. 30-43.
Schmidt, Ricarda: Arbeit an weiblicher Subjektivität, Erzählende Prosa der siebziger und achtziger Jahre, in: Brinker-Gabler, Gisela (Hg.): *Deutsche Literatur von Frauen*, München 1988, BD; 2, S. 459-477.
Schmölzer, Hilde: "Ich funktioniere nur im Beschreiben von Wut", in: dies. (Hg.), *Frau sein und schreiben. Österreichische Schriftstellerinnen definieren sich selbst*. Wien 1982, S. 84-96.
Schneider, Renate: Diese Liebe ist im Kern Vernichtung, Zu Elfriede Jelinek, in: *Das Argument* 33, 1991, H.3, S. 361-371.

Schnell, Ralf: Das fremd Geschlecht, Männer-Bilder in der neueren deutschsprachigen Frauenliteratur, in: Iwasaki, Eijiro (Hg.): *Begegnung mit dem 'Fremden': Grenzen –Traditionen – Vergleiche* (Akten des VIII. Internationalen Germanisten-Kongresses, Tokyo 1990), München 1991, Band 10, S. 267-274.

Schwarzer, Alice: Elfriede Jelinek, Schriftstellerin, in: dies. (Hg.), *Warum gerade sie? Weibliche Rebellen. 15 Begegnungen mit berühmten Frauen*, Frankfurt/M. 1989, S. 97-116.

Seibert, Ingrit: Die Frau im Sumpf, in: Seibert und Dreissinger *Die Schwierigen. Portraits zur österreichischen Gegenwartskunst*, Wien 1986, S. 120-136.

Serke, Jürgen: Wenn der Mensch im Typischen verschwindet, in: ders.: *Frauen schreiben. Ein neues Kapitel deutschsprachiger Literatur*, Frankfurt/M. 1982, S. 337-339.

Späth, Sibylle: Im Anfang war das Medium... Medien- und Sprachkritik in Jelineks frühen Prosatexten, in: Bartsch/ Höfler, S. 95-120.

Spielmann, Yvonne: Ein unerhörtes Sprachlabor. Feministische Aspekte im Werk von Elfriede Jelinek, in: Bartsch/Höfler, S. 21-41.

Spiess, Christine: Eine Kunst, nur aus Sprache gemacht. Die Hörspiele der Elfriede Jelinek, in: Arnold, S. 68-77.

Stangel, Johann, Das annulierte Individuum. Sozialisationskritik als Gesellschaftsanalyse in der aktuellen Frauenliteratur. Zu Texten von Frischmuth, Jelinek, Mitgutsch, Schutting, Schwaiger und anderen, Bern, New York, Frankfurt/M. 1988.

Vogel, Juliane: Oh Bildnis, oh Schutz vor ihm, in: Gürtler, S. 142-157.

Wagner, Karl: Österreich – eine S(t)imulation. zu Elfriede Jelineks Österreich-Kritik, in: Bartsch/Höfler (Hg.), S. 79-93.

Winkels, Hubert: Panoptikum der Schreckensfrau. Elfriede Jelineks Roman *Die Klavierspielerin*, in: ders., *Einschnitte. Zur Literatur der 80er Jahre*, Kiepenheuer und Witsch, Köln 1988, S. 60-75.

Dissertationen, Diplom- und Hausarbeiten über das Werk Elfriede Jelineks

Arteel, Inge: "Ich schlage sozusagen mit der Axt drein". Stilistische, wirkungsästhetische und thematische Betrachtungen zu Elfriede Jelineks Roman 'Die Klavierspielerin', (Studia Germanica Gandensia 27) Gent 1991.

Bergermann, Ulrike: Der letzte Text. Der letzte Autor. Ein enthüllendes Weib. Zu Elfriede Jelineks Roman *Lust*, Diplomarbeit, Universität Hamburg 1990.

Boitier, Vera Astrid: Satire wider 'müten' [Mythen]. Zur Entmythologisierung im Werk Elfriede Jelineks, master of arts, University of maryland 1990.

Demetz, Karin: Zur Medienkritik bei Elfriede Jelinek, Diplomarbeit, Universität Wien 1988.

El Badrawi, Muna: Beklemmende Begrenzung. Der Roman *Die Klavierspielerin* von Elfriede Jelinek, Diplomarbeit, Universität Wien 1988.

Fiddler, Allyson: Rewriting reality: Elfriede Jelinek and the politics of representation, Ph.D., University of Southhampton 1989, und Rewriting Reality. An introduction to Elfriede Jelinek. Oxford/Providence 1994 (revidierte Fassung)

Grond, Christine: Formen der Episierung in Elfriede Jelineks *Krankheit oder Moderne Frauen*, Diplomarbeit, Universität Wien 1993.

Hattinger, Ernst: Literatur und Ökologie im Spiegel der zeitgenössischen Gegenwartsliteratur nach 1980, Diplomarbeit, Universität Wien 1990.

Hirsbrunner, Franziska: Das gefesselte Bewußtsein. Erscheinungsformen von Macht in Elfriede Jelineks Roman *Die Klavierspielerin*, Diplomarbeit, Universität Zürich 1988.

Jansen, Maria: Annäherung an eine Schreibweise, Diplomarbeit, Universität Hamburg 1990.

Klein, Karoline: Weibliche Außenseiter-Figurenin der österreichischen Prosa seit 1945 (Marlen Haushofer, Elfriede Jelinek, Marianne Fritz), Dissertation, Universität Salzburg, 1990.

Koch, Martina: Die Sprache beim Wort genommen. Sprachkritik als Gesellschaftskritik bei Elfriede Jelinek, Diplomarbeit, Universität Wien 1986.

Kumpfmiller, Sigrid: Elfriede Jelinek: *Die Ausgesperrten*, Diplomarbeit, Universität Salzburg 1987.

Kunz, Martina: Ausgewählte Prosa von Elfriede Jelinek. Eine Analyse, Diplomarbeit, Universität Aachen 1986.

Lachinger, Renate: Der österreichische Anti-Heimatroman. Eine Untersuchung am Beispiel von Franz Innerhofer, Gernot Wolfgruber, Michael Scharang und Elfriede Jelinek. Dissertation Universität Salzburg, 1986

Lamb-Faffelberger, Margarete: Elfriede Jelinek und Valie Export: Rezeption der feministischen Avantgarde Österreichs im deutschsprachigen Raum, Ph. D., Rice University, Houston 1991.

Larndorfer, Erwin: Weibliche Geschichtserfahrung. Das Erinnern an den Faschismus als Thema in ausgewählten Texten österreichischer Autorinnen: Marie-Thérèse Kerschbaumer: *Der weibliche Name des Widerstands. Sieben Berichte*; Elfriede Jelinek: *Burgtheater, Posse mit Gesang*, Elisabeth Reichart: *Februarschatten*, Diplomarbeit, Universität Salzburg 1990.

Leis, Gerhard: Lust oder Pornographie. Eine Untersuchung zu Elfriede Jelineks Roman *Lust*, Diplomarbeit, Universität Wien.

Levin, Tobe Joyce: Political ideology and aesthetics in neo-feminism german fiction: Verena Stefan, Elfriede Jelinek, Margot Schroeder, Ph.D. Cornell University, 1979.

Lossin, Dorothee: Aspekte parodistischer Intertextualität. Eine Untersuchung zu Elfriede Jelineks *Wolken-Heim.*, Magisterarbeit, Freie Universität, Berlin 1994.

Mattis, Anita Maria: Sprechen als theatralisches Handeln? Studien zur Dramaturgie der Theaterstücke Elfriede Jelineks, Dissertation, Universität Wien 1987.

Mayr, Roswitha: Elfriede Jelineks Romane, Hausarbeit, Universität Salzburg 1979.

Melkus, Elke Irene: Die Ästhetik des Hasses. Eine Dekade im Schreiben der Elfriede Jelinek, Hausarbeit, Berlin 1986.

Mießgang, Thomas: Sex, Mythos, Maskerade. Der antifaschistische Roman Österreichs im Zeitraum von 1960-1980, Dissertation, Universität Wien 1984.

Mues, Brigitte: Die Prosa Elfriede Jelineks, Hausarbeit, Universität Köln 1988.

Perthold, Sabine: Elfriede Jelineks dramatisches Werk, Theater jenseits konventioneller Gattungsbegriffe, Phil. Diss. Wien 1991.

Perthold, Sabine: Elfriede Jelineks Theaterstücke und Franz Novotnys Verfilmung von *Die Ausgesperrten*, Dissertation, Universität Wien 1992.

Prinzjakowitsch, Sylvia: Städtebilderin der Literatur. Räumliche Wahrnehmung und Großstadtwirklichkeit am Beispiel von Wien in den Romanen *Malina* von Ingeborg Bachmann und *Die Ausgesperrten* von Elfriede Jelinek, Diplomarbeit, Universität Wien 1989.

Quirin, Christina: Deskription und Funktionalisierung der Körperlichkeit in Elfriede Jelineks Roman *Die Klavierspielerin*, Hausarbeit, Universität München 1988.

Reiter, Angelika: Pornographie und Literatur. Elfriede Jelinek: *Lust.* ein pornographischer Roman? Diplomarbeit, Universität Graz 1992.

Reiter, Herbert: Die Literarisierung der außersprachlichen Wirklichkeit in Elfriede Jelineks Romanen *Die Liebhaberinnen*. Struktur, Erzähltechnik, Sprachform, Hausarbeit, Universität Innsbruck 1977.

Rohe, Alexandra: Elfriede Jelineks Prosatexte: *Die Liebhaberinnen* und *Die Klavierspielerin*, Magisterarbeit, Universität Frankfurt/M. 1993.

Schanda, Susanne: Sprachkritik als Gesellschaftskritikin der österreichischen Frauenliteratur. B. Frischmuth: *Die Klosterschule*; Elfriede Jelinek: *wir sind lockvögel baby'*, Lizentiatsarbeit, Universität Bern 1989.

Schlich, Jutta: Phänomenologie der Wahrnehmung von Literatur; Am Beispiel von Elfriede Jelineks *Lust* (1989), Tübigen 1994 (Untersuchunger zur deutschen Literaturgeschichte, Band 71)

Schlich, Jutta: Wirklichkeitssicht und Textstruktur in Elfriede Jelineks *Lust*, Arbeit zur wissenschaftlichen Prüfung für das Lehramt Germanistik, Universität Heidelberg 1991.

Schmidt, Andrea: Das Menschenbild Elfriede Jelineksin den drei Romanen *Die Liebhaberinnen, Die Ausgesperrten, Die Klavierspielerin*, Hausarbeit, Universität Wien 1984.

Schmücker, Christine: "Ich bin nichts halbes und nichts ganzes ich bin dazwischen", Diplomarbeit, Universität Hamburg 1989.

Schnegg, Susanne: Marxistische Ästhetik und Liebe in Elfriede Jelineks Roman *Die Liebhaberinnen*, Diplomarbeit, Universität Wien 1989.

Schütte, Wolfram: Grimmige Charaden von Sexualität mit Herrschaft, Elfriede Jelineks Lust: Literarisches Vabanquespiel und leserische Herausforderung, in: Görtz, Franz Josef/ Hage, Volker/ Wittstock, Uwe (Hg.): *Deutsche Literatur 1989, Jahresüberblick*, Stuttgart 1990, S. 197-204.

Sickinger, Elisabeth: Frauenrollen in ausgewählten Romanen der österreichischen Gegenwartsliteratur (Jelinek, Wolfgruber, Innerhofer, Scharang), Hausarbeit, Universität Salzburg 1981.

Socher, Helene: Die Figur des Vaters in der Literatur des beginnenden 20. Jahrhunderts und in der Gegenwartsliteratur – betrachtet aus der Sohn/Tochter-Perspektive am Beispiel von A. Bronnen, W. Hasenclever, F. Kafka, K. Schönherr, R.P. Gruber, P. Henisch, F. Innerhofer, E Jelinek, J. Schutting, B. Schwaiger, Diplomarbeit, Universität Klagenfurt 1990.

Spanlang, Elisabeth: Elfriede Jelinek, Studien zum Frühwerk, Dissertation, Universität Wien 1991.

Stenger, Ulrike: Die Fesseln der Liebe. Mutter-Tochter-Beziehungen in *Die Klavierspielerin, Die Züchtigung und 'Auroras Anlaß*, Diplomarbeit, Universität Wien 1993.

Tertschnig, Margit: Das Erscheinungsbild des "Österreichischen" in der Auseinandersetzung mit dem Nationalsozialismus. Dargestellt an vier Theaterstücken von U. Becher, H. Qualtinger, H.R. Unger und E. Jelinek, Diplomarbeit, Universität Klagenfurt 1990.

Vansant Jacqueline: Feminism and Austrian Woman Writers in the Second Republic, Dissertation, University of Texas at Austin 1986.

Zu einzelnen Werken Elfriede Jelineks

wir sind lockvögel baby!

[Anonym]: Buch mit Gebrauchsanweisung, in: *Neue Osnabrücker Zeitung*, Osnabrück, 2.4.1970.

[Anonym]: The Pop Parade, in: *The Times Literary Supplement*, London, 2.7.1970.

Bauer, W. A. Lockvögellustundleid, in:: *Weser Kurier*, Bremen, 17.8.1971.

Breicha, Otto: Lockvögel und sonstiges Getier, in: *Kurier*, Wien, 20.5.1970.

Engerth, Ngerth Rüdiger: Modelle und Mechanismen der Trivialliteratur, in: *Die Furche*, Nr. 30, Wien, 25.7.1970, S. 11.

Gerhard, Marlis: Bond auf dem Dorfe, in: *Christ und Welt*, Stuttgart, 4.9.1970.

Graf, Hansjorg: Wir sind Lockvögel, [Skript zur Radiosendung] WDR, Köln, 27.6.1970.

Maier, Wolfgang: "a fleck on the flag' oder 'schtzngrrrmmm", [Skript zur Radiosendung] Südwestfunk, Baden-Baden, 23.4.1970.

Mechtel, Angelika: Wunderland der Beatles, in: *Deutsche Volkszeitung*, Düsseldorf, 26.11.70.

Schmitt Hans-Jürgen: Ringo sucht Erfüllung, in: *Publik*, Frankfurt/M., 10.4.1970.

Michael, ein Jugendbuch für die Infantilgesellschaft

Kahl, Kurt: Ist Onkel Bill ein Schwein?, in: *Kurier*, Wien, 8.1.1973.
Kaiser, Joachim: Meine lieben jungen Freunde, in: *Süddeutsche Zeitung*, München, 16.11.1972.
Kosler, Hans Christian: Die kleinen Ladenmädchen sehen fern, in: *Frankfurter Rundschau*, Frankfurt/M., 8.7.1972.
Leitenberger, Ilse: Abrechnung mit einer Scheinwelt, in: *Die Presse*, Wien, 19.7.1972.
Stangel, Johann: *Michael. Ein Jugendbuch für die Infantilgesellschaft* – die Medien als Sozialisationsmatrize zur Koordinierung der gesellschaftlichen Realität und der Bedürfnisse, in: ders., Das annullierte Individuum. Sozialisationskritik als Gesellschaftsanalyse in der aktuellen Frauenliteratur, Bern, Frankfurt/M. 1988, S. 279-287, (= Europäische Hochschulschriften I/1091).
Urbach, Reinhard: *Michael. Ein Jugendbuch für die Infantilgesellschaft*, [Skript zur Radiosendung] Hessischer Rundfunk, 6.7.1972.
Valentin, Ursula: Von den Frohen-Herzens-Kindern, in: *FAZ*, Frankfurt/M., 2.9.72.
Vormweg, Heinrich: Erzählungen aus dem Alltag, [Skript zur Radiosendung] *Deutschlandfunk*, 20.2.1973.
Waldmann, Werner: Ein Jugendbuch für Infantile, in: *Deutsches Allgemeines Sonntagsblatt*, Hamburg, 6.8.1972.

Die Liebhaberinnen

Bechmann, Heinz: Der Gegenstand Paula, in: *Rheinischer Merkur*, Koblenz, 19.9.1975.
Binal, M.: Sinnlose literarische Agitation. Elfriede Jelinek las bei der Salzburger Leselampe, in: *Salzburger Volksblatt*, Salzburg, 31.3.1976.
Bormann, Alexander von: "Von den Dingen die sich in den Begriffen einnisten", in: Carine Kleiber und Erika Tunner (Hg.), *Beiträge des Internationalen Kolloquiums, Frauenliteratur in Österreich von 1945 bis heute*, Mulhouse, 21.3.1985. Bern, Frankfurt/M. New York 1986, S. 27-54.
Bormann, Alexander von: Dialektik ohne Trost. Zur Stilform im Roman *Die Liebhaberinnen*, in: Gürtler, S. 56-74.
Breisach, Emil: *Die Liebhaberinnen*, [Skript zur Radiosendung] ORF Wien, November 1975.
Brügmann, Margret: Schonungsloses Mitleid. Elfriede Jelinek: *Die Liebhaberinnen*, in: dies., *Amazonen in der Literatur, Studien zur deutschsprachigen Frauenliteratur der 70er Jahre*, Amsterdam 1986, (= Amsterdamer Publikationen zur Sprache und Literatur Bd.65), S. 146-172
Dworschak, Dietmar: Düsteres aus der Unterschicht. Elfriede Jelinek bei der 'Leselampe', in: *Salzburger Nachrichten*, Salzburg, 31.3.1976.
Grandell, Ulla: Elfriede Jelinek: *Die Liebhaberinnen*, in: dies., Mein Vater, mein Vater, warum hast du mich verlassen, Männergestalten in deutschsprachiger Frauenliteratur 1973-1982, Stockholm 1987, S. 183-201, (= Stockholmer Germanistische Forschungen 37).
Klausenitzer, Hans-Peter: Zwei Gegenstände namens Paula und Brigitte, in: *Die Welt*, Bonn, 24.1.1976.
Knorr, Wolfgang: Schicksal als Monopoly, in: *Die Weltwoche*, Zürich, 26.11.1975.
Kosler, Hans Christian: Eine Wirklichkeit, die weh tut, in: *Frankfurter Rundschau*, Frankfurt/M., 8.10.1975.
Kummer, Elke: Du, unglückliches Österreich, heirate, in: *Die Zeit*, Hamburg, 26.11.1975.

Levin, Tobe Joyce: gesprächsthema: *die liebhaberinnen* von Elfriede Jelinek, in: *mamas pfirsische – frauen und literatur*, H.8, München 1977, S. 59-68.
Rohde, Hedwig: Sozialreport vom Liebeshaß, in: *Der Tagesspiegel*, Berlin, 11.1.1976.
Teuffenbach, Ingeborg: Elfriede Jelinek. Angriffe auf Klischeewelt. Werkstattgespräch über den Roman *Die Liebhaberinnen* im Rahmen des Germanischen Instituts, in: *Tiroler Tageszeitung*, Innsbruck, 27.5.1977.
Thadea, Thomas: Der Weg nach unten, in: *National Zeitung*, Berlin [DDR], 20.8.1979.
Theens, Ria: Im Stakkato-Rhythmus der Akkordarbeit. Elfriede Jekineks Emanzipations-Parabel, in: *Rheinische Post*, Düsseldorf, 30.8.1975.
Vormweg, Heinrich: Liebe einbegriffen, in: *Süddeutsche Zeitung*, München, 26/27.5.1976.
Wallmann, Jürgen P.: Aufstieg per Heirat, in: *Deutsche Zeitung/ Christ und Welt*, Stuttgart, 17.10.1975.
Zenke, Thomas: Ein Langstreckenlauf in die Heirat in: *FAZ*, Frankfurt/M., 11.10.1975.

Was geschah, nachdem Nora ihren Mann verlassen hatte

Ackermann, Rita: Zurück ins Puppenhaus. "Stückemarkt"in: der Galerie Diogenes begann mit Elfriede Jelinek, in: *Der Tagesspiegel*, Berlin, 21.5.1978.
Birbaumer: Zwischentöne sind nur Krampf..., in: *Extrablatt 3*, H.11, Wien 1979, S. 57.
Fritsch: Die fünffache Nora. Elfriede Jelineks *Nora*-Version hatte am Volkstheater Premiere, in: *Profil*, H.11, Wien, 9.3.1992, S. 92-93.
Graßl, Gerald: Frauen und andere Unterdrückte, in: *Volksstimme*, Wien, 20.4.1978.
Haider, Hans: Wie Frau Nora das Kapital bedient, in: *Die Presse*, Wien, 9.10.1979.
Hoffmann, Yasmin: "Je ne veux pas du théâtre, je veux un autre théâtre": *Nora* d' Elfriede Jelinek, in: *Le Public*, Journal du Théâtre de la Colline, Nr. 14, Paris 1993, S. 8-11.
John, Hans-Rainer: Zum Beispiel Graz. Theaterreport aus Österreich, in: *Theater der Zeit*, H.2, Berlin (DDR) 1980, S. 41-44.
Kellermayr, Rudolf E.: Nora und das Kapital, in: *Kleine Zeitung*, Graz, 8.10.1979.
Kratzer, Walter: "Da kann man nur holzen und dreinschlagen." Eine österreichische Schriftstellerin machte aus Ibsens *Nora* einen Schocker, in: *Stern* 32, H.42, Hamburg, 11.10.1979, S. 300-302.
Krauß, Cornelia: Haushoher Sieg über Nora, in: *Stuttgarter Zeitung*, Stuttgart, 13.1110.1979.
Kriechenbaum, Reinhard: Wie sich Nora weiterentwickelte, in: *Salzburger Nachrichten*, Salzburg, 9.10.1979.
Kruntorad, Paul: Elfriede Jelinek setzt Ibsens *Nora* polemisch fort, in: *Basler Zeitung*, Basel, 15.11.1979.
Kruntorad, Paul: Nora solidarisiert sich nicht, in: *Frankfurter Rundschau*, Frankfurt/M., 25.10.1979.
Kruntorad, Paul: Was geschah als Elfriede Jelinek Ibsen verließ?, Uraufführung einer Nora-Projektion in Graz, in: *Theater heute 20*, H.11, Zürich 1979, H.11, S. 63.
Löffler, Sigrid: Nora, ganz ohne Puppenheim, in: *Profil 10*, H.42, Wien 1979, S. 78.
Makk, Stefan: Ein politisches Stück, ein Stück über Kapital, in: *Kleine Zeitung*, Graz, 6.10.1979.
Nolden, Rainer: Die Flucht aus dem Puppenheim, in: *Die Welt*, Bonn, 30.3.1990.
Nyssen, Ute: Nachwort, in: Jelinek, Elfriede: *Theaterstücke*, hg. Und mit einem Nachwort von Ute Nyssen, Köln 1984, 151-162.
Petsch, Barbara: Böse Welt als Intermezzo in: *Die Presse*, Wien, 10.3.1992.
Schäffer, Eva: Ein aktuelles Stück, das man einfach spielen muß, in: *Neue Zeit*, Graz, 4.10.1979.
Schäffer, Eva: Was einer Autorin passiert, die etwas zu sagen hat, in: *Neue Zeit*, Graz, 9.10.1979.

Scheuch, Manfred: Nora II: Vom Fließband zur Domina. Elfriede Jelineks *Nora*-Fortsetzung zensuriert, in: *Arbeiter-Zeitung*, Wien, 10.10.1979.
Schödel, Helmut: Doppeltes Endspiel. "steirischer herbst 79" – Jandl und Jelinek, in: *Die Zeit*, Hamburg, 19.10.1979. Nr.43, S. 56.
Sichrovsky, Heinz: Was geschah, nachdem Nora "ihn" verlassen hatte?, in: *Arbeiter-Zeitung*, Wien, 7.10.1979.
Spiel, Hilde: Noras Glück und Ende, in: *FAZ*, Frankfurt/M., 10.10.1979.
Sträter, Lothar: Nora als Geliebte des Konsuls, in: *Weser Kurier*, Bremen, 12.10.1979 (Grazer Uraufführung).
Wickenburg, Erik G.: Nora jobbt in der Fabrik, in: *Die Welt*, Bonn, 12.10.1979.
Winkler, Peter: Ohne Talent in den Klassenkampf. Die Jelinek auf dem Stückemarkt", in: *Die Welt*, Bonn, 22.5.1978.

bukolit

Graf, Hansjörg: Erotische Verwirrspiele eines Romans, in: *FAZ*, Frankfurt/M., 9.10.1979.
Kosler, Hans Christian: bukolit in der Bakelitwelt, in: *Süddeutsche Zeitung*, München, 7.11.1979.
Löffler, Sigrid: Wipsen und Pfaustern. Experimental-Porno, in: *Profil 10*, H.28, Wien 1979, S. 51.
W.A.: Ein Sprachexperiment, in: *Wiener Zeitung*, 10.8.1979.

Die Ausgesperrten

Autrand, Dominique: Le vieux spectre du nazisme, in: *La Quinzaine Littéraire*, Nr. 536, Paris, 16.31.7.1989, S. 13.
Beer, Otto F.: Anarchie für den Hausgebrauch. Elfriede Jelineks jugendliche Viererbande im Wien der fünfziger Jahre, in: *Deutsches Allgemeines Sonntagsblatt*, Hamburg, 15.8.1980.
Beuth, Reinhard: "Gott versucht niemanden zum Bösen." Eine Deutsche (!) und ein Amerikaner sinnieren im Roman über menschliche Abgründe, in: *Die Welt*, Bonn, 4.7.1981.
Biron, Georg: Barock around the clock, in: *Heute*, H.8, Wien, 8.5.1980, S. 51.
Gnüg, Hiltrud: Zum Schaden den Spott, in: *Neue Züricher Zeitung*, Zürich, 21.8.1990.
Holzinger, Lutz: Elfriedes scharfe Schnitte, in: *Volksstimme*, Wien, 23.5.1980.
Horst, Christoph: Es ging besser, besser, besser... Der Mythos der fünfziger Jahre, in: *Profil 13*, Wien 1982.
Irro, Werner: Prägnanz und Manieriertheit, in: *Frankfurter Rundschau*, Frankfurt/M., 14.6.1980.
Jandl, Paul: Mythen. Schmutz. Existentialismus. Film. Zu Elfriede Jelineks *Die Ausgesperrten*, in: Michaela Findeis (Hg.), *Landnahme. Der österreichische Roman nach 1980*, Wien, Köln 1989, S. 17-30.
Janz, Marlies: Mythendestruktion und "Wissen". Aspekte der Intertextualität in Elfriede Jelineks Roman *Die Ausgesperrten*, in: Arnold, S. 38-50.
Kosler, Hans Christian: Weit entfernt von den Menschen, in: *Süddeutsche Zeitung*, München, 21.5.1980.
Löffler, Sigrid: Weltdame, schön böse, in: *Profil 22*, Wien 1980.
Mahler-Bungers,: Die Wiederkehr des Verdrängten im Krieg der Generationen. Zu den *Ausgesperrten* von Elfriede Jelinek, Vortrag gehalten am 7.11.1987 auf dem Symposium "Medien und Krieg – Simulation des Schreckens ", in: Kassel (Manuskript).
Ploetz, Dagmar: Schaurig schön, in: *Deutsche Volkszeitung*, Düsseldorf, 24.7.1980.
Schmid, Georg: Das Schwerverbrechen der Fünfzigerjahre, in: *Gürtler*, S. 44-55.

Seegers, Armgard: Jugend und Terror. Wie Gewalt entsteht, in: *Die Zeit*, Hamburg, 5.12.1980, Nr.50, S. 2.

Sichrovsky, Heinz: Wenn Kinder töten. Über Elfriede Jelineks neuen Roman *Die Ausgesperrten*, in: *Arbeiter-Zeitung*, Wien, 17.11.1979, S. 8-10.

Stangl, Johann: *Die Ausgesperrten* – Autoritätsverlust und soziale Integrationsproblematik im Kleinbürgertum, in: ders., *Das annullierte Individuum. Sozialisationskritik als Gesellschaftsanalyse in der aktuellen Frauenliteratur*, Bern, Frankfurt/M. 1988, S. 135-148, (= Europäische Hochschulschriften I/1091).

Töteberg, Michael: Prinzip der Gewalt gegen jedermann, in: *die tat*, Frankfurt/M., 17.10.1980.

Zand, Nicole: L'innocence des pervers, in: *Le Monde*, Paris, 21.4.1989.

Zeller, Michael: Haß auf den Nazi-Vater, in: *FAZ*, Frankfurt/M., 4.6.1980.

Clara S.

Abendroth, Friedrich: Clara in Revision, in: *Die Presse*, Wien, 14./15.5.1983 (Zur Stuttgarter Aufführung).

Anner, Silvia: Nicht ganz geheuer, in: *Wochenpresse*, H.39, Wien 1982, S. 51 (Zur Bonner Uraufführung).

Beuth, Reinhard: Unterleib mit Musik, in: *Die Welt*, Bonn, 27.9.1982 (Zur Bonner Uraufführung).

Böttiger, Helmut: Macht ist eine Frage der Sexualität, in: *Stuttgarter Zeitung*, Stuttgart, 2.10.1989, (Zur Züricher Aufführung).

Burri, Peter: Ein Frauenstück voller "verbotener Rede", in: *Basler Zeitung*, Basel, 4.10.1982 (Zur Bonner Uraufführung).

Engelhard, Günter: Eine Frau muß Männchen machen, in: *Die Weltwoche*, Nr. 39, Zürich, 29.9.1982, S. 31 (Zur Bonner Uraufführung).

Gerhardt, Marlies: böse und grell... Requiem für eine Klavierspielerin, in: *Courage*, H.6, Berlin 1983, S. 50-52 (Zur Stuttgarter Aufführung).

Hahnl, Hans Heinz: Deutsche Henne und welscher Gockel, in: *Arbeiter-Zeitung*, Wien, 1.3.1984 (Zur österreichischen Erstaufführung).

Hartmann, Rainer: Künstler beuten die Frauen aus, in: *Kölner Stadt-Anzeiger*, Köln, 27.9.1982 (Zur Bonner Uraufführung).

Henneke, Günter, Saisonbeginn auf westdeutschen Bühnen, in: *Neue Züricher Zeitung*, Zürich, 1.10.1982 (Zur Bonner Uraufführung).

Hensel, Georg: Gehemmte weibliche Kunstproduktionen, in: *FAZ*, Frankfurt/M., 29.9.1982 (Zur Bonner Uraufführung).

Hirsbrunner, Franziska: Eine Frage des Volumens, mein Herz, in: *Die Wochenzeitung*, Zürich, 6.10.1989, (Züricher Aufführung).

Holwein, Jürgen: Das Künstliche sei die Kunst, in: *Stuttgarter Nachrichten*, Stuttgart, 5.5.1983 (Zur Stuttgarter Aufführung).

Karasek, Hellmuth: Auf dem Altar des männlichen Genies, in: *Der Spiegel* Nr.40, Hamburg, 4.10.1982, S. 236-239 (Zur Bonner Uraufführung).

Kathrein: Weib kreativ, Mann hohl, in: *Die Presse*, Wien, 27.9.1982 (Zur Bonner Uraufführung).

Kathrein, Karin: Hexensabbat am Freitag, in: *Die Presse*, Wien, 1.3.1984 (Zur Stuttgarter Aufführung).

Köster, Cornelia: Charge mit Herz, in: *Der Tagesspiegel*, Berlin, 5.3.1988, (Zur Berliner Aufführung).

Kraemer, Hermann Josef: Das Menschenfressende zwischen Mann und Frau, in: *General-Anzeiger für Bonn*, 27.9.1982 (Zur Bonner Uraufführung).

Kruntorad, Paul: Wien: Gatti diffus, Kipphardt ingeniös, Jelinek ekelhaft inszeniert, in: *Theater heute 25*, H.4, Zürich 1984, S. 55-56 (Zur Stuttgarter Aufführung).

Löffler, Sigrid: Die Frau, das übermannte Wesen, in: *Profil 15*, H.9, Wien 1984, S. 66-67 (Zur Stuttgarter Aufführung).

Loibl, Elisabeth: Sinnes-Schwund, in: *Falter 8*, H.6, Wien 1984, S. 25 (Zur Stuttgarter Aufführung).

Luyken, Sonja: Ein gutes Thema wurde verschenkt, in: *Weser—Kurier*, Bremen, 4.10.1982 (Zur Bonner Uraufführung).

Müller, Christoph: Frauenphantasie vom Buh-Mann, in: *Schwäbisches Tageblatt*, Tübingen, 5.5.1983 (Zur Stuttgarter Aufführung).

Preusser, Gerhard: Zitatenmischmaschine, in: *die tageszeitung*, Berlin, 2.5.1992, (Zur Düsseldorfer Aufführung).

Rauh, Sabine: Claras Nöte in Geschwätz erstickt, in: *Mannheimer Morgen*, Mannheim, 30.9.1982 (Zur Bonner Uraufführung).

Rothschild, Thomas: Geschlecht oder Charakterlosigkeit, in: *Frankfurter Rundschau*, Frankfurt/M., 16.5.1983 (Zur Stuttgarter Aufführung).

Schaller, Georg: Clara Schumann erwürgt Robert Schumann in *Clara S*, in: *Deutsche Wochen-Zeitung*, München, 10.6.1983 (Zur Stuttgarter Aufführung).

Schmidt, Siegfried: Wenn die Macht sinnlich macht. Mißlungen: *Clara S.* in Bonns Schauspielhaus, in: *Kölnische Rundschau*, Köln, 27.9.1982 (Zur Bonner Uraufführung).

Schnable, Dieter: Manieriertes Theater, in: *Schwäbische Zeitung*, Leutkirch, 6.5.1983 (Zur Stuttgarter Aufführung).

Schödel, Helmut: Wenn doch ein Wind käm! Theater in Stuttgart und Bonn: Friederike Roth und Elfriede Jelinek, in: *Die Zeit*, Hamburg, 8.10.1982 (Zur Bonner Uraufführung).

Schreiber, Ulrich: Am Ende angekommen? Das wahnhafte Dunkel in Elfriede Jelineks *Clara S.*, in: *Frankfurter Rundschau*, Frankfurt/M., 28.9.1982 (Zur Bonner Uraufführung).

Schulze-Reimpell Werner: Totgeburt zum Spielzeitauftakt, in: *Stuttgarter Zeitung*, Stuttgart, 27.9.1982 (Zur Bonner Uraufführung).

Seiler, Manfred: Die Frau, das übermannte Wesen, Hans Hollmann inszeniert die Uraufführung von Elfriede Jelineks *Clara S.* in Bonn, in: *Theater heute 23*, H.11, Zürich 1982, S. 18/19

Seiler, Manfred: *Clara S.* Stuttgart. Noch immer kein Stück!, in: *Theater heute 24*, H.6, Zürich 1983, S. 61 (Zur Stuttgarter Aufführung).

Skase, Michael: Und silbern lärmt das Nichts, in: *Süddeutsche Zeitung*, München, 27.5.1983 (Zur Stuttgarter Aufführung).

Stadelmaier, Gerhard: Dies Unglück der Frauen, in: *Stuttgarter Zeitung*, Stuttgart, 5.5.1993 (Zur Stuttgarter Aufführung).

Stauffer, Robert: Die Karriere auf Kosten der Frau, in: *Arbeiter-Zeitung*, Wien, 29.9.1982 (Zur Bonner Uraufführung).

Stumm, Reinhardt: Potenzen, in: *Basler Zeitung*, Basel, 30.9.1989, (Zur Züricher Aufführung).

Sütterlin, Sabine: Geiles Gezerre und Geschiebe, in: *Die Weltwoche*, Zürich, 5.10.1989, (Züricher Aufführung).

Vormweg, Heinrich: Bildungstheater aus dem Reißwolf, in: *Süddeutsche Zeitung*, München, 13.10.1982 (Zur Bonner Uraufführung).

Vujica, Peter: *Clara S.* – Schauspiel oder Sauspiel, in: *Kleine Zeitung*, Graz, 19.4.1981 (Zur Bonner Uraufführung).

Wehowski, Branka: Claras musikalische Tragödie. Ein Premierenbericht, in: *Die Schwarze Botin*, H.19, Berlin, Paris, Wien 1983, S. 64-67 (Zur Stuttgarter Aufführung).

Welzig, Elisabeth: Die Rache einer Künstlerin, in: *Kleine Zeitung*, Graz, 1.3.1984 (Zur Stuttgarter Aufführung).

Wischenbart, Rüdiger: Das zerstörerische Ritual der Männerphantasien als Theater, in: *Neue Zeit*, Graz, 1.3.1984 (Zur Stuttgarter Aufführung).

Wolf, Klaus-Peter: Persiflage auf Geniekult und seine Folgen, in: *Volksstimme*, Wien, 2.10.1982 (Zur Bonner Uraufführung).

Die Klavierspielerin

Appelt, Hedwig: Die leibhaftige Literatur. Das Phantasma und die Präsenz der Frau in der Schrift, Quadriga, Weinheim, Berlin 1989, S. 111-133 und S. 211/212.

Baier, Lothar: Abgerichtet, sich selbst zu zerstören. Ein Roman, der seine Gesellschaftskritik in seiner Sprache entfaltet, in: *Süddeutsche Zeitung* Nr. 161, München, 16/17.8.1983.

Beuth, Reinhard: Treffsicher im Giftspritzen. Frustrierte Pianistin: Ein Roman von Elfriede Jelinek, in: *Die Welt*, Bonn, 21.5.1983, Wochenendbeilage S. 5.

Burger, Hermann: Giftmutterliebe, in: *FAZ*, Frankfurt/M., 9.4.83

Burri, Peter: Erika selbdritt, in: *Basler Zeitung*, Basel, 28.5.1983.

Doormann, Lottemi: Folter einer Mutterliebe, in: *Deutsche Volkszeitung*, Düsseldorf, 9.6.1983.

Eggeling, Thomas: Eintöniger Schrecken, Kälte und Obsessionen, in: *Deutsche Volkszeitung*, Düsseldorf, 19.8.1983.

Endres, Ria: Ein musikalisches Opfer, in: *Der Spiegel*, Nr.21, Hamburg, 23.5.1983, S. 174-177.

Frankfurter, Johannes: Elfriede Jelinek und die Kunst des Ekelns, in: *Neue Zeit*, Graz, 7.7.1983.

Freund, Jutta: Die Klavierlehrerin, in: *Wespennest*, Wien 1983, H.53, S. 44-45.

Henrichs, Benjamin: Mütterdämmerung. Frauen schreiben über die Mutter-Tochter Beziehung, in: *Die Zeit*, Nr.29, Hamburg, 15.7.1983, S. 29-30.

Hoffmann, Yasmin: Fragmente einer Sprache des Konsums. Zu Elfriede Jelineks Roman *Die Klavierspielerin*, in: *Cahiers d'Etudes Germaniques* Nr.15, Aix-en-Provence 1988, S. 167-178.

Janetzki, Ulrich: Unterdrückung durch die Mütter, in: *Der Tagesspiegel*, Berlin, 4.9.83.

Kakutani, Michiko: Playing Power Games of Pain and Perversion. The Piano Teacher, in: *New York Times*, 17.12.1988.

Kathrein, Karin: Höllenfahrt der Wünsche, in: *Die Presse*, Wien, 27.4.1983.

Kecht, Maria-Regina: In the Name of Obedience, Reason, and Fear. Mother-Daughter relations in W.A. Mitgutsch and E. Jelinek, in: *The German Quarterly*, H.4. 1989, S. 357-372.

Kolb, Ulrike: Für Männer zu obszön? Die Klavierspielerin und ihre Rezensenten, in: *Pflasterstrand*, Frankfurt/M., Okt.1983.

Kübler, Gunhild: Martyrium am Klavier, in: *Weltwoche* Zürich, 20.10.1983

Löffler, Sigrid: Ohnmacht – ein Aphrodisiakum?, in: *Profil* 14, H.9, Wien, 28.2.83. S. 72f.

Löffler, Sigrid: Spezialistin für den Haß. Elfriede Jelinek, in: *Die Zeit* 45, Hamburg, 4.11. 1983.

Mahler-Bungers, Annegret: Der Trauer auf der Spur: Zu Elfriede Jelineks *Die Klavierspielerin*, in: Johannes Cremerius u.a. (Hg.), *Masochismus in der Literatur*, Würzburg 1988, S. 80-95 (= *Freiburger Literaturpsychologische Gespräche* 7).

Nagel, Wolfgang: Eine dressierte Frau, in: *Stern* Nr. 21, Hamburg, 19.5.83.

Prinz, Erica: Das strapazierte Wort Liebe virtuos variiert, in: *Tages-Anzeiger*, Zürich, 10.6.1983.

Richard, Christine: Die Züchtigung des Lippizaners, in: *Basler Zeitung*, Basel, 9.11.1989.

Schachtsiek-Freitag, Norbert: Perversionen der Liebe, in: *Frankfurter Rundschau*, Frankfurt/M., 2.7.1983, Beilage S. 4.

Schmidt, Dietmar N.: Das Melodram als Moritat, in: *Frankfurter Rundschau*, Frankfurt/M., 21.11.1989.

Sturz, Gerald: Die neue Jelinek. Elfriede Jelinek beschreibt Lust und Frust einer Klavierspielerin, in: *Wiener 4*, Wien 1983, H.35, S. 53-55.

Sucher, C. Bernd: Auf geht's beim Schichtl!, in: *Süddeutsche Zeitung*, München, 14.11.1989.

Thubn, Eleonore: Verbale Artistik. *Die Klavierspielerin* ist mit großem Können und bescheidener Aussage geschrieben, in: *Wochenpresse*, Wien 1983, H.14, S. 51.

Warnes, Alfred: Inszenierung eines privaten Infernos, in: *Wiener Zeitung*, Wien, 4.6.1983.
Werffeli, Gabriele: Das Geheimnis der zersägten Jungfrau, in: *Die Weltwoche*, Zürich, 16.11.1989.
Winkels, Hubert: Panoptikum der Schreckensfrau. Elfriede Jelineks Roman *Die Klavierspielerin*, in: ders., *Einschnitte. Zur Literatur der 80er Jahre*, Köln 1988, S. 60-77.
Wright, Elizabeth: Eine Ästhetik des Ekels. Elfriede Jelineks Roman *Die Klavierspielerin*, in: Arnold, S. 51-59.
Young, Frank: Am Haken des Fleischhauers. Zum politökonomischen Gehalt der *Klavierspielerin*, in: Gürtler, S. 75-79.
Zeindler, Peter: Frauenbücher über Mütter, in: *Anabella*, Zürich, 2O.8.1985.

Burgtheater

[Anonym]: *Burgtheater* mit Mitzi, Mausi, Putzi, in: *Der Spiegel* 39, Hamburg 1985, S. 245.
Baumann, Gunther: Der üble Nazi-Mief zieht durch das edle Burgtheater, in: *Kurier*, Wien, 12.11.1985
Bock, Hans Bertram: Der Masochismus in Wiens Kultur. Skandale in Österreich um Thomas Bernhard und Elfriede Jelinek, in: *Nürnberger Nachrichten*, Nürnberg, 7.12.1985.
Chorherr, Thomas: Gemma denkmalzertrümmern?, in: *Die Presse*, Wien, 30.11.1985.
Gerber, Dieter: *Burgtheater* oder Wo habt ihr dessengleichen schon gesehen?, in: *General-Anzeiger für Bonn*, 12.11.1985.
Grack, Günther: Wiener Schmäh, in: *Der Tagesspiegel*, Berlin, 18.5.1986.
Hahnl, Hans-Heinz: Ein Stück gegen den Hörbiger-Clan? Der Schauspieler als Hülse seiner Rollen, in: *Arbeiter-Zeitung*, Wien, 27.11.1985.
Hartmann, Rainer: Der Alpenkönig spielt Gewissen und endet als Zerrissener, in: *Kölner Stadt-Anzeiger*, Köln, 12.11.1985.
Henneke, Günther: Alpenkönig auf Doppeladler, in: *Wiesbadener Kurier*, Wiesbaden, 23.11.1985.
Henrichs, Benjamin: A Hetz, in: *Die Zeit*, Hamburg, 15.11.1985, S. 59.
Hillgruber, Katrin: 'Ein einig Volk von Gegnern'. Gegen den Mythos von der unpolitischen Kunst, in: *Süddeutsche Zeitung*, München, 26.4.1991.
Hupka, Kilian: Aus Springers Giftküche. Der Fall Michael Jeannée, in: *Volksstimme*, Wien, 13.12.1985, Beilage.
Jeannee, Michael: "Wien weiß, was es seinen Künstlern schuldet." Bürgermeister Zilk ehrt Paula Wessely und Attila Hörbiger anläßlich ihrer goldenen Hochzeit, in: *Kronen Zeitung*, Wien, 12.12.1985.
Jeannee, Michael: Miese Hetzjagd!, in: *Kronen Zeitung*, Wien, 1.12.1985.
Kathrein, Karin: Der blutige Mord an der Traumfabrik, in: *Die Presse*, Wien, 12.11.1985.
Kaufmann, Erika: Nudeln und Blut, in: *Wochenpresse*, H.47, Wien 1985, S. 50f.
Kerschbaumer, Marie-Thérèse: Bemerkungen zu Elfriede Jelineks *Burgtheater*. Posse mit Gesang, in: *Frischfleisch & Löwenmaul*, Wien 1983, H.39, S. 42-47.
Kill, Reinhard: Monster unter sich, in: *Rheinische Post*, Düsseldorf, 13.11.1985.
Klunker, Heinz: Die Familie – ein Alpraum. Theater in Bonn: *Falsch* von Kalisky, *Burgtheater* von Jelinek, in: *Deutsches Allgemeines Sonntagsblatt*, Hamburg, 1.12.1985.
Leitner, Reinhold: Die Jelinek, eine Mörderin? *Profil*-Chef Lingens denunziert die *Burgtheater*-Autorin Elfriede Jelinek, in: *Volksstimme*, Wien, 26.11.1985.
Leserbriefe zu *Burgtheater*, in: *Profil 16*, H.50, Wien 1985, S. 8f.
Lingens, Peter Michael: Wieweit verdient Paula Wessely Elfriede Jelinek? Der Versuch, ein unerquickliches Amalgam von Fragen aufzulösen und dabei zu einem Schluß zu kommen, in: *Profil 16*, H.48, Wien 1985, S. 12-16.

Löffler, Sigrid: Käthe, Istvan, Schorsch, in: *Profil 13*, H.29, Wien 1982, S. 62.
Löffler, Sigrid: "Erhalte Gott Dir Deinen Ludersinn." In der Posse *Burgtheater* rechnet Elfriede Jelinek nicht nur mit den Hörbigers ab, in: *Profil 16*, Wien 1985, H.47, S. 72-73.
Orth, Elisabeth: Liebe Eltern, in: *Die Furche*, Wien, 22.11.1985, S. 20.
Orth, Elisabeth: Was hätte das für ein Theaterstück werden können, in: *Profil 16*, H.48, Wien 1985, S. 94f.
Perthold, Sabine: Bonntheater. Eine Posse in Originalzitaten zur Uraufführung von Elfriede Jelineks *Burgtheater* in Bonn, in: *Wiener 5*, H.68, Wien 1985, S. 111.
Roessler, Peter: Vom Bau der Schweigemauer. Überlegungen zu den 'Reaktionen' auf Elfriede Jelineks Stück *Burgtheater*, in: *TheaterZeitSchrift*, H.2, Schwalbach 1987, S. 85-91.
Schader, Ingeborg: Bonn: Jelineks *Burgtheater*, in: *Kleine Zeitung*, Graz, 12.11.1985.
Schmidt, Jochen: Das Karussell der Bosheiten: Wien in Bonn, in: *FAZ*, Frankfurt/M., 22.11.1985.
Schmidt, Siegfried: Ein Blutbad mit Wiener Schmäh, in: *Kölnische Rundschau*, Köln, 12.11.1985.
Schmidt-Mühlisch Lothar: Der arme Alpenkönig stirbt um des Führers willen. Trauma einer Dichterin, in: *Die Welt*, Bonn, 13.11.1985.
Schreiber Ulrich: Holzhacken gegen Kakanien, in: *Frankfurter Rundschau*, Frankfurt/M., 19.11.1985.
Sichrovsky, Heinz: Paula Wessely: Der letzte Skandal?, in: *Basta*, H.11, Wien 1985, S. 99-101.
Stilett, Hans: Operation geglückt – Leiche lebt, in: *Rhein-Neckar-Zeitung*, Heidelberg, 18.11.1985.
Tolmein, Oliver: Blut, Palatschinken und Tränen, in: *die tageszeitung*, Berlin, 3.12.1985.
Vormweg, Heinrich: Sprachexperimentelle Posse, in: *Süddeutsche Zeitung*, München, 22.11.1985.
Weinzierl, Ulrich: Sauberes Theater. Die Wesselys und andere, in: *FAZ*, Frankfurt/M., 27.11.1985.

Oh Wildnis, oh Schutz vor ihr

Bossinade, Johanna: Elfriede Jelinek. *Oh Wildnis, oh Schutz vor ihr*, in: *Deutsche Bücher 16*, H.4, Amsterdam 1986, S. 261-263.
Cramer, Sibylle: Die Natur ist schmutzig, in: *Frankfurter Rundschau*, Frankfurt/M., 1.2.1986.
Grüber, Bettina: ... auf Geblüh und Gedeih, in: *Mitteilungen des Instituts für Wissenschaft und Kunst 40*, H.4, Wien 1985, S. 110-112.
Grünzeig, Werner: Jelineks atemberaubender Kraftakt im neuen Roman, in: *Neue Zeit*, Graz, 28.12.1985, Beilage S. 30.
Hochmüller, Almuth: Undurchschaubare Wildnis, in: *Mannheimer Morgen*, Mannheim, 19.11.1985.
Hofer, Wolfgang: Gegenentwurf zu einer neuen Naturmystik. In der Wildnis poetischen Ingrimms in: *Die Presse*, Wien, 11./12.1.1986.
Holzinger, Lutz: Literatur ohne Einserschmäh, in: *Volksstimme*, Wien, 29.11.1985.
Kässens, Wend: Ein Dauerlauf zwischen Original und Fälschung, in: *Lesezeichen*, H.11, Frankfurt/M. 1985, S. 24-25.
Kerschbaumer, Marie-Thérèse: Lehrgedicht und Strafrede über die kapitalistische Jagdgesellschaft in drei Teilen, dies., in: *Für mich hat Lesen mit Fließen zu tun. Gedanken zum Lesen und Schreiben von Literatur*, Frauenverlag, Wien 1989, S. 163-166.
Kloos, Barbara: Diamanten im Heu, in: *Westermanns Monatshefte*, H.2, Braunschweig 1986, S. 54.
Kübler, Gunhild: Spitze Schreie, in: *Neue Zürcher Zeitung*, Zürich, 20.12.1985.

Ledanff, Susanne: Giftiges aus Österreich. Elfriede Jelineks Satire auf den neuen Aufschwung der Naturgefühle, in: *Süddeutsche Zeitung*, München, 5.12.85.
Leitner, Sebastian: Das Gespeibsel der Elfriede Jelinek, in: *Kurier*, Wien, 23.12.1986.
Löffler, Sigrid: Fesche Niedertracht. Elfriede Jelinek holte zu einem literarischen und politischen Rundumschlag aus, in: *Profil 16*, H.31, Wien 1985, S. 54.
Puhl, Widmar: Mit Konserven auf den Einödhof, in: *Die Welt*, Bonn, 1.2.1986.
Schweitzer, Antonie: Beliebter Holzfäller, in: *Kölner Stadt—Anzeiger*, Köln, 7.2.1986.
Tauber, Reinhold: Hohnlachen in Zombieland, in: *Oberösterreichische Nachrichten*, Linz, 14.10.1985.
Wagner, Renate: *Oh Wildnis, oh Schutz vor ihr*, in: *Literatur und Kritik*, H.205/206, Wien 1986, S. 282-283.
Weinbach, Heike: Volkstöne und Plastikfladen, in: *Augen-Blick. Marburger Hefte zur Medienwissenschaft*, H.5, Marburg 1988, S. 78-92.
Weinzierl, Ulrich: Die alte fesche Niedertracht, in: *FAZ*, Frankfurt/M., 2.11.85, unpag. Beil.
Wilke, C.H.: Kaffee, Kafka und die Natur. Hat man sich einmal eine Erleuchtung eingebildet, gibt es sprachlich kein Halten mehr, in: *Nürnberger Zeitung*, Nürnberg, 23.11.1985.

Krankheit oder Moderne Frauen

Bandhauer, Dieter: Kompliziert, aber einfach, in: *Falter* 12, 17, Wien 1990, S. 15 (Zur österreichischen Uraufführung).
Bartens, Gisela: Einen Zahn zugelegt, in: *Kleine Zeitung*, Graz, 24.4.1990 (Zur österreichischen Uraufführung).
Brandle, Rea: Wut, Wut, Wut, eine ungeheuerlich produktive Wut, in: *Tages-Anzeiger*, Zürich, 16.2.1987 (Zur Bonner Uraufführung).
Busch, Frank: Lippen schweigen, blutige Geigen, in: *Süddeutsche Zeitung*, München, 17.2.1987 (Zur Bonner Uraufführung).
Cerha, Michael: Seit der Antike in Aufzeichnungen erwähnt, in: *Der Standard*, Wien, 24.4.1990 (Zur österreichischen Uraufführung).
Demmer, Erich: Köstlicher Zitatenfriedhof, in: *Arbeiter-Zeitung*, Wien, 24.4.1990 (Zur österreichischen Uraufführung).
Engelhard, Günter: Zweierbeziehung am lila Sarglager, in: *Weltwoche*, Zürich, 19.2.1987 (Zur Bonner Uraufführung).
Haider, Hans: Feministischer Schreibsteufel, in: *Die Presse*, Wien, 24.4.1990 (Zur österreichischen Uraufführung).
Haider-Pregler Hilde: Schwer definierbares Unbehagen, in: *Wiener Zeitung*, Wien, 24.4.1990 (Zur österreichischen Uraufführung).
Hennecke, Günther: Blutströme für die Befreiung, in: *Neue Zürcher Zeitung*, Zürich, 18.2.1987 (Zur Bonner Uraufführung).
Hennecke, Günther: Kein Blut in den Adern, in: *Wiesbadener Kurier*, Wiesbaden, 18.2.1987 (Zur Bonner Uraufführung).
Henrichs, Benjamin: Biß zum Tode. Theater in wilder Zeit: Elfriede Jelineks *Krankheit*, Harald Muellers *Bolero*, in: *Die Zeit*, Hamburg, 27.2.1987, S. 60 (Zur Bonner Uraufführung).
Hoffmann, Yasmin: 'Noch immer riecht es hier nach Blut!', Zu Elfriede Jelineks Stück *Krankheit oder Moderne Frauen*, in: *Cahiers d'Etudes Germaniques*, Nr.20, Aix-en-Provence 1991, S. 191-204.
Jung, Martin: Elfriede Jelineks *Krankheit oder Moderne Frauen*, in: Weber, Richard (Hg.), *Deutsches Drama der 80er Jahre*, Frankfurt/M. 1992, S. 250-263.
Kahl, Kurt: Die Frauen im Blutrausch, in: *Kurier*, Wien, 24.4.1990 (Zur österreichischen Uraufführung).

Kahle, Ulrike: Männliche Mattheit, weibliche Wucht. Harald Muellers 'Bolero' und Elfriede Jelineks *Krankheit* am Schauspiel Bonn uraufgeführt, in: *Theater heute*, H.4, Zürich 1987, S. 32-35 (Zur Bonner Uraufführung).

Kaur, Thomas: Der alltägliche Vampirismus, in: *Unsere Zeit*, Neuss, 20.2.1987 (Zur Bonner Uraufführung).

Klunker, Heinz: Schöner Wahn, schlimme Wut, in: *Deutsches Allgemeines Sonntagsblatt*, Hamburg, 22.2.1987 (Zur Bonner Uraufführung).

Lahann, Birgit: Frauen sind leicht verderbliche Ware, in: *Stern*, Nr.8, Hamburg, 12.2.1987, S. 192-193 (Zur Bonner Uraufführung).

Landes, Brigitte: Zu Elfriede Jelineks Stück *Krankheit oder Moderne Frauen*, in: Fürs Theater schreiben. Über zeitgenössische deutschsprachige Theaterautorinnen, Bremen 1986, S. 89-95.

Löffler, Sigrid: Von Waldheim und Vampiren. Zwei Uraufführungen versprachen Skandale, die sie nicht hielten: *Linz* von Herbert Achternbusch und *Krankheit* von Elfriede Jelinek, in: *Profil 18*, H.8, Wien 1987, S. 68-70 (Zur Bonner Uraufführung).

Löffler, Sigrid: Wir sind die Untoten, in: *Profil 21*, H.16, Wien 1990, S. 107 (Zur österreichischen Uraufführung).

Meyer, Eva: Den Vampir schreiben, *Zu Krankheit oder Moderne Frauen*, in: *Frauen im Theater, Dokumentation 1986/1987*, hg. Von der Dramaturgischen Gesellschaft Berlin, Berlin 1987, S. 76-85, auch in: dies.: *Die Autobiographie der Schrift*, Basel – Frankfurt/M 1989, S. 97-110, auch in: Gürtler, S. 98-11

Meyhöfer, Annette: Vampire ohne Biß, in: *Stuttgarter Zeitung*, Stuttgart, 16.2.1987 (Zur Bonner Uraufführung).

Müller, Heiner: Widerstand gegen das "Genau-wie-Otto-Theater", in: *Bonner Programmhefte zur Uraufführung von 'Krankheit oder Moderne Frauen'*, 1987, S. 36 (=Schauspiel Bonn, H. 3, 1987)

Perthold, Sabine: Gebärneid der Männer, Opferzwang der Frauen, in: *Der Standard*, Wien, 21./22.4.1990 (Zur österreichischen Uraufführung).

Petsch, Barbara: "Nackig" in den Westen geflohen. DDR-Emigrant Piet Frescher inszeniert Jelinek in Wien, in: *Die Presse*, Wien, 14./15.4.1990 (Zur österreichischen Uraufführung).

Pfister, Eva: Vampirismus und Frauen von heute, in: *Wiener Zeitung*, Wien, 20.2.1987 (Zur Bonner Uraufführung).

Pütz, Suzanne: *Vampire und ihre Opfer, Der Blutsauger als literarische Figur*, Bielefeld 1992, S. 156-159.

Reininghaus, Frieder: Krankheitsbericht aus Bonn, in: *die tageszeitung*, Berlin, 20.2.1987 (Zur Bonner Uraufführung).

Rennhofer, Maria: Doppelwesen Frau kämpft gegen den Mann, in: *Tiroler Tageszeitung*, Innsbruck, 24.4.1990 (Zur österreichischen Uraufführung).

Rossmann, Andreas: Die Vampire beißen ins Leere, in: *FAZ*, Frankfurt/M., 20.2.1987 (Zur Bonner Uraufführung).

Schmidt, Hannes: Vampire unter uns, in: *Rhein-Neckar-Zeitung*, Heidelberg, 20.2.1987 (Zur Bonner Uraufführung).

Schreiber, Ulrich: Von der Gattung der Blutsaugerin: *Basler Zeitung*, Basel, 16.2.1987 (Zur Bonner Uraufführung).

Schreiber, Ulrich: Wut essen Frauen auf, in: *Frankfurter Rundschau*, Frankfurt/M., 16.2.1987 (Zur Bonner Uraufführung).

Schulze-Reimpell, Werner: Emily Brontë geht um, in: *Weser-Kurier*, Bremen, 12.3.1987 (Zur Bonner Uraufführung).

Sichrovsky, Heinz: Wenn die Untoten erwachen, in: *Kronen Zeitung*, Wien, 24.4.1990 (Zur österreichischen Uraufführung).

Stauffer, Robert: Oh Jelinek, oh Schutz vor ihr, in: *Die Presse*, Wien, 20.23.1987 (Zur Bonner Uraufführung).
Stefaniak, Rolf: Vorwärts! Normal! Vorwärts! Normal!, in: *Deutsche Volkszeitung / die tat*, Düsseldorf, 27.2.1987 (Zur Bonner Uraufführung).

Wolken.Heim.

Bittrich, Dietmar: Cocktail in den Wolken, in: *Die Welt*, Bonn, 5.4.1990.
Frederiksen, Jens: Knastprosa im Wortkäfig, in: *Die Welt*, Bonn, 23.9.1988 (Zur Bonner Uraufführung).
Gürtler, Christa: Hölderlin und RAF: Dichter und Denker der deutschen Heimat treffen aufeinander, in: *Falter* 26, Wien 1990.
Kohlenbach, Margarete: Montage und Mimikry. Zu Elfriede Jelineks *Wolken. Heim*, in: Bartsch/Höfler S. 121-153.
Lindner, Burkhard: Deutschland: Erhabener Abgesang. Elfriede Jelineks Spiegel-Verzerrung zur Selbsterkenntnis, in: *Frankfurter Rundschau*, Frankfurt/M., 7.4.1990.
Nevak, Tamina: Von deutschem Wesen, in: *General-Anzeiger für Bonn*, Bonn, 23.9.1988 (Zur Bonner Uraufführung).
Pfister, Eva: Eine verschenkte Provokation. Elfriede Jelineks *Wolken. Heim.* Wurde in Bonn uraufgeführt, in: *Mannheimer Morgen*, Mannheim, 29.9.1988 (Zur Bonner Uraufführung).
Pieper, Heidrun: Einsamer Kampf von Nazis und RAF, in: *Rheinische Post*, Düsseldorf, 24.4.1990.
Preusser, Gerhard: Von Kleist zu RAF, in: *die tageszeitung*, Berlin, 28.9.1988 (Zur Bonner Uraufführung).
Saenft, Jakob: Mythos Deutschland, in: *Volkszeitung*, Berlin, 25.5.1990.
Schlodder, Holger: Ein Oratorium deutscher Innerlichkeit, in: *Darmstädter Echo*, Darmstadt, 19.5.1990.
Schmücker, Reinold: Hier spricht man deutsch – im Kuckucksheim. Ein hymnisches Gegengift zu nationalen Sprechblasen, in: *Deutsches Allgemeines Sonntagsblatt*, Hamburg, 2.3.1990.
Schreiber, Ulrich: Die Heimsuchung der Elfriede Jelinek. *Wolken. Heim.*– ein Raumtextspiel nach Kleist, in: *Frankfurter Rundschau*, Frankfurt/M., 7.10.1988 (Zur Bonner Uraufführung).
Schulze-Reimpell, Werner: Nebulöse Montage, in: *Nürnberger Nachrichten*, 30.9.1988 (Zur Bonner Uraufführung).
Silberschmidt, Catherine: Kohls Leermeister, in: *Die Wochen-Zeitung*, Zürich, 30.3.1990.
Sparrer, Dieter: Licht-Spiel im Sprachraum, in: *Nürnberger Zeitung*, 24.9.1988 (Zur Bonner Uraufführung).
Stanitzek, Georg: Kuckuck, in: Baecker/ Hüser/ Stanitzek, *Gelegenheit. Diebe. 3 X Deutsche Motive*, Haux Verlag, Bielefeld 1991, S. 11-80.
Terschpüren, H.D.: In Wortfluten ertrunken, in: *Kölnische Rundschau*, Frankfurt/M., 23.9.1988 (Zur Bonner Uraufführung).
Wagner, Thomas: "Wir, wir, wir!" Elfriede Jelineks antiromantisches Pamphlet, in: *FAZ*, Frankfurt/M., 17.9.1990.

Lust

[Anonym] Frauen gegen Männer Porno. Elfriede Jelinek und ihr Roman *Lust*. Dossier in *Profil* 13, Wien, 28.3.1989.
Autrand Dominique: Insupportable et fort, in: *La Quinzaine Littéraire*, Nr.580, Paris 1991, S. 13.

Bartens, Gisela: Geld, Gier, Gewalt, in: *Kleine Zeitung*, Graz 30.4.1989.
Braun, Michael: Die Keimzelle einer barbarischen Ordnung. Elfriede Jelineks *Lust*: Verfallsgeschichte der Sexualität, in: *Stuttgarter Nachrichten*, Stuttgart, 23.6.1989
Busche, Jürgen: Keine Lust für niemand?, in: *Pflasterstrand, Nr 311*, 6.4 – 19.4 1989.
Castner, Daniela: Die Quelle der Lust ist die Lust an sich selbst. Zur Aufnahme von Elfriede Jelineks Erfolgswerk, in: *Der Standart*, Wien, 20.7.1989.
Cejpek, Lucas, *UND SIE. Jelinek in 'Lust'*, Droschl Verlag, Graz 1991.
Cramer, Sibylle: Keine Lust, in: *Der Tagesspiegel*, Berlin, 20.8.1989.
Drews, Jörg: Staunenswerter Haßgesang – aber auf wen? Elfriede Jelinek und die Gewalt der *Lust*, in: *Süddeutsche Zeitung*, München, 15.4.1989.
Fiddler, Allyson: Problems with Porn. Situating Elfriede Jelinek's *Lust*, in: *German Life and Letters*, H.5, 1991, S. 404- 415.
Fleischhanderl, Karin: Die Macht der Wiederholung, in: *Deutsche Volkszeitung / die tat*, Düsseldorf, 14.4.1989.
Franke, Albrecht: Antiporno als Spektakel, in: *Neue Zeit*, Graz, 17.8.1991.
Grassl, Gerald: Aus der Laube der Gewalt, in: *Volksstimme*, Wien, 9.4.1989.
Grassl, Gerald: Machtverhältnisse. Gespräch mit Elfriede Jelinek, in: *Voksstimme*, Wien, 21.5.1989.
Häselbarth, Renate: Luft und Lust für alle!, in: *Thüringische Landeszeitung*, Weimar, 24.11.1990.
Hage, Volker: Unlust, in: *Die Zeit* Nr.15, Hamburg, 7.4.1989, S. 69-70.
Hirschmann, Christoph: Langeweile mit *Lust*, in: *Arbeiter-Zeitung*, Wien, 8.4.1989.
Hörmann, Egbert: Das obskure Objekt der Begierde, Gespäch mit Elfriede Jelinek über *Lust*, in: *Tip Buchmagazin* H.10, Berlin, 11.5.1989, S. 100-104.
Hove, Oliver von: Oh Manns-Bild! oh Schutz vor dir!, in: *Die Presse*, Wien, 17./18.6.1989, Beilage S. IX.
Hurton, Andrea: Die Sprache des Obszönen, in: *Falter* 11, H.14, Wien 1989, S. 9.
Isenschmid, Andreas: Trivialroman in experimenteller Tarnung, in: *Neue Zürcher Zeitung*, Zürich, 4.5./6.1989.
Käppeler, Otfried: Die Gewalt kommt über die Sprache, in: *Schwäbisches Tagblatt*, Tübingen, 5.8.1989.
Kahl, Kurt: Bis einem die Lust vergeht, in: *Kurier*, Wien, 21.4.1989.
Koch, Gertrud: Sittengemälde aus einem röm.kath. Land. Zum Roman *Lust*, in: *konkret 7*, 1989, S. 56-58, auch in: Gürtler, S. 135-141.
Krämer-Badoni, Rudolf: Der Herr Direktor ist ein Nimmersatt, in: *Die Welt*, Bonn, 20.5.1989.
Kutschera, Eva: Unter dem Monopol des Penis. Warum Elfriede Jelinek mit ihrem *Lust*-Buch gescheitert ist, in: *Arbeiter-Zeitung*, Wien, 7.4.1989, Beilage S. VI-VII.
Laederach, Jürg: Gebogener Abschweif über die Last des Themas Unlust in *Lust*, in: Delf Schmidt und Martin Lüdke (Hg.), *Literaturmagazin 25*, Reinbek 1990, S. 178-186.
Lahann, Birgit: Lust statt Pornographie, in: *Literaturmagazin*, Reinbek April 1989.
Luserke, Matthias: Ästhetik des Obszönen. Elfriede Jelineks *Lust* als Protokoll einer Mikroskopie des Patriarchats, in: Arnold, S. 60-67.
Löffler, Sigrid: Die Unlust an der Männerlust, in: *Profil* 20, H.13, Wien, 28.3.1989, S. 80-85.
Löffler, Sigrid: Elfriede Jelineks *Lust*, in: Ex Libris O.R.F gesendet am 2.4.1989.
Meyhöfer, Annette: Nein, sie kennt auch diesmal keine Gnade, in: *Der Spiegel*, Hamburg Nr.14, 3.4.1989, S. 243f.
Müller, Bettina und Matthiesen, Sigrun: Ist jetzt ein Mann zerplatzt? Keine Rezension der *Lust* der Elfriede Jelinek, in: *Hamburger Rundschau*, Hamburg, 20.4.1989.
Oberer, Walter: Hass einer Enttäuschten, in: *Der Bund*, Bern, 24.6.1989.
Perthold, Sabine: Es gibt eine Art kollektiver Häme, in: *An-Schläge* Wien, 5.5.1989.
Philippi, Klaus-Peter: Elfriede Jelineks *Lust*, in: *Christ und Welt*, Stuttgart, 12.5.1989.

Rambures, Jean-Louis: De l'orgie verbale d'Elfriede Jelinek, in: *Le Monde*, Paris, 24.5.1991.
Reich-Ranicki, Marcel/ Löffler, Sigrid/ Karasek, Helmut/ Busch, Jürgen: Literarisches Quartett, eine Sendung des ZDF. Auszüge aus dem Streit über Elfriede Jelineks *Lust*, teilweise abgedruckt in *PflasterStrand*, Frankfurt/M., 6.4 - 19.4.1989
Scharang, Michael: Lebenselixier auf dem Misthaufen, in: *Literatur Konkret*, H.14, Hamburg 1989-1990, S. 6-10.
Schirrmacher, Frank: Musik gehört einfach dazu. Über das Wüten der Männer – Elfriede Jelineks *Lust*, in *FAZ*, Frankfurt/M., 22.4.89
Schlaffer, Hannelore: Ist alle Liebe nur Gewalt? Elfriede Jelineks *Lust* will ungenießbar sein, in: *Stuttgarter Zeitung*, 16.6.1989 und in: Görtz, Franz Josef/Hage, Volker/Wittstock, Uwe (Hg.): *Deutsche Literatur 1989, Jahresüberblick*, Stuttgart 1990, S. 204-207.
Schlodder, Holger: Kampf dem Männlichkeitswahn, in: *Mannheimer Morgen*, Mannheim, 12.5.1989.
Schober, Siegfried: Die neue Lust: Lust auf "Schlimmes", in: *Stern* Nr.18, Hamburg, 27.4.1989.
Schütte, Wolfram: Grimmige Charaden von Sexualität mit Herrschaft. Elfriede Jelineks *Lust*: Literarisches Vabanquespiel und leserische Herausforderung, in: *Frankfurter Rundschau*, Frankfurt/M., 6.5.1989.
Schüts, Rainer: HERRschaftsanspruch, in: *Neues Deutschland*, Berlin, 11.12.1990.
Steiner, Hajo: Krachend ins Unterholz ihrer Hose..., in: *Die Weltwoche*, Zürich, 20.4.1989.
Theurer, Claudia: Die Last mit der 'Lust', in: *Vogue* Nr.5, München 1989.
Thiede, Roger: Lust, in: *Thema*, Hamburg, 31.3.1989, S. 22-25.
Thuswaldner, Anton: Pein und Erniedrigung oder: Ist das ein Anti-Porno?, in: *Salzburger Nachrichten*, Salzburg, 22.4.1989.
Weber, Anna: Sandmann und Olimpia, in: *die tageszeitung*, Berlin, 8.4.1989.
Wolffheim Franziska: Der Mann, die Frau, die Armen, in: *Deutsches Allgemeines Sonntagsblatt*, Hamburg, 26.5.1989.

Totenauberg

Becker, Barbara von: Geschlecht und Charakter, Eine Antwort auf Gerhard Stadelmaiers FAZ-Kritik an E. Jelinek zur Uraufführung von *Totenauberg*, in: *Theater heute*, 1992,H 11, S. 10.
Böttiger, Helmut: Oh Sprache, oh Schutz vor ihr!, in: *Stuttgarter Zeitung*, Stuttgart, 3.5.1991.
Brams, Stefan: Heimwelt und Fremdwelt, in: *Neues Deutschland*, Berlin, 2./3.11.1991.
Castuer, Daniella: Hauptrolle Sprache. Elfriede Jelineks *Totenauberg* am Wiener Akademietheater, in: *Neue Gesellschaft / Frankfurter Hefte*, H.12, Frankfurt/M. 1992. S. 1136-1138.
Fuld, Werner: Heidegger endet im Skihotel, in: *FAZ*, Frank-furt/M., 23.7.1991.
Hodoschek, Andrea: Endzeit in der Heimat, in: *Kurier*, Wien, 16.3.1991.
Hrachowec, Herbert: Wortbrücken, Wortbrüche, in: *Falter* 15, H.35, Wien, 30.8.1991, S. 24.
Karas, Christa: Das Eigene und das Fremde, in: *Wiener Zeitung*, Wien, 19.7.1991.
Kisser, Erwin: Europa ist weit, doch es wird allmählich Abend, in: *Wespennest*, H.83, Wien 1991, S. 79-83.
Liessmann, Konrad Paul: Heidegger im Gestell, in: *Der Standard*, Wien, 3.5.1991.
Lütkehaus, Ludger: Es heideggert, in: *Badische Zeitung*, Freiburg i. Br., 26.10.1991.
Perthold, Sabine: Die Sprache zum Sprechen bringen, in: *Die Bühne*, H.9, Wien 1992, S. 32-35.
Riese, Utz: Schwarzwaldklinikum, Elfriede Jelinek: *Totenauberg. Ein Stück*, in: *neue deutsche Literatur* 39, 1991, H. 466,S. 136-139.
Riess, Erwin: Elfriede Jelinek: *Totenauberg*, in: *Literatur Konkret*, 1991/1992, S. 22-24.
Schaber, Suzanne: Parforcetour auf den *Totenauberg*. Jelineks Heidegger-Stück: ein Lesedrama, in: *Die Presse*, Wien, 13./ 14.4.1991.
Schock, Sonja: Die Toten auf dem Berg, in: *Freitag*, Ost-West Wochenzeitung, Berlin, 9.8.1991.

Allgemeine Bibliographie

Adorno, Theodor W.: *Prismen, Kulturkritik und Gesellschaft*, Frankfurt/M. 1979.
Adorno, Theodor W.: *Noten zur Literatur I*, Frankfurt/M. 1973.
Adorno, Theodor W.: *Studien zum autoritären Charakter*, Frankfurt/M. 1973.
Alms, Barbara (Hg.): *Blauer Streusand*, Frankfurt/M. 1987.
Anders, Günther: *Mensch ohne Welt. Schriften zur Kunst und Literatur*, München 1984.
Anders, Günther: *Die Antiquiertheit des Menschen. Über die Seele im Zeitalter der zweiten industriellen Revolution*, München 1988.
Aragon, Louis: *Le Paysan de Paris*, Paris 1926.
Arntzen, Helmut: in *Literatur im Zeitalter der Information*, Frankfurt/M. 1971.
Artaud, Antonin: *Le théâtre et son double*, Paris 1990.
Bachelard, Gaston: *La poétique de l'espace*, Paris 1992.
Bachmann, Ingeborg: *Werke*, Zürich 1984.
Baecker Dirk, Hüser Rembert, Stanitzek Georg: *Gelegenheit. Diebe. 3 X Deutsche Motive*, Bielefeld 1991.
Barthes R., Kayser W., Booth W.C., Hamon Ph.: *Poétique du récit*, Paris 1977.
Barthes R., Bersani L., Hamon Ph., Riffaterre M., Watt I.: *Littérature et réalité*, Paris 1982.
Barthes, Roland: *Die Lust am Text*, Frankfurt/M. 1974.
Barthes, Roland, *S/Z*, Frankfurt/M. 1987.
Barthes, Roland: *Mythen des Alltags*, Frankfurt/M. 1964.
Baudrillard, Jean, *L'échange symbolique et la mort*, Paris 1972.
Baudrillard, Jean: "Videowelt und fraktales Subjekt", in: *Philosophien der neuen Technologie*, Berlin 1989.
Baudrillard, Jean: *La société de consommation*, Paris 1991.
Benjamin, Walter: *Das Kunstwerk im Zeitalter seiner technischen Reproduzierbarkeit* Frankfurt/M. 1977.
Benjamin, Walter: *Gesammelte Schriften Bd.IV,1, Kleine Prosa, Frankfurt/M. 1991.*
Bernhard, Thomas: *Frost*, Frankfurt/M. 1963.
Bernhard, Thomas: *Amras*, Frankfurt/M. 1964.
Bernhard, Thomas: *Der Italiener*, Salzburg 1971.
Bernhard, Thomas:*Gehen*, Frankfurt/M. 1973.
Bernhard, Thomas: *Der Stimmenimitator*, Frankfurt/M. 1978.
Bernhard, Thomas: *Der Untergeher*, Frankfurt/M. 1983.
Bernhard, Thomas: *Verstörung*, Frankfurt/M. 1986.
Bernhard, Thomas: *Heldenplatz*, Frankfurt/M. 1988.
Bernhard, Thomas: *Ja*, Frankfurt/M. 1988.
Bernhard, Thomas: "Claus Peymann und Hermann Beil auf der Sulzwiese", in: Weinzierl (Hg.), *Lächelnd über seine Bestatter: Österreich, österreichisches Lesebuch von 1900 bis heute*, München 1989.
Bloch, Ernst: *Politische Messungen, Werke Bd.11*, Frankfurt/Main 1977.
Blöcker, Günther: "Wie Existenznot durch Sprachnot glaubwürdig wird", in: Wolfgang Beutin (Hg.), *Sprachkritik – Stilkritik*, Stuttgart, Berlin, Köln, Mainz 1979.
Böhme, Gernot: *Für eine ökologische Naturästhetik*, Frankfurt/M. 1989.
Böhme, Hartmut: "Aussichten einer ästhetischen Theorie der Natur", in: *Entdecken Verdecken, eine Nomadologie der Neunziger*, Graz 1991.
Bohrer, Karl Heinz: "Das Böse – eine ästhetische Kategorie?", in: *Merkur*, H. 6, Stuttgart 1985.
Bohrer, Karl Heinz: *Nach der Natur. Über Politik und Ästhetik*, München, Wien 1988.
Brecht, Berthold: *Gesammelte Werke*, Bd. 18 und 19, Frankfurt/M. 1967.

Brecht, Berthold: *Kalendergeschichten*, Reinbek 1969.
Debord, Guy: *La société du spectacle*, Paris 1989.
Debord, Guy: *In girum imus nocte et consumimur igni*, Paris 1990.
Dietz, Gabriele (Hg.): *Die Überwindung der Sprachlosigkeit Texte aus der neuen Frauenbewegung*, Darmstadt und Neuwied 1979.
Döblin, Alfred: *Berlin Alexanderplatz*, München 1977.
Donnenberg, Josef: " Das Thema Heimat in der Gegenwartsliteratur und Anzengruber als Schlüsselfigur der Tradition der Heimatliteratur, in: Friedbert Aspetsberger (Hg.), *Traditionen in der neueren österreichischen Literatur. Zehn Vorträge*, Wien 1980.
Findeis, Michaela: " Im vertrauten Tonfall. Zu Thomas Bernhards *Alte Meister* ", in: Paul Jandl und Michaela Findeis (Hg.), *Landnahme*, Wien, Köln 1988.
Fraisse, Geneviève und Perrot Michelle (Hg.): *Histoire des femmes en occident*, Bd. 4, Paris 1991.
Freud, Sigmund: *Unbehagen in der Kultur*, Frankfurt/M. 1972.
Genette, Gérard: *Figures I*, Paris 1976.
Genette, Gérard: *Figures II*, Paris 1979.
Genette, Gérard: *Palimpsestes. La littérature au second degré*, Paris 1982.
Greiner, Ulrich: *Der Tod des Nachsommers. Über das Österreichische in der österreichischen Literatur, Aufsätze, Portraits, Kritiken zur österreichischen Gegenwartsliteratur*. München, Wien 1979.
Grimminger, Rolf: " Offenbarung und Leere ", in: *Merkur*, Heft 5, 45.Jhrg., Stuttgart 1991.
Groh, Ruth und Groh, Dieter: "Von den schrecklichen zu den erhabenen Bergen. Zur Entstehung ästhetischer Naturerfahrung ", in: Heinz Dieter Weber (Hg.), *Vom Wandel des neuzeitlichen Naturbegriffs*, Konstanz 1989.
Guillaume, Marc: " Post-Moderne Effekte der Modernisierung ", in: Jacques Le Rider und Gérard Raulet (Hg.), *Verabschiedung der (Post-)Moderne?*, Tübingen 1987.
Handke, Peter: *Das Ende des Flanierens. Gedichte, Aufsätze, Reden, Rezensionen,* Frankfurt/M. 1980.
Handke, Peter: *Über die Dörfer*. Dramatisches Gedicht, Frankfurt/M. 1981.
Hirte, Christlieb: "Anmerkungen zur österreichischen Literatur ", in: *Weimarer Beiträge* 27, Berlin (DDR) 1981.
Hölderlin, Friedrich: *Sämtliche Werke und Briefe*, München 1984.
Höller, Hans: *Kritik einer literarischen Form. Versuch über Thomas Bernhard*, Stuttgart 1979.
Horkheimer, Max, Adorno Theodor W.: *Dialektik der Aufklärung*, Frankfurt/M. 1977.
Jameson, Frederic: " Zur Logik der Kultur im Spätkapitalismus ", in: Andreas Huyssen und Klaus Scherpe (Hg.), *Postmoderne, Zeichen eines kulturellen Wandels*, Reinbek 1986.
Jandl, Ernst: *Gesammelte Werke*, Frankfurt/M. 1990.
Jauß, Hans Robert: *Literaturgeschichte als Provokation*, Frankfurt/M. 1970.
Kamper, Dietmar und Wulf, Christoph (Hg.): *Das Schwinden der Sinne*, Frankfurt/M. 1984.
Knapp, Mona und Labroisse, Gerd (Hg.): *Frauenfragen in der deutschsprachigen Literatur seit 1945*, Amsterdam/ Atlanta 1989.
Korzeniewski, Dietmar (Hg.): *Die römische Satire*, Darmstatt 1970.
Kraus, Karl: *Werke* Bd. 1, Hg. von Heinrich Fischer, München 1952-1967.
Kraus, Karl: *Die Sprache*, Frankfurt/M. 1987.
Kristeva, Julia: *Die Revolution der poetischen Sprache*, Frankfurt/M. 1978.
Kristeva, Julia: "Kein weibliches Schreiben?" Fragen an Julia Kristeva. Ein Gespräch mit Françoise Van Rossum-Guyon, in: *Freibeuter* Heft 2, Berlin 1979.
Kristeva, Julia: *Pouvoirs de l'horreur. Essai sur l'abjection, Paris 1980.*
Kritisches Lexikon zur deutschsprachigen Gegenwartsliteratur, München, Stand: 1.1.1981.
Lacan, Jacques: "Das Drängen des Buchstabens ", in: Anselm Haverkamp (Hg.), *Theorie der Metapher*, Darmstadt 1983.

Magris, Claudio: *Le Mythe et l'Empire dans la littérature autrichienne moderne*, Paris 1991.
Nietzsche, Friedrich: *Also sprach Zarathustra*, Stuttgart 1951.
Nietzsche, Friedrich: *Umwertung aller Werte*, München 1977.
Nietzsche, Friedrich: *Jenseits von Gut und Böse*, Stuttgart 1953.
Rick, Karin (Hg.): *Das Sexuelle, die Frauen und die Kunst*, Tübingen 1988.
Roeder, Anke (Hg.): *Autorinnen: Herausforderungen an das Theater*, Frankfurt/M. 1989.
Rühm, Gerhard (Hg.): *Die Wiener Gruppe. Texte, Gemeinschaftsarbeiten, Aktionen*, Reinbek 1985.
Sartre, Jean-Paul: *L'être et le néant, Essai d'ontologie phénoménologique*, Paris 1966.
Schmidt-Dengler, Wendelin: "Literatur in Österreich 1945-1966", Skriptum zur Vorlesung SS 1988, Studienrichtungsvertretung Germanistik (Hg.), Institut für Germanistik, Wien.
Schmidt-Dengler, Wendelin: *Der Übertreibungskünstler*, Wien 1989.
Schmidt-Dengler, Wendelin: "Literatur in Österreich von 1980 bis 1990". Skriptum zur Vorlesung WS 1991/92, Basisgruppe Germanistik (Hg.), Institut für Germanistik, Wien.
Schmölzer, Hilde: *Frau sein und schreiben: Österreichische Schriftstellerinnen definieren sich selbst*, Wien 1982.
Serke, Jürgen: *Frauen schreiben. Ein neues Kapitel deutschsprachiger Literatur*, Frankfurt/M. 1982.
Sullerot, Evelyne: *Histoire et sociologie du travail féminin*, Paris 1968.
Voss, Dietmar: "Metamorphosen des Imaginären – nachmoderne Blicke auf Ästhetik, Poesie und Gesellschaft ", in: *Postmoderne*, op. cit.
Weinzierl, Ulrich (Hg.): *Lächelnd über seine Bestatter: Österreich, österreichisches Lesebuch von 1900 bis heute*, München 1989.
Wilpert, Gero von: *Sachbuch der Literatur*, Stuttgart 1976.
Winkels, Hubert: *Einschnitte. Zur Literatur der 80er Jahre*, Köln 1988.
Wittgenstein, Ludwig: *Tractatus logico-philosophicus. Logisch-philosophische Abhandlung*, Frankfurt/M. 1963

Aus dem Programm Literaturwissenschaft

Martin Humburg
Das Gesicht des Krieges
Feldpostbriefe von Wehrmachtssoldaten
aus der Sowjetunion 1941-1944
1998. 310 S. (Kulturwissenschaftliche Studien
zur Deutschen Literatur) Br. DM 59,80
ISBN 3-531-13293-8
Feldpostbriefe sollten eine „Waffe" sein – so wollte es die Propaganda des Dritten Reiches. Erfüllten die Wehrmachtssoldaten diese Erwartungen? Wie reagierten sie auf die Zensur? Was schrieben sie über Sieg und Niederlage, über den Kriegsalltag und das Kämpfen, über Kälte und Verzweiflung, über Sehnsucht und Liebe? Was dachten sie über den Feind? Mit der psychologisch und historisch fundierten Untersuchung von Soldatenbriefen aus der Sowjetunion liegt erstmals ein systematischer Einblick in die Entwicklung dieser Quelle von 1941 bis 1944 vor.

Joseph Gomsu
Wohlfeile Fernstenliebe
Literarische und publizistische Annäherungsweisen der westdeutschen Linken an die Dritte Welt
1998. 191 S. Br. DM 46,00
ISBN 3-531-12977-5
Der Kameruner Germanist Joseph Gomsu untersucht, wie sich Einstellungen des gesellschaftskritischen Milieus der westdeutschen Linken zur Dritten Welt in bestimmten Annäherungsweisen manifestiert haben, die nicht zuletzt Schreibweisen waren. Das Interesse des Autors gilt den Kontinuitäten und vor allem den Brüchen in der Entwicklung dieser Annäherungsweisen von den 60er zu den 80er Jahren.

Axel Weishoff
WIDER DEN PURISMUS DER VERNUNFT

J. G. HAMANNS SAKRAL-RHETORISCHER ANSATZ ZU EINER METAKRITIK DES KANTISCHEN KRITIZISMUS

Westdeutscher Verlag

Axel Weishoff
Wider den Purismus der Vernunft
J. G. Hamanns sakral-rhetorischer Ansatz
zu einer Metakritik des Kantischen Kritizismus
1998. 203 S. (Kulturwissenschaftliche Studien
zur Deutschen Literatur) Br. DM 48,00
ISBN 3-531-13168-0
Axel Weishoff analysiert zwei Grundlagentexte der Aufklärung: I. Kants 'Kritik der reinen Vernunft' (1781) und J. G. Hamanns 'Metakritik über den Purismus der Vernunft' (1784) und rekonstruiert damit erstmalig eine wichtige historische Debatte zur Sprachkritik. Er betrachtet den sprachkritischen Hauptaspekt Hamanns aus dem Blickwinkel der rhetorikgeschichtlichen Tradition und unterzieht die Annahme, daß die Geschichte der Rhetorik vermeintlich kontinuierlich verlaufen wäre, einer Revision.

Änderungen vorbehalten. Stand: November 1998.

WESTDEUTSCHER VERLAG
Abraham-Lincoln-Str. 46 · D - 65189 Wiesbaden
Fax (06 11) 78 78 - 400 · www.westdeutschervlg.de

Aus dem Programm Literaturwissenschaft

Jürgen Link
VERSUCH ÜBER DEN NORMALISMUS
WIE NORMALITÄT PRODUZIERT WIRD
Westdeutscher Verlag

Jürgen Link
Versuch über den Normalismus
Wie Normalität produziert wird
2., aktual. und erw. Aufl. 1999. 457 S.
Br. DM 74,00
ISBN 3-531-13276-8
„[...] Geschult an Michel Foucault, ist Jürgen Links 'Versuch über den Normalismus' ein vielseitiger Werkzeugkasten zur Analyse des Wissens, der Macht und des Selbstverhältnisses im Umgang mit der Unterscheidung zwischen Normalität und Anormalität. (...) Die Freudsche Psychoanalyse hat auf dem Weg zur allgemeinen Flexibilisierung des Normalismus eine entscheidende Rolle gespielt. Seither ist es mehr oder weniger normal, nicht normal zu sein. Aber erst Jürgen Link hat gezeigt, wie es dazu gekommen ist."
Frankfurter Allgemeine Zeitung, 22.08.1997

Gerhard Rupp (Hrsg.)
Ästhetik im Prozeß
1998. 220 S. Br. DM 52,00
ISBN 3-531-12848-5
Ästhetik im Prozeß: Dieses Stichwort weist darauf hin, daß Literatur, Medien und Kultur heute unter dem Leitkonzept der Ästhetik stehen. Dies gilt für die künstlerische und mediale Präsentation wie für das Selbstbewußtsein von Autoren und Lesern. In einem weiteren Sinn betrifft es die Wissenschaft, die zunehmend von ästhetischen Prozessen bestimmt wird: in ihrer Begriffsbildung, ihrer (Selbst-)Verständigung und ihren Kommunikationsformen. Der Band beleuchtet die Konsequenzen dieses kulturellen Wandels für die literarische Öffentlichkeit und für das Lernen in der Schule.

Thomas Hecken
Gestalten des Eros
Die schöne Literatur und der sexuelle Akt
1996. 264 S. Br. DM 54,00
ISBN 3-531-12901-5
Wertungen wie „Pornographie" hatten bislang immer impliziert, daß Darstellungen sexueller Themen mit hoher Kunst nicht vereinbar sind. In diesem Band soll nun nicht ein weiteres Mal eine bestimmte Meinung zu erotischer oder pornographischer Literatur vertreten werden. An die Stelle der Wertung tritt vielmehr die Analyse: Wie beschreiben zeitgenössische deutschsprachige Autoren (von Achternbusch über Grass bis Zwerenz) den sexuellen Akt? Wie konnte es im Laufe einer langen abendländischen Poetik- und Rechtsgeschichte überhaupt dahin kommen, daß sie es so tun (dürfen)?

Änderungen vorbehalten. Stand: November 1998.

WESTDEUTSCHER VERLAG
Abraham-Lincoln-Str. 46 · D - 65189 Wiesbaden
Fax (06 11) 78 78 - 400 ·www.westdeutschervlg.de